Kohlhammer Urban Taschenbücher

Band 748

Sebastian Scholz

Die Merowinger

Verlag W. Kohlhammer

Für Sabine

1. Auflage 2015

Gesamtherstellung: W. Kohlhammer GmbH, Stuttgart

Print:
ISBN 978-3-17-022507-7

E-Book-Formate:
pdf: ISBN 978-3-17-025033-8
epub: ISBN 978-3-17-025034-5
mobi: ISBN 978-3-17-025035-2

Inhalt

Vorwort

Das vorliegende Buch steht in einer langen Reihe von Monographien zur Geschichte der Merowinger. Man mag sich deshalb fragen, wozu eine neue Monographie eigentlich nötig ist. Ein Anliegen dieses Buchs ist es, die Forschungsergebnisse und die gewandelten Forschungsansätze der letzten Jahrzehnte einzubeziehen. Außerdem legt es im Unterschied zu seinen Vorgängern inhaltlich einen Schwerpunkt auf die kirchliche Entwicklung, die kirchliche Gesetzgebung sowie auf die gesamte Rechtsentwicklung und ihren Einfluss auf die Gesellschaft. Dadurch wird ein neuer Zugang zur Geschichte des merowingischen Frankenreichs geschaffen, der die Verklammerung von weltlicher Macht und Kirche sowie den kirchlichen Einfluss auf die gesellschaftliche Entwicklung deutlicher hervortreten lässt. Vermeintlich gesicherte Fakten werden dabei an Hand der Quellen neu hinterfragt und die älteren Forschungsergebnisse auf ihre Konsistenz überprüft. Dies geschieht auf Basis der Quellen, von denen zahlreiche in neuen, wenn nicht anders angegeben eigenen Übersetzungen in den Text integriert wurden. Die Darstellung schließt mit dem Beginn des Aufstiegs der Karolinger, der nicht mehr Thema dieses Buchs ist.

Vorbereitet wurde das Buch durch eine Reihe von Seminaren und Vorlesungen zu den Merowingern an der Universität Zürich. Den Studierenden, die an diesen Veranstaltungen teilgenommen haben, möchte ich für ihre Anregungen danken, die mich immer wieder über die unterschiedlichsten Aspekte neu nachdenken ließen. Viele Kollegen, die hier nicht alle namentlich genannt werden können, haben mir durch Gespräche und Hinweise geholfen. Ihnen allen gilt mein herzlicher Dank. Hervorheben möchte ich dennoch Gordon Blennemann, Bernhard Jussen, Steffen Patzold und Karl Ubl, die mir in Diskussionen vielfältige Anstöße gaben, neue Sichtweisen eröffneten und so das Buch bereicherten. Besonders dankbar bin ich meiner Frau Sabine, Hanni Geiser, Stefan Esders, Gerald Schwedler und Philip Zimmermann, die das Manuskript gegengelesen, zahlreiche Verbesserungsvorschläge gemacht, Hinweise gegeben und einzelne Abschnitte des Buchs immer wieder mit mir diskutiert haben. Ohne ihre Unterstützung wäre das Ergebnis ein anderes. Ein herzlicher Dank gilt Sabrina Melanie Vogt, die mit großer Sorgfalt die Fußnoten und das Literaturverzeichnis Korrektur las. Außerdem nahm sie die Mühe der Registererstellung auf sich, bei der ihr Simone Burkard half, wofür ich beiden sehr dankbar bin.

Auch dem Kohlhammer Verlag schulde ich großen Dank für seine Geduld und die großzügig gewährte Fristerstreckung. Die Mühe des sorgfältigen Lektorats des Manuskripts übernahm dankenswerterweise Daniel Kuhn.

Zürich, im März 2015 Sebastian Scholz

1 Die Frühzeit der Franken

In historischen Abhandlungen zum frühen Mittelalter haben die Franken unter den Völkern der damaligen Zeit ihren festen Platz. Doch wer waren sie? Woher kamen sie? Gregor von Tours, der sein Werk *Decem libri historiarum* (»Zehn Bücher Geschichten«), die wichtigste Quelle für diese Zeit, zwischen 573 und 594 verfasste, verweist auf eine mündliche Überlieferung, laut der die Franken aus Pannonien kamen, sich zunächst am Rhein niederließen, dann den Rhein überschritten und nach *Thoringia* zogen. Dort hätten sie in den verschiedenen Gauen und Städten Könige aus ihrer vornehmsten Familie gewählt. Wo das von Gregor genannte *Thoringia* gelegen haben könnte, ist bis heute in der Forschung umstritten.[1] Eine andere Erklärung bietet eine Legende, die zum ersten Mal im 7. Jahrhundert schriftlich festgehalten wurde, aber vielleicht schon um die Mitte des 6. Jahrhunderts entstand, und derzufolge die Franken Nachfahren der Trojaner waren. Diese Konstruktion diente dazu, durch eine gemeinsame Abkunft von den Trojanern die Gleichwertigkeit der Franken mit den angeblich ebenfalls von den Trojanern abstammenden Römern zu propagieren.[2] Eine weitere Legende des 7. Jahrhunderts erklärt den Namen »Merowinger«:

> »Man sagt, Chlodio (ein fränkischer König) habe sich zur Sommerzeit mit seiner Frau an den Strand des Meeres gesetzt; als die Frau mittags zum Baden ins Meer ging, habe sie ein Ungeheuer, ähnlich einem im Meer lebenden Minotaurus, angegriffen. Ob sie daraufhin entweder von dem Ungeheuer oder ihrem Mann schwanger wurde, sie gebar jedenfalls einen Sohn namens Merowech, nach dem später die Könige der Franken Merowinger genannt wurden.«[3]

Der Ursprung dieser Erzählungen liegt ebenso im Dunkeln wie die tatsächliche Ethnogenese der Franken, über deren Situation in der Frühphase ihrer Entstehung kaum etwas bekannt ist. Nur wenige Erkenntnisse über ihre Organisation sind gesichert und vieles bleibt Spekulation.[4] Die Franken selbst haben aus dieser Zeit keine schriftlichen Aufzeichnungen hinterlassen, da sie noch keine Texte anfertigten.

Die römischen Quellen, die allein über die Frühzeit der Franken berichten, sagen nichts darüber, wie sich die Franken allmählich formierten und organisierten. Man kann aufgrund der Quellenlage lediglich vermuten, dass in der zweiten Hälfte des 3. Jahrhunderts ein Prozess begann, in dem aus kleineren Stämmen langsam eine größere Einheit, das Volk der Franken, entstand. Dabei behielten die einzelnen Stämme zunächst ihre eigenen Anführer. Unklar ist, ob sich die Mitglieder dieses Verbands selbst schon als Franken verstanden und bezeichneten. Wahrscheinlicher scheint, dass ihnen der Name erst aus einer später erfolgten Rückschau beigelegt wurde, denn die frühesten, heute noch fassbaren Belege für den Begriff *Frankus* finden sich erst in einer 291 gehaltenen Lobrede (*Panegyricus*)[5] auf Kaiser Maximian und 297 in einer weiteren Lobrede auf den Cäsar Constantius Chlorus (293–306), den Vater Konstantins des Großen.[6] Spätere römische Quellen sprechen dann immer wieder von den *gentes Francorum*, also den Stämmen der Franken.

Isidor von Sevilla erklärt den Namen *Frankus* in seinem zwischen 620 und 630 entstandenen Werk *Etymologiae sive origines* auf folgende Weise:

> »Man glaubt, dass die Franken nach einem gewissen eigenen Anführer benannt wurden. Andere sind der Meinung, sie würden wegen der Wildheit ihrer Sitten so genannt. Es herrschen nämlich unter ihnen raue Sitten, eine natürliche Zügellosigkeit der Gemüter.«[7]

Vermutlich lag Isidor mit seiner zweiten Erklärung gar nicht falsch. Die Namenkunde geht heute davon aus, dass der Name »Franke« aus dem germanischen Wort **freka* »gierig, heftig«

hergeleitet wurde.[8] Welche Stämme sich unter diesem Namen zusammenfanden, ist allerdings immer noch nicht völlig geklärt, denn nur wenige Quellen stellen einen eindeutigen Bezug zwischen den Franken und den zu ihnen gehörenden Stämmen her.[9] Auf der wohl um die Mitte des 4. Jahrhunderts entstandenen *Tabula Peutingeriana*, einer spätantiken Straßenkarte der römischen Welt, die nur in einer Abschrift des späten 12. Jahrhunderts erhalten ist, steht auf der rechten Rheinseite der Name *Francia* und der Eintrag: »Die Chamaven, die auch Franken sind«.[10] Der römische Historiker Ammianus Marcellinus bezeichnet um 392 ebenfalls die Chamaven sowie die Chattuarier als fränkische Stämme.[11] Gregor von Tours zitiert eine Stelle aus dem verlorenen Geschichtswerk des Sulpicius Alexander, das vermutlich um 400 entstand. Dort werden neben den Chamaven und Chatten (= Chattuarier?) als weitere fränkische Stämme die Brukterer und Amsivarier genannt.[12] Die Salier werden bereits in einem Brief Kaiser Julians an die Athener von 361 erwähnt, doch erst Ammianus Marcellinus bezeichnet sie um 392 als einen fränkischen Stamm.[13] Als solchen nennen sie im 5. Jahrhundert auch Claudian, Sidonius Apollinaris und Zosimos.[14] Matthias Springer hat die Existenz eines fränkischen Stamms mit dem Namen Salier jedoch infrage gestellt. Julian, der die Salier als Erster erwähnt, habe das unter Franken als Anrede gebrauchte Wort **saljon* (Gefährte, Freund, Kamerad) als Völkernamen missverstanden. Alle späteren Quellen seien von Julian abhängig.[15] Das Echo auf diese These ist geteilt. Ein Teil der Forschung weist die Annahme Springers vor allem unter Hinweis auf die *Notitia dignitatum* (eine Art Staatshandbuch des Römischen Reiches) zurück, in der Truppenabteilungen mit dem Saliernamen benannt werden. Dazu passt eine Stelle bei Sidonius Apollinaris, der die Salier als Kämpfer zu Fuß bezeichnet.[16] Doch ist Springer auch vorsichtige Zustimmung zuteilgeworden.[17] Festzuhalten bleibt sicherlich, dass die Salier nur sehr spärlich in den Quellen erwähnt werden. Die Zugehörigkeit der in weiteren Quellen genannten Tenkterer und Usipeter zu den Franken scheint möglich, während eine Verbindung der Chauken zu den Franken umstritten bleibt.[18]

Anhaltspunkte über die Siedlungsgebiete einzelner Stämme geben Berichte römischer Geschichtsschreiber über die Kämpfe der Römer mit den Germanen seit dem 1. Jahrhundert nach Christus. Demnach siedelten die Chamaven in der heutigen niederländischen Provinz Gelderland sowie im westlichen Münsterland, wo auch die Amsivarier heimisch gewesen sein könnten. Die Chattuarier lebten im rechtsrheinischen Vorland von Xanten und an der Ruhr, die Brukterer im Vorland von Köln und vermutlich auch im Neuwieder Becken. Die Tenkterer und Usipeter besiedelten die rechtsrheinischen Gebiete zwischen Lahn und Sieg und der Stamm der Salier soll in den heutigen Niederlanden zwischen Deventer und Kampen gelebt haben.[19]

Die Formierung der genannten Verbände zu einem Volk der Franken war ein länger andauernder Prozess. Bedingt durch die anhaltenden Kämpfe mit den Römern scheint es zu einer engeren Verbindung der einzelnen Stämme untereinander gekommen zu sein. Im Jahr 257 (oder 259) kam es an der Rheingrenze zu einem Einfall germanischer Gruppen, für den um 360 der römische Schriftsteller Aurelius Victor die Franken und Alemannen verantwortlich machte.[20] Vermutlich handelte es sich aber um Stämme, die erst später im Volk der Franken beziehungsweise der Alemannen aufgingen. Kaiser Gallienus (260–268) bekämpfte sie wohl zunächst mit gewissem Erfolg, doch als er Truppen vom Rhein abzog, um sich gegen den Usurpator Ingenuus in Pannonien zu wenden, scheint dies zu weiteren Einfällen der Germanen geführt zu haben.[21]

Die Lage an der Rheingrenze blieb im weiteren Verlauf des 3. Jahrhunderts unruhig und parallel kam es zu einer Krise im römischen Reich.[22] Geschwächt von inneren Machtkämpfen brachten die Kaiser die nötigen ökonomischen und militärischen Mittel nicht mehr auf, um die Grenzen des Reichs zu schützen. Dies führte zu einem Kontrollverlust über das riesige Imperium, sodass 260 das sogenannte gallische Sonderreich mit eigenen Kaisern entstehen konnte. Für die einheimische Bevölkerung Galliens waren die vor Ort anwesenden Kaiser wahrscheinlich die einzige Garantie für einen gewissen Schutz vor den Angriffen der Germanen, denn die legitimen römischen Kaiser bündelten ihre Kräfte im Osten des Reichs, wo die Bedrohung durch die Perser von größerer Bedeutung war, lagen dort doch die großen, wirtschaftlich starken Städte des Reichs, welche dem Staat erhebliche, dringend benötigte Steuereinnahmen einbrachten. Solange die Kaiser des gallischen Sonderreichs für die Sicherheit der Bevölkerung sorgten, konnten sie sich einer gewissen Unterstützung durch diese sicher sein. Erst Kaiser Aurelian (270–275) setzte dem gallischen Sonderreich durch seinen Sieg über Tetricus ein Ende.[23]

Als Folge der andauernden Auseinandersetzungen mit den Germanen wurden die römischen Siedlungen rechts des Rheins aufgegeben und die Grenze hinter den Rhein zurückverlegt. Wie sehr das Selbstbewusstsein der Römer nicht nur in der Provinz, sondern auch in Rom erschüttert worden war, macht der Bau der aurelianischen Mauer deutlich. Rom erhielt nun einen starken Mauerring, der die Stadt vor möglichen germanischen Angriffen schützen sollte.

Ab dem Ende des 3. Jahrhunderts erreichten die Römer nach zahlreichen Kämpfen mit den Germanen eine Stabilisierung der Rheingrenze, die bis 341 hielt. Die folgende Zeit wurde bis in die zweite Hälfte des 5. Jahrhunderts nicht nur von immer wieder ausbrechenden Kämpfen der Römer mit den Franken, Alemannen und anderen Germanen geprägt, sondern auch von Versuchen der Römer, ihre Gegner in das Reich zu integrieren.[24] Die in den Kämpfen von den Römern gefangengenommenen Franken und Mitglieder weiterer germanischer Verbände wurden vielfach als *Laeten*, also als kriegsdienstpflichtige Bauern, in der *Belgica*, *Gallia* und *Germania* in geschlossenen Siedlungen angesiedelt, wo sie das Land bebauten. Dadurch wurden sie zu unmittelbaren Nachbarn der römischen Bevölkerung und traten deutlich in deren Bewusstsein. Sie verkauften ihre Erzeugnisse auf römischen Märkten, es kam zu Eheverbindungen zwischen Germanen und Romanen und es gab sicherlich wechselseitige Beeinflussungen, auch wenn diese nicht immer konkret greifbar sind.[25]

Die unter Kaiser Diokletian (284–305) begonnene Reform des römischen Heeres, die Kaiser Konstantin der Große (306–337) zum Abschluss brachte und die zu einer völlig neuen Heeresstruktur führte, förderte den Austausch zwischen Römern und Germanen ebenfalls. Neben die an der Grenze stationierten Truppen trat nun eine mobile Eingreifreserve, das sogenannte Marsch- oder Feldheer. Mit diesem konnten in das Reich eingefallene Feinde bekämpft werden, ohne dass die stets gefährdete Grenze entblößt werden musste. Die Neuorganisation der Armee bewirkte eine erhebliche Vergrößerung der Truppen, das Heer wuchs damals auf über 500 000 Mann an, wovon alleine 75 000 in Gallien stationiert waren. Der zusätzliche Bedarf an Soldaten ließ sich jedoch nicht allein aus dem Reichsgebiet rekrutieren. Konstantin nahm eine große Zahl von Germanen und anderen Nichtrömern in die Armee auf. Es handelt sich dabei vor allem um Hilfstruppen, die unter Wahrung der stammesmäßigen Zusammengehörigkeit gestellt wurden.[26] Der Oberbefehl über das Marsch- oder Feldheer wurde zwei Heermeistern übertragen: dem *magister peditum* als Chef der Infanterie und dem *magister equitum* als Chef der Reiterei. Seit der Mitte des 4. Jahrhunderts hatten oft Germanen diese höchsten Befehlshaberstellen inne, unter ihnen Franken wie Merobaudes (372–383 in Trier), Richomer (382–394 in Konstantinopel), Bauto (383–387/88 in Mailand) und Arbogast (388–394 in Trier),[27] die das römische Bürgerrecht besaßen.[28]

Die Franken in hohen militärischen Ämtern, aber wohl auch andere Franken erlangten im 4. Jahrhundert Einfluss am römischen Kaiserhof. Im Zusammenhang mit einer Intrige gegen den fränkischen General Silvanus im Jahr 350 berichtet Ammianus Marcellinus von einer großen Zahl Franken, die am Hof einflussreiche Stellungen bekleideten.[29] Diese Franken waren weitgehend romanisiert und stellten keine Gefahr für Rom dar, da ihre einstigen Stammesgenossen offenbar wenig mit ihnen zu tun haben wollten, wie aus einer anderen Geschichte Ammians über Silvanus deutlich wird. Die erwähnte Intrige gegen Silvanus wurde zwar vereitelt, ihre Urheber aber waren nicht bestraft worden, was Silvanus beunruhigte. Er dachte deshalb daran, sich in den Schutz der Franken zu begeben. Doch davon riet der damalige Tribun Laniogaisus, ebenfalls ein Franke, ab: »Die Franken, von denen er selbst abstamme, würden Silvanus entweder umbringen oder für Geld verraten.«[30]

Daraus wird zweierlei ersichtlich: Zum einen gab es unter den Franken am römischen Hof einen ethnisch begründeten Zusammenhalt, zum anderen gab es offenbar nur noch eine begrenzte Rückbindung der in römischen Diensten stehenden Franken an ihren ursprünglichen Stamm. Die in römischen Diensten aufgestiegenen Franken haben sich durchaus als Mitglieder des *Imperium Romanum* verstanden.

Den verschiedenen germanischen Gruppen in römischem Dienst hat man die 100–200 Gräberfelder des 4. und 5. Jahrhunderts in Nordgallien zwischen Rhein und Loire zugeschrieben.[31] Sie enthalten als Grabbeigaben sowohl römische Elemente wie Waffen oder Militärgürtel als auch germanische wie etwa Bestandteile der Kleidung.[32] Da die Gräber vor allem bei römischen Kastellen und Garnisonsstädten gefunden wurden, lag diese Deutung nahe. Dass die Zuschreibung nicht allein auf die Gruppe der Föderaten und germanischen Migranten verengt werden darf, sondern die *Laeten* ebenfalls einbezogen werden müssen, konnte Reinhold Kaiser zeigen.[33] Bereits in den 1990er-Jahren wurde diese im weitesten Sinne ethnische Zuordnung der Gräber jedoch infrage gestellt und durch eine soziale Deutung ersetzt. Als Erster bezog Guy Halsall diese Gräber nicht auf Germanen, sondern auf lokale gallorömische Eliten, welche die Übernahme fremder Bräuche und Trachten als soziales Unterscheidungsmerkmal genutzt hätten.[34]

Ein fränkischer Grabstein aus Niederdollendorf.

Daneben stehen die zunehmenden Siedlungsfunde, die sich mit ziemlicher Sicherheit auf Germanen beziehen lassen. Ergraben wurden dreischiffige Wohnstallgebäude mit Nebengebäuden, die aus Holz errichtet und häufig bei oder in aufgegebenen römischen *villae rusticae* gebaut wurden. Die Befunde lassen erkennen, dass die Bewohner dieser Höfe als Bauern arbeiteten.[35] Damit stellt sich die Frage, wie sich die Beziehungen zwischen den Germanen und der einheimischen Bevölkerung entwickelten. Es ist immerhin auffällig, dass im Januar 350 Magnus Magnentius, der wohl als fränkischer *Laete* zum Offizier aufgestiegen war, als Gegenkaiser zu Kaiser Constans erhoben wurde. Nachdem Constans auf der Flucht getötet worden war, fand Magnentius schnell Anerkennung im Westteil des Reichs.[36] Seine Erhebung zum Kaiser und seine rasche Anerkennung zeigen, dass in Gallien schon in der Mitte des 4. Jahrhunderts Franken lebten, die Ansehen genossen und auch Beziehungen zur gallorömischen Aristokratie besaßen. Anders ist der Aufstieg des Magnentius kaum zu erklären. Im Laufe der Zeit kam es jedenfalls zu einem Miteinander von Germanen und Gallorömern, das sowohl von Vorbehalten als auch gegenseitigem Respekt und Anerkennung geprägt war.

2 Die Neuordnung der galloromanischen Gesellschaft

2.1 Die Kontakte zwischen Romanen und Germanen

Über das Zusammenleben der verschiedenen Bevölkerungsgruppen, vor allem aber über die Beziehungen unter den niederen Schichten, wissen wir bis zur zweiten Hälfte des 5. Jahrhunderts fast nichts. Erst danach gewähren einige Briefe des Sidonius Apollinaris (* um 430, † nach 479) Einblicke in das Verhältnis zwischen galloromischer und germanischer Führungsschicht.[1] Sidonius war Angehöriger der galloromischen Reichsaristokratie, ab 470/71 Bischof von Clermont und ein entschiedener Gegner barbarischer Sitten. In einem Brief an den *comes* Arbogast, einen Franken, der in den 70er-Jahren des 5. Jahrhunderts in Trier herrschte, schrieb Sidonius um 471:

> »Mein geehrter Herr, dein Freund Eminentius brachte mir den gelehrten und dreifach mit Bildung der glänzenden Art angefüllten Brief, den du selbst verfasst hast. Die erste deiner Tugenden ist die Nächstenliebe, die dich zwingt, uns sowohl als Fremden als auch als einen, der sicher zu sein wünscht, in unserer Demut zu würdigen. Die Zweite ist der Anstand, durch dessen Antrieb du bisweilen zu Unrecht unschlüssig bist, wofür du aber zu Recht gepriesen wirst. Die Dritte ist die städtische Lebensart, durch welche du dich verpflichtest, sehr geistreiche Witze zu machen, und erfüllt vom Quell römischer Beredsamkeit trinkst du die Mosel und spuckst den Tiber aus (also: sprichst gutes Latein), und so bist du ein Vertrauter der Barbaren, doch weil du von sprachlichen Fehlern frei bist, bist du durch Sprache und Tapferkeit den alten Führern gleich, aber deren Rechte pflegte den Griffel nicht seltener zu halten als das Schwert. 2. Deshalb hat sich der Prunk der römischen Rede auf dich zurückgezogen, wenn er jetzt noch irgendwo existiert, der

> einst im belgischen und rheinischen Gebiet abgeschafft wurde, wodurch, solange du unversehrt bist und noch Reden hältst, das Latein nicht wankt, wenn auch an der Grenze die römischen Rechte (*iura latina*) gefallen sind.«[2]

Sidonius preist die Bildung und das gute Latein des Arbogast als verbindendes Element zwischen Römern und Barbaren, das Bemühen der Barbaren um römische Lebensart und gutes Latein galt für ihn als Brücke zwischen den Kulturen. Da Arbogast offenbar 2-sprachig und somit »ein Vertrauter der Barbaren« war, repräsentierte er in einem Gebiet, in dem die *iura latina* und die römische Herrschaft nicht mehr durchsetzbar waren, das Fortleben römischer Kultur.

Eine intensivere Auseinandersetzung mit der germanischen Lebensweise und Sprache lehnte Sidonius jedoch ab. So tadelte er seinen Freund Syagrius in folgender Weise:

> »Obwohl du der Neffe eines Konsuls bist und das in der männlichen Linie, wenn dies auch im vorliegenden Fall nicht so viel bedeutet, obwohl du also aus dem Samen eines Dichters stammst, dem ohne Zweifel seine Schriften die Standbilder einbrachten, wenn die Staatsämter sie ihm nicht einbrachten – was auch jetzt noch die gewählten Worte der Verse des Autors bezeugen – wovon die Bemühungen der Nachkommen, zumindest in diesem Fall, nicht gerade wenig abweichen, ist es ungeheuerlich zu sagen, wie bestürzt ich war, dass du die Kenntnis der germanischen Sprache mit solcher Leichtigkeit aufgesogen hast. Aber ich erinnere mich doch, dass deine Kindheit in den Schulen der freien Künste angemessen unterrichtet wurde und ich habe zu Genüge erfahren, dass du oft feurig und beredt vor dem Redelehrer vorgetragen hast. Und weil dies so ist, möchte ich, dass du mir sagst, weshalb deine Brust plötzlich den Klang eines fremden Volkes hervorbringt, sodass du mir bald nach den Ruten der Vergillektüre und dem schweißtreibenden Reichtum und der Vielseitigkeit des abwechslungsreichen Redners von Arpinum (Cicero) gleichsam wie von einem alten Beet als ein junger Falke hervorbrichst? Man kann kaum glauben, wie lächerlich es für mich und die Übrigen ist, sooft ich höre, dass in deiner Gegenwart der Barbar sich fürchtet, in seiner Sprache Sprachfehler zu machen. Die von Alter gebeugten Männer der Germanen bestaunen dich als Übersetzer ihrer Briefe und haben dich in verschiedenen Geschäften als Vermittler und Schiedsrichter

> ausgewählt. Als ein neuer Solon bei der Erörterung der Gesetze der Burgunder, als ein neuer Amphion beim Spiel auf der Zither, aber auf der dreisaitigen, wirst du geliebt, häufig besucht, in Anspruch genommen, machst Freude, wirst zur Hilfe beigezogen, entscheidest und wirst gehört. Und obgleich sie ebenso am Körper wie im Geist unbeugsam und ungeschlacht sind, werden sie von dir umarmt und lernen das väterliche Gespräch, das lateinische Herz kennen.«[3]

Syagrius hatte sich also als Angehöriger der Reichsaristokratie und hochgebildeter Galloromane eine oder mehrere germanische Sprachen angeeignet und wurde von den Burgundern als Vertrauensmann herangezogen. Das ironische Lob des Sidonius zeigt, dass er sich der Notwendigkeit solcher Kontakte durchaus bewusst war.

Aus anderen Briefen des Sidonius lassen sich weitere zum Teil enge Kontakte gallorömischer Senatoren zu den Königen der Westgoten und Burgunder und ihrem Umfeld nachweisen.[4] Alle diese Texte machen deutlich, dass es sowohl Germanen gab, die völlig romanisiert waren als auch Gallorömer, die sich um eine Annäherung an die Germanen bemühten. Zugleich gab es Leute wie Sidonius Apollinaris, die germanische Sitten in der römischen Welt strikt ablehnten, politisch aber zur Kooperation bereit waren. Wie weit die Integration der in der *Gallia* lebenden Germanen, und damit auch der Franken, in die gallorömische Lebenswelt reichte, lässt sich aus solchen Momentaufnahmen natürlich nicht ermessen. Man kann aber festhalten, dass Mitglieder der galloromanischen Führungsschicht Kontakte zu wichtigen Männern der Führungsschichten der verschiedenen germanischen Völker und natürlich auch zu den Franken hatten. So ist neben dem Brief des Sidonius noch ein Brief des Bischofs Auspicius von Toul an Arbogast erhalten,[5] und ein Schreiben des Bischofs Remigius von Reims an den Frankenkönig Chlodwig aus dem Jahr 481/82 zeigt, dass er auch schon Beziehungen zu dessen Vater Childerich unterhalten hatte.[6]

2.2 Die Aristokratie und das Bischofsamt

Die gallorömische Reichsaristokratie bestand im Wesentlichen aus Großgrundbesitzern,[7] deren Interessen jedoch durchaus verschieden sein konnten. Die unterschiedlichen politischen Ausrichtungen lassen sich etwa am Verhalten der Angehörigen des Senatorenstandes im Raum Lyon in den Wirren nach dem Tode Kaiser Valentinians III. 455 zeigen. Sie verweigerten Maiorian, der 457 Kaiser des römischen Westreichs wurde, zunächst die Anerkennung, die er erst 458 durchsetzen konnte.[8] Auch in anderen Fällen gingen einzelne Senatoren oder ganze Gruppen politisch eigene Wege, wobei sie sich durchaus mit den Germanen verständigten. Diese Entwicklung dürfte mit einer zunehmenden Distanz zum römischen Staat zusammenhängen. Bereits seit dem Ende des 4. Jahrhunderts büßte die gallorömische Reichsaristokratie ihre politische Bedeutung im weströmischen Reich zunehmend ein, nachdem die Kaiserresidenz 394/95 endgültig von dem zur *Gallia* gehörenden Trier in das italische Mailand verlegt worden war. Der kaiserliche Hof mit seinen Ämtern fehlte nun als Bezugspunkt. Bis zum Ende des weströmischen Reichs 476 verschloss die zunehmende Schwächung des Kaisertums durch Usurpationen und innere Konflikte der gallischen Reichsaristokratie weitgehend den Zugang zu hohen Ämtern sowie die Möglichkeit einer adäquaten Repräsentation.[9] Deutlich zum Ausdruck kommt die zunehmende Distanz zum Staat im Patrozinienwesen. Einflussreiche, mächtige Männer wie etwa Senatoren nahmen als *patroni*, als Schutzherren, Kleinbauern und Angehörige anderer Berufe in ihren Schutz. Diese überließen ihren Besitz durch einen Vertrag oder ein Testament dem Patron, erhielten ihn dann zum Nießbrauch zurück und zahlten dafür eine Pachtabgabe. Der Patron übernahm dafür die Vertretung ihrer Interessen gegenüber dem Staat, besonders gegenüber Steuerforderungen und Strafjustiz. Um die Verhältnisse auf ihren riesigen Gütern zu kontrollieren, unterhielten die Großgrundbesitzer private Gefängnisse sowie Schutztruppen und erlangten »quasistaatliche Hoheitsrechte«. Dagegen gerichtete Maßnahmen der Kaiser blieben offenbar wirkungslos. Für die Klientel der Großgrundbesitzer bedeutete dies, dass an die Stelle ihrer Beziehung zur staatlichen Gewalt ein privates Abhängigkeitsverhältnis gegenüber dem Patron trat, was eine erhebliche soziale Umwälzung bedeutete.[10]

Diese Entwicklungen schufen die Grundlagen dafür, dass es im 5. Jahrhundert zu einer Neuorientierung in der galloromanischen Führungsschicht kam. Auffälligerweise lassen sich ab der zweiten Hälfte des 5. Jahrhunderts in Gallien deutlich mehr Angehörige der Reichsaristokratie als Bischöfe nachweisen als in der Zeit davor.[11] Das Bischofsamt erlangte eine bisher unbekannte Attraktivität für die Aristokratie, die sich bisher vor allem um eine Karriere in weltlichen Ämtern bemüht hatte. Ihr gesteigertes Interesse am Bischofsamt ist kaum allein der Überlieferung anzulasten und erklärt, warum es sich im Laufe des 5. Jahrhunderts so sehr veränderte. Zwar lebte das Ideal des asketisch-charismatischen Bischofstyps, wie ihn der heilige Martin von Tours († 397) verkörpert hatte, in Bischöfen wie Caesarius von Arles († 542) weiter, doch lassen sich nun auch Bischöfe wie Sidonius Apollinaris fassen, die ihre weltliche politische Laufbahn mit dem Bischofsamt krönten und damit eine völlig neue Ausrichtung der Ämterlaufbahn sichtbar machen. Im 6. Jahrhundert lassen sich einige Bischöfe in verschiedenen Städten Mittel- und Nordgalliens (Trier), aber auch in Chur als Stadtherren nachweisen, die sich nicht nur um die geistliche Gemeinde, sondern auch um die Ausübung weltlicher Herrschaftsrechte in der Bischofsstadt kümmerten. Sie verfügten nicht nur über ausgedehnten Landbesitz, sondern wenigstens zum Teil auch über eigene Truppen und waren ein bedeutender lokaler und regionaler Machtfaktor. Diese weltliche Machtstellung brachte jedoch auch Konflikte mit dem eigenen Klerus, den Stadtbewohnern, den regionalen tonangebenden Familien oder den für ihr Gebiet zuständigen weltlichen Amtsträgern mit sich. Falls sie engere Kontakte zum Hof hatten, konnten sich auch Konflikte mit einflussreichen Personen am Hof oder sogar dem König selbst ergeben.[12] Die ältere Forschungsmeinung nahm an, diese Stellung der Bischöfe habe sich durch eine kaiserliche Delegation von Herrschaftsrechten an sie[13] oder durch eine Aneignung herrschaftlicher Kompetenzen durch die Bischöfe selbst in der Krise des weströmischen Reichs grundlegend verändert.[14] Dagegen hat Bernhard Jussen herausgearbeitet, dass keine der beiden Interpretationen zutrifft. Vielmehr gelang es den Aristokraten, das Bischofsamt in ihrem Sinne zu einem autoritätstragenden, der Legitimation und Repräsentation dienenden Amt auszubauen. Dafür nahmen sie Neuerungen in der Liturgie vor, führten Prozessionen ein, betonten den Reliquienkult im Sinne der bischöflichen Repräsentation und benutzten wichtige Symbole wie einen Thron, um ihre besondere Stellung hervorzuheben. Das Bischofsamt wurde so zu einem neuen Bezugspunkt aristokratischer Karrieren,[15] mit dem im 6. Jahrhundert viele Männer aus der Reichsaristokratie ihre politische Laufbahn abschlossen. Fortan agierten die Bischöfe aus der aristokratischen Elite im Spannungsfeld zwischen der religiösen Forderung nach Frömmigkeit und Askese und ihren politischen Ambitionen.

Dies wird besonders in jenen bischöflichen Grabinschriften deutlich, in denen einerseits die vornehme Herkunft und manchmal sogar die weltliche Karriere des Bischofs, andererseits seine Frömmigkeit und christliche Lebens- und Handlungsweise betont werden. So heißt es etwa in der Grabinschrift für den 559 verstorbenen Bischof Namatius von Vienne:

> »Dieser hat, als er in den ihm anvertrauten großen Städten Recht sprach, weil die Frömmigkeit mit Mäßigung verbunden war, die gerechtesten Dinge bekräftigt, und er wurde *patricius*, Vorsteher der Stadt und Rektor genannt. Doch nachdem er den Reichtum verachtet und die Titel der Welt zurückgewiesen hatte, (15) gefiel es ihm, sich dem ewigen König zu unterwerfen, und er gehorchte bereitwillig allen Aufträgen Gottes. So hat er, nachdem er durch seine Verdienste das Gesetz Gottes bewahrt hatte, würdig das herausragende Amt des Bischofs empfangen. Ja er, der der Aufgabe würdig war, fügt noch den Lohn hinzu. (20) Froh geht der Arme

fort, bekleidet entfernt sich der Nackte, es beklatscht der freie Kriegsgefangene, dass er losgekauft worden ist. Der Bürger dankt und freut sich über einen solchen Bischof.«[16]

Und das von Venantius Fortunatus verfasste Grabgedicht für Bischof Cronopius von Périgueux († nach 533) lautet:

»Dem der Priesterstand von beiden Elternteilen zufloss, kam die Bischofswürde als Erbe hinzu. Eine heilige Nachfolge hat dir diesen Rang zu Recht bereitet, (10) weil dir diese Ehre schon durch dein Verdienst geschuldet wurde. Vornehm kamst du von einem alten Geschlecht der Väter, aber viel vornehmer warst du durch dein Verdienst in Christus. So war dein Gesicht immer friedlich und dein Sinn heiter und deine Stirn ist nicht umwölkt gewesen, weil du ein reines Herz hattest […] Du warst die Kleidung der Nackten, der Mantel des Frierenden; wer unter dein Dach floh, kehrte selbst geschützt zurück. Alle deine Reichtümer hast du für die Ernährung der Armen gegeben, (20) weshalb dir immer ein lebendiger Schatz bleibt; der Hungernde nahm dich als Speise, der Durstige dich als Trank, und dich verdient der Traurige und Verbannte als Hilfe zu sehen. Du hast die verwaiste Stadt mit Bürgern gefüllt und sie sehen ihr Haus, weil du sie freigekauft hast.«[17]

In beiden Inschriften wird die hohe soziale Stellung des Bischofs hervorgehoben, die bei Namatius besonders in seiner weltlichen Ämterlaufbahn zum Ausdruck kommt. Wichtiger aber ist die Verkörperung eines bischöflichen Idealbildes durch beide Bischöfe: Sie haben ihr privates Eigentum aufgegeben, sich der Armen und Bedürftigen angenommen und sich für die Bürger ihrer Stadt eingesetzt. Diese Elemente kommen in unterschiedlichen Variationen in vielen Bischofsepitaphien des 6. Jahrhunderts vor, die auf diese Weise ein spezielles Bischofsideal widerspiegeln.

Steffen Patzold hat jedoch davor gewarnt, den Anteil der Aristokraten unter den Bischöfen zu überschätzen, denn es lassen sich durchaus auch Bischöfe aus sozial niedrigeren Schichten nachweisen.[18] Man darf also keinesfalls von einer homogenen sozialen Herkunftsstruktur bei den bischöflichen Amtsträgern ausgehen.[19] Patzold hat betont, in der Zeit vom 4. bis zum 7. Jahrhundert werde nur bei etwa 5 % der namentlich bekannten Bischöfe eine senatorische Abkunft vermutet, für weniger als 3 % sei sie gesichert.[20] Allerdings lässt sich auch für Bischöfe von niedrigerer Herkunft nur selten ein sicherer Nachweis führen. Nach Patzold ist dies aber der »Überlieferungschance« geschuldet, da solche Bischöfe im 5. und 6. Jahrhundert weniger Chancen gehabt hätten, durch eine Grabinschrift gewürdigt zu werden als ihre aristokratischen Kollegen. Damit entfalle eine zentrale Quellengruppe für die Frage nach der Herkunft der Bischöfe aus sozial niedrigeren Schichten.[21] Dagegen lässt sich einwenden, dass die Bischöfe ihre Grabinschriften in erster Linie wegen ihrer Funktion als Gemeindevorsteher erhielten und nicht als Angehörige einer bestimmten sozialen Gruppe. Zudem beschränkt sich die epigraphische Überlieferung besonders in der südlichen *Gallia* nicht auf die Aristokratie. So enthält die Überlieferung der *Aquitanica prima* trotz ihres geringen Umfangs überwiegend Grabinschriften von Personen, die nicht zur aristokratischen Elite gehörten. Abgesehen von den Bischofsepitaphien lassen sich 15 Inschriften aufgrund der Datierung nach Königsjahren sicher der Zeit zwischen der zweiten Hälfte des 5. und den ersten Jahren des 7. Jahrhunderts zuweisen. Zwei davon beziehen sich auf Diakone, die sicher nicht der Aristokratie angehörten. Auch bei allen anderen fehlt die Nennung eines Amtes oder eines Attributs, das die Zugehörigkeit der Personen zur aristokratischen Oberschicht erweisen würde.[22] Es handelte sich also wohl um vermögende Stadtbürger.

Im Hinblick auf die Diskussion um das Bischofsamt ist ein Text von Bedeutung, der bisher in diesem Zusammenhang nicht berücksichtigt worden ist. Es handelt sich um die sogenannten *Statuta ecclesiae antiqua*, einen Text, der zwischen 475 und 485 vielleicht von Gennadius von Marseille verfasst wurde. Er schöpfte aus zahlreichen älteren Vorlagen, die er aber zum Teil den Gegebenheiten in Gallien anpasste.[23] Am Anfang der Bestimmungen der *Statuta* stehen Regeln zur Verhaltensweise der Bischöfe. Auffälligerweise enthält keine einzige gallische Synode des 4. und 5. Jahrhunderts entsprechende Vorschriften zum Lebenswandel der Bischöfe und für manche Vorschriften der *Statuta* lassen sich keine direkten Vorlagen ausmachen. Der 2. Kanon lautet:

> »Dass der Bischof in der Kirche beim Zusammensitzen der Presbyter höher sitzen soll, in seinem Haus aber soll er erkennen, dass er ein Amtsbruder der Presbyter ist.«

Der Bischof sollte sich also in seinem Haus nicht durch einen höheren Sitz von den Presbytern abheben. Kanon 3 bestimmt,

> »dass der Bischof nicht die Sorge für sein Privatvermögen auf sich nimmt, sondern sich nur mit der Lesung, dem Gebet und der Predigt des Gotteswortes beschäftigt.«

Der 4. Kanon setzte fest,

> »der Bischof soll eine einfache Ausstattung und Tafel sowie eine ärmliche Lebensweise besitzen und durch seinen Glauben und die Verdienste seines Lebens die Autorität seiner Würde gewinnen.«

Kanon 5 schrieb vor,

> »der Bischof soll die Bücher der Heiden nicht lesen, die Bücher der Häretiker aber nach der Notwendigkeit und den Zeitumständen.«

Und Kanon 8 ermahnte den Bischof, sich nicht in Streitigkeiten um weltliche Güter einzulassen.[24] Alle diese Vorschriften, die in den gallischen Synodalkanones des 4. und 5. Jahrhunderts keine Entsprechung haben, machen Sinn, wenn man sich Bischöfe aus der Reichsaristokratie als Adressaten vorstellt. Die Umstrukturierung des Bischofsamtes führte nämlich dazu, den Bischof deutlich von den Priestern abzugrenzen. Auffälligerweise werden auf der ersten Synode des Frankenreichs, die 511 in Orléans stattfand, die Rechte und die Überordnung der Bischöfe über den übrigen Klerus besonders betont.[25] Sorge um das private Vermögen, Streit um weltliche Güter und ein gewisser Hang zum Luxus sind ebenfalls für aristokratische Bischöfe naheliegend. So berichtet Gregor von Tours über den Bischof Sidonius Apollinaris:

> »Da er aber von ausgezeichneter Heiligkeit war und, wie gesagt, zu den vornehmsten Senatoren gehörte, trug er oft ohne Wissen seiner

> Frau silbernes Geschirr von zu Hause weg und schenkte es den Armen. Weil jene, wenn sie es bemerkte, mit ihm stritt, brachte er das Geschirr nach Hause zurück, nachdem er aber seinen Gegenwert den Armen gegeben hatte.«[26]

Sidonius hatte als vornehmer Galloromane selbstverständlich Geschirr und Gerätschaften aus Silber in seinem Haushalt und auf seiner Tafel. Und natürlich gehörte die Lektüre heidnischer Autoren wie Vergil und Cicero, wie aus dem oben zitierten Brief des Sidonius hervorgeht, immer noch zur Ausbildung eines jungen gallorömischen Aristokraten. So können die aufgeführten Bestimmungen der *Statuta* also durchaus als Kritik an der Amtsführung aristokratischer Bischöfe verstanden werden und lassen zudem die Umformung des Bischofsamtes und seine »Aristokratisierung« in der zweiten Hälfte des 5. Jahrhunderts erkennen. Obwohl etliche Bischöfe sicher nicht dem Senatorenstand entstammten, gelang es den Bischöfen aus senatorischen Familien offenbar dennoch, das Bischofsamt in ihrem Sinne zu prägen. Die nicht aristokratischen Bischöfe dürften ihnen dabei zumindest teilweise gefolgt sein.

3 Die Expansion der fränkischen Stämme in Gallien bis 481/82

Ab der Mitte des 5. Jahrhunderts sind immer wieder Bruchstücke von Nachrichten über ein Vordringen verschiedener fränkischer Gruppen in der *Gallia* überliefert, ohne dass sich daraus ein klares Bild ihrer Vorstöße oder der von ihnen beherrschten Gebiete ergibt. Dem römischen Heermeister Aetius war seit 428 die militärische Sicherung der Rheingrenze gelungen, indem er unter anderem 432 den Franken Siedlungsgebiete einräumte.[1] Zwischen 440 und 450 gelang es ihm, eine Gruppierung der Franken unter König Chlodio zu besiegen.[2] Nach dem Tod des Aetius 454 griffen fränkische Gruppen erneut an und 456 schrieb Sidonius Apollinaris in einem *Panegyricus*: »Der Franke hat zuerst den Germanen und dann den Belgen unterworfen.«[3] Wie diese Eroberungen in der *Belgica* ausgesehen haben könnten, vermittelt der spätere Bericht Gregors von Tours. Danach eroberten jene Franken, die König Chlodio anführte, in der Provinz *Belgica secunda* Cambrai und das Gebiet bis zur Somme.[4] In der nördlich der Provinz *Belgica secunda* gelegenen Provinz *Germania inferior* konnte Kaiser Maiorian um 460 fränkische Gruppen an der Waal besiegen,[5] doch bleibt unklar, wie nachhaltig der Sieg war. Allgemein muss man davon ausgehen, dass sich fränkische Stämme im Raum zwischen dem in südwestlich-nordöstlicher Richtung zwischen Bavai und Löwen gelegenen Kohlenwald (*silva Carbonaria*) und der Somme festsetzten.

Im Jahr 461 wurde Kaiser Maiorian durch den Heermeister und *patricius* Ricimer gestürzt. Dieser entzog auch dem von Maiorian eingesetzten Heermeister für Gallien, Aegidius, das Amt und übertrug es dem Burgunderkönig Gondiocus (Gundioc), der mit seiner Schwester verheiratet war.[6] Doch Aegidius konnte einen eigenen Herrschaftsraum nördlich der Loire behaupten.[7] Als er 463 von den Westgoten angegriffen wurde, besiegte er sie mithilfe fränkischer Truppen bei Orléans.[8] Nach einer eindeutig mit legendenhaften Motiven durchsetzten Erzählung Gregors von Tours war Aegidius zu dieser Zeit sogar König der Franken, die angeblich ihren bisherigen König Childerich wegen sexuellen Fehlverhaltens ins Exil geschickt hatten, aus dem er erst nach acht Jahren zurückkehrte.[9] Die Glaubwürdigkeit des Berichts ist in der Forschung sehr unterschiedlich beurteilt worden.[10] Alexander Demandt hat aber darauf hingewiesen, dass stammesfremde Könige keine Seltenheit waren. Wenn germanische Könige römische Heermeister werden konnten, sollte man auch mit der Möglichkeit rechnen, dass ein römischer Heermeister König bei den Franken wurde.[11]

Nach der Ermordung des Aegidius im Herbst 464 übernahm der römische *comes* Paulus (464–469) dessen Herrschaftsgebiet.[12] An dieser Begebenheit wird die uneinheitliche Haltung der gallischen Reichsaristokratie sichtbar,[13] denn ohne Unterstützung aus ihren Reihen hätten sich weder Aegidius noch sein Nachfolger halten können. Das trifft auch bei der Annahme zu, Paulus habe sein Amt im Auftrag des neuen Kaisers Anthemius (467–472) ausgeübt.[14] Der größere Teil der gallorömischen Aristokratie scheint sich jedoch dem neuen Kaiser angeschlossen zu haben. Dieser scheiterte aber im Kampf gegen die Westgoten, die 469 unter ihrem König Eurich (466–484) in Gallien vordrangen und bis 471 die ganze *Aquitanica prima* mit Ausnahme der Auvergne unterwerfen konnten. Eurich wurde von einzelnen Aristokraten in der Auvergne unterstützt, doch scheint sich die Mehrheit der galloromanischen Reichsaristokratie gegen die Westgoten gestellt zu haben. Erst unter Kaiser Nepos wurde 475 die Auvergne in einem Vertrag an die Westgoten abgetreten.[15]

Der *comes* Paulus konnte dagegen mithilfe von Franken und Sachsen den Vorstoß der Westgoten nach Norden über die Loire hinaus abwehren.[16] Nach seinem Tod 469 lässt sich die Situation nördlich der Loire kaum erfassen, da die zeitgenössischen Quellen dazu keine Auskunft geben. Etwa 100 Jahre später berichtet Gregor von Tours, Syagrius, der Sohn des 464 verstorbenen Heermeisters Aegidius, habe im Gebiet um Soissons die Herrschaft ausgeübt.[17] Der fränkische König Childerich scheint ebenfalls im nördlichen Gallien eine starke Stellung besessen zu haben. Laut einem Brief des Bischofs Remigius von Reims an Childerichs Sohn Chlodwig aus dem Jahr 481/82 übte dieser wohl in der Nachfolge seines Vaters die Verwaltung in der Region Reims aus.[18] Die Forschung hat daraus geschlossen, Childerich sei nach altem Muster in die römischen Strukturen eingebunden worden, indem er die Stellung eines Generals der verbündeten Armee innegehabt und einen eigenen Militärbezirk erhalten habe, nämlich die *Belgica secunda* (Provinz Reims).[19] Dagegen spricht jedoch eine Stelle bei Gregor von Tours, die dieser wohl den verlorenen Annalen von Angers entnommen hat. Demnach schloss Childerich nach seinem gemeinsam mit Paulus bei Angers errungenen Sieg über den Sachsenführer Adovacrius ein Bündnis mit Letzterem und bekämpfte an seiner Seite die nach Gallien eingefallenen Alemannen.[20] Childerich schloss dieses Bündnis selbstständig und in eigener Verantwortung! Er unterstand also nicht oder nicht mehr dem Befehl der römischen Machthaber. Allerdings blieb er weiterhin deren Bündnispartner, denn der Münzschatz in seinem Grab belegt, dass seine Kontakte zu den Römern nach wie vor bestanden. Die 1653 in seinem Grab gefundenen 100 Goldmünzen wurden mehrheitlich in der Zeit der oströmischen Kaiser Leon I. (457–474) und Zenon (474–492) geprägt. Falls diese Münzen nicht Teil einer Kriegsbeute sind, unterhielt Childerich wohl direkten Kontakt zu diesen beiden Kaisern, da Kaiser Anthemius bereits 472 verstorben war und das weströmische Kaisertum 476 endete.[21] Trifft die oben angeführte Interpretation des Münzschatzes zu, kann daraus die Anerkennung der Machtstellung Childerichs durch die römischen Kaiser abgeleitet werden. Dies würde auch erklären, weshalb sich die Angehörigen der Reichsaristokratie in Childerichs Machtbereich bereitgefunden haben, seine Position anzuerkennen und mit ihm zusammenzuarbeiten. Sie mussten jedenfalls nicht das Gefühl haben, sich dadurch gegen das *Imperium Romanum* zu stellen.

In diesem Zusammenhang ist der in dem Grab gefundene goldene Siegelring mit einer Frontaldarstellung des Königs, die ihn mit langen Haaren, Halsring, Brustpanzer und Lanze zeigt, und der Inschrift *Childerici regis* wichtig.[22] Die Formulierung *Childerici regis* ((Ring) König Childerichs) und nicht etwa *Childerici regis Francorum* ((Ring) Childerichs, König der Franken) zeigt, dass sich Childerich nicht als König »der Franken«, sondern als König einer nicht näher definierten Gruppe verstand. Da der Ring nicht datiert ist, lässt sich jedoch nicht entscheiden, ab wann Childerich den Titel eines Königs führte. Aus den vorliegenden Quellen lässt sich die Entwicklung seiner Stellung bei den Franken also nicht nachvollziehen.

Der Siegelring König Childerichs.

Wenn Childerich den Ring nicht nur zu Repräsentationszwecken, sondern auch zum Siegeln von Briefen verwendete, dann ergibt sich daraus sein Umgang mit Schriftgut.[23] Er dürfte also Latein gesprochen sowie Lesen und Schreiben beherrscht haben. Für einen Heerführer, der in engem Kontakt zu den Römern stand, wäre dies nicht überraschend. Zudem ermöglichte seine Literalität ihm einen Austausch mit der galloromischen Führungsschicht. Seine Beziehung zu ihr wird allerdings nur in dem erwähnten Schreiben des Bischofs Remigius an Chlodwig sichtbar, aus dem hervorgeht, dass Remigius Chlodwigs Eltern kannte.[24] Remigius war seit den 460er-Jahren Bischof von Reims, der Hauptstadt der *Belgica secunda*.[25] Aus seiner Stellung in Reims ergab sich sein Kontakt zu Childerich und er wird nicht der einzige hochrangige Vertreter der Gallorömer gewesen sein, der zu ihm Verbindung hatte. Die relativ lange Herrschaftsdauer Childerichs von etwa 458 bis 481/82 und der von Remigius begrüßte Übergang der Herrschaft auf seinen Sohn Chlodwig sprechen dafür, dass sich die galloromische Führungsschicht mit dem fränkischen *rex* arrangiert hatte und seine Stellung anerkannte.

4 Die Regierung Chlodwigs

4.1 Die Anfänge

Im Jahr 481 oder 482 trat Chlodwig (Chlodovech) die Nachfolge seines Vaters Childerich an. Die Herrschaftsverhältnisse in Gallien gestalteten sich nach dem endgültigen Zusammenbruch des weströmischen Reichs im Jahr 476 sehr unübersichtlich und das Herrschaftsgebiet Chlodwigs ist nicht genau bekannt. Bischof Remigius schreibt in seinem Brief an Chlodwig, dieser habe die Verwaltung *secundum bellice* übernommen. Bereits der Schreiber der einzigen erhaltenen Handschrift dieses Briefes, ein Lorscher Mönch des 9. Jahrhunderts, hat durch ein *r* (*require*) am Rande der Zeile sichtbar gemacht, dass er seine Vorlage für fehlerhaft hielt. Ludwig Bethmann nahm an, es handle sich um eine Verschreibung für *Secundae Belgicae*. Die Forschung ist ihm darin gefolgt, sodass heute die römische Provinz *Belgica secunda* als Herrschaftsgebiet Childerichs und seines Sohnes Chlodwig gilt.[1] Doch Bethmanns Vorschlag vermag nicht völlig zu überzeugen, denn laut Gregor von Tours herrschte in dem ebenfalls in der *Belgica secunda* gelegenen Cambrai Chlodwigs Vetter Ragnachar.[2] Möglich wäre also auch, dass der Text ursprünglich besagen sollte, Chlodwig habe die Verwaltung der Region »in Kriegszeiten« (*bellicus*) übernommen.

Südlich von Chlodwigs Machtbereich erstreckte sich das Herrschaftsgebiet des Syagrius, dessen Umfang ebenfalls nur vermutet werden kann; es könnte sich etwa bis zur Loire erstreckt haben. Südlich der Loire lag im Westen Galliens das Reich der Westgoten und daran angrenzend im Osten das Burgunderreich. Es dehnte sich zu beiden Seiten der Rhône aus und grenzte im Nordwesten an das Reich des Syagrius. Nördlich des Burgunderreichs hatten sich die Alemannen entlang des Rheins von Worms bis zum Bodensee ausgebreitet.[3]

Das Ende des weströmischen Kaisertums führte zu einer neuen Expansion der Westgoten. Im Jahr 475 hatte ein mit dem weströmischen Kaiser Nepos geschlossener Friedensvertrag den Westgoten Clermont und die Auvergne eingebracht. Damit geriet auch das letzte römische Gebiet rechts der Rhône unter gotische Herrschaft und sie wurden zu unmittelbaren Nachbarn der Burgunder, die an dem Vertrag beteiligt wurden.[4] Nach der Machtübernahme Odoakers in Italien scheinen sich die Goten an diesen Vertrag nicht mehr gebunden gefühlt zu haben. Sie griffen 476 die Burgunder an und konnten die Provence in ihren Besitz bringen.[5] Im Norden scheinen die Burgunder mehrfach von den Alemannen bedrängt worden zu sein, die versuchten, ihr Herrschaftsgebiet nach Süden auszudehnen.[6]

Die Franken verhielten sich dagegen anfangs vergleichsweise ruhig. Der erst 16 Jahre alte Chlodwig dürfte sich wohl zunächst einmal darum bemüht haben, seine Stellung unter den fränkischen Großen zu festigen. Die gallorömische Führungsschicht scheint ihn sehr schnell als wichtigsten regionalen Machthaber anerkannt zu haben, das legt der schon zitierte Brief des Bischofs Remigius von Reims an Chlodwig nahe, der vollständig lautet:

> »Bischof Remigius an den ausgezeichneten und durch seine Verdienste erhabenen Herrn, König Chlodwig. Es ist die bedeutungsvolle Kunde zu uns gedrungen, dass du die Verwaltung nach den Erfordernissen der kriegerischen Zeit [oder: der (Provinz) *Belgica secunda*] übernommen hast. Und es ist nichts Ungewohntes, dass du begonnen hast so zu sein, wie deine Eltern immer gewesen sind. Dies ist vor allem so zu halten, damit das Urteil Gottes an dir nicht schwankend wird, wo die deinen sich verdient gemacht haben, der (sc. Gott) durch den Fleiß deiner Demut zur höchsten Spitze gelangt ist, weil, wie man sagt, die Handlungen des Menschen von ihrem Ergebnis her geprüft werden. Du musst dir Berater nehmen, die deinem Ruf nützen können. Und deine

> Wohltaten sollen rein und ehrenhaft sein, und du sollst deinen Bischöfen vertrauen und immer zu deren Ratschlag zurückkehren. Wenn du gut mit ihnen stehst, kann deine Provinz besser bestehen. Richte deine Bürger auf, bringe den Unterdrückten Hilfe, unterstütze die Witwen, ernähre die Waisen mehr, als dass du sie belehrst, damit alle dich lieben und fürchten. Die Gerechtigkeit spreche aus deinem Mund, erwarte nichts von den Armen und Fremden, und nehme keine Geschenke oder überhaupt irgendeine (Bestechung) an. Dein Palast stehe allen offen, damit keiner traurig weggehe. Was auch immer du an väterlichem Vermögen besitzt: befreie damit Gefangene und erlöse sie vom Joch der Sklaverei. Wenn irgendjemand vor dein Angesicht kommt, soll er nicht spüren, dass er ein Fremder ist. Scherze mit der Jugend, und berate dich mit den älteren Männern, wenn du edel regieren und urteilen willst.«[7]

Remigius spricht Chlodwig als König an und trägt damit seiner Stellung bei den Franken Rechnung. Diese Anrede und die Formulierung, Chlodwig habe die Verwaltung des Gebiets übernommen (und nicht etwa erhalten) spricht ebenfalls gegen die alte These, Chlodwig habe die Stellung eines Föderatengenerals von Syagrius oder jemand anderem erhalten. Vielmehr übernahm er sie als Erbe seines Vaters. Remigius und wohl auch die übrigen Bischöfe der Region haben Chlodwig wie schon seinen Vater Childerich als Ansprechpartner in den Angelegenheiten eines Gebiets betrachtet, das immer noch von römischen Strukturen geprägt war.[8] Auch wenn das westliche Kaisertum erloschen war, dachten die Bischöfe noch in den Kategorien der römischen Verwaltungseinteilung, zumal die Einteilung der kirchlichen Metropolitanbezirke dieser folgte.[9] Remigius war als Bischof von Reims Metropolit der Provinz *Belgica secunda* und somit direkt vom Machtwechsel in jener Region betroffen. Er war aber nicht nur der ranghöchste Bischof in Chlodwigs Machtbereich, sondern auch ein Angehöriger der gallischen Reichsaristokratie.[10] Wenn Remigius den Heiden Chlodwig auffordert, sich von den Bischöfen beraten zu lassen und sich mit ihnen gut zu stellen, so bedeutet dies nicht in erster Linie, sich dem Christentum anzunähern, sondern sich mit den führenden galloromanischen Familien zu arrangieren. Chlodwig scheint dieser Empfehlung gefolgt zu sein. Bernhard Jussen hat darauf aufmerksam gemacht, dass die schnellen Erfolge Chlodwigs bei der Eroberung Galliens nicht ohne die Unterstützung wenigstens eines Teils der gallorömischen Führungsschicht denkbar sind.[11] Remigius' Brief lediglich als »Routineschreiben« zu bezeichnen,[12] greift also eindeutig zu kurz.

Im Jahr 486 hielt Chlodwig seine Stellung offenbar für genügend gefestigt, um einen Angriff auf das Herrschaftsgebiet des Syagrius zu wagen, wozu er jedoch auch die Unterstützung anderer fränkischer Kleinkönige brauchte. Diese fand er bei seinem Vetter Ragnachar von Cambrai, während Chararich, ein weiterer fränkischer König, den Chlodwig um Unterstützung gebeten hatte, dem Kampf fernblieb.[13] Dieser Mangel an Gefolgschaft zeigt, wie eingeschränkt Chlodwigs Macht zu dieser Zeit noch war.

Unklar bleibt, welche Faktoren Chlodwigs Feldzug auslösten. Möglicherweise spielten Machtansprüche des Syagrius eine Rolle. Gregor von Tours nennt ihn *Romanorum rex* (König der Römer), obwohl es diesen Titel in der römischen Tradition nicht gab. Trotzdem scheint es möglich, dass Syagrius diesen Titel wirklich trug und darin die neue Vermischung ethnischer und imperialer Herrschaftstitel sichtbar wird. Denkbar wäre aber auch, dass Gregor mit dem Titel die besondere herrschaftliche Stellung des Syagrius in seinem Gebiet beschreiben wollte. Die um 658/60 verfasste Chronik des sogenannten Fredegar bezeichnet Syagrius dagegen als *patricius*, demnach wäre er also höchster Heermeister gewesen.[14] Vielleicht hat Syagrius aus dieser Stellung eine Oberherrschaft über das von Chlodwig beherrschte Gebiet abgeleitet, doch lässt sich dies nicht belegen. Völlig unklar ist auch das Verhältnis des Syagrius zu den Angehörigen der Reichsaristokratie in seinem Gebiet. Da er nach seiner Niederlage gegen Chlodwig ins Westgotenreich zu Alarich II. (484–507) floh, scheint er ein Bündnis mit dem Westgotenkönig angestrebt zu haben. Bei der Ablehnung, die sich bei vielen Senatoren gegenüber den Westgoten feststellen lässt, könnte ihn dieses Vorgehen den Rückhalt der

Senatorenaristokratie gekostet haben.[15] Der junge König Alarich konnte wohl aufgrund interner Schwierigkeiten in seinem Herrschaftsgebiet nicht in den Kampf eingreifen und lieferte Syagrius später an Chlodwig aus, der ihn heimlich töten ließ.[16]

Nach dem Sieg über Syagrius nahm Chlodwig dessen Reich in Besitz und die geschlagenen Truppen seines Gegners vermutlich in seinen Dienst.[17] Allerdings scheint er seine Herrschaft zunächst nur bis zur Seine ausgedehnt zu haben, da er dort auf Widerstand der einheimischen Bevölkerung stieß. Die Vita (Lebensbeschreibung) der heiligen Genovefa berichtet von einer angeblich zehn Jahre dauernden Belagerung von Paris durch Chlodwig.[18] Die Bevölkerung in diesem Raum erwartete offenbar von den Franken nicht viel Gutes. Im Gegensatz zu den Gallorömern im ursprünglichen Machtgebiet Chlodwigs kannten sie den Frankenkönig nicht und die von Gregor von Tours erwähnten zahlreichen Kirchenplünderungen durch Chlodwigs Heer haben die feindliche Haltung gegenüber den Franken sicher verstärkt. In diesem Zusammenhang formuliert Gregor einen auffälligen Satz: »Nun hatten die Feinde aus einer gewissen Kirche einen Krug von wunderbarer Größe und Schönheit weggenommen.«[19] Noch etwa 100 Jahre später bezeichnet der im fränkischen Reich lebende Gregor die heidnischen Franken aufgrund ihres Vorgehens in diesem Konflikt als »Feinde«. Hier scheint vermutlich die Wortwahl der Quelle durch, auf die sich Gregor stützte. In jedem Fall aber spiegelt sich in der Stelle die Haltung der Gallorömer der bedrohten Gebiete zu dem vorrückenden fränkischen Heer Chlodwigs wider.

Aber auch für Chlodwigs Stellung unter den Franken ist die Erzählung Gregors über jenen geraubten Krug aufschlussreich. Wie in jedem Krieg waren Plünderungen und Beute wichtige Elemente, da sie den Lohn der Gefolgsleute für ihre Dienste erbrachten. In dieser sicher mit legendarischen Elementen durchsetzten Geschichte bat der Bischof der nicht namentlich erwähnten Stadt Chlodwig, ihm den Krug zurückzugeben. Die Erzählung ist ein Beispiel mehr für das positive Verhältnis der Bischöfe zu Chlodwig und hierin durchaus glaubwürdig. Chlodwig folgte der Bitte und wandte sich auf der Heeresversammlung in Soissons an die versammelten Krieger mit dem Anliegen, ihm außer seinem Teil an der Beute auch den Krug zu überlassen. Während sich der größte Teil des Heeres damit einverstanden erklärte, verweigerte ein Krieger ihm den zusätzlichen Anteil und zerschlug den Krug. Chlodwig war nicht in der Lage, ihn dafür unmittelbar zu bestrafen. Erst auf der ein Jahr später stattfindenden Heeresversammlung konnte er den Krieger töten und damit seine Autorität wieder herstellen.[20] Die Erzählung vermittelt den Eindruck, Chlodwig habe trotz seines militärischen Erfolgs über Syagrius um seine Autorität als Führer kämpfen müssen und könnte damit ein weiteres reales Element enthalten. Es ist denkbar, dass Chlodwig eine solche Gelegenheit nutzte, um seine königliche Autorität gegenüber den waffenfähigen, freien Franken zu demonstrieren.[21]

Das Gebiet bis zur Loire konnte Chlodwig in den Jahren zwischen 486 und 494 in seine Gewalt bringen, ohne dass wir wissen, wie dies im Einzelnen vor sich ging.[22] Im Jahr 494 grenzte sein Machtbereich somit an das Westgoten- und an das Burgunderreich. Obwohl sich der westgotische König Alarich II. nicht in die Kämpfe zwischen Chlodwig und Syagrius eingemischt hatte, scheint das Verhältnis zwischen Franken und Westgoten gespannt geblieben zu sein. Möglicherweise befürchteten nicht nur die Franken, sondern auch die Gallo-römer eine weitere westgotische Expansion. Auch mit den Burgundern kam es offenbar 491/492 zu einem Konflikt, der durch einen Friedensschluss beigelegt werden konnte. Dieser Friede wurde durch die zwischen 492 und 494 geschlossene Ehe Chlodwigs mit Chrodechilde besiegelt, der jüngeren Tochter Chilperichs des Jüngeren, eines Bruders des Burgunderkönigs Gundobad.[23]

Die Eheschließung als Mittel zur Konfliktbeilegung zu nutzen war weit verbreitet. Ein gutes Beispiel dafür ist die »Heiratspolitik« des Ostgotenkönigs Theoderich, der am Ende des 5. Jahrhunderts Eheschließungen zwischen Verbündeten als politisches Instrument einsetzte. Sein damit geschmiedetes Bündnissystem sollte dem Gotenreich ein friedliches Verhältnis zu den anderen germanischen Reichen sichern und es gegenüber Ostrom stärken. Im Jahr 489 war Theoderich im Auftrag Kaiser Zenons in Italien einmarschiert, mit dem Ziel, die Herrschaft Odoakers zu beseitigen. Zenon hatte diesen zwar zum *patricius* ernannt und ihn gewähren lassen, doch lag dies wohl vor allem daran, dass ihm zunächst die Mittel fehlten, um gegen ihn vorzugehen. Theoderich konnte Verona und Mailand erobern und die Unterwerfung der übrigen Städte Oberitaliens entgegennehmen. Schon schien er Herr der Lage zu sein, doch wendete sich das Blatt noch einmal, als Odoaker in die Po-Ebene vorstoßen konnte, wo er den Ostgotenkönig bei Pavia einschloss. In dieser für Theoderich höchst schwierigen Situation schickte ihm der Westgotenkönig Alarich II. ein Heer, das Odoaker zur Aufgabe der Belagerung zwang und damit den endgültigen Erfolg Theoderichs in Italien einleitete. Odoaker flüchtete nach Ravenna, wo er drei Jahre lang von Theoderich belagert wurde, bis er sich schließlich am 25. Februar 493 ergab und später getötet wurde.[24]

Ein unerwarteter Einfall des Burgunderkönigs Gundobad in Ligurien im Jahr 490 hatte Theoderich in die missliche Lage gebracht, sich zugleich gegen die Armee des Burgunders und gegen Odoakers Streitmacht verteidigen zu müssen.[25] Diese Erfahrung könnte ihn nach seinem Sieg in Italien dazu bewogen haben, sich im Interesse einer Festigung seiner eigenen Herrschaft für Frieden unter den germanischen Herrschern einzusetzen. Ein friedliches Miteinander sollte durch Heiraten zwischen Mitgliedern der verschiedenen Parteien gefördert und gestärkt werden. So heiratete Theoderich selbst im Jahr 493 Chlodwigs Schwester Audofleda.[26] Die Heirat kann man als Beweis dafür ansehen, welch bemerkenswertes Ansehen der Frankenkönig mittlerweile genoss. Im Jahr 496 vermählte Theoderich seine Tochter Thiudigotho mit Alarich II. und seine Tochter Ariagne/Ostrogotho mit Sigismund, dem Sohn des burgundischen Königs Gundobad, mit dem er zuvor ein Bündnis geschlossen hatte.[27] Zudem verheiratete Theoderich seine Schwester Amalafrida mit dem Vandalenkönig Trasamund und seine Nichte Amalaberga mit dem Thüringerkönig Herminefred.[28] Die anonyme *Theodericiana* meldet dazu: »Und so hat er für sich ringsum alle Völker freundlich gestimmt.«[29] Ob die Ehe Chlodwigs mit Chrodechilde, der Nichte des Burgunderkönigs Gundobad, im Rahmen des Bündnissystems Theoderichs zustande kam oder sich dagegen richtete, um dem Frankenkönig mehr Unabhängigkeit zu verschaffen,[30] lässt sich kaum entscheiden.

4.2 Die Taufe Chlodwigs

Glaubt man Gregor von Tours, dann war die Ehe mit der katholischen Chrodechilde für den heidnischen Chlodwig nicht ganz einfach. Chrodechilde soll den heidnischen Glauben ihres Mannes scharf getadelt und angeblich darauf bestanden haben, ihre Kinder taufen zu lassen. Als der erstgeborene Sohn, und damit der erhoffte Fortsetzer des Geschlechts, unmittelbar nach der Taufe starb, war Chlodwig entsprechend verärgert. »Da wurde der König zornig«, so berichtet Gregor,

> »tadelte die Königin heftig und sprach: ›Wenn der Knabe im Namen meiner Götter geweiht worden wäre, hätte er wohl gelebt. Nun aber konnte er überhaupt nicht leben, weil er im Namen deines Gottes getauft worden ist‹.«[31]

Chrodechilde ließ sich laut Gregor von Tours davon nicht beirren, verteidigte ihren Glauben und ließ auch ihren zweiten Sohn taufen, der zum Schrecken des Vaters kurz darauf erkrankte, schließlich aber wieder gesund wurde. Vermutlich ist diese Erzählung frei erfunden, doch in Gregors Geschichtsbild kommt Chrodechilde eine zentrale Bedeutung zu, die sich hier bereits andeutet. Chrodechilde wird zum Werkzeug Gottes, durch sie werden die Franken zum katholischen Glauben geführt und verhelfen diesem im Westen des römischen Reichs zum Durchbruch. Die Schilderung, die Gregor von Tours von der Herrschaft Chlodwigs gibt, ist ganz dieser heilsgeschichtlichen Perspektive verpflichtet. Die Fakten werden dieser Perspektive untergeordnet und mit fiktiven Elementen vermischt, die der Bischof für sein heilsgeschichtliches Bild braucht. Sein Bericht über die Taufe Chlodwigs und ihr historisches Umfeld sind deshalb in der Forschung nach wie vor heftig umstritten.

Nach Gregor hatte Chrodechilde nicht aufgehört, ihren Mann zu bedrängen, Christ zu werden. »Aber«, so fährt Gregor fort,

> »er konnte auf keine Weise dazu bewegt werden, an Gott zu glauben, bis endlich einst der Krieg gegen die Alemannen seinen Anfang nahm, in welchem der König durch die Not getrieben wurde zu bekennen, was er zuvor bewusst verneint hatte. Es geschah aber, dass, als die beiden Heere miteinander kämpften, hitzig gemordet wurde und das Heer Chlodwigs begann, hart an den völligen Untergang zu geraten. Als jener das sah, sprach er mit zum Himmel erhobenen Augen, im Herzen berührt und zu Tränen bewegt: ›Jesus Christus, Chrodechilde verkündet, du seiest der Sohn des lebendigen Gottes, der, wie man sagt, den Bedrängten Hilfe bringt, und den Sieg denen gewährt, die auf dich hoffen. Demütig flehe ich den Ruhm deiner Macht an. Wenn du mir den Sieg über diese Feinde gewährst und ich jene Macht erfahre, von der das deinem Namen geweihte Volk sagt, dass es sie bei dir bestätigt gefunden habe, werde ich an dich glauben und mich in deinem Namen taufen lassen. Denn ich habe meine Götter angerufen, aber, wie ich erfahre, sind sie weit davon entfernt, mir zu helfen. Deshalb glaube ich, dass diese keine Macht haben, die denen nicht zu Hilfe kommen, die ihnen dienen. Dich nun rufe ich an, und ich wünsche, an dich zu glauben, nur entreiße mich meinen Feinden.‹ Und als er dies gesprochen hatte, wandten sich die Alemannen um und begann zu fliehen. Und als sie sahen, dass ihr König getötet worden war, unterwarfen sie sich der Herrschaft Chlodwigs.«[32]

Der König kehrte zurück und berichtete seiner Frau, auf welche Weise er den Sieg errungen hatte. Die Königin ließ daraufhin heimlich Bischof Remigius von Reims rufen und bat ihn, Chlodwig im christlichen Glauben zu unterweisen. Das Treffen wurde geheim gehalten und in seiner Unterredung mit dem

Bischof erklärte der König, er würde sich gern zum Christentum bekehren, doch das Volk werde es möglicherweise nicht dulden, wenn er die alten Götter verlasse. In einer Versammlung rief das Volk der Franken jedoch, es sei bereit, dem Gott zu folgen, den Bischof Remigius verkünde. Der Bischof ließ daraufhin hoch erfreut das Taufbad vorbereiten. »Zuerst«, so Gregor,

> »verlangte der König, vom Bischof getauft zu werden. Er ging wie ein neuer Konstantin zum Taufbad, um die Krankheit des alten Aussatzes zu tilgen und die schmutzigen Flecken, die er von früheren Zeiten her trug, durch das frische Wasser zu beseitigen. Als dieser zur Taufe herantrat, sprach der heilige Mann Gottes mit beredtem Mund so zu ihm: ›Neige fromm den Nacken, Sicamber (= Franke); verehre, was du verbrannt hast, verbrenne, was du verehrt hast.‹ Der heilige Bischof Remigius aber besaß ungewöhnliches Wissen und hatte sich besonders mit der Redekunst beschäftigt, aber auch durch seine Heiligkeit zeichnete er sich so aus, dass er dem (Papst) Silvester an Wundertaten gleichkam. Also bekannte der König den allmächtigen Gott in der Dreieinigkeit, wurde im Namen des Vaters, des Sohnes und des Heiligen Geistes getauft und mit dem heiligen Salböl mit dem Zeichen des Kreuzes Christi bezeichnet. Von seinem Heer aber sind mehr als 3000 getauft worden. Auch seine Schwester Alboflede ist getauft worden, die nicht viel später starb.«[33]

In Gregors Version der Taufe wird die Wirkmacht des christlichen Glaubens sichtbar. Seine Darstellung der Bekehrung Chlodwigs verbindet zwei Berichte über die Bekehrung Kaiser Konstantins. Sie ist zunächst an jene Schilderung angelehnt, die Eusebius von Caesarea (⋆ 260/64–† 339/340) in seiner *Vita Constantini* vom Sieg Kaiser Konstantins (306–337) über seinen Rivalen Maxentius im Jahr 312 gibt, die Gregor nachweislich kannte.[34] Eusebius erzählt, Konstantin, damals ebenfalls noch Heide, habe zu Gott gebetet, er möge ihm bei seinem Kampf gegen Maxentius helfen. Dieses Gebet erfolgt, anders als bei Gregor, vor der Schlacht.[35] Bei allen Unterschieden in der Gesamtkomposition ist dies dennoch die entscheidende Parallele zwischen Eusebius und Gregor, der ausdrücklich auf das Vorbild Konstantins verweist, wenn er schreibt, Chlodwig sei wie ein neuer Konstantin zum Taufbad gegangen.

Die Taufe Chlodwigs dargestellt auf Elfenbein.

Mit dem Konstantinvergleich ergibt sich allerdings auch ein Problem. Konstantin der Große war 337 von Bischof Eusebius von Nikomedien als arianischer Christ getauft worden, wie die Fortsetzung der Chronik des Eusebius durch Hieronymus berichtet, die Gregor nach eigenem Bekunden ebenfalls kannte.[36] Die Theologie des Arius († 336) geht von älteren Lehren der Unterordnung Christi unter Gottvater aus. Nach Arius ist der Vater alleiniger wahrer Gott, er ist einzig und allein Ursprung aller seienden Dinge. Der Sohn ist alles dies nicht, sondern er ist geschaffen (*factum*) und dadurch geworden. Arius geht damit nur von einer Wesensähnlichkeit (*homoiusia*) von Gott und Christus aus. Die Katholiken betrachten Gottvater und Christus hingegen als wesensgleich (*homoousios*) und Christus als eingeborenen Sohn Gottes (*natum, non factum*).[37] Für den überzeugten Katholiken Gregor war Konstantin somit wohl eine problematische Figur.[38] Doch mit dem Satz: »Er ging wie ein neuer Konstantin zum Taufbade hin, um die Krankheit des alten Aussatzes zu tilgen« löst er dieses Problem, indem er sich nicht auf den Bericht des Hieronymus, sondern auf die spätestens zu Anfang des 6. Jahrhunderts entstandene Silvesterlegende bezieht. Nach dieser Legende hatte Kaiser Konstantin der Große Christen töten lassen und wurde deshalb vom Aussatz befallen. Dies führte zu seiner Bekehrung, woraufhin er von Papst Silvester durch die Taufe vom Aussatz geheilt wurde. Durch die Silvesterlegende wurde das Christentum Konstantins neu definiert. Jetzt war es nicht mehr ein arianischer Bischof, der ihn getauft hatte, sondern der Papst in Rom, also der Vertreter des katholischen Glaubens schlechthin. Dadurch wurde aus dem arianischen Kaiser ein leuchtendes rechtgläubiges Vorbild. So konnte Gregor von Tours ohne weiteres auf ihn verweisen, um die überragende Bedeutung König Chlodwigs für die Kirche deutlich zu machen. Chlodwig ist ein neuer Konstantin, er hat sich ebenso große Verdienste um die Kirche erworben wie Konstantin, der als erster römischer Kaiser die christliche Religion anerkannte und ihre ungehinderte Ausbreitung ermöglichte. Um die Parallele zu unterstreichen, vergleicht Gregor Bischof Remigius zudem mit Papst Silvester. Hier wird sichtbar, dass Gregors Bericht nicht die Folge eines manipulierten und verzerrten Erinnerungsbildes ist,[39] sondern eine vollkommen durchkonstruierte Erzählung, die dem Leser die Macht des Glaubens, die Wirkmacht Gottes und den Sieg der Orthodoxie über den Arianismus vor Augen führen sollte.[40]

Bis heute ist nicht geklärt, in welchem Jahr die Schlacht gegen die Alemannen und die Taufe stattfanden. Durch die Verklammerung der Schlacht mit dem Taufereignis bei Gregor hat man immer wieder versucht, aus dem Jahr der Schlacht das Jahr der Taufe zu erschließen. Ein Teil der Handschriften, in denen Gregors »Zehn Bücher Geschichten« überliefert sind, gibt das lange Zeit allgemein akzeptierte Jahr 496 für die Taufe an. Da es aber in der ältesten erhaltenen Handschrift von Gregors »Zehn Bücher Geschichten« fehlt, geht die Forschung heute zum Teil von einem späteren Zusatz aus, der keine Glaubwürdigkeit beanspruchen könne. Unter Bezug auf Gregors Bericht werden jetzt vor allem die Jahre 496, 497, 498,

506 und 508 als mögliche Jahre der Taufe Chlodwigs angenommen.[41] Angesichts der Konstruktion von Gregors Erzählung scheint es allerdings fraglich, ob sie überhaupt dazu dienen kann, das Datum der Taufe zu bestimmen, denn der Zusammenhang zwischen der Taufe und dem Alemannenkrieg könnte ebenfalls konstruiert sein. Es ist jedenfalls auffällig, dass Bischof Nicetius von Trier in seinem Brief an Chlodoswinth, Tochter Chlothars I. und Enkelin Chlodwigs, nichts davon erwähnt.[42] Da Nicetius wohl spätestens 569 starb, hat er den Brief mit Sicherheit vor dem entsprechenden Bericht Gregors abgefasst. Nach einer ausführlichen Darlegung der Überlegenheit des Katholizismus gegenüber dem Arianismus fährt er fort:

> »Du hast gehört auf welche Weise deine Großmutter, Frau Chrodechilde guten Angedenkens, als sie in die *Francia* kam, den Herrn Chlodwig zum katholischen Gesetz hingeführt hat. Und weil er ein sehr kluger Mann war, wollte er nicht ruhen, bevor er das Wahre erkannt hatte. Als er das, was ich oben beschrieben habe, als richtig erkannte, fiel er demütig an der Schwelle (der Kirche) des Herrn Martin (St. Martin in Tours) nieder und versprach, sich ohne Verzug taufen zu lassen. Und du hast gehört, wie viel er als Getaufter gegen die häretischen Könige Alarich und Gundobad bewirkte. Wie viele Güter er selbst und seine Söhne in der Welt besessen haben, weißt du genau.«[43]

Mit dem Brief wollte Nicetius Chlodoswinth ermuntern, ihren Mann, den arianischen Langobardenkönig Alboin, zum katholischen Bekenntnis hinzuführen. Die Siege Chlodwigs über den Westgotenkönig Alarich II. (507) und den Burgunderkönig Gundobad (500) erwähnt der Bischof, um die Überlegenheit des katholischen Bekenntnisses zu beweisen. Warum verschweigt er in diesem Zusammenhang den Sieg über die Alemannen, wenn dieser für Chlodwigs Taufe entscheidend war? Und warum berichtet er von einer langen Suche Chlodwigs nach dem wahren Glauben, statt von der plötzlichen Konversion auf dem Schlachtfeld?

In dieser Hinsicht deckt sich der Brief des Nicetius mit einem undatierten Brief des Bischofs Avitus von Vienne († 518), der zur Taufe Chlodwigs eingeladen war und sich brieflich für sein Fernbleiben entschuldigte. Er schreibt, Anhänger gewisser schismatischer Ansichten hätten versucht, Chlodwig auf ihre Seite zu ziehen. Damit sind vermutlich die »Arianer« gemeint. Die Westgoten, Ostgoten und die Burgunder folgten der homöischen Ausrichtung der arianischen Lehre, die der gotische Bischof Wulfila vertreten hatte. Danach war der Gottessohn dem Vater zwar gleich gemäß der Schrift, aber seine Göttlichkeit war der des Vaters untergeordnet.[44] Chlodwig konnte über die benachbarten Könige leicht mit diesem Glauben in Kontakt kommen. Danuta Shanzer und Ian Wood haben daraus zu schließen versucht, Chlodwig sei ein arianischer Taufbewerber (Katechumene) gewesen. Dieser Schluss ergibt sich freilich nur, wenn man den Rest des Textes außer Acht lässt.[45] Denn nicht das Problem des Arianismus steht im Brief des Avitus im Vordergrund, sondern das Problem des Heidentums. Avitus begrüßt vor allem Chlodwigs Abkehr vom Heidentum und seine Hinwendung zum Christentum. Er betont die Schwierigkeit dieser Entscheidung und lobt Chlodwig für seine mutige Entscheidung:

> »Die göttliche Vorsehung findet freilich auch in unseren Zeiten einen Zeugen. Als ihr für euch gewählt habt, habt ihr für alle entschieden. Euer Glaube ist unser Sieg. Die meisten pflegen in einem solchen Fall, wenn sie entweder durch die Ermahnung des Priesters oder einiger Gefährten im Hinblick auf das erstrebenswerte Heil des Glaubens zur Überlegung bewegt werden, die Gewohnheiten des Volkes und den von den Vätern beachteten Brauch dagegenzustellen. Und so ziehen sie in verderblicher Weise die Rücksicht ihrem Heil vor und während sie weiter ihren Eltern unnütze Ehrfurcht durch die Beibehaltung der Ungläubigkeit erweisen, gestehen sie, dass sie überhaupt nicht wissen, was sie wählen sollen.«

Entsprechend ermahnt er Chlodwig am Ende des Briefes, für eine weitere Verbreitung des Christentums unter den heidnischen Völkern zu sorgen. Außerdem verheißt er dem König, die Taufe und die damit verbundene Bekehrung zum katholischen Glauben würden ihm weiteres Kriegsglück vermitteln.[46] Damit hob Avitus wie später Nicetius die Verbindung von Kriegsglück und katholischem Bekenntnis hervor.

Gregor kannte vermutlich den Brief des Avitus und wohl auch jenen des Nicetius, da er über ihn eine Vita verfasste.[47] Auf jeden Fall enthält Gregors Bericht Elemente, die auch in den beiden Briefen vorkommen: Die besondere Rolle Chrodechildes, die Entscheidung für das katholische Bekenntnis in Auseinandersetzung mit dem Heidentum und zuletzt die Bedeutung des richtigen Glaubens für das Kriegsglück. Daneben hat Gregor vermutlich Quellen für seine Darstellung in Tours vorgefunden, da Chrodechilde die meisten Jahre bis zu ihrem Tod 544 in Tours verbrachte.[48] Aus diesem Material konstruierte Gregor sorgsam seine Darstellung der Taufe, die das Wirken Gottes in der Geschichte sichtbar machen sollte.

Lässt man das Zeugnis Gregors von Tours beiseite und nimmt die Angaben bei Nicetius von Trier ernst, wonach Chlodwig den Krieg gegen Gundobad im Jahr 500 schon als getaufter Katholik führte, muss die Taufe vorher stattgefunden haben, ohne dass sich ein sicheres Datum nennen ließe. Die in diesem Zusammenhang oft angeführte zeitgenössische Vita der um 500 gestorbenen heiligen Genovefa führt in der Datierungsfrage nicht weiter, da sie nur berichtet, Chlodwig habe ihr zu Ehren eine Kirche bauen lassen, welche nach seinem Tod (511) von Chrodechilde vollendet wurde. Über den für die Datierung der Taufe wichtigen Baubeginn macht die Vita keine Angaben.[49] Es bleibt also nur festzuhalten, dass die Taufe einige Zeit nach der zwischen 492 und 494 geschlossenen Ehe mit Chrodechilde und vor 500 stattfand.

Welche Folgen hatte die Taufe Chlodwigs für seine Herrschaft? Die meisten germanischen Völker wie Vandalen, Goten, Langobarden und zumindest zeitweise auch die Burgunder hatten das arianisch-homöische Bekenntnis angenommen und zwar nicht nur die Mitglieder der Herrscherhäuser, sondern auch die Bevölkerung der jeweiligen Herrschaftsgebiete. Nach den Forschungen von Cordula Nolte gab es in der religiösen Vorstellungswelt der Laien am Ende des 5. Jahrhunderts noch keinen scharfen Gegensatz zwischen Arianismus und Katholizismus, was sich durch das mehrfache Nebeneinander beider Bekenntnisse in der burgundischen Königsfamilie belegen lässt.[50] Insofern hätte es für Chlodwig naheliegen können, sich dem arianischen Bekenntnis zuzuwenden, das bei den benachbarten Völkern vorherrschte. Für die von Friedrich Prinz vertretene These, Chlodwig sei mit seinem katholischen Bekenntnis bewusst aus dem von Theoderich sorgsam geschmiedeten Bündnissystem germanischer Staaten ausgebrochen, fehlt jeder Beleg.[51] Vielmehr sollte man das insgesamt katholische Umfeld Chlodwigs und die Rolle seiner Frau nicht unterschätzen, der von Nicetius und Gregor von Tours ein erheblicher Einfluss auf Chlodwig zugeschrieben wird. Hinzu kommt, dass die gallische Kirche katholisch war und das arianische Bekenntnis keine Möglichkeit bot, einen engeren Kontakt zu den Bischöfen und damit zu einem wichtigen Teil der gallorömischen Führungsschicht herzustellen. Die katholische Taufe hingegen brachte Chlodwig dieser Gruppe näher. Wenn man die Aussage des Nicetius über Chlodwigs lange Suche nach der Glaubenswahrheit ernst nimmt, darf bezweifelt werden, dass die Entscheidung für den katholischen Glauben aus rein politischen Gründen fiel.[52] Wie schwer die Entscheidung für Chlodwig war, macht der zeitgenössische Brief des Avitus von Vienne an Chlodwig deutlich, der ausdrücklich auf den Zwiespalt zwischen einem Führer, der sich zum Christentum bekehren will, und seinen heidnischen Untertanen eingeht. Dieser Zwiespalt wird auch bei Gregor von Tours behandelt, der beschreibt, wie sich nach Chlodwigs Taufe sofort mehr als 3000 seiner Männer ebenfalls taufen ließen. Chlodwig dürfte aber schon im Voraus gewusst haben, dass seine Leute ihm folgen würden. Gregor bringt dies deutlich zum Ausdruck, wenn er berichtet, das Volk habe, als es mit seinem König zusammentraf, ausgerufen, es wolle sich zum Christentum bekehren. Friedrich Prinz geht aufgrund dieser Darstellung davon aus, Chlodwig habe seine Gefolgsleute versammelt und ihre Zustimmung zur Konversion erhalten.[53] Das mag sich so zugetragen haben. Es könnte aber auch sein, dass Chlodwig seinen Übertritt von langer Hand vorbereitete. Dafür sprechen seine langen und guten Beziehungen zu den Bischöfen seines Herrschaftsgebietes. Außerdem wird Chlodwig sich mit seinen wichtigsten Gefolgsleuten über die Taufe beraten haben, um einen Konsens zu erreichen und die Unterstützung durch seine Gefolgsleute nicht zu gefährden.[54]

4.3 Die Expansion Chlodwigs

Vermutlich um 491 besiegte Chlodwig die Thüringer, sodass deren Herrschaftsgebiet, das sich rechts des Rheins wohl bis Duisburg erstreckte, unter seinen Einfluss kam.[55] Im Jahr 496 oder 497 könnte es zu jener Schlacht gegen die Alemannen gekommen sein, die Gregor in seine Erzählung über die Taufe einbaute. In der Forschung ist umstritten, ob diese Schlacht überhaupt stattgefunden hat oder ob es nicht nur jene gut bezeugte Schlacht gab, die 506 stattfand.[56] Denn auch Gregor erwähnt nur einen Kampf und es wäre möglich, dass er das Ereignis von 506 für seine Tauferzählung instrumentalisierte.

Im Jahr 500 schickte Godegisil, der Bruder des burgundischen Königs Gundobad und Unterkönig in Genf, Gesandte an Chlodwig und forderte ihn auf, mit ihm ein Bündnis gegen Gundobad zu schließen. Sobald er das Reich seines Bruders übernommen habe, wolle er Tribute an Chlodwig zahlen.[57] Solche Tributzahlungen waren den Herrschern natürlich höchst willkommen, denn mit ihnen konnte man die eigenen Gefolgsleute, die sich den Gefahren des Krieges aussetzten, reichlich beschenken und bei Laune halten. Die Belohnung für eine treue Gefolgschaft konnte entweder aus der Beute, die verteilt wurde, bestritten werden, oder eben aus Tributzahlungen. Nur ein Herrscher, der seinen Leuten etwas zu bieten hatte, konnte auf Dauer ungefährdet regieren.

Chlodwig ging auf das Bündnis mit Godegisil ein und den vereinten Truppen gelang es, Gundobad bei Dijon zu schlagen. Allerdings konnte dieser mit einem großen Teil seiner Leute entkommen und sich in Avignon verschanzen, wo er von Chlodwig belagert wurde.[58] Avignon war eine alte, durch massive Befestigungen geschützte römische Stadt. Die Eroberung solcher stark befestigter Städte bot mit der damaligen

Kriegstechnik ein erhebliches Problem. Eine von Gregor von Tours berichtete Episode lässt die Art der Kriegsführung in dieser Zeit gut erkennen. Ein Ratgeber Gundobads soll Folgendes zu Chlodwig gesagt haben:

> »Warum hältst du hier dein Heer zurück, obwohl dein Feind an einem überaus sicheren Ort sitzt? Du verwüstest die Äcker, weidest die Wiesen ab, zerschneidest die Weinstöcke, fällst die Ölbäume und richtest alle Früchte des Landes zu Grunde. Inzwischen vermagst du nicht, ihm zu schaden. Schicke lieber eine Gesandtschaft zu ihm und erlege ihm einen Tribut auf, den er dir jedes Jahr zahlt, sodass das Land unversehrt bleibt und du über ihn als einen dir tributpflichtigen Mann dauernd gebietest.«[59]

Die Erzählung macht die typische Kriegsführungstaktik deutlich. Konnte man einen befestigten Ort nicht erobern, so verwüstete man die umliegende Region. Damit sollte der Gegner angesichts des wirtschaftlichen Schadens zum Aufgeben gezwungen oder zumindest schwer geschädigt werden. Unter solchen Umständen war es durchaus üblich, den Angreifer durch Tributzahlungen von seinen Plünderungs- und Verwüstungsaktionen abzuhalten.

Laut Gregor von Tours ließ sich Gundobad auf die Tributzahlungen ein und Chlodwig zog sich zurück. Wieweit das zu seinen Absprachen mit Godegisil passte, lässt sich nicht entscheiden. Möglicherweise hatte Chlodwig erkannt, dass die Belagerung von Avignon über das hinausging, was er in diesem Krieg zu leisten gewillt war. Godegisil hatte währenddessen bereits Vienne besetzt, doch noch in demselben Jahr hatte sich Gundobad so weit von der Niederlage erholt, dass er mithilfe der Westgoten gegen seinen Bruder ziehen und ihn schließlich besiegen und töten konnte. Die auf der Seite Godegisils kämpfenden Franken wurden gefangen genommen und ins Westgotenreich zu König Alarich II. verbannt.[60] Der Krieg gegen Gundobad blieb somit für Chlodwig ohne greifbaren Erfolg. Er sah sich sogar gezwungen, mit dem Westgotenkönig Alarich, der Gundobad unterstützt hatte, Frieden zu schließen. Gregor von Tours berichtet dazu Folgendes:

»Sie trafen sich auf einer Insel der Loire, die nahe dem Dorf Amboise im Gebiet der Stadt Tours lag. Sie redeten miteinander, aßen und tranken gemeinsam und nachdem sie sich Freundschaft (*amicitia*) versprochen hatten, trennten sie sich in Frieden.«[61]

Gerd Althoff hat die Anfänge der Ritualisierung der Herrschaftsausübung untersucht und gezeigt, dass gemeinsames Essen und Trinken wichtige Elemente bei dem Abschluss eines Freundschaftsbündnisses waren, die der Vertrauensbildung dienten.[62] Was das Freundschaftsbündnis zwischen Alarich und Chlodwig an Verpflichtungen für die Vertragspartner enthielt, ist unbekannt, aber immerhin hielt der Friede bis 507.

Bevor der Krieg mit den Westgoten ausbrach, kam es 506 zur entscheidenden Schlacht der Franken gegen die Alemannen, deren Macht sich zu jener Zeit bereits stark vermindert hatte. Auch lässt sich das Gebiet, über das sie tatsächlich verfügten, kaum lokalisieren.[63] In der Schlacht erlitten die Alemannen eine so schwere Niederlage, dass sich der Ostgotenkönig Theoderich der Große zum Eingreifen gezwungen sah. In einem Brief an den Frankenkönig gratuliert er Chlodwig zu seinem Sieg und der Unterwerfung der Alemannen und fährt fort:

»Zügelt euren Zorn gegen den erschöpften Rest (der Alemannen), weil sie es durch das Recht der Gnade verdienen zu entkommen, die, wie ihr seht, Zuflucht beim Schutz eurer Verwandten gesucht haben. Seid nachsichtig mit jenen, die sich erschrocken in unserem Gebiet verbergen. Denkwürdig ist der Triumph, den überaus wilden Alemannen so erschreckt zu haben, dass du ihn zwingst, um sein Leben als Geschenk zu bitten. Es sollte dir genügen, jenen König zusammen mit dem Stolz des Volkes vernichtet zu haben. Es sollte dir genügen, dass sich das sehr zahlreiche Volk teils dem Schwert, teils der Sklaverei unterwarf. Denn wenn du mit den übrigen kämpfst, glaubt man nicht, dass du bisher alle besiegt hast.«

Theoderich legte Chlodwig dringend nahe, seine Bitte zu erfüllen und die nun unter seinem Schutz stehenden Alemannen nicht weiter zu verfolgen. Dann müsse er sich auch keine Sorgen über seine, Theoderichs, Reaktion machen.[64] In durchaus freundlichem Ton rät der Ostgotenkönig seinem Schwager zur Mäßigung, lässt aber auch seine Bereitschaft erkennen, einzugreifen, falls Chlodwig bei der Verfolgung der Alemannen in das Einflussgebiet der Ostgoten eindringen sollte. Ihm ging es wohl nicht so sehr um den Schutz der geflohenen Alemannen als um ein deutliches Signal an Chlodwig, den gotischen Einflussbereich zu respektieren.

Theoderich würdigt in seinem Brief auch die militärische Leistung der Franken, die ihn offenbar beeindruckte. Denn in einem Brief an seinen Schwiegersohn, den Westgotenkönig Alarich II. aus dem Jahr 507, ermahnt er ihn, nicht unüberlegt einen Krieg mit den Franken zu beginnen, denn seine Leute seien lange Zeit nicht im Kampf erprobt worden. »Deshalb haltet euch zurück«, fährt Theoderich fort, »bis wir unsere Gesandten an den König der Franken senden, damit die Urteile der Freunde euren Streit beseitigen.«[65] Worin der Streit genau bestand, erwähnt Theoderich in keinem seiner Schreiben, doch vermerkt er:

> »Nicht erregt euch das vergossene Blut von Verwandten, nicht entflammt euch ernstlich eine besetzte Provinz: bisher ist es ein kleiner Streit um Worte (*de verbis parva contentio*).«[66]

Die Worte, um die es ging, bargen offenbar ein erhebliches Konfliktpotential und der Streit war wohl kaum so unbedeutend, wie es Theoderich darstellte, denn er selbst schrieb in dieser Angelegenheit auch an den König der Thüringer[67] sowie an den Burgunderkönig Gundobad. Letzteren forderte er nachdrücklich auf, sich bei den Franken für die Bewahrung des Friedens einzusetzen.[68] Schließlich wandte sich der Ostgotenkönig direkt an Chlodwig und forderte ihn auf, nicht wegen »unbedeutender Gründe« (*causae mediocres*) einen Krieg mit Alarich zu beginnen. Die beiden Kontrahenten sollten ihre Reiche nicht unbedacht durch einen Krieg in Gefahr bringen.[69]

Trotz Theoderichs Friedensbemühungen kam es im Jahr 507 zum Kampf. Laut Gregor von Tours hat Chlodwig den Krieg religiös begründet: »Es belastet mich«, lässt Gregor Chlodwig äußern,

»dass diese Arianer noch einen Teil Galliens besitzen. Lasst uns mit Gottes Hilfe aufbrechen, und wenn sie besiegt sind, wollen wir das Land in unsere Gewalt bringen«.[70]

Die Forschung hat diese Begründung mehrheitlich als Fiktion Gregors abgetan. Doch wenn man die Aussage Theoderichs berücksichtigt, es sei ein »Streit um Worte«, könnte es sich dabei doch um die unterschiedlichen Glaubensauffassungen gehandelt haben. Immerhin ist es auffällig, dass Alarich kurz vor der Eskalation des Streits den katholischen Bischöfen in Südgallien entgegenkam und erlaubte, dass sie im Jahr 506 in Agde ihre erste Synode im westgotischen Reich abhalten konnten.[71] Möglicherweise beugte sich Alarich damit dem zunehmenden politischen Druck der Franken. Vielleicht haben auch die Bischöfe des Frankenreichs Chlodwig zu einem Krieg für den »rechten Glauben« ermuntert. Gregor von Tours legte später bei seiner Darstellung der Ereignisse jedenfalls großen Wert auf die göttliche Legitimation des Krieges.[72] Im Krieg gegen die Westgoten wurde Chlodwig durch ein Aufgebot der Rheinfranken unterstützt und auch die Burgunder schlossen sich ihm an.[73] Ein oströmischer Flottenangriff auf die italienische Küste bei Tarent hinderte Theoderich daran, den Westgoten rechtzeitig zu Hilfe zu kommen.[74] Diese Unterstützung Ostroms für die Franken deutet darauf hin, dass Chlodwig die Kontakte zum oströmischen Kaiser weiterführte, die schon sein Vater mit großer Wahrscheinlichkeit unterhalten hatte. Die Entscheidungsschlacht, in der Alarich II. umkam, fand bei Vouillé in der Nähe von Poitiers statt.

Nach seinem Sieg konnte Chlodwig bis zur Garonne vorrücken. Dabei bemühte er sich sehr darum, die besondere Stellung der Bischöfe zu berücksichtigen und deren Besitz und Interessen vor Auswirkungen des Krieges zu schützen. In dem einzigen von ihm überlieferten Brief schrieb er 507 oder bald danach an die Bischöfe des neu eroberten Gebiets:

»Da die Kunde von dem ergangen ist, was geschehen und unserem ganzen Heer geboten wurde, bevor wir in das Land der Goten eindrangen, kann sie eurer Seligkeit nicht entgangen sein. Als erstes haben wir auch in Bezug auf das geistliche Amt aller Kirchen befohlen, dass keiner in irgendeiner Weise versuche zu rauben, weder die Gott geweihten Frauen, noch die Witwen, von denen erwiesen ist, dass sie dem Dienst des Herrn geweiht sind; das gleiche soll gelten für die Kleriker und die Söhne der oben genannten, sowohl der Kleriker wie der Witwen, die bekanntermaßen mit ihnen in ihrem Hause wohnen; ebenso für die Sklaven der Kirchen, von denen durch Eide der Bischöfe erwiesen ist, dass sie den Kirchen entzogen worden sind. Der Befehl ist zu beachten, dass keiner von ihnen irgendeine Gewalt oder irgendeinen Schaden erleide.[75] [...] Bezüglich der übrigen gefangenen Laien aber, die außerhalb des Friedens gefangen wurden: Und wenn das bewiesen ist, darf das bischöfliche Schreiben, für wen ihr es nach eurem Willen auch ausstellen wollt, nicht abgelehnt werden. Bezüglich derjenigen, sowohl Kleriker wie Laien, die in unserem Frieden gefangen genommen worden sind: Wenn ihr dies wahrhaftig durch eure mit eurem Siegel besiegelten Briefe anerkennt, so sollen sie auf jeden Fall zu uns geschickt werden, und ihr sollt wissen, dass die erlassene Verfügung von uns bestätigt werden muss. So bittet indessen unser Volk, dass, für wen auch immer ihr eure Briefe auszustellen geruht, ihr nicht säumt, unter Eid im Namen Gottes und mit eurem Segen auszusagen, dass diese Sache, die verlangt wird, wahr ist. Denn es sind Abänderungen und Fälschungen vieler gefunden worden, sodass verständlich wird, was geschrieben steht: Es kommt der Gerechte mit dem Ungerechten um.«[76]

Der Brief behandelt zwei verschiedene Angelegenheiten und trifft dafür rechtliche Entscheidungen. Zunächst geht es um einen besonderen Schutz für Angehörige der Kirche, nämlich Gott geweihte Frauen, Witwen und Kleriker, die Söhne der genannten Personengruppen und schließlich Sklaven der Kirche. Durch den Erlass des Königs sollten sie vor Raub und Gewalttaten geschützt werden. Der zweite Teil betrifft die Gültigkeit bischöflicher Empfehlungsschreiben für Kleriker und Laien.[77] Für Laien, die nachweislich während des Kriegs gefangen genommen worden waren, sollten die bischöflichen Empfehlungsschreiben grundsätzlich beachtet werden. Wenn sich die Bischöfe mit besiegelten Briefen für Kleriker und Laien einsetzten, die nach Beendigung der Kriegshandlungen gefangen genommen wurden, mussten die Briefe an den König geschickt und von ihm bestätigt werden. Aufgrund vieler nachweisbarer Abänderungen und Fälschungen solcher Briefe habe das Volk gebeten, dass die Bischöfe die Wahrheit ihrer Angaben beeideten. In zwei konkreten Fällen wird hier durch Chlodwig die Sonderstellung der Kirche und der eng mit ihr verbundenen Personen anerkannt. Offenbar gab es sowohl in Kriegs- wie in Friedenszeiten immer wieder Übergriffe des Heeres auf Angehörige der Kirche und ihren Besitz. Für das Heer und vor allem für seine fränkischen Anführer, die zu dieser Zeit mit Sicherheit dem Heidentum immer noch stark verbunden waren, stellten der Kirchenbesitz und die Diener der Kirche eine leichte und einträgliche Beute dar. Mit der Unterstellung der Angehörigen der Kirche unter seinen Schutz erkannte der König die Kirche als Institution mit besonderen Rechten an, denn sein Befehl galt »in Bezug auf das geistliche Amt aller Kirchen«. Es ging hier somit nicht um das Schicksal von Einzelpersonen, sondern darum, die Ausübung des geistlichen Amtes der Kirche durch den Schutz ihres Personals zu gewährleisten.[78]

Auch die Befugnis der Bischöfe, Empfehlungsschreiben für gefangene Kleriker und Laien auszustellen, trug der Stellung der Bischöfe als höchsten Vertretern der Kirche Rechnung. Äbten, Presbytern und anderen Vertretern der Geistlichkeit stand dieses Recht nicht zu. Für die Kleriker und Laien, die erst nach Beendigung des Krieges in Gefangenschaft geraten waren, wurde der Einfluss der Bischöfe jedoch eingeschränkt und sie wurden dem Urteil des Königs unterworfen. In solchen Fällen mussten die Bischöfe ihre Briefe zunächst dem König vorlegen und sie von ihm bestätigen lassen. Zudem wurde von den Bischöfen eine Beeidung des von ihnen dargelegten Sachverhalts verlangt, weil »unser Volk« (*noster populus*) sich über Fälschungen beklagte. Mit dem »Volk« dürften die fränkischen Großen oder zumindest die einflussreichen Franken am Hofe Chlodwigs gemeint sein,[79] da ein unkontrollierter Einsatz von bischöflichen Empfehlungsschreiben vor allem ihre Interessen verletzte.

Der Brief macht deutlich, wie wichtig Chlodwig ein gutes Verhältnis zu den Bischöfen im neu eroberten Gebiet war. Trotz einiger Vorbehalte räumte er ihnen wichtige Befugnisse ein und versuchte, ihre Interessen zu schützen, obwohl er damit die Interessen seiner eigenen Gefolgsleute beschnitt. Das zeigt, welchen Stellenwert Chlodwig den Bischöfen für das Funktionieren der eigenen Herrschaft einräumte. Man darf daraus wohl auch auf einen entsprechenden Einfluss der Bischöfe auf Chlodwig schließen.

Nachdem Chlodwig um die Jahreswende von 507 auf 508 in Bordeaux überwintert hatte, erstürmte das vereinigte fränkisch-burgundische Heer 508 Toulouse, die Hauptstadt des Westgotenreichs, wo es zumindest einen Teil des Königsschatzes in seine Gewalt brachte.[80] Während sich Chlodwig zurück nach Tours begab, führte sein Sohn Theuderich das Heer weiter in die Auvergne, während das burgundische Heer unter der persönlichen Führung Gundobads Narbonne einnahm und die Belagerung von Arles begann.[81] Zu diesem Zeitpunkt kam es aber zu einer Wende im Krieg, da endlich doch noch ein ostgotisches Heer eintraf, das den Belagerungsring um Arles sprengte und Narbonne zurückeroberte. Diese Wende zuungunsten der verbündeten Burgunder übergeht Gregor von Tours in seinem Werk geflissentlich.

Der 507 zum König der Westgoten erhobene Gesalech, ein unehelicher Sohn Alarichs, wurde 511 von dem Ostgotenkönig Theoderich vertrieben, der selbst die Herrschaft über das Westgotenreich übernahm. Eine Rückeroberung der von den Franken eingenommenen Gebiete schien Theoderich aber offenbar nicht möglich, sodass es zu einem Waffenstillstand kam.

Die Herrschaftsgebiete hatten sich nun erheblich verändert. Der Südwesten Galliens bis zur Garonne im Süden und bis zur *Loire* im Osten war jetzt in der Hand der Franken. Die Mittelmeerküste südwestlich der Rhônemündung beherrschten jedoch weiter die Westgoten. Die Ostgoten konnten aus ihrem Eingreifen erheblichen Nutzen ziehen, da sie nun über die Provence verfügten.[82] Lediglich für die Burgunder brachte der Krieg kaum greifbare Erfolge.

Das Schicksal der Bevölkerung in den von den Franken eroberten westgotischen Gebieten ist unklar. Der Brief an die gallischen Bischöfe, in dem Chlodwig Plünderungen verbot, wurde oben schon behandelt. Doch es scheint Übergriffe auf die Westgoten gegeben zu haben. Gregor erwähnt die Vertreibung der Goten aus Angoulême[83] und Prokop berichtet in seinem Gotenkrieg über die Räumung des von den Franken eroberten Südwestens durch die Goten im Jahr 512 nach dem Tode Chlodwigs.[84] Allerdings dürften sich auch viele Goten mit der neuen Situation arrangiert haben. Die Synode von Orléans, die im Jahr 511 zusammentrat, befasste sich nämlich mit dem Problem, wie die zum Katholizismus übergetretenen arianischen Geistlichen in die Kirche integriert werden sollten.[85] Unter ihnen dürften sich auch Goten befunden haben.

4.4 Die Konsolidierung der Herrschaft

Als Chlodwig 508 in Tours weilte, erschien eine Gesandtschaft des oströmischen Kaisers Anastasius und überbrachte ihm laut Gregor von Tours die Ernennung zum Konsul und entsprechende Kleider und Insignien. Die Forschung war sich lange einig, dass es sich wohl um einen Ehrenkonsulat handelte.[86] In Gregors eigener Rubrik zu dem Kapitel heißt es außerdem: »Über den Patriziat des Königs Chlodwig« (*De patriciato Chlodovechi regis*). Daraus kann man schließen, dass Chlodwig auf jeden Fall auch zum *patricius* ernannt wurde. Der Patriciustitel war im Westen mit dem Heermeisteramt verbunden, wodurch Chlodwig eine Spitzenstellung in der römischen Ämterhierarchie erhielt.[87] Schon zuvor war der Gotenkönig Theoderich von Kaiser Zenon zum Konsul und *patricius* erhoben worden. Ob aber Chlodwig ebenfalls zum Konsul ernannt wurde,[88] ist fraglich, da er nirgendwo als solcher vermerkt ist. Zudem hatte Theoderich für das Jahr 508 in Absprache mit Kaiser Anastasius bereits einen römischen Senator zum Konsul ernannt. Vermutlich erhielt Chlodwig wohl doch nur den Ehrenkonsulat.[89]

Mit der Ernennung zum *patricius* und zum Ehrenkonsul erkannte der Kaiser die Stellung Chlodwigs an und bezog ihn in das römische Herrschaftssystem ein. Durch die Verleihung der Titel und Insignien machte der Kaiser deutlich, dass er über dem König stand und dessen Herrschaftsgebiet letztlich als Teil des *imperium* verstand. Die Ernennung zum *patricius* zeigt aber auch deutlich, dass Chlodwig für Kaiser Anastasius zu einem wichtigen Partner im Kampf gegen die Vormachtstellung der Goten im Westen geworden war.[90] Gregor von Tours zufolge legte Chlodwig nach dem Empfang der Ehrung in der Kirche St. Martin außerhalb von Tours eine Purpurtunika, einen römischen Mantel und ein Diadem an. Dann hielt er einen feierlichen Einzug in der Stadt, der wohl nach dem *Adventus*-Zeremoniell des Konsulempfangs gestaltet war.[91] Hoch zu Pferd ritt er am versammelten Volk der Stadt vorbei und verteilte auf dem Weg zwischen St. Martin und der Bischofskirche Gold- und Silbermünzen.[92] Mit diesem Zeremoniell machte er der gallorömischen Bevölkerung seine Anerkennung durch den Kaiser sichtbar und unterstrich seine Legitimation als König zusätzlich. Zugleich inszenierte er sich dabei bewusst als christlich-katholischer Herrscher, denn der gewählte Weg von der St. Martinskirche außerhalb der Stadt zur Bischofskirche in Tours machte seine Verehrung des Heiligen Martin ebenso deutlich wie seine enge Beziehung zur Kirche.

Der Sieg über die Westgoten hat Chlodwigs Stellung innerhalb der Franken nachhaltig gefestigt,[93] sodass er es nun wagen konnte, die noch verbliebenen fränkischen Kleinkönige zu beseitigen. Dadurch wurden die Franken unter einem König vereint, ein fränkisches Reich war geschaffen. Laut Gregor von Tours ging Chlodwig bei der Ausschaltung der übrigen fränkischen Herrscher mit List und brutaler Härte vor. So forderte er seinen Verwandten Chloderich, den Sohn des rheinfränkischen Königs Sigibert auf, er solle seinen schon betagten Vater umbringen und sich selbst der Herrschaft bemächtigen. Chloderich ließ daraufhin tatsächlich seinen Vater töten, doch wurde er selbst kurz danach von Gesandten Chlodwigs getötet. Anschließend konnte Chlodwig, der öffentlich jede Beteiligung an dem Mordkomplott bestritt, das entstandene Machtvakuum ausnutzen und die Herrschaft über die Rheinfranken übernehmen. Die Erzählung Gregors endet mit einem beachtenswerten Satz unter Bezugnahme auf das Alte Testament:

> »Gott nämlich gab täglich die Feinde Chlodwigs in dessen Hand und vermehrte dessen Reich, weil er mit rechtem Herzen vor ihm wandelte und tat, was in seinen Augen wohlgefällig war.«[94]

Sollte die heimtückische Beseitigung von Sigibert und Chloderich wirklich ein gottgefälliges Werk gewesen sein? Walter Goffart hat deshalb geschlossen, die Äußerung Gregors sei ironisch gemeint.[95] Doch sowohl in diesem Fall als auch in den Berichten über die Vernichtung weiterer fränkischer Anführer wie Chararich und Ragnachar übt Gregor keinerlei Kritik an Chlodwig.[96] Offenbar erschien ihm Chlodwig als auserwähltes Werkzeug Gottes. Der König, der zum rechten Glauben gefunden hatte, war dazu bestimmt, ein mächtiges fränkisches Reich zu schaffen und so dem wahren Glauben zum Durchbruch zu verhelfen. Diese Auffassung zeichnet sich bereits in dem schon erwähnten Vergleich Chlodwigs mit Kaiser Konstantin dem Großen ab. Wie Konstantin eine Zeitenwende durch die Anerkennung der christlichen Religion anbrechen ließ, führte Chlodwig eine neue Ära durch sein Bekenntnis zum katholischen Glauben und dessen Verbreitung herbei. Das brutale Vorgehen entsprach den Erfordernissen und war deshalb moralisch nicht verwerflich. Gregor schilderte Chlodwigs Vorgehen sicherlich nicht, um ihn in ein schlechtes Licht zu rücken, da er ihn als vorbildlichen Herrscher lobt.[97] Er scheint aber über Quellen verfügt zu haben, welche die brutale Vorgehensweise bei der Beseitigung der übrigen fränkischen Herrscher durch Chlodwig überlieferten. Diese Quellen baute er in seine Geschichtssicht ein und gab dabei den Ereignissen eine religiöse Begründung und Legitimation.

4.5 Die Synode von Orléans 511

Kurz vor seinem Tod am 27. November 511 berief Chlodwig eine Bischofsversammlung nach Orléans. Mit den Beschlüssen der Synode von Orléans liegt eine zeitgenössische Quelle vor, die Einsicht in die Beziehungen zwischen den Bischöfen und dem König, in gesellschaftliche Strukturen und in das Verhältnis zwischen römischem, kirchlichem und fränkischem Recht gewährt. Nach dem Sieg über die Westgoten und der damit verbundenen Ausdehnung des Reichs nach Süden befahl der König den Bischöfen nach Art der römischen Kaiser, sich zu einer Synode zu versammeln. Insgesamt 32 Bischöfe, von denen ein großer Teil aus dem früheren westgotischen Gebiet stammte, folgten dem Befehl. Die auf der Synode zu behandelnden Angelegenheiten ergaben sich unter anderem aus den Anfragen des Königs und den von ihm vorgelegten Artikeln. Im Vorwort zu ihren Beschlüssen gaben die Bischöfe ihrer Hoffnung auf die Zustimmung und die Bestätigung der Kanones durch den König Ausdruck. Waren die Entscheidungen der Bischöfe an sich schon aufgrund ihrer Autorität zu wahren, so bedeutete die Zustimmung des Königs die Bestätigung durch eine noch höhere Autorität.[98] Die Verantwortung für die Beachtung und Durchsetzung der Beschlüsse lag damit letztlich beim König. Dies war wichtig, weil es in Orléans nicht wie auf der westgotischen Synode von Agde 506 um rein innerkirchliche Belange ging. Die Beschlüsse hatten durchaus politischen Charakter, der sich auch aus dem Spannungsfeld der unterschiedlichen Rechtsvorstellungen von Romanen und Franken ergab. Das römische Recht war seit 438 im *Codex Theodosianus* fixiert, einer Sammlung römischer Gesetze, die seit Konstantin dem Großen erlassen worden waren, wodurch ein klarer, staatlich kontrollierter rechtlicher Rahmen vorgegeben worden war. Das fränkische Recht war 511 gerade erst im *Pactus legis Salicae* kodifiziert worden, doch bot der *Pactus* keinen umfassenden, staatlich kontrollierten Rechtsrahmen. Obwohl der *Pactus* unter anderem das Fehdewesen einzuschränken versuchte, blieben die Ausübung der Fehde und der Blutrache wesentliche Grundlagen des fränkischen Rechtsbewusstseins.[99] Die Spannung, die aus den zwei unterschiedlichen Rechtsauffassungen und Rechtssystemen resultierte, wird besonders in den ersten drei Kanones greifbar. In Kanon 1 heißt es:

»Bezüglich der Totschläger, Ehebrecher und Diebe, wenn sie in die Kirche flüchten, bestimmen wir, dass beachtet werden soll, was die kirchlichen Bestimmungen festlegen und das römische Recht festsetzt: dass es keinesfalls erlaubt sei, sie aus den Vorhöfen der Kirche oder aus dem Haus der Kirche oder dem Haus des Bischofs wegzuführen; sondern sie sollen nur übergeben werden, wenn sie durch auf die Evangelien geleistete Eide vor dem Tode, der Verstümmelung und aller Art Strafen sicher sind, und zwar in der Weise, dass der Verbrecher sich mit demjenigen, gegen den er sich vergangen hat, über einen Schadensausgleich einigt. Wenn einer überführt wird, seine Eide gebrochen zu haben, dann soll er als Eidbrüchiger nicht nur aus der Gemeinschaft der Kirche und aller Kleriker, sondern auch aus der Mahlgemeinschaft mit den Katholiken ausgeschlossen werden.«

Kanon 2 bestimmte:

»In Bezug auf die Entführer glauben wir, dass dies beachtet werden muss, dass nämlich, wenn ein Entführer mit der entführten Frau zu einer Kirche flieht und die Frau unzweifelhaft Gewalt erleidet, sie sofort aus der Gewalt des Räubers befreit werden soll. Und nachdem ihm die Verschonung von der Todesstrafe und anderen Strafen zugesagt worden ist, hat der Entführer die freie Wahl, sich dem Los zu unterwerfen, als Sklave zu dienen oder sich freizukaufen. Wenn aber feststeht, dass das geraubte Mädchen einen Vater hat, und es dem Entführer zugestimmt hat, dass er sie entführen werde oder sie entführte, soll sie entschuldigt in die Gewalt des Vaters zurückgegeben werden, und der Entführer soll vom Vater als unschuldig betrachtet werden, wenn er gemäß der oben erwähnten Bedingungen Genugtuung leistet.«

Der 3. Kanon schließt gedanklich an den 1. Kanon an:

»Ein Sklave, der wegen irgendeiner Schuld zur Kirche flieht, soll, wenn er von seinem Herrn einen Eid hinsichtlich der begangenen Tat empfangen hat, (dass er nicht bestraft wird,) gezwungen werden, sofort in die Knechtschaft seines Herrn zurückzukehren. Wenn der Herr aber, nachdem er sich durch die geleisteten Eide verbürgt hat, es billigt, dass der Sklave für dieselbe Schuld, von der er befreit wurde, irgendeine Strafe erlitten hat, soll er wegen der Verachtung der Kirche und der Verletzung der Treue von der Gemeinschaft und der Mahlgemeinschaft mit den Katholiken

> ausgeschlossen werden, so wie es oben bestimmt worden ist. Wenn aber ein Sklave, der wegen seiner Schuld von der Kirche verteidigt worden ist, und auf die Forderung der Kleriker hin die Eide des Herrn bezüglich der Straflosigkeit erhalten hat, (die Kirche) nicht verlassen will, ist es erlaubt, dass er vom Herrn ergriffen wird.«[100]

Ausgangspunkt für die Bischöfe war sowohl das kirchliche als auch das römische Recht, denn in den *Codex Theodosianus* waren mehrere Gesetze zum Asylrecht aufgenommen worden. Eines dieser Gesetze, das aus dem Jahr 431 stammt, definiert die Kirche als Asylraum, aus dem diejenigen, die unbewaffnet dort Zuflucht suchten, nicht gewaltsam entfernt werden durften.[101] Ein anderes Gesetz des Codex sah vor, einen Sklaven, der Zuflucht in einer Kirche gesucht hatte, nach einem Tag an seinen Herrn zurückzugeben. Der Herr sollte dem Sklaven aus Ehrfurcht vor Gott verzeihen und ihn nicht bestrafen.[102] Eine Sicherheitsleistung für den Zufluchtsuchenden enthielt das Gesetz jedoch nicht. Zudem waren Juden, Staatsschuldner und jene, die in öffentliche oder private Geldangelegenheiten verwickelt waren, vom Asyl ausgenommen worden.[103]

In den kirchlichen Vorschriften fand das Asylrecht erstmals 441 einen Niederschlag. Die Synode von Orange verbot die Auslieferung von Menschen, die bei einer Kirche Zuflucht gesucht hatten. Im Gegensatz zum weltlichen Gesetz sah die kirchliche Regelung weder eine Einschränkung des Personenkreises, der Zuflucht suchen durfte, noch eine Rückgabe der Sklaven vor.[104] Möglicherweise war für die Bischöfe in Orange die nach dem weltlichen Recht geltende Praxis unbefriedigend, die Sklaven ihren Herren nach einem Tag zu übergeben. Ohne klare Strafandrohung im Falle einer Misshandlung des Sklaven blieben diese letztlich der Willkür ihrer Herren ausgeliefert. Dies widersprach aber dem christlichen Gebot der *misericordia* (Barmherzigkeit) und dem Auftrag der Bischöfe, sich für die Schwachen einzusetzen. Die Synode von Arles (zwischen 442 und 506) präzisierte die Bestimmungen. Sie verbot die Auslieferung ebenfalls, doch sollten die Herren die Geflohenen überzeugen, die Kirche zu verlassen, nachdem ihnen die Fürsprache des Klerus zuteilgeworden war. Bestraften die

Herren die Flüchtlinge anschließend trotzdem, sollten sie exkommuniziert werden.[105] Wie aber der Konflikt zwischen geltendem weltlichem Recht und den durch die Kanones festgeschrieben kirchlichen Vorstellungen zu überbrücken war, blieb eine offene Frage. Auch blieb die Bestimmung der Synode von Arles hinsichtlich der friedlichen Konfliktbeilegung sehr vage.

Die Bischöfe in Orléans standen somit vor der Herausforderung, bei der Neugestaltung des kirchlichen Asylrechts das römische Recht, das bei den Gallorömern immer noch als verbindlich angesehen wurde, mit den kirchlichen Rechtsvorstellungen zu verbinden und die Regelungen auch für die Franken, besonders für den fränkischen König und seine Berater, annehmbar zu gestalten. Es ging ihnen dabei vor allem darum, die Flüchtlinge vor Schaden zu bewahren und den Konflikt beizulegen.[106] Die Bischöfe führten deshalb für die friedliche Konfliktbeilegung die Leistung eines promissorischen Eides ein, eines Eides also, mit dem der Eidleistende sein Wohlverhalten für die Zukunft versprach.[107] Der promissorische Eid lässt sich vorher im Kirchenrecht nicht nachweisen und er scheint auch im römischen Recht keine große Rolle gespielt zu haben, doch ermöglichte er es, einen Minimalkonsens für die friedliche Konfliktbeilegung zwischen Romanen und Franken zu schaffen.[108] Nach Ablegung des Eides sollte es mit den Delinquenten zur Einigung über einen Schadensausgleich kommen (Kanon 1) und entlaufene Sklaven sollten zu ihrem Herrn zurückkehren (Kanon 3). Durch den Eid, der vor einer geistlichen Autoritätsperson auf die Evangelien abzulegen war, verzichtete der Geschädigte auf Rache und Strafe. Da ein solcher Eid Gott als Zeugen anrief, sodass im Falle der Nichteinhaltung Gottes Strafe den Eidbrüchigen traf,[109] bürgte der Eidleistende nicht nur mit seiner Glaubwürdigkeit und seinem Status,[110] sondern auch mit seinem Seelenheil. Unklar bleibt aber, wie tief christliche Vorstellungen in so kurzer Zeit bei der Mehrzahl der Franken Wurzeln geschlagen hatten.

Zudem stellt sich die Frage, wieweit die Vorgaben der Bischöfe mit dem Rechtsempfinden der Franken kompatibel waren. Nach Stefan Esders zielten die Bischöfe mit ihren Forderungen »ins Herz des fränkischen Rechtsempfindens und riskierten einen schweren Konflikt mit der fränkischen Verhaltenserwartung«. Die Mehrheit der Franken sah die Ausübung der Blutrache nicht nur als legitim an, sondern betrachtete sie als den »Ausgangspunkt ihres Rechtsbewusstseins«. Für sie ging es darum, für die eigene Person die verletzte Ehre wiederherzustellen und den Prestigeverlust innerhalb der eigenen Gruppe auszumerzen, aber auch die Ehre der Gruppe zu bewahren. Der Angehörige einer Gruppe war verpflichtet, die normative Erwartungshaltung seiner Gruppe zu erfüllen.[111] Den Bischöfen dürfte die Problematik ihrer Entscheidung durchaus bewusst gewesen sein, denn sie schlossen in beiden Kanones jene, die sich nicht an die Vorschriften hielten, nicht nur von der kirchlichen Gemeinschaft (Exkommunikation), sondern auch von der Mahlgemeinschaft (*convivium*) aller Christen aus. Die Übertreter der Kanones wurden somit nicht nur von der religiösen, sondern auch von der sozialen Gemeinschaft der Christen getrennt. Die Bischöfe griffen damit zu einer verschärften Form der Exkommunikation, die sich zuvor nur zwei Mal im Falle von ohnehin exkommunizierten Büßern nachweisen lässt, die ihr Bußversprechen gebrochen hatten.[112] Welchen Erfolg die Maßnahme der Bischöfe hatte, ist schwer zu beurteilen. Gregor von Tours berichtet von einigen Verstößen gegen das Asylrecht, aber auch von dessen Beachtung.[113] Da Chlodwig die Asylfrage selbst zum Thema der Synode gemacht hatte, war ihm offenbar an einer praktikablen Lösung gelegen. Diese konnte er aber nur gemeinsam mit den Bischöfen erreichen, denn als Vorsteher der Kirchen waren sie von allen Regelungen, welche die Fragen des Kirchenasyls betrafen, selbst massiv betroffen.

Erkennbar wird auch das Interesse des Königs, Maßnahmen für eine friedliche Konfliktbeilegung zu etablieren. Dazu führten die Bischöfe nicht nur den für das Kirchenrecht ungewöhnlichen Eid, sondern auch den im Kirchenrecht genauso ungewöhnlichen Schadensausgleich ein, der aus dem fränkischen Recht stammt. Der 1. Kanon sah einen Schadensausgleich zwischen dem ins Asyl geflohenen Verbrecher und dem Geschädigten vor. Der 2. Kanon benennt auch die Art des geforderten Schadensausgleichs: Dem in die Kirche geflohenen Entführer einer Frau sollte zum Schutz der Frau die Verschonung von der Todesstrafe und anderen Strafen zugesagt werden. Er hatte dann die Wahl, entweder als Sklave zu dienen oder sich freizukaufen.[114] In beiden Fällen sollte eine friedliche Konfliktlösung ermöglicht werden, indem der Täter von Körperstrafen verschont blieb. Doch musste er den angerichteten Schaden gutmachen. Nach den fränkischen Rechtsvorstellungen hätte ein Freier, der die Buße (Wergeld) für sein Vergehen nicht zahlen konnte, und niemanden fand, der für ihn zu zahlen bereit war, mit seinem Leben büßen müssen.[115] Dies war aber mit dem Gedanken des Asylrechts nicht vereinbar, weshalb im 2. Kanon mit der Selbstversklavung die Möglichkeit eines materiellen Ausgleichs geschaffen wurde, wenn die Summe für den Freikauf nicht aufgebracht werden konnte. Die drei Kanones stellen durch die Einführung des promissorischen Eides und des Schadensausgleichs eine Rechtsfortbildung dar, bei der römisches, fränkisches und kirchliches Recht zu einer neuen Rechtsnorm verbunden wurden. Mit den formulierten Rechtsgrundsätzen gab es eine Handhabe, die nach den fränkischen Rechtsvorstellungen bei entsprechenden Vergehen eintretenden Folgen, nämlich Fehde und Blutrache, durch den Eid und den Schadenausgleich zu verhindern.

Die Synode von 511 ist als »Konkordat«, als Interessenausgleich zwischen dem König und den Bischöfen gedeutet worden. So komme etwa im Kanon 4, nach dem ein Laie nur auf Befehl des Königs oder eines Richters in den geistlichen Stand aufgenommen werden dürfe, die Macht des Königs zur Geltung. In anderen Bestimmungen werde dafür die Macht der Bischöfe über den Klerus, die Äbte und das Kirchengut gestärkt.[116] Doch die ersten drei Kanones zeigen, dass es um mehr ging. Die Übertragung dieser Art von Rechtsfortbildung an die Bischöfe durch Chlodwig macht deutlich, welchen Stellenwert sie für seine Herrschaft hatten. Über die Rechtsfortbildung waren sie letztlich an der Herrschaft beteiligt. Da aber die

Beschlüsse der Synode von Orléans von Chlodwig bestätigt werden mussten und seine Autorität ihre Gültigkeit im ganzen Reich absichern sollte, blieb der König Mittelpunkt der Gesetzgebung. Er war die Instanz, die einen Ausgleich der verschiedenen Rechtsvorstellungen vermitteln musste. Das lag durchaus in seinem Interesse, denn einen fränkischen Gesamtherrscher hatte es bis dahin nicht gegeben. Für Chlodwig waren die alten fränkischen Rechtsvorstellungen von Fehde und Blutrache letztlich eine Einschränkung der eigenen Herrschaftsgewalt. Bei der Suche nach neuen Wegen der Gestaltung und Normierung des Rechts fungierten die Bischöfe als kompetente Vermittler neuer Lösungsansätze in schwierigen Rechtsfragen. Ziel war es dabei immer wieder, geeignete Formen für eine friedliche Beilegung von Konflikten zu schaffen. Diese friedliche Konfliktbeilegung und nicht mehr die Blutrache und Fehde sollte das gesellschaftliche Miteinander bestimmen.

5 Recht und Gesellschaft im frühen Frankenreich

5.1 Das Königtum

Aus dem Prolog der Synode von Orléans geht hervor, dass Chlodwig in die Nachfolge des weströmischen Kaisers eingetreten war. Er berief die Synode ein und gab teilweise die Verhandlungsgegenstände vor. Außerdem bestätigte er, ebenfalls nach römischem Vorbild, die Beschlüsse der Synode und sorgte für ihre Geltung im ganzen Reich. Zugleich macht der Prolog das konsensuale Element der Königsherrschaft sichtbar. Die Bischöfe fungierten als Berater des Königs und wurden in die Entscheidungen miteinbezogen. Ebenso dürften die fränkischen Großen regelmäßig an wichtigen Entscheidungen beteiligt worden sein.

Der *Pactus legis Salicae* stellt das Gefolge sowie die Tischgenossen des Königs unter besonderen Schutz, da sie für die Herrschaftsausübung wichtig waren.[1] Die Tischgenossen hatten möglicherweise amtliche Funktionen am Hof, da später beispielsweise Conda, der unter Theuderich I. und den nachfolgenden Königen am Hof verschiedene Ämter innehatte, unter Sigibert I. seine Karriere als Tischgenosse des Königs abschloss.[2] Allerdings ist über Ämter am Hofe Chlodwigs nichts bekannt, was aber nicht zwangsläufig bedeutet, dass es sie nicht gab. Nachweisen lassen sich Hofämter erst für das spätere 6. Jahrhundert, wie etwa der Pfalzgraf (*comes palatii*), der Hofmeister (*domesticus*) oder der Hausmeier (*maior domus*). Die Aufgaben dieser Amtsträger lassen sich nicht genau eingrenzen.[3] Als regionale Amtsträger sind aus der Zeit Chlodwigs nur Grafen (*grafiones*) bekannt, die im *Pactus legis Salicae* als Vorsteher eines Bezirks und als Richter genannt werden.[4]

Vermutlich haben sie schon zur Zeit Chlodwigs eine Stadt mit dem zugehörigen Amtsbezirk verwaltet und das Kommando militärischer Einheiten übernommen.[5] Erst ab etwa der Mitte des 6. Jahrhunderts lassen sich Herzöge nachweisen, die ebenso wie die Grafen vom König eingesetzt wurden. Sie nahmen Funktionen als Heerführer, Verwalter einer größeren Region sowie als Richter wahr und waren den Grafen übergeordnet. Daneben sind für die zweite Hälfte des 6. Jahrhunderts noch verschiedene andere Ämter bekannt, etwa die Vikare als Unterbeamte des Grafen oder die Tribune, die offenbar mit der Einziehung der Abgaben für den Königshof betraut waren.[6] Die Amtsträger waren wohl schon zur Zeit Chlodwigs durch einen Treueid, der aus dem militärischen Amtseid entstanden war, an den König gebunden. Die Angehörigen der verschiedenen germanischen Völker, die als Söldner im römischen Heer dienten oder als Föderaten auf römischem Land siedelten, gelobten dem Kaiser mit einem militärischen Eid Treue. Als die germanischen Reiche auf römischem Boden entstanden, forderten deren Könige selbst den Treueid ein.[7]

Rechtlich gesehen beruhte die königliche Herrschaft auf der Befehlsgewalt (*bannum, imperium*). Von besonderer Bedeutung war neben der Befehlsgewalt über die Amtsträger jene über das Heer, die im oben zitierten Brief Chlodwigs an die Bischöfe von 507 deutlich zum Ausdruck kommt. Das Heer bestand nun nicht mehr wie in römischer Zeit aus Berufssoldaten, sondern aus den freien Männern der Franken, Gallorömer und anderer Ethnien, die im Frankenreich lebten.[8] Diese Heere zu lenken und sie von Plünderungen abzuhalten war sowohl für Chlodwig als auch für seine Nachfolger eine Herausforderung. Wenn Gregor von Tours Chlodwig lobt, er habe sich durch erfolgreiche Kriegsführung und durch die Bewahrung des inneren Friedens ausgezeichnet, beschreibt er zwei wesentliche Elemente gelungener Königsherrschaft.[9]

Auf die materiellen Ressourcen des Königtums gibt der 5. Kanon der Synode von Orléans einen wichtigen Hinweis:

> »Über die Abgaben und Äcker, die unser Herr König als sein Geschenk den Kirchen zu übertragen geruhte und die er bisher durch Gottes Walten denen, die nichts haben, gegeben hat, und nachdem die Abgabenfreiheit (*immunitas*) eben dieser Besitzungen und der Kleriker zugestanden worden ist, beschließen wir, dass Folgendes sehr gerecht sei: Dass zur Wiederherstellung der Kirchen, zur Ernährung der Priester und der Armen und zum Freikauf der Gefangenen das, was auch immer Gott an Früchten zu geben gewillt war, ausgegeben wird und dass die Kleriker zur Unterstützung des kirchlichen Werkes verpflichtet werden.«[10]

Der König verfügte demnach über erheblichen Landbesitz, den er zur Versorgung des eigenen Hofes und seiner Leute sowie für Schenkungen von Land heranziehen konnte. Ob dieses Fiskalgut in Kontinuität zu dem kaiserlichen römischen Fiskalgut steht, lässt sich aus den Quellen nicht belegen.[11] Zudem verfügte der König über den Königsschatz,[12] der unter anderem aus Steuereinkünften gespeist wurde. Die Steuerhoheit hatte der König in Nachfolge des römischen Kaisers inne. Er ließ die Steuern einziehen oder gewährte Steuerimmunität. Das bedeutete in der Regel nicht, dass der Inhaber der Immunität keine Steuern mehr bezahlen musste, sondern dass die königlichen Steuereinnehmer keinen Zugang mehr zu den Gebieten hatten, welche das Immunitätsprivileg betraf. In solchen Gebieten wurden die Steuern nun direkt von der privilegierten Person, Stadt oder Kirche selbst eingezogen und an den königlichen Fiskus überwiesen.[13] Kleriker waren im römischen Reich schon 357 von öffentlichen Leistungen (*munera*) befreit worden und 412 wurden auch die Kirchen von solchen Leistungen wie etwa Beiträgen zum Straßenbau und von Sondersteuern befreit.[14] Allerdings war diese Privilegierung durch Valentinian III. 441 wieder aufgehoben worden. Der zitierte Text des 5. Kanons könnte darauf hindeuten, dass Chlodwig die genannten, 438 im *Codex Theodosianus* festgehaltenen Privilegien für die Kirchen seines Herrschaftsgebiets ausdrücklich bestätigte.

5.2 Das Steuersystem

Die Franken scheinen zu Beginn der merowingischen Herrschaft von der Steuer befreit gewesen zu sein. Das legen jedenfalls zwei Aussagen Gregors von Tours nahe, der zum Jahr 548 berichtet:

> »Die Franken hatten einen großen Hass auf Parthenius, weil er ihnen zur Zeit des vorgenannten Königs (Theudebert I.) Steuern auferlegt hatte und sie begannen, ihn zu verfolgen.«[15]

Und an anderer Stelle schreibt Gregor, der Richter Audo und der Präfekt Mummolus hätten unter der Regierung Chilperichs viele Franken, die zur Zeit König Childeberts I. freie Männer gewesen seien, den öffentlichen Abgaben unterworfen.[16] Man hat aus diesen Stellen geschlossen, die Franken seien ursprünglich steuerfrei gewesen, doch hätten die Könige nach und nach auch für sie die Steuerpflicht eingeführt, wogegen sie sich wehrten.[17]

Die Besteuerung basierte im Frankenreich auf dem 297 von Kaiser Diokletian im römischen Reich eingeführten Steuersystem. Besteuert wurden Landbesitz und Personen. Die Bemessungseinheit für Land bildete die »Steuerhufe« (*iugum*), die je nach Bodenqualität und Nutzung unterschiedlich groß war. Bei Personen lag der Wert in der Arbeitskraft, die nach »Köpfen« (*capita*) bemessen wurde. Es konnte entweder die eine oder die andere Bemessung zugrunde gelegt werden.[18] Ein Schwachpunkt des Systems lag darin, dass es innerhalb des Veranlagungszeitraums von 15 Jahren kaum eine Möglichkeit gab, Veränderungen, die das besteuerte Land oder die Personen betrafen, zur Geltung zu bringen. Allerdings galt im spätrömischen Steuerrecht der Grundsatz, bei Missernten oder anderen Krisen die Steuererhebung auszusetzen.[19] Daneben gab es noch ein ausgedehntes System von Sondersteuern sowie öffentlichen Leistungen (*munera/servitia*), die zu erbringen waren. Der Umfang dieser *munera* war seit dem 4. Jahrhundert vom Vermögen und vom Besitz abhängig.[20] Dieses Steuersystem ist zumindest in seinen Grundzügen im Frankenreich des

6. Jahrhunderts angewandt worden.[21] Wie lange es danach noch Gültigkeit hatte, ist in der Forschung umstritten. Die These von Jean Durliat, das römische Steuersystem habe bis in die Zeit Karls III. († 888) fast unverändert funktioniert, ist auf heftige Kritik gestoßen.[22] Stefan Esders konnte aber zuletzt ein Fortbestehen einzelner Elemente des römischen Steuersystems bis in die Zeit Karls des Großen belegen.[23]

Ob in merowingischer Zeit die Steuerveranlagung noch alle 15 Jahre oder in einem anderen, möglicherweise unregelmäßigen Rhythmus erfolgte, ist unbekannt. Ein Bericht Gregors von Tours zum Jahr 589 zeigt jedenfalls, welche Folgen die seltene Anpassung des Steuersatzes haben konnte:

> »König Childebert aber befahl, weil Bischof Maroveus ihn eingeladen hatte, den Steuereinnehmern, nämlich Florentianus, dem Hausmeier der Königin, und Romulfus, seinem Pfalzgrafen, nach Poitiers zu gehen, damit das Volk die Steuer, die es zur Zeit seines Vaters zu leisten hatte, nach erfolgter Veranlagung und nach Erneuerung des Vorgangs wieder zahlen sollte. Viele waren nämlich von diesen gestorben und deshalb lag die Last der Steuer auf den Witwen, Waisen und Kranken. Die Steuereinnehmer untersuchten dies genau, entbanden die Armen und Schwachen und unterwarfen jene, die nach der Rechtslage steuerpflichtig waren, der allgemeinen Steuer.«[24]

Der Text lässt erkennen, dass durch die nur in langen Intervallen erfolgende Neuveranlagung viele Steuerpflichtige zeitweise keine angemessenen Steuern zahlten, während Witwen, Waisen und Kranke immer noch die Steuer zahlen mussten, die ihrem Ehemann oder ihren Eltern auferlegt worden war, als diese noch lebten oder gesund waren.

Wie sehr die Steuerbelastung die Menschen bedrücken konnte, macht der Aufstand der Einwohner von Limoges 579 deutlich, die sich gegen eine Sondersteuer König Chilperichs wehrten. Sie bedrohten den für die Steuereinziehung verantwortlichen Referendar Marcus mit dem Tode und entrissen ihm die Steuerverzeichnisse. Während Marcus vom Bischof in Sicherheit gebracht werden konnte, wurden die Steuerverzeichnisse von der versammelten Menge verbrannt. Der König unterwarf die Stadt daraufhin harten Strafen.[25]

Ein interessanter Aspekt ist hier die Erwähnung der Steuerlisten. Die merowingischen Könige führten also die Steuerschätzung mithilfe von Steuerlisten nach römischem Vorbild fort. Das bedeutet aber, dass sie auch eine Vermögensschätzung (Zensus) durchführten und an ihrem Hof Männer hatten, die dieses komplizierte Geschäft verstanden. Das römische Erbe lebte hier in besonderer Weise fort.[26]

5.3 Der *Pactus legis Salicae* (*Lex Salica*)

Mit dem *Pactus legis Salicae* oder der *Lex Salica* lag erstmals eine eigene fränkische Rechtsaufzeichnung vor.[27] Die grundlegende Kritik von Hermann Nehlsen an der Datierung und der Textgestaltung des von Karl August Eckhart herausgegebenen Textes in den *Monumenta Germaniae Historica* hat viele gesichert erscheinende Erkenntnisse infrage gestellt[28] und die Forschung zum *Pactus legis Salicae* ist zurzeit wieder stark in Bewegung. Auf sicherem Boden bewegen sich deshalb auch die folgenden Ausführungen nicht.

Die ältere Forschung ging von einer Entstehung der Urfassung des *Pactus* unter König Chlodwig zwischen 507 und 511 aus.[29] In jüngerer Zeit wurde versucht, den Ursprung des *Pactus* im römischen Militärrecht festzumachen und die erste Zusammenstellung der Sammlung in die Mitte des 4. Jahrhunderts vorzuverlegen. Im 5. Jahrhundert sei der *Pactus* dann erweitert worden.[30] Dieser Ansatz wurde vor allem in Frankreich aufgegriffen, doch wurde er auch mit überzeugenden Argumenten zurückgewiesen.[31] Für die Entstehung während Chlodwigs Regentschaft werden zwei Hauptargumente vorgebracht: Im Epilog des *Pactus*, der zur Regierungszeit von Chlodwigs Söhnen Childebert und Chlothar hinzugefügt wurde, wird der *primus rex Francorum* als Auftraggeber der Gesetzessammlung genannt, den man allgemein mit Chlodwig identifizierte.[32] Noch wichtiger ist der Inhalt des 47. Titels, laut welchem derjenige, der bei einem anderen sein Eigentum erkennt, dies in die Hand eines Dritten legen soll. Wenn beide diesseits der Loire (*Liger*) oder des Kohlenwaldes wohnen, sollen sie einen Termin nach 40 Nächten vereinbaren, um sich über die Angelegenheit zu einigen. Wenn sie aber jenseits der Loire oder des Kohlenwaldes wohnen, soll der Einigungstermin nach 80 Nächten stattfinden.[33] Aufgrund des Wortlauts geht die Forschung mehrheitlich davon aus, dass hier die Ausdehnung des Frankenreichs über die Loire hinaus sichtbar werde, die nach dem Sieg über die Westgoten 507 erfolgte.[34] Wenn der Text zur Grundschicht des *Pactus* gehört, kann er somit erst nach 507 entstanden sein.

Karl Ubl hat jedoch gerade aus dem fehlenden Namen des Königs im Epilog sowie aus weiteren Indizien geschlossen, dass der *Pactus legis Salicae* bereits im 5. Jahrhundert entstand. Der 47. Titel sei dem *Pactus* erst in der zweiten Hälfte des 6. Jahrhunderts hinzugefügt worden, gehöre nicht zur Grundschicht und sei deshalb für die Datierung nicht relevant.[35]

Eine inhaltlich abweichende Deutung des 47. Titels hat zuletzt Étienne Renard vorgeschlagen. Er geht davon aus, der Flussname *Liger* (Loire) sei ein Missverständnis späterer Abschreiber. Ursprünglich sei der Fluss Leie (*Legia, Leia*) gemeint gewesen, der in Nordfrankreich entspringt und bei Gent in die Schelde mündet. Der Bereich zwischen der Leie im Nordwesten und dem *Kohlenwald* im Südosten decke sich in etwa mit dem Einflussgebiet von Chlodwigs Vater Childerich. Man müsse also von einer Abfassung des Gesetzes zwischen etwa 458 und 481/82 ausgehen.[36] Die Verwechselung von Loire und Leie ist letztlich jedoch nicht beweisbar. Zudem bleibt unberücksichtigt, dass Childerich und Chlodwig nicht allein in diesem Gebiet als fränkische Könige herrschten, denn, wie erwähnt, übte in Cambrai Chlodwigs Vetter Ragnachar die Königsmacht aus.

Fraglich bleibt, wie weit sich eine Entstehung vor 507 mit der Intention des *Pactus legis Salicae* vereinbaren lässt. Die nach Eckhardt älteste Überlieferungsform enthält 65 Titel,[37] in denen verschiedene rechtlich relevante Handlungen behandelt werden, etwa die Ladung vor Gericht (Titel 1), der Schweine-, Rinder-, Schaf-, Ziegen- und Hundediebstahl (Titel 2–6), der Raub von Knechten und Unfreien (Titel 10), der Totschlag und Raub der Ehefrau (Titel 15), die Brandstiftung (Titel 16), die Freilassung (Titel 26), die Tötung eines Freien (Titel 41), das Treuegelöbnis (Titel 50), die Tötung eines Grafen (Titel 54), oder die Erbschaft (Titel 59). Diese kurze Zusammenstellung zeigt, dass es sich um Regelungen für sehr unterschiedliche Rechtsbelange handelt, bei denen jedoch ganze Sachgruppen wie etwa das Kaufrecht, das Recht der Grundstücksübertragung oder das Eherecht fehlen.[38] Den größten Raum nehmen Bußtatbestände für Rechtsbrüche ein, doch werden ebenso Grundzüge der Gerichtsordnung sowie Grundstrukturen der fränkischen Gesellschaft erkennbar. Man hat deshalb früher angenommen, im *Pactus* liege rein germanisches Recht vor, doch muss man wohl davon ausgehen, dass die Rechtssetzung vom römischen Recht beeinflusst ist.[39] Auffällig sind die hohen Strafzahlungen (Wergeld), die für die einzelnen Delikte verhängt wurden, und die dem römischen Recht unbekannt sind. Es kennt zwar Geldbußen für kriminelle Handlungen, doch beziehen sie sich nicht wie das Wergeld auf den »Wert« einer Person.[40] Die auffällige Höhe der Bußen sollte nicht nur einer Wiedergutmachung dienen, sondern es sollte mit ihrer Hilfe ein öffentliches Strafrecht mit einem rationalen Strafzweck eingeführt werden.[41] Darin kann man den Versuch des Königtums erkennen, die germanische Sitte der Fehde und Blutrache zu unterbinden. Die hohen Zahlungen sollten einerseits abschreckend wirken und zugleich für den Geschädigten einen Anreiz darstellen, die Strafsumme vor Gericht einzufordern.[42] Da aber bei der Höhe des Wergeldes der Schuldner leicht mit der Zahlung überfordert sein konnte, wurde im Titel 58 *De chrenechruda* (Vom Erdwurf) die Haftung eines Verwandten für einen zahlungsunfähigen Wergeldschuldner genau geregelt, um so die Kette von Fehde und Blutrache zu durchbrechen.[43] Von der Idee her korrespondiert dieses Gesetz also mit den behandelten Kanones 1 bis 3 der Synode von Orléans, die ebenfalls die Kette von Fehde und

Blutrache zu durchbrechen suchten. Dem König und seiner Umgebung war sehr wohl bewusst, dass Fehden und Blutrache die Stabilität der Herrschaft schwächten und damit auch die Franken gegenüber Angriffen ihrer Feinde anfälliger machten. Dieser Gedanke findet sich auch im später hinzugefügten, möglicherweise um 587 entstandenen Prolog des *Pactus*:

> »Vereinbart und beschlossen ist zwischen den Franken und ihren Großen, dass man, um den Eifer für den Frieden untereinander zu bewahren, alle Anlässe für Streitigkeiten beschneiden müsse.«[44]

Insofern scheint es naheliegend, die Aufzeichnung des *Pactus* als Folge der Ausdehnung und Festigung des Frankenreichs unter Chlodwig zu sehen. Die Rechtsvorstellungen von Fehde und Blutrache schienen mit der Herrschaft über ein großes Reich nicht mehr vereinbar. Es ist auffällig, dass der *Pactus legis Salicae* bei den Straftatbeständen vor allem Delikte wie Raub, Mord oder Entführung behandelt, also Tatbestände, die eine Fehde oder die Blutrache nach sich ziehen konnten. Für andere Bereiche wie Kauf- oder Grundstücksrecht galt offenbar nach wie vor der *Codex Theodosianus*.[45] Während die *Lex Burgundionum* die Geltung des römischen Rechts auf die galloromische Bevölkerung einschränkte,[46] macht der *Pactus* keinen entsprechenden Vorbehalt.

5.4 »Adel«, Freiheit und Unfreiheit

Die Frage nach der Rechtsqualität des fränkischen »Adels« als einer Gruppe, die sich sozial, wirtschaftlich und erbrechtlich/geburtsständisch von der übrigen Bevölkerung abhebt, ist in der Forschung vielfach diskutiert worden. Im Prolog des *Pactus legis Salicae* ist von den Franken und ihren *proceres* (Großen) die Rede, doch ist dieser Text erst um 587 entstanden.[47] Man hat versucht, diese *proceres* als Adel mit erblichem Rechtsstand sowohl in den Schriftquellen als auch in den archäologischen Quellen nachzuweisen, was jedoch nicht möglich ist.[48] Insofern müsste man eigentlich von einer aristokratischen

Oberschicht sprechen.[49] Die Frage nach dem Adel oder der Oberschicht ist unmittelbar mit der Frage nach dem geburts- und rechtsständischen Schema Freie – Unfreie verknüpft. Auffälligerweise nennt der *Pactus* die fränkische Führungsschicht nur im Prolog. Deshalb hat Reinhard Wenskus angenommen, der »Adel« werde von den Vorschriften des *Pactus* nicht erfasst und habe sein Wergeld selbst bestimmt.[50] Tatsächlich ist eine soziale Kategorie wie *proceres* den Bestimmungen des *Pactus* fremd. Als Unterscheidungskriterium gesellschaftlicher Schichten wird in den einzelnen Titeln das Merkmal frei (*ingenuus*), halbfrei (*laetus*) oder unfrei (*servus, ancilla*) verwendet.[51] Auch für die Romanen scheint dieses Prinzip zu gelten, da der *Romanus homo possessor*, der römische Landbesitzer, vom *Romanus tributarius*, dem römischen Abgabepflichtigen, unterschieden wird.[52] Der *Pactus* beschreibt die Gesellschaft also sehr schematisch, ohne die differenzierte soziale Schichtung innerhalb der verschiedenen Gruppen zu berücksichtigen. Herausgehoben werden lediglich die Personen, die im Dienst des Königs standen oder Tischgenossen des Königs waren.[53] Das war wichtig, um das in seiner Form neue Königtum Chlodwigs in seiner Bedeutung zu unterstreichen und den übergeordneten Rang des Königs hervorzuheben. Der archäologischen Untersuchung von Grabbeigaben zufolge scheint man bei den Freien aber mindestens drei soziale Gruppen unterscheiden zu können, nämlich eine Oberschicht und zwei Mittelschichten, und auch die unfreie Unterschicht kann in zwei Gruppen unterteilt werden.[54]

Deshalb bleibt die von Wenskus angeschnittene Frage, wer in welcher Weise von den Vorschriften des *Pactus legis Salicae* betroffen war, relevant. Wie erwähnt galten die Vorschriften des römischen Rechts weiter. Eine Einschränkung seines Geltungsbereichs auf eine Bevölkerungsgruppe gab es nicht. Zugleich trifft der *Pactus* in einem einzigen Fall auch eine Regelung für Streitigkeiten unter den Romanen.[55] Es stellt sich jedoch die Frage, wieweit die gallorömische Oberschicht durch den *Pactus* erfasst wird, denn das Wergeld für den im *Pactus* erwähnten römischen Landbesitzer (*Romanus homo possessor*) ist nur halb so hoch wie das für einen freien Franken. Man hat angenommen, der senatorische Adel sei hier mit eingeschlossen und die Romanen seien rechtlich gegenüber den Franken zurückgesetzt gewesen.[56] Es ist aber auffällig, dass die Bischöfe im *Pactus* überhaupt nicht erwähnt werden. Sie lassen sich kaum mit dem *Romanus homo possessor* zusammenbringen und ihre gesellschaftliche Bedeutung ist auch für die Zeit vor 500 unbestreitbar. Galt das Gesetz für sie nicht? Oder war die gesamte Führungsschicht des fränkischen Reichs vom *Pactus* nicht betroffen? In einem späteren, merowingerzeitlichen Nachtrag des *Pactus* wurde der gesellschaftlichen Realität dann Rechnung getragen. Die Ermordung eines Bischofs wurde mit demselben Wergeld gebüßt wie die Ermordung eines freien Franken oder eines Grafen und damit seine hohe Stellung gewürdigt.[57] Der *Pactus legis Salicae* spiegelt in seiner frühen Form also kaum das gesellschaftliche Gefüge wider. Ihn mithilfe der Zeugnisse Gregors von Tours zu ergänzen oder zu korrigieren, ist methodisch höchst problematisch, da Gregor die Gesellschaft des späteren 6. Jahrhunderts vor Augen hatte. Ein konkretes Bild der fränkischen Oberschicht lässt sich für das frühe 6. Jahrhundert weder aus dem *Pactus* noch aus anderen Quellen gewinnen.

5.5 Kirche und Gesellschaft im Spiegel der Beschlüsse der Synode von Orléans 511

Die Beschlüsse der Synode von Orléans machen nicht nur die enge Beziehung zwischen König Chlodwig und den Bischöfen, sondern auch die bedeutende Stellung der Kirche in der Gesellschaft sichtbar. Ihr Einfluss zeigt sich nicht nur in der Führung und Unterweisung der Gläubigen in religiösen Belangen, sondern auch in der Funktion der Kirche als Landbesitzer, in der Armenfürsorge und in dem Bemühen um eine Neugestaltung der Bildung. Die Vermittlung der christlichen Botschaft durch den Klerus, die Frömmigkeit der Gemeindemitglieder und die Hoffnung auf das Seelenheil im Himmel festigten die Position der Kirche und ermöglichten ihren entscheidenden Einfluss auf die gesellschaftliche Entwicklung des Frankenreichs.

Die Synode von Orléans erließ 511 außer den schon behandelten Bestimmungen zum Asylrecht unter anderem Vorschriften zur Stellung der Bischöfe, zum Kirchenvermögen, zur Ehe, zur Disziplin der Mönche, zur Liturgie und zur Frage des Aberglaubens. Äbte und weltliche Kleriker wurden erneut der Kontrolle des Bischofs unterstellt (Kanon 7, 19). Die bischöfliche Verfügungsgewalt über das Kirchengut wurde nachdrücklich betont. Von den Gaben, welche die Gläubigen zum Altar brachten, konnte der Bischof die Hälfte beanspruchen und Landgüter in kirchlichem Besitz sollten mit allen Erträgen in seiner Verfügungsgewalt bleiben (Kanon 14). Wenn Gläubige den Pfarreien Land, Weingärten, Sklaven oder Vieh schenkten, sollten diese Schenkungen ebenfalls der Gewalt des Bischofs unterstehen (Kanon 15). Mit der Verfügung über das Kirchengut war allerdings auch die Verantwortung dafür verbunden. So heißt es im 5. Kanon:

> »Dass zur Wiederherstellung der Kirchen, zur Ernährung der Priester und der Armen und zum Freikauf der Gefangenen das, was auch immer Gott an Früchten zu geben gewillt war, ausgegeben wird und dass die Kleriker zur Unterstützung des kirchlichen Werkes verpflichtet werden. Wenn sich nun einer der Bischöfe bei dieser Aufgabe weniger eifrig und ergeben zeigt, soll er öffentlich von den Mitbischöfen der Kirchenprovinz getadelt werden. Wenn er sich nun durch eine solche Beschämung nicht bessert, soll er der Gemeinschaft mit den Brüdern (den Bischöfen) für unwürdig erachtet werden, bis er seinen Irrtum bessert.«

Die Bischöfe sollten also darauf achten, dass ihre Amtskollegen angemessen mit dem Kirchengut umgingen. Dazu gehörte auch, den Besitz für die Kirche zu sichern. Im 23. Kanon heißt es dazu:

> »Wenn ein Bischof es aus Freundlichkeit den Klerikern oder Mönchen gestattet, kleine Weinberge oder ein wenig Land zu bebauen und sie eine Zeitlang zu besitzen, soll, auch wenn tatsächlich ein Zeitraum von vielen Jahren vergangen ist, die Kirche

> keinen Schaden erleiden und nicht die Vorschrift des weltlichen Gesetzes geltend gemacht werden, die für die Kirche irgendwie nachteilig ist.«[58]

Die Kleriker und Mönche, denen der Bischof Land zur eigenen Nutzung überlassen hatte, konnten sich also das Land nie aneignen, auch wenn die Kirche ihre Besitzansprüche seit Jahren nicht mehr geltend gemacht hatte. Der *Codex Theodosianus* sah dagegen vor, dass Klagen auf die Wiederaneignung von Besitz nicht mehr möglich waren, wenn 30 Jahre lang kein Anspruch darauf erhoben worden war.[59] Diese Vorschrift wurde nun durch den 23. Kanon in Bezug auf den Kirchenbesitz für ungültig erklärt, um diesen zu schützen, da er die Grundlage der kirchlichen Armenfürsorge, der Versorgung der Priester und des Kirchenbaus bildete.[60] Hinter diesem Beschluss steht die Vorstellung, dass Kirchengut unveräußerlicher Besitz der Kirche war. Selbst der Bischof konnte Kirchengut nicht verkaufen oder verschenken, sondern lediglich gegen anderen Besitz eintauschen.[61]

Der 16. Kanon widmet sich der Armenfürsorge:

> »Der Bischof soll den Armen und Kranken, die aufgrund ihrer Schwäche nicht mit ihren eigenen Händen arbeiten können, Nahrung und Kleidung schenken, soweit er die Möglichkeit dazu hat.«[62]

Verantwortlich für die funktionierende Armenfürsorge waren somit die Bischöfe, jedoch mit der Einschränkung, dass sie über die ökonomischen Voraussetzungen verfügten. In diesem Kanon wird nochmals deutlich, wie wichtig der Schutz der wirtschaftlichen Basis war, damit die Kirche ihre Aufgaben erfüllen konnte.

Einige Bestimmungen der Synode geben einen Einblick in das religiöse Leben zu Beginn des 6. Jahrhunderts. So beschlossen die Bischöfe, die Fastenzeit vor Ostern von 50 auf 40 Tage zu verkürzen (Kanon 24) und niemandem sollte, außer im Falle einer Erkrankung, erlaubt sein, Ostern, Weihnachten oder Pfingsten fern der Kirchengemeinde auf seinem Landgut zu feiern (Kanon 25). Von den Kirchenbesuchern wurde verlangt, nicht wegzugehen, bevor die Messfeier beendet war (Kanon 26). Die Bittprozessionen an den drei Tagen vor Christi Himmelfahrt sollten von allen Kirchen gefeiert und Sklaven und Dienerinnen in diesen Tagen von jeder Arbeit befreit werden, sodass möglichst alle Gläubigen daran teilnehmen konnten (Kanon 27). Die Kleriker, die an den Prozessionen nicht zugegen waren, sollten nach dem Urteil des Bischofs bestraft werden (Kanon 28). Der 30. Kanon bestimmte schließlich, diejenigen Kleriker, Mönche und Laien zu exkommunizieren, die an Wahrsagungen, Deutungen der Wahrzeichen oder Orakel glaubten, von denen behauptet wurde, es handle sich um die Orakel der Heiligen.[63] Die Bestimmungen, von denen Kanon 25 und 26 auf Anordnungen der Synode von Agde 506 zurückgriffen, zeigen das Bestreben der Bischöfe, die Disziplin der Gläubigen und ihre Bindung an die kirchliche Gemeinschaft zu verbessern und dadurch zugleich den Einfluss der Kirche zu stärken. Wenn etwa reiche Grundbesitzer dem Gemeindegottesdienst grundsätzlich fernblieben und auch die Hochfeste der Kirche wie Ostern und Weihnachten in ihren privaten Kapellen auf den Landgütern feierten, widersprach dies dem christlichen Leitgedanken der *Communio*, der Gemeinschaft aller Christen, ob sie nun Grundbesitzer oder Sklaven waren. Zudem sollten alle hören, was der Bischof zur christlichen Lebensführung predigte, um sich danach richten zu können. Zur Disziplinierung gehörte es auch, heidnische Bräuche zu unterbinden, die sich mit dem christlichen Heiligenkult verbunden hatten (Kanon 30). Einschränkend muss aber betont werden, dass sich bei normativen Quellen wie den Synodalbeschlüssen immer die Frage stellt, ob die jeweiligen Bestimmungen weitverbreitete Phänomene betrafen oder sich nur auf spezielle Einzelfälle bezogen. Außerdem lassen sich oft keine Aussagen über die Wirkung der Bestimmungen machen.

6 Die Nachfolger Chlodwigs

6.1 Die Reichsteilung von 511

Beim Tode Chlodwigs lebten noch vier seiner Söhne und eine Tochter: Theuderich aus der ersten Ehe mit einer unbekannten Frau und dessen Halbbrüder Chlodomer, Childebert und Chlothar sowie seine Halbschwester Chlodechild, die 526 oder 527 den Westgotenkönig Amalarich heiratete, aus der Ehe mit Chrodechilde. Die vier Brüder teilten das Reich unter sich auf. Vermutlich war nach germanischem Recht jeder der vier Söhne erbberechtigt. Sicher zu beweisen ist dies jedoch nicht und in der Forschung wird auch die Meinung vertreten, die Reichsteilung von 511 sei eine aus dem Augenblick geborene Maßnahme, ein politischer Kompromiss gewesen.[1] Die Überlieferung zum Umfang der einzelnen Reichsteile ist schlecht. Sicher ist, dass Theuderich in Reims, Chlodomer in Orléans, Childebert in Paris und Chlothar in Soissons residierten. Jeder hatte also einen Anteil an den ersten Siedlungsgebieten der Franken im alten römischen Reich sowie an den Gebieten erhalten, die Chlodwig zuerst erobert hatte. Die Teilhabe an den »alten Gebieten« war vermutlich wichtig für die Legitimation der Brüder und die Gleichwertigkeit ihrer Stellung. Zudem legt die Wahl der Residenzen die Vermutung nahe, dass die Herrschaft zwar geteilt wurde, das Reich jedoch noch eine ideelle Einheit bildete.

Auch an den neu eroberten Gebieten südlich der Loire erhielten alle Brüder einen Anteil. Allerdings waren diese Territorien, soweit sie heute rekonstruiert werden können, keineswegs gleich groß. Recht gut dokumentiert ist der Reichsteil des ältesten Sohnes Theuderich. Er umfasste Reims,

Châlons-sur-Marne, Troyes, Sens und Auxerre, die linksrheinischen Gebiete samt ihren rechtsrheinischen Anhängseln sowie die Herrschaft über die Alemannen. Hinzu kamen noch die 508 von Theuderich selbst eroberten aquitanischen Gebiete Auvergne und Limousin. Der ebenfalls recht gut dokumentierte Reichsteil Chlothars nimmt sich dagegen schon bescheidener aus. Er umfasste Soissons, Noyon und Laon mit dem nördlich anschließenden Gebiet zwischen der Somme und dem Kohlenwald sowie in Aquitanien Gebiete südlich des Poitou und des Limousin.[2] Das Erbe von Chlodomer und Childebert ist nicht genau eingrenzbar, doch ergibt sich aus der angeführten Auflistung, dass Theuderich den Löwenanteil vom Reich seines Vaters erhalten hatte. Warum kam es zu dieser ungleichen Einteilung? Ein Grund dafür könnte gewesen sein, dass Theuderich deutlich älter war als seine Brüder, die alle erst nach 492 geboren waren. Seine besondere Stellung kommt ferner darin zum Ausdruck, dass er als einziger der Söhne im Auftrag des Vaters 508 bereits einen Feldzug geführt hatte. Damit hatte er sich möglicherweise als Anführer empfohlen und vielleicht schon eine gewisse Anhängerschaft unter der fränkischen Oberschicht gewonnen. Zumindest traute man ihm offenbar zu, das Reich zu schützen und zusammenzuhalten, denn alle Gebiete seiner Brüder wurden an den Außengrenzen durch die Herrschaft Theuderichs abgeschirmt.[3]

Im Jahr 523 kam es im Burgunderreich zu einem Zwist in der Königsfamilie. Angeblich konfrontierte die zweite Frau König Sigismunds diesen mit Gerüchten, dass Sigrich, sein Sohn aus erster Ehe, ihn vom Thron stürzen wolle, und erreichte, dass er seinen Sohn umbringen ließ. Dies soll Chlodwigs Witwe Chrodechilde, Tochter des Burgunderkönigs Chilperich, der angeblich von seinem Bruder Gundobad umgebracht worden war, zum Anlass genommen haben, ihre Söhne Chlothar, Chlodomer und Childebert zum Angriff auf das Burgunderreich zu drängen.[4] Der Wahrheitsgehalt dieser Angaben lässt sich nicht überprüfen, doch kam es 523 tatsächlich zum Kriegszug, der zunächst erfolgreich verlief. Sigismund wurde geschlagen, gefangengenommen und auf

Veranlassung Chlodomers getötet. Sigismunds Bruder Godomar gelang jedoch die Flucht. Er übernahm nun das burgundische Königtum und konnte neue Kräfte sammeln. In einer weiteren Schlacht, an der sich auch Theuderich beteiligte, fiel Chlodomer und Godomar blieb zunächst siegreich.[5] Im Jahr 532 nahmen Childebert und Chlothar den Krieg gegen die Burgunder jedoch wieder auf und konnten 534 Godomar bei Autun besiegen, womit das Ende des Burgunderreichs besiegelt war.[6] Theudebert erhielt den nördlichen Teil Burgunds, der an seinen Reichsteil anschloss, den mittleren Teil mit den Städten Lyon, Mâcon, Vienne und Grenoble bekam Childebert und der südliche Teil zwischen Isère und Durance fiel an Chlothar.[7]

Theuderich ging zu unbekannter Zeit ein Bündnis mit dem Thüringerkönig Herminefred ein. Nach dem Tod des Bisinus war das Thüringerreich unter seinen Söhnen Herminefred, Baderich und Berthachar aufgeteilt worden. Der Ostgotenkönig Theoderich der Große hatte das Thüringerreich in sein Bündnissystem der germanischen Königreiche einbezogen und seine Nichte Amalaberga mit Herminefred vermählt. Herminefred tötete zunächst seinen Bruder Berthachar und ging dann mithilfe Theuderichs gegen Baderich vor, welcher im Kampf fiel. Nun konnte Herminefred als Alleinherrscher das Reich in seiner Hand vereinigen. Nach Gregor von Tours unterließ er es nach seinem Sieg jedoch, Theuderich die ihm für seine Hilfe versprochenen Gebiete abzutreten.[8] Als Theoderich im Jahr 526 starb und die Ostgoten durch Nachfolgestreitigkeiten an einem Eingreifen in Thüringen gehindert wurden, bereitete Theuderich einen Angriff auf die Thüringer vor, um sich an Herminefred zu rächen.[9] Er konnte dafür die Hilfe seines Halbbruders Chlothar gewinnen. Der Langobardenkönig Wacho, der eine Schwester Herminefreds geheiratet hatte, griff nicht in den Konflikt ein, und Theuderich verlobte nach seinem Sieg seinen Sohn Theudebert mit Wachos Tochter Wisigard.[10] Im Sommer 531 griffen die Franken die Thüringer an und besiegten sie an der Unstrut. Herminefred wurde den Franken tributpflichtig, erwies sich aber offenbar als aufsässig. Als er im Jahr 534 Theuderich in Zülpich besuchte, wurde er von der Stadtmauer gestürzt und starb. Seine Witwe Amalaberga floh mit ihren Kindern nach Italien, die beiden Kinder von Herminefreds Bruder Berthachar fielen in die Hände der Franken. Chlothar heiratete Berthachars Tochter Radegunde und ließ ihren Bruder angeblich töten.[11] Möglicherweise wollte Chlothar mithilfe der Heirat seinen Anspruch auf einen Teil des Thüringerreichs geltend machen, den er aber nicht durchsetzen konnte.[12] Ob die Erzählung Gregors von Tours, Theuderich habe Chlothar umbringen lassen wollen, in dieser Konstellation ihre Wurzel hat, ist unklar, denn über die Aufteilung Thüringens ist nichts bekannt. In einem Brief Theudeberts, den er um 545 an Kaiser Justinian (527–565) richtete, heißt es nur, die Franken hätten die Thüringer ihrer Herrschaft unterworfen und ihre Provinzen erworben, nachdem deren Könige ausgelöscht worden seien.[13]

Während Theuderich und Chlothar gegen die Thüringer kämpften, bereitete Childebert einen Feldzug gegen die Westgoten vor. Als sich das Gerücht verbreitete, Theuderich sei im Kampf gegen die Thüringer gefallen, schlug der Senator Arcadius aus Clermont Childebert vor, die Auvergne, welche zu Theuderichs Herrschaft gehörte, zu besetzen.[14] Arcadius dürfte kaum allein gehandelt haben, sondern von anderen Senatoren unterstützt worden sein. In diesem Vorgang werden Senatoren als politisch immer noch aktive Gruppe greifbar, deren Mitglieder sehr konkret ihren politischen Vorteil suchten. Zudem wird wiederum ihre enge Beziehung zum König sichtbar. Als Theuderich davon erfuhr, beschloss er, eine Strafaktion in der Auvergne durchzuführen. Er ließ das Land verwüsten und das Vermögen der Mutter sowie der Tante des Arcadius beschlagnahmen. Arcadius selbst, der sich im Herrschaftsgebiet Childeberts in Sicherheit gebracht hatte, wurde zur Verbannung verurteilt.[15] Mit dieser drastischen Aktion versuchte Theuderich, den Widerstand gegen seine Herrschaft zu brechen. Da es bald darauf zu einem weiteren Aufstand gegen ihn unter der Führung seines Vetters Munderich kam, scheint Theuderichs Herrschaft nicht nur bei einem Teil der Galloromanen, sondern auch bei einem Teil der Franken auf Widerstand gestoßen zu sein.[16]

Childebert war auf das Angebot des Arcadius zunächst eingegangen, doch als sich das Gerücht vom Tode Theuderichs als falsch erwies, ließ er von dem Vorhaben ab und setzte den Feldzug gegen die Westgoten fort. Er besiegte König Amalarich bei Narbonne und konnte dadurch die Grenze seines Herrschaftsgebiets in Aquitanien bis zu den Pyrenäen ausdehnen.[17] Zurück vom erfolgreichen Feldzug nahm Childebert Kontakt zu seinem Bruder Chlothar auf, um mit ihm zu vereinbaren, wie sie das Erbe ihres im Kampf gegen die Burgunder gefallenen Bruders Chlodomer an sich bringen könnten. Chlothar, der entgegen dem Kirchenrecht bereits mit den Schwestern Ingund und Arnegund verheiratet war, nahm nun auch noch Chlodomers Witwe Guntheuka zur Frau, obwohl eine Eheschließung mit der Witwe des Bruders ebenfalls kirchenrechtlich verboten war.[18] Auf diese Weise wollte er sich vor seinen Brüdern einen Anspruch auf das Erbe sichern. Chlodomer hatte jedoch drei unmündige Söhne hinterlassen, die nun unter der Obhut ihrer Großmutter Chrodechilde standen. Chrodechilde verteidigte den Erbanspruch ihrer Enkel, doch Childebert und Chlothar konnten sich der Kinder unter dem Vorwand bemächtigen, sie wollten sie zu Königen erheben. Nach Gregor von Tours erwog Childebert zwar, die Kinder zu Klerikern zu scheren, was sie von der Königsherrschaft ausgeschlossen hätte, doch letztlich ermordete er die beiden Ältesten mit eigener Hand. Nur der jüngste Sohn entkam diesem Schicksal und trat in den geistlichen Stand ein.[19] Childebert und Chlothar verfügten nun über das Erbe Chlodomers und teilten es unter sich auf. Childebert erhielt Orléans, Chartres, Angers, Nantes und Bourges, während Chlothar Tours und Poitiers sowie den Königsschatz bekam. Obwohl Theuderich nicht an den Plänen zur Ermordung der Söhne Chlodomers beteiligt war, wurde er ebenfalls bei der Teilung des Reichs berücksichtigt. Er erhielt Troyes, Sens und Auxerre.[20]

6.2 König Theudebert I.

Nachdem Theuderich Ende des Jahres 533 verstorben war, versuchten Childebert und Chlothar, nun auch dessen Sohn Theudebert aus der Erbfolge zu verdrängen und sich seines Reichsteiles zu bemächtigen. Gregor von Tours beschreibt die Situation recht anschaulich:

> »Aber sofort erhoben sich Childebert und Chlothar gegen Theudebert und wollten ihm sein Reich wegnehmen, doch nachdem er seine Gefolgschaft durch Geschenke versöhnt hatte, ist er von ihr verteidigt und in seiner Herrschaft gefestigt worden.«[21]

Auffällig ist hier die Wortwahl Gregors, der schreibt, die Gefolgschaft (*leudes*) hätte Theudebert *in regnum stabilitus*, »in seiner Herrschaft gefestigt«.[22] Hier werden die Bedeutung und der Einfluss der Gefolgschaft unmittelbar greifbar. Die Gefolgsmänner König Theuderichs standen scheinbar nicht von Anfang an hinter dessen Sohn, hatte sich Theuderich doch gegen ihren Wunsch nicht am gewinnversprechenden Kriegszug gegen die Burgunder im Jahr 532 beteiligt.[23] Zudem hatte es bereits Widerstände gegen die Herrschaft Theuderichs gegeben, wie der Abfall des Senators Arcadius und der Aufstand Munderichs gezeigt haben. Erst durch Geschenke konnte der Sohn sich die Gunst des Gefolges sichern und wurde zum König erhoben. Er musste sich also mit eben jenem Problem auseinandersetzen, das immer wieder bei der Amtsübernahme durch Thronerben sichtbar wird. Für die Durchsetzung der eigenen Ansprüche war es notwendig, sich eine zuverlässige Gefolgschaft aufzubauen und sich diese zu verpflichten.[24] Die unerwartet schnelle Stabilisierung der Herrschaft Theudeberts ließ Childebert von seinem Vorhaben Abstand nehmen und in seinem Verhalten gegenüber seinem Neffen kam es zu einer Kehrtwende. Er überhäufte Theudebert mit Geschenken und nahm ihn an Sohnes statt an.[25]

Die Annäherung Childeberts an Theudebert scheint nicht ohne Hintergedanken erfolgt zu sein, denn gemeinsam griffen sie wohl noch 534 Chlothar an, der einer Entscheidungsschlacht aber auswich. Onkel und Neffe stellten ihre Aktionen gegen Chlothar darauf überraschend ein und baten um Frieden und Eintracht, da ihr Heer laut Gregor von Tours durch ein schweres Unwetter erheblich in Mitleidenschaft gezogen worden war.[26] Möglicherweise war auch die Eröffnung des Gotenkrieges durch Justinian im Jahr 535 der Grund für die Beendigung der Kampfhandlungen.[27] Theoderichs Enkel und Nachfolger an der Spitze der Goten, Athalerich, war am 2. Oktober 534 gestorben. Nach seinem Tod kam es zu Auseinandersetzungen in der Führungsschicht des Ostgotenreichs um die weitere Politik. Die Ermordung der Regentin Amalswintha, einer Tochter Theoderichs, am 30. April 535 nutzte Kaiser Justinian, um den Krieg gegen die Goten zu beginnen. Er hoffte, dabei die Unterstützung der Franken zu finden, denen er noch vor der Eröffnung des Krieges ein Bündnis anbot.[28] Sein Ziel war es, die Goten mithilfe der Franken von zwei Seiten angreifen zu können. Laut dem Zeitzeugen Prokop schrieb Justinian an die fränkischen Herrscher:

> »Die Goten haben Italien, unser Eigentum, mit Gewalt an sich genommen und weigern sich nicht nur, das Land herauszugeben, sondern haben uns dazu noch untragbaren und unermesslichen Schaden zugefügt. Daher sehen wir uns zu einem Feldzug gegen sie genötigt. Ihr aber müsst natürlich an diesem Krieg teilnehmen; denn der orthodoxe Glaube, der mit dem Arianertum nichts zu tun haben will, und unser beider Hass gegen die Goten sind ein einigendes Band.«[29]

Justinian scheint sich hier auf die Feldzüge der Franken gegen die Westgoten zu beziehen, die vermutlich auch mit den unterschiedlichen Glaubensauffassungen beider Völker begründet worden waren. Mit dem Kaiser in Konstantinopel teilten die Franken dagegen das Glaubensbekenntnis. Zudem sandte Justinian den Franken Geld und versprach ihnen weitere Geldzahlungen, wenn sie sich am Krieg gegen die Goten beteiligten. Nach Prokop sollen die fränkischen Könige Justinian zunächst bereitwillig ihre Hilfe zugesichert haben.[30] Das war nur möglich, wenn sie sich zuvor untereinander geeinigt hatten. Doch nachdem Justinians Feldherr Belisar in Sizilien gelandet war, wandte sich der Gotenkönig Theodahat ebenfalls an die Franken und bot ihnen ein Bündnis an. Sie sollten den gotischen Teil Galliens sowie hohe Geldzahlungen erhalten, wenn sie den Goten in diesem Krieg zu Hilfe kämen. Dies war ein verlockendes Angebot und die Franken waren bereit, darauf einzugehen, doch noch vor der Unterzeichnung eines entsprechenden Vertrages wurde Theodahat von den unzufriedenen Goten abgesetzt und umgebracht.[31] Laut Prokop nahm der neue König Witigis, der einen Angriff der Franken auf sein Reich befürchtete, den Plan Theodahats wieder auf. Er überließ den Franken das gotische Gallien, denen ihr neuer Besitz trotz der nicht eingehaltenen Hilfszusicherung wohl von Justinian bestätigt wurde. Zusätzlich empfingen sie Geldzahlungen und verpflichteten sich dafür, den Goten zu helfen und ihnen Truppen zu schicken. Die Truppenkontingente sollten von den Völkern gestellt werden, welche die Franken unterworfen hatten, da sie sich selbst nicht offen gegen den Kaiser stellen wollten.[32] Gregor von Tours berichtet über diese Verhandlungen nichts. Nach seiner mit legendarischen Elementen vermischten Darstellung haben die fränkischen Könige als Vettern Amalswinthas eine Geldbuße für deren Ermordung von den Goten verlangt und auch erhalten.[33] Da sich Gregor aber auch sonst für diese Zeit hinsichtlich der Ereignisse in Italien als schlecht informiert erweist, bleibt der Wahrheitsgehalt seiner Angaben fraglich.[34]

Die Vereinbarungen waren für die Goten sicherlich schmerzlich, doch konnten sie nur so ihre dringend benötigten Truppen aus Gallien abziehen und gegen Belisar einsetzen, der schon Süd- und Mittelitalien erobert hatte. Wie weit sich die Franken zunächst an ihre Zusage gegenüber den Goten hielten, ist unklar. Ein von Cassiodor erwähnter Alemanneneinfall in Venetien im Jahr 537 wird in der Regel dem Einfluss Theudeberts zugeschrieben, ohne dass es dafür einen konkreten Beleg gibt.[35] Wer für den Einsatz burgundischer Hilfstruppen verantwortlich war, die 538 den Goten beim Kampf um Mailand und Ligurien gegen die oströmischen Truppen zu

Hilfe kamen, bleibt bei Prokop ebenfalls offen.[36] In demselben Jahr hatte Kaiser Justinian seinen Feldherrn Narses mit einem weiteren Heer nach Italien geschickt, wodurch die Goten zunehmend in Bedrängnis gerieten. Im Sommer 539 konzentrierten sich die Kämpfe auf die drei Orte Fiesole bei Florenz, Tortona in Ligurien und Osimo bei Ancona, in die sich die Goten zurückgezogen hatten.[37] In dieser Situation erschien Theudebert selbst mit einem Heer in Italien, plünderte Ligurien sowie die Emilia und kam angeblich bis Pavia. Eine Epidemie unter seinen Truppen zwang den König jedoch zur Aufgabe seines Vormarsches.[38] Nach dem *Auctarium Marcellini* schloss er daraufhin einen Waffenstillstand mit dem oströmischen Feldherrn Belisar.[39] Prokop, der diesen Waffenstillstand verschweigt, warf den Franken vor, sie hätten den Kampf zwischen Goten und Römern zu ihrem Vorteil ausnutzen und Italien besetzen wollen und dabei sowohl die Römer als auch die Ostgoten angegriffen.[40] Die Forschung ist dieser Darstellung im Wesentlichen gefolgt.[41] Es ist jedoch fraglich, ob sie Glauben verdient. In einem von Prokop mitgeteilten Brief Belisars an Theudebert wird dem König vorgeworfen, seinen Vertrag mit den Römern gebrochen, diese angegriffen sowie ungerechte Eigentumsansprüche erhoben zu haben.[42] Die Goten werden nicht erwähnt. Möglicherweise war der Vorstoß Theudeberts ein Entlastungsangriff zugunsten der Goten, den die Franken zu eigenen Gebietsgewinnen nutzten.[43] Prokop berichtet, Theudebert habe sich einige Gebiete Liguriens, die kottischen Alpen und den Großteil Venetiens unberechtigterweise abgabepflichtig gemacht.[44] Dies deckt sich mit der Aussage Theudeberts in seinem Brief an Justinian von 545, in dem er schreibt, er herrsche über Norditalien bis zur Grenze Pannoniens.[45] Allerdings hatte sich der Frankenkönig nach dem übereinstimmenden Bericht der zeitnahen Quellen nach dem Ausbruch der Epidemie unter seinen Truppen mit seinen Leuten wieder zurückgezogen,[46] und laut Gregor von Tours traf der unter fränkischer Oberhoheit stehende Alemannenherzog Butilin (Buccelen) erst später mit einem Heer in Italien ein.[47] Die Quellenlage ist höchst widersprüchlich und es bleibt unklar, wie die Franken ihre Herrschaft in Norditalien aufbauten und aufrechterhielten. Prokops Bericht über eine fränkische Gesandtschaft an Witigis, welche diesem angeblich Hilfe anbot unter der Bedingung, die Herrschaft über Italien zwischen Goten und Franken zu teilen, scheint jedenfalls eher dem Zweck zu dienen, die Franken als Feinde Justinians zu stilisieren, als die wirklichen politischen Gegebenheiten zu schildern.[48]

Die Machtentfaltung Theudeberts verursachte in Ostrom aber tatsächlich erhebliche Sorgen. Das Frankenreich hatte sich unter seiner Herrschaft im Südosten bis Osttirol ausgedehnt.[49] Außerdem verfügte Theudebert durch seine Heirat mit Wisigard, der Tochter des Langobardenkönigs Wacho, die er auf Druck seiner Gefolgsleute geheiratet hatte, auch über Kontakte nach Pannonien, wo die Langobarden siedelten. Pannonien war jedoch ein traditionelles Einflussgebiet Ostroms. Ein Brief Theudeberts an Justinian, der sich auf die Zeit um 545 datieren lässt, macht sichtbar, wie irritiert man in Ostrom über Theudeberts Vorgehen war:

> »Der ausgezeichnete Mann Theodor kam zusammen mit Solomon und wir haben die Briefe, die eure kaiserliche Huld an uns gerichtet hat, mit ehrlicher Liebe und Demut empfangen, obwohl ihr über uns in Sorge seid, weil wir über verschiedene Völker und Provinzen die geliebte Freundschaft Gottes ausgebreitet haben. Das aber, was euch beunruhigt, nämlich in welchen Provinzen wir zu Hause sind und welche Völker mit Gottes Hilfe unserer Herrschaft unterstehen, verhält sich wie folgt: Durch das Erbarmen Gottes haben wir glücklich die Thüringer unterworfen und ihre Provinzen erworben, nachdem damals ihre Könige ausgelöscht worden sind. Das Volk der Nordschwaben ist durch unsere Majestät versöhnt worden und nachdem sich, durch Gottes Gnade, die Westgoten unseren Vorschriften unterworfen hatten, haben sich die Einwohner der *Francia*, Norditaliens, Pannoniens, die Sachsen und die Jüten aus eigenem Willen uns unterworfen und unsere Herrschaft erstreckt sich unter der Obhut Gottes von der Donau und der Grenze Pannoniens bis zur Küste des Ozeans. Und weil wir wissen, dass eure kaiserliche Hoheit über den Fortschritt der Katholiken, so wie es auch in euren Briefen bezeugt wird, hocherfreut ist, deshalb

> haben wir durch einen einfachen Bericht gemäß eurem Wunsch dargelegt, was es ist, das Gott uns zugestanden hat, und wir wünschen von ganzem Herzen, dass euer Ruhm für die Glücklichen so stark sein möge, dass ihr die alte Freundschaft (*amicitia*) der alten Fürsten bewahrt und wir eurer Gnade, wie ihr es öfters versprochen habt, zum allgemeinen Nutzen verbunden werden.«[50]

Die Eroberungskriege der Franken werden in einem verklärten Licht dargestellt. Die Franken hätten demnach ihren Nachbarn die geliebte Freundschaft (*amicitia*) Gottes gebracht und viele Völker hätten sich ihnen freiwillig unterworfen. Trotz dieser subjektiven Färbung ist der Brief eine wertvolle Quelle für die Herrschaftsausdehnung des fränkischen Reichs unter Theudebert. Die Besorgnis Justinians ist wohl verständlich, doch Theudebert versuchte den Kaiser durch den Hinweis auf den gemeinsamen katholischen Glauben zu beruhigen. Damit sollten Befürchtungen Justinians gedämpft werden, die Franken könnten sich auch gegen Ostrom wenden und gemeinsame Sache mit den Arianern machen. Obgleich Theudebert Justinian in der Adresse des Briefes als »vortrefflichsten Herrn und Vater« anredet, ist der Ton des Briefes alles andere als devot. Der König versicherte dem Kaiser zwar seine *devotio*, aber er sprach auch ausdrücklich von seiner eigenen *maiestas*. Der Hinweis auf die *amicitia* im letzten Satz des Briefes deutet daraufhin, dass die alte Freundschaftsbeziehung zwischen Chlodwig und den oströmischen Kaisern weitergeführt worden war, wenn auch nicht klar ist, wie sie ausgestaltet war.[51]

Theudebert, der von Marius von Avenches als einziger Merowingerkönig das Epitheton *magnus* erhielt,[52] zeigte sich auch sonst selbstbewusst. Er prägte Goldsolidi mit eigenem Bild und der Aufschrift *d(ominus) n(oster) Theodebertus victor* (»Unser Herr Theudebert, der Sieger«) auf der Vorderseite und dem Bild der Siegesgöttin *Victoria Augustorum* auf der Rückseite. Die Prägung von Goldmünzen war jedoch ein kaiserliches Vorrecht, weshalb Prokop die von Theudebert veranlasste Prägung als unerlaubt und als ungeheure Anmaßung tadelte.[53] Diese Aussage lässt Prokops Ärger und seine Ablehnung gegenüber den Franken besonders deutlich werden. Ein Volk und ein

König, die sich innerhalb der römischen Welt demonstrativ vom gewohnten Verhaltenskodex und vom römischen Einfluss emanzipierten, waren für ihn unerträglich. Seine negative Schilderung der Franken, denen er unter anderem Menschenopfer nachsagt,[54] dürfte hierin ihre Grundlage haben.

Die Benennung Theudeberts als »Sieger« in der Umschrift der Münze korrespondiert mit den Aussagen in seinem Brief an Justinian. Die benachbarten Völker der Franken waren besiegt und unterworfen, die Franken zur Großmacht aufgestiegen. In seinem Brief verweist Theudebert immer wieder auf die Gnade Gottes, durch welche die Erfolge der Franken möglich wurden. Dass dies nicht einfach nur eine Floskel ist, zeigt der Einleitungstext zur Synode von Clermont, die am 8. November 535 stattfand, nachdem Theudebert seine Herrschaft gefestigt und einen Anteil am Burgunderreich erhalten hatte. Er gestattete den Bischöfen seines nun erweiterten Reichsteils, sich zu einer Synode zu versammeln, wodurch er sich auch ihre Unterstützung sichern wollte. Der den Kanones vorangestellte Einleitungstext lautet:

> »Als sich die heilige Synode in der Stadt Clermont versammelt hatte und wir im Namen des Herrn und im Heiligen Geist versammelt waren mit der Zustimmung unseres ruhmreichsten Herrn und aller frommsten Königs Theudebert, haben wir dort den Herrn mit auf die Erde gebeugtem Knie für seine Königsherrschaft, für sein langes Leben und für das Volk angefleht, damit unser Herr, der uns die Macht zur Versammlung gegeben hat, seine Königsherrschaft und seine Glück aufrecht halte, sie durch seinen Befehl lenke, und die Gerechtigkeit leite. Und wir haben uns in der Kirche zusammengesetzt nach dem Brauch, und nachdem die Kanones gelesen worden waren, schien uns dies vernünftig, dass, wenn auch die kirchlichen Regeln schon beinahe alles umfassen, doch einiges Neues hinzugefügt und Altes wiederholt wurde.«[55]

Zwar ist der Text mit kleinen Varianten dem Prolog der Synode von Agde aus dem Jahr 506 entnommen, doch dürfte diese Übernahme durchaus gezielt erfolgt sein. Der König sollte wissen, dass seine Bischöfe für den Bestand seiner Herrschaft und für sein langes Leben beteten. Gott sollte die

Königsherrschaft Theudeberts und dessen Glück aufrechterhalten und leiten. In einem an die Synodalakten angehängten Brief, in dem die Bischöfe den König baten, denjenigen seiner Untertanen zu helfen, deren Besitz sich in der Verfügungsgewalt der beiden anderen fränkischen Könige Childebert und Chlothar befand, wurde zudem die Frömmigkeit (*pietas*) des Königs hervorgehoben.[56] Weiter erklärten die Bischöfe, sie erwarteten vom König, ihre Bitte nicht abzulehnen,

> »sodass ihr, wenn wir für die Nöte sehr vieler Menschen mit gerechtem und, wie wir meinen, Gott gefälligem Rat eintreten, das Gedeihen in eurem Reich und die Abbildung des himmlischen Herrn (*repraesentatio caelestis Domini*) durch die gewährte Gnade eurer Frömmigkeit vermehrt.«[57]

Indem der König die gerechte Bitte der Bischöfe erfüllte, wurde demnach die *repraesentatio* Gottes sichtbar. Hier zeigen sich erste Ansätze zu einer Verchristlichung der Königsherrschaft. Das Gebet der Bischöfe für den Herrscher sollte Gottes Schutz für die Herrschaft vermitteln. Damit wurden die Bischöfe zu Mittlern zwischen König und Gott. Zugleich erschien das Handeln des Herrschers als Nachahmung göttlicher Güte. Bis zur karolingischen Vorstellung vom Gottesgnadentum und der völligen Abhängigkeit der Königsherrschaft und des Wohles des Reichs von der Gnade Gottes war es zwar noch ein weiter Weg, aber für die Bischöfe bestand schon jetzt kein Zweifel am Zusammenhang zwischen einer gerechten und frommen Herrschaft und dem Anteil an der göttlichen Gnade. So charakterisierte Gregor von Tours Theudebert folgendermaßen:

> »Aber als jener in der Herrschaft gesichert war, zeigte er sich groß und durch alle Güte ausgezeichnet. Er war nämlich einer, der sein Reich mit Gerechtigkeit regierte, die Bischöfe ehrte, die Kirchen beschenkte, die Armen unterstützte und vielen viele Wohltaten aus einer frommen und liebevollen Gesinnung erwies.«[58]

Diese Darstellung hebt Theudebert von allen anderen Königen, die Gregor in den ersten drei Büchern seines Werkes behandelt, positiv ab. Da Gregor die Zeit Theudeberts nicht selbst erlebt hat, ist er in seinem Urteil vermutlich von Texten wie den Synodalbeschlüssen von Clermont und dem zugehörigen Brief beeinflusst worden.[59]

6.3 König Theudebald

Mit dem Tod Theudeberts 547[60] hatte die expansive Politik der Franken im Osten und in Italien zunächst ein Ende, denn sein Sohn und Nachfolger Theudebald (547–555) war noch unmündig. Die Regierung für ihn führte Conda, der unter Theudebert bis zum Hofmeister aufgestiegen war. Venantius Fortunatus hat Conda in einem Lobgedicht gewürdigt, in dem es heißt:

> »Es steht die Nachkommenschaft in hohem Ansehen, durch die ihr eigener Ursprung wächst (10) und die bewirkt, dass die alten Väter an Ruhm zunehmen. Denn wenn der hervorgehoben wird, der die Ehre des Geschlechts bewahrt, um wie viel größeres Lob verdient es, das Geschlecht berühmt zu machen? Wer also wünscht, seinen Namen durch Taten herauszuheben, der soll sich zuvor rasch auf dein Werk besinnen. (15) Schon von Kindheit an begannst du immer aufzusteigen, und auf jeder Stufe des Aufstiegs hattest du die erhabene Spitze inne. Theuderich hat dich beglückwünscht und dich mit dem Amt des Tribunen geschmückt: aufzusteigen ist darauf schon deine Bestimmung gewesen. Denn Theudebert gewährt dir als Lohn das Grafenamt (20) und er vergrößert den deiner Verdienste würdigen Amtsgürtel. Er sah, dass dein ausgezeichneter Sinn Besseres verdient, und bald wollte er den verdienten Rang erhöhen. Und weil er es wünschte, verfügte er, dass du sein Hofmeister seist. Du bist plötzlich gewachsen und zugleich wuchs auch der Hof. (25) Es stehen zugleich mit dir die verehrungswürdigen Pfalzen in Blüte und das Haus spendet seinem wachsamen Leiter Beifall. Auch als Theudebald noch ein kleines Kind war, bestand deine größte Sorge in seiner Unterstützung. Durch außergewöhnliche Maßnahmen hast du die öffentlichen Angelegenheiten so gefördert, (30) dass du den jugendlichen König als gereiften Mann erscheinen ließest. Du hast selbst den Staat geführt, wie wenn du sein Vormund gewesen wärest, und das dir anvertraute Werk ging gut voran.«[61]

Conda stieg bereits unter Theuderich zum Tribunen auf und konnte seine Karriere unter Theudebert fortsetzen, die ihn bis zum Hofmeisteramt führte, dem die königlichen Domänen unterstanden. Unter Theudebald übernahm Conda dann die Leitung der Regierung für den unmündigen König. Fritz Beisel hat daraus geschlossen, in Conda werde ein Vertreter der Großen fassbar. Sein steiler Aufstieg und seine herausragende Stellung unter Theudebald weisen darauf hin, dass Conda und weitere Vertreter der Oberschicht die Expansionspolitik Theudeberts nachhaltig unterstützten. Die Übernahme der Regierung durch Conda sollte die Fortsetzung der Politik Theudeberts sichern.[62] Doch die ersten zitierten Zeilen des Lobgedichts lassen Zweifel an der Herkunft Condas aus einem vornehmen Geschlecht aufkommen.

> »Denn wenn der hervorgehoben wird, der die Ehre des Geschlechts bewahrt, um wie viel größeres Lob verdient es, das Geschlecht berühmt zu machen? Wer also wünscht, seinen Namen durch Taten herauszuheben, der soll sich zuvor rasch auf dein Werk besinnen.«

Nach den Worten des Dichters ist Condas Familie erst durch diesen berühmt geworden. Da Venantius Fortunatus eine solche Aussage in einem Lobgedicht wohl kaum gemacht hätte, wenn die Familie schon bedeutend gewesen wäre, scheint Conda ein sozialer Aufsteiger gewesen zu sein. Er stammte also nicht aus den führenden Familien im Frankenreich, die stets eine Beteiligung an der Macht beanspruchten.[63] Möglicherweise liegt darin ein Grund, dass ihm nacheinander fünf Könige vertrauten, denn nach dem Tod Theudebalds blieb er unter Chlothar Hofmeister und wurde unter Sigibert schließlich Tischgenosse des Königs. Die Könige scheinen seine Machtstellung nicht gefürchtet zu haben und mit seiner Amtsführung zufrieden gewesen zu sein. Conda war somit ein Sonderfall, aus dessen Stellung sich keine Schlüsse auf die Beteiligung der Großen an der Macht ziehen lassen. Trotzdem dürfte die Mehrheit der Großen in Theudeberts Reichsteil dessen Politik unterstützt und ihre Fortsetzung gewünscht haben.

Wohl noch 547 schickte Kaiser Justinian eine Gesandtschaft an Theudebald. Nach Prokop verlangte er die Rückgabe der von den Franken besetzten Gebiete in Oberitalien und Unterstützung gegen die Goten. Theudebald habe die Forderung nach Gebietsrückgaben mit dem Argument zurückgewiesen, sein Vater habe das Land den Goten und nicht dem *Imperium* abgenommen. Eine Beteiligung am Krieg gegen die Goten lehnte er mit dem Argument ab, die Goten seien Freunde der Franken.[64] Vermutlich griffen die Franken anschließend doch in die Kämpfe in Italien ein, aber aufseiten der Goten. Darauf deutet der Umstand hin, dass der fränkische Herzog Lanthacarius 548 im Krieg in Italien getötet wurde. Einzelheiten dazu sind zwar nicht bekannt,[65] doch könnte sich ein Brief, den Theudebald 548/49 an Justinian schickte, auf dessen Kritik am wechselhaften Verhalten der Franken beziehen. Theudebald erklärte, sein Vater habe immer die Treue gehalten und einmal versprochene Freundschaft bewahrt. »Auf unsere Freundschaft (*amicitia*), die ihr erfreulicherweise sucht«, so schreibt Theudebald am Schluss des Briefes,

> »seid bitte ohne zu wanken bedacht und, weil sie besser als ein unverletzliches Bündnis fortbestehen soll, mögen die Vorwürfe, für die es gar keine Gründe gibt, fern sein von eurem Sinn.«[66]

Hier geht es offenbar um nicht erfüllte Bündnisverpflichtungen Theudeberts. Mit dem Hinweis auf die *amicitia* zwischen den Franken und Ostrom sowie dem vagen Versprechen, die Bündnisverpflichtungen einzuhalten, bleibt der Brief auf der Linie jenes Briefes, den Theudebert um 545 an Justinian schrieb. Laut Prokop reisten bald darauf Gesandte Theudebalds nach Ostrom, wo sie offenbar eine gütliche Einigung zustande brachten.[67] Trotzdem sollen die Franken laut Prokop dem römischen Feldherrn Narses den Durchzug durch Venetien verweigert haben, als dieser im Jahr 552 dort landete.[68] Die Franken hätten damit ihre hinhaltende und unbeständige Politik fortgesetzt.

Als König Totila Ende Juni oder Anfang Juli 552 bei einer verheerenden Niederlage der Goten gegen die Römer gefallen war, bat sein Nachfolger Teja Theudebald um Hilfe, was dieser jedoch ablehnte.[69] Im Oktober 552 fiel Teja in der letzten großen Schlacht der Ostgoten gegen die Römer. Erst danach kamen die unter fränkischer Oberhoheit stehenden Alemannenherzöge Leuthari und Butilin (Buccelen) den Goten 553 doch noch zu Hilfe, was laut Agathias gegen den Willen Theudebalds geschah.[70] Da auch Gregor von Tours immer wieder von der Eigenmächtigkeit einzelner Herzöge berichtet, könnte es sein, dass sich die Alemannen als frühere Verbündete der Goten verpflichtet sahen, diesen zu Hilfe zu kommen. Vielleicht spiegeln sich hier auch unterschiedliche Interessen der Großen in Theudebalds Reich wider. Die Goten waren jedoch nach der Niederlage so geschwächt, dass die Hilfe zu spät kam. Die Herzöge unternahmen darauf selbstständig Feldzüge in Italien und stießen bis Sizilien vor. Die Aktionen der beiden alemannischen Heere blieben aber ohne dauerhaften Erfolg. Das Heer Leuthars kehrte nach Venetien zurück, wo ein großer Teil der Krieger Opfer einer Seuche wurde.[71] Das Heer Butilins wurde bald darauf von dem oströmischen Feldherrn Narses vollständig vernichtet.[72]

6.4 König Childebert I., der *Drei-Kapitel*-Streit und die Beziehungen zu Justinian

Während Theudebert und Theudebald vor allem diplomatische und kriegerische Auseinandersetzungen mit Ostrom führten, lässt sich bei König Childebert I. eine ganz andere Art der Beziehung zum Osten feststellen. Gemeinsam mit seinen Bischöfen griff der König in den sogenannten *Drei-Kapitel*-Streit ein.

Um die Einheit der östlichen Kirche zu festigen, hatte sich Kaiser Justinian entschlossen, den Monophysiten entgegenzukommen. Diese lehrten, Christus habe nur eine Natur, nämlich die göttliche. Diese Definition war das Ergebnis eines Streits zwischen dem Patriarchen von Konstantinopel Nestorius und dem Patriarchen von Alexandria Cyrill. Nestorius war von zwei Wesen in Christus ausgegangen und man warf ihm vor, Christus in eine göttliche und eine menschliche Person aufzuspalten. Auf dem Konzil von Chalcedon im Jahr 451 wurden sowohl der Monophysitismus als auch die Lehre des Nestorius verurteilt. Man entschied, Christus habe zwei Naturen und zwar eine göttliche und eine menschliche, die in einer Person vereint seien. »Christus ist im Göttlichen vollkommen, so wie er auch als Mensch vollkommen ist. In allem uns Menschen gleich außer in der Sünde«, erklärten die Konzilsteilnehmer.

Vor allem in Ägypten und Syrien hatten die Monophysiten aber weiterhin starken Rückhalt. Um sie wieder in die Kirche einzubinden und damit das Reich zu stärken, hatte Justinian beschlossen, die sogenannten *Drei-Kapitel* zu opfern, die den Monophysiten ein besonderer Dorn im Auge waren. Mit den *Drei-Kapiteln* verband man die Person und die Schriften Theodors von Mopsuestia, die Schriften Theodorets von Cyrus sowie den Brief des Ibas von Edessa an den Perser Maris, die sich gegen den von den Monophysiten hochgeschätzten Cyrill von Alexandrien richteten und einen ausgeprägten Diophysitismus (Zwei-Naturen-Lehre) vertraten. Im Jahr 544/45 erließ Justinian ein Edikt gegen die *Drei-Kapitel*, die auf dem Konzil von Chalcedon (451) aber als rechtgläubig anerkannt worden waren, sodass man im Westen in ihrer Verurteilung einen Angriff auf die Beschlüsse von Chalcedon sah.[73] Papst Vigilius (537–555) wurde auf Befehl des Kaisers mit Gewalt nach Konstantinopel gebracht, wo er im Januar 547 eintraf und zunächst beraten von dem Diakon Pelagius Widerstand gegen die Verurteilung der *Drei-Kapitel* leistete. Doch nachdem Pelagius nach Rom zurückgekehrt war, gab Vigilius im Juni 547 dem Druck des Kaisers nach, verurteilte die *Drei-Kapitel* in zwei geheimen Briefen an Justinian und machte diese Verurteilung im April 548 in einem *Iudicatum* öffentlich. Diese Schrift stieß im Westen aber vielfach auf empörte Ablehnung, die im Jahr 550 in einer Exkommunikation des Papstes durch die nordafrikanischen Bischöfe gipfelte. Vigilius durfte darauf das *Iudicatum* mit Erlaubnis des Kaisers wieder zurücknehmen, doch ließ ihn Justinian am 15. August 550 auf das Evangelium und die Nägel des Kreuzes Christi schwören, die Verurteilung der *Drei-Kapitel* nach Kräften zu unterstützen. Diese Maßnahme zeigt, wie wenig der Kaiser gewillt war, Widerspruch gegen seine religionspolitischen Vorstellungen hinzunehmen. Im Jahr 553 berief Justinian schließlich ein Konzil nach Konstantinopel ein, das die *Drei-Kapitel* endgültig verurteilen sollte. Der Papst hatte sich jedoch inzwischen zum Widerstand entschlossen und versuchte erfolglos, die Verurteilung der *Drei-Kapitel* doch noch zu verhindern. Zuletzt legte er am 14. Mai 553 ein umfassendes Schriftstück vor, um die *Drei-Kapitel* zu retten. Der Kaiser verweigerte die Annahme des Schriftstücks jedoch und ließ die *Drei-Kapitel* gegen den Widerstand des Papstes verurteilen. Vigilius wurde anschließend so lange in Konstantinopel festgehalten, bis er Ende 553 den Konzilsbeschlüssen zustimmte.[74] Nach seinem Tod im Jahr 555 bot Justinian Pelagius, dem früheren Berater des Papstes, selbst das Papstamt an, verlangte aber dafür von ihm die Anerkennung der Beschlüsse des Konzils von Konstantinopel 553. Pelagius (556–561) nahm das Angebot an und konnte sich in Rom zunächst nur mühsam mit oströmischer Hilfe behaupten. Schließlich gelang es ihm zwar, die Römer und die meisten Bischöfe des römischen Metropolitansprengels für sich zu gewinnen, doch die Metropoliten von Mailand und Aquileia und mit ihnen die Bischöfe Norditaliens lehnten die Verurteilung der *Drei-Kapitel* weiterhin ab. Sie schenkten den Versicherungen des Papstes, sich nach den Beschlüssen von Chalcedon zu richten und diese nicht verletzt zu haben, keinen Glauben und kündigten ihm die Gemeinschaft auf.[75]

König Childebert und die Bischöfe seines Reichsteils scheinen die Entwicklung im Osten von Anfang an verfolgt zu haben. Die Korrespondenz des Papstes mit den Bischöfen von Arles macht die Verbindungen der Franken zum Papst und zum Kaiser sichtbar. Im Jahr 545 schrieb Papst Vigilius an Bischof Auxanius von Arles, den er zum päpstlichen Vikar in Gallien bestellt hatte, er solle sich »durch väterliche Ermahnung« bemühen, dass Childebert das mit Justinian geschlossene

Bündnis einhalte.[76] Im folgenden Jahr ermahnte der Papst auch den Nachfolger des Auxanius, Bischof Aurelian (546–553), er solle sich darum kümmern, das Bündnis (*foedera*) zwischen dem Kaiser und Childebert zu sichern.[77] Demnach hatte Justinian wie mit Theudebert auch mit Childebert ein Bündnis geschlossen. Die Entwicklung in der Frage der *Drei-Kapitel* scheint in Gallien allerdings Besorgnis ausgelöst zu haben. Im Juli 549 traf ein Gesandter mit einem Brief für den Papst in Konstantinopel ein, den Bischof Aurelian in Absprache mit dem König geschickt hatte, um den Papst nach seinem Standpunkt in der Auseinandersetzung zu befragen.[78] Im Oktober desselben Jahres nahmen die gallischen Bischöfe dann zum *Drei Kapitel*-Streit Stellung, nachdem der König sie zu einer Synode in Orléans versammelt hatte. Der 1. Kanon der Synode lautete:

> »Die ruchlose Sekte, die Eutyches einst als Urheber in übler Gesinnung und indem er sich von der lebendigen Quelle des katholischen Glaubens trennte, frevelnd gegründet hat, und alles was in ähnlicher Weise von dem vergiftenden und ruchlosen Nestorius vorgebracht worden ist: Wie diese Sekten der heilige apostolische Stuhl verurteilt, so verfluchen auch wir sie zusammen mit ihren Urhebern und ihrem Anhang und belegen sie durch die Kraft des gegenwärtigen Beschlusses mit dem Anathem und verdammen sie und wir verkünden die richtige und apostolische Ordnung des Glaubens im Namen Christi.«[79]

Die Synodalteilnehmer zeigten sich also über den derzeitigen Streit in Konstantinopel gut informiert, wenn sie in Anlehnung an die Beschlüsse von Chalcedon Eutyches als einen der Hauptvertreter des Monophysitismus und Nestorius als seinen Gegenpol verurteilten. Dabei betonten sie ihre Übereinstimmung mit dem päpstlichen Stuhl, denn Papst Leo der Große war maßgeblich an den Beschlüssen von Chalcedon beteiligt gewesen. Eine Antwort des Papstes Vigilius hatten sie zu dieser Zeit noch nicht. Erst im April 550 fühlte sich der Papst genötigt, eine Antwort an die gallischen Bischöfe zu senden, in dem er seine Treue zu den vier ökumenischen Konzilien beteuerte, die *Drei-Kapitel* und seine Verurteilung derselben aber nicht erwähnte.[80]

Noch kritischer setzten sich König Childebert und seine Bischöfe mit Papst Pelagius I. auseinander. Die Briefe König Childeberts und seiner Bischöfe sind zwar nur aus den Antworten des Papstes rekonstruierbar, doch referiert der Papst die Schreiben relativ ausführlich. Im Jahr 556 warfen ihm König und Bischöfe vor, sich gegen die Beschlüsse von Chalcedon und die Lehren Papst Leos des Großen gestellt zu haben und drohten dem Papst mit der Exkommunikation, sollten sich ihre Befürchtungen bewahrheiten. Der Papst wies die Vorwürfe zurück und bezeichnete sie als Fabeln und üble Nachrede.[81] Man sei auf dem Konzil von Konstantinopel nicht von den Beschlüssen von Chalcedon und von den Lehren Papst Leos des Großen abgewichen. Childebert und seine Bischöfe bestanden aber auf einem eindeutigen Glaubensbekenntnis des Papstes.[82] In einem Brief an Childebert vom 3. Februar 557 legte der Papst ein ausführliches Glaubensbekenntnis vor, in dem er sich zu den vier ökumenischen Konzilien sowie zu den Aussagen der früheren Päpste bekannte und in ihrem Sinne die Dreieinigkeit und Christus als eine Person mit zwei Naturen bekannte. Eine Bezugnahme auf die Beschlüsse von Konstantinopel vermied er aber.[83] In einem weiteren Brief, den der Papst wohl im April 557 an alle Gläubigen richtete, bekannte er sich ausdrücklich zu den Konzilien von Nicaea (325), Konstantinopel (381), Ephesus (431) und Chalcedon (451) sowie zu den Lehren der Päpste, besonders jener Leos des Großen. Außerdem bekannte er die Rechtgläubigkeit von Theodoret und Ibas von Edessa und rückte damit vom Konzil von Konstantinopel 553 ab, ohne es direkt zu verurteilen.[84] Die Vorgänge zeigen, wie eng der Kontakt zwischen dem Frankenreich und Ostrom war. Zugleich wird deutlich, dass die Bischöfe im Frankenreich nicht bereit waren, dem Papst ohne Weiteres zu folgen und eine klare Vorstellung davon hatten, was als rechtgläubig zu gelten hatte und was nicht. Der Papst wiederum musste sich angesichts des Schismas mit den norditalienischen Bischöfen darum bemühen, nicht auch noch ein Schisma mit den Bischöfen der *Gallia* entstehen zu lassen. Der damit verbundene Autoritätsverlust des Papstes hätte nicht absehbare Folgen haben können.

Während die Bischöfe im Reichsteil Childeberts sichtlich gut informiert waren, herrschte andernorts offenbar Verwirrung über die Vorgänge in Konstantinopel. So schrieb Bischof Nicetius von Trier einen Brief an Kaiser Justinian, in dem er ihm vorwarf, der Häresie verfallen zu sein und zu bekennen, Christus sei in seiner menschlichen Natur nur Mensch gewesen. Justinian solle sich an sein Taufversprechen erinnern, in welchem er einen Sohn bekannt habe, der in zwei Naturen mit dem Vater und dem heiligen Geist verbunden sei. Er müsse sich von diesem Irrtum befreien, wenn er nicht der Hölle anheimfallen wolle.[85] Nicetius war also der Meinung, Justinian sei ein Anhänger der Lehre des Nestorius, obwohl dessen Maßnahmen tatsächlich den Monophysiten und Gegnern des Nestorius zugutekommen sollten. Dies zeigt, dass die Kommunikation innerhalb des gallischen Episkopats zumindest in diesem Fall nur begrenzt funktionierte und es offenbar sehr unterschiedliche Wissensstände gab. Zugleich wird aber noch einmal sichtbar, wie vielschichtig die Kommunikation mit Ostrom war.

6.5 Die politische Entwicklung bis zum Tode Chlothars I.

Nachdem König Theudebald 555 kinderlos gestorben war, fiel sein Erbe an Childebert und Chlothar, doch nahm Chlothar das Reich Theudebalds alleine in Besitz.[86] Da Childebert anschließend Chlothars Sohn Chramn bei seinem Aufstand gegen den Vater unterstützte, scheint Childebert nicht freiwillig auf das Erbe verzichtet zu haben.[87] Unmittelbar nach der Herrschaftsübernahme sah sich Chlothar im Jahr 555 mit einem Aufstand der Sachsen konfrontiert, dessen Ausgang fraglich ist. Sowohl Marius von Avenches als auch Gregor von

Tours berichten von verlustreichen Kämpfen, in denen nach Marius Chlothar Sieger blieb, während er laut Gregor von Tours unterlag.[88] Nach Gregor soll Chlothar von seinen Gefolgsleuten gedrängt worden sein, den Krieg trotz eines günstigen Friedensangebots der Sachsen zu beginnen. Als sich der König weigerte, hätten die Franken sein Zelt zerrissen und ihn mit dem Tode bedroht, sodass Chlothar schließlich in den Krieg einwilligen musste. Da Gregor auch sonst von Eigenmächtigkeiten des Heeres gegenüber dem König oder den Anführern berichtet,[89] dürfte die Erzählung einen wahren Kern enthalten. Es wird deutlich, dass die Autorität des Königs durchaus nicht unantastbar war und immer wieder gesichert werden musste.

Im nächsten Jahr folgte ein gemeinsamer Aufstand der Sachsen und Thüringer gegen Chlothar, der niedergeschlagen werden konnte.[90] Angeblich hatte Childebert die Sachsen gegen seinen Bruder aufgehetzt, denn er hatte mit Chramn ein Bündnis geschlossen. Dieser belagerte zunächst Clermont, wohin sein Vater ein Heer unter der Führung von Chramns Halbbrüdern Charibert und Gunthram entsandte. Chramn verbreitete jedoch das Gerücht, Chlothar sei bei den Kämpfen mit den Sachsen getötet worden, woraufhin seine Halbbrüder abzogen. Nun schloss Chramn mit Childebert einen Bund der Treue und der gegenseitigen Solidarität (*caritas*),[91] und Childebert drang in die Champagne vor, während Chramn Tours einnehmen konnte. In dieser für Chlothar gefährlichen Situation starb Childebert im Jahr 558 und Chlothar fiel das gesamte Reich zu. Es kam zu einer vorläufigen Aussöhnung mit Chramn, der im Jahr 560 seinen Aufstand im Bündnis mit den Bretonen allerdings fortsetzte. Schließlich unterlag Chramn im Kampf, wurde gefangen, erdrosselt und mit Frau und Kindern in einer Hütte verbrannt.[92] Chlothar hat den Sieg über seinen Sohn nicht lange überlebt. Er starb im Dezember des Jahres 561.

7 Die kirchliche Entwicklung von 511 bis 561

7.1 Die Gesetzgebung der Synoden und ihre Hintergründe

Hatte sich in den Beschlüssen der Synode von Orléans 511 die enge Beziehung zwischen König und Bischöfen gezeigt, spiegeln die Beschlüsse der folgenden Reichs- und Teilreichssynoden bis 549 neben zahlreichen innerkirchlichen Problemen die zunehmenden Konflikte zwischen dem weltlichen und dem geistlichen Bereich wider, die sich immer mehr überlagerten. Nach der Synode von Orléans 511 dauerte es 22 Jahre bis die nächste fränkische Reichssynode zusammentrat. Sie fand am 23. Juni 533 und damit vor der Eingliederung des Burgunderreichs in die fränkische Herrschaft wiederum in Orléans statt. Warum es vorher zu keiner weiteren großen Synode im Frankenreich kam, ist unklar. Ein möglicher Grund könnte die Rivalität der Söhne Chlodwigs untereinander sein. Auffälligerweise fanden in der fraglichen Zeit auch nur sehr wenige Provinzialsynoden statt. Lediglich im Metropolitanbezirk Arles wurden relativ regelmäßig Provinzialsynoden abgehalten.[1]

Zur Zeit der Synode von Orléans 533 scheint ein gewisses Einverständnis zwischen Theuderich, Childebert und Chlothar geherrscht zu haben, da sie sich über die Aufteilung des Reichsteils Chlodomers untereinander geeinigt hatten. Die Synode trat nun auf gemeinsamen Befehl der fränkischen Könige zusammen, was zeigt, dass die Nachfolger Chlodwigs das Reich immer noch als Einheit und sich selbst als Herren über die Kirche ansahen, denen das Recht zustand, Synoden einzuberufen. Der Einleitungstext beginnt mit folgenden Worten:

> »Als wir auf Befehl der ruhmreichen Könige in der Stadt Orléans zusammenkamen, um mithilfe Gottes über die Beachtung des katholischen Gesetzes zu verhandeln, haben wir dort dargelegt, was wir zu den alten Regeln, was wir über die neuen Zweideutigkeiten [...] meinten und wir haben die einzelnen und unten angefügten Bestimmungen, die durch Gottes Gnade in Zukunft zu beachten sind, aus der Autorität der alten Kanones zusammengefügt.«[2]

Im Gegensatz zu 511, als Chlodwig die zu behandelnden Themen vorgegeben hatte, scheinen die Synodalteilnehmer die Themen diesmal selbst bestimmt zu haben. Es ging, wie der Einleitungstext sagt, um die Beachtung der *leges catholicae*. Damit standen hier nicht mehr die Fragen nach dem Verhältnis von weltlichem und kirchlichem Recht und dem gesellschaftlichen Miteinander im Mittelpunkt, sondern dezidiert kirchliche Fragen. Dabei wurde nun auch das Fehlverhalten von Bischöfen thematisiert. So heißt es im 3. Kanon:

> »Dass keiner der Bischöfe es aus irgendwelchen Gründen wage, für die Weihen der Bischöfe oder der übrigen Kleriker etwas anzunehmen: Denn es ist ein Frevel, dass sich ein Bischof aus Geldgier bestechen lässt.«

Und Kanon 4 ergänzt:

> »Wenn irgendein Bischof mit verfluchtem Ehrgeiz das Amt durch Geld erwirbt, soll er wie ein böser Mensch abgesetzt werden, weil das apostolische Gesetz vorschreibt, dass dieses Geschenk Gottes auf keinen Fall durch Geld erworben werden darf.«[3]

Auch die Vorschriften für die Wahl des Metropoliten, der durch die Mitbischöfe der Kirchenprovinz sowie vom Klerus und Volk der Stadt gewählt werden sollte, wurden in Erinnerung gerufen (Kan. 7). Standen in Orléans 511 noch die Befugnisse der Bischöfe im Zentrum, ging es nun darum, Amtsmissbrauch und Ämterkauf zu unterbinden.

Die Probleme der Bischofswahl und des Ämterkaufs blieben in der Folgezeit jedoch bestehen und wurden zu Dauerthemen auf den Synoden. Auf der schon erwähnten Synode von Clermont 535 wurde im 2. Kanon bestimmt, ein Bewerber um das Bischofsamt solle sich durch seine Verdienste auszeichnen, damit nicht der Eindruck entstehe, er verschaffe sich das heilige Amt durch finanzielle Mittel. Zudem solle er das Amt allein durch die Wahl aller und nicht durch die Gunst weniger erlangen. Der Kandidat solle von den Klerikern, das heißt von den Priestern und den Geistlichen niedrigerer Weihegrade, und Bürgern der Stadt gewählt und mit der Zustimmung des zuständigen Metropoliten geweiht werden. Er dürfe nicht auf den Einfluss der Mächtigen zurückgreifen.[4] Die Synode von Orléans 538 forderte ebenfalls die ordnungsgemäße Wahl der Metropoliten[5] und Bischöfe und die Synode von Orléans 549 nahm in ihrem 10. Kanon das Problem des Ämterkaufes wieder auf:

> »Dass es keinem erlaubt sei, das Bischofsamt durch Belohnungen oder durch Absprachen zu erlangen, sondern nach dem Willen des Königs gemäß der Wahl von Klerus und Volk so, wie es in den alten Kanones festgehalten ist.«[6]

Die Synode führte mit dieser Bestimmung eine auffällige Neuerung gegenüber den bisherigen Vorschriften ein. Wenn die Wahl durch den Klerus und die Laien einer Stadt erfolgt war, sollte sie vom König (*cum voluntate regis*) bestätigt werden, der damit zur letzten Instanz bei der Entscheidung über die Gültigkeit einer Wahl wurde. Die Bischöfe verloren dadurch ihren Einfluss auf die Wahl, denn zuvor hatte der zuständige Metropolit seine Zustimmung zur Wahl erteilen müssen und bei der Wahl des Metropoliten hatten die Bischöfe selbst an der Wahl teilgenommen. Jetzt blieb ihnen nur noch die wahlbestätigende Weihe des Kandidaten.[7]

Die Probleme bei der Bischofswahl dürften sich unter anderem daraus ergeben haben, dass die Bischofswürde mittlerweile als krönender Abschluss einer weltlichen Laufbahn galt.[8] In solchen Fällen war eine Beeinflussung der Wahl durch den König oder andere einflussreiche Personen naheliegend. Tatsächlich berichtet Gregor von Tours von Bischofserhebungen, die unter dem Einfluss des Königs stattfanden: Bischof Ommatius von Tours wurde auf Befehl König Chlodomers geweiht und Bischof Gallus von Clermont erhielt 527 den Bischofssitz mithilfe des Königs (*opitulante rege*).[9] Die Wiederholung der Synodalbeschlüsse über die Bischofswahl und die Abänderung der Bestimmung 549 machen deutlich, dass es den Bischöfen nicht möglich war, für die Einhaltung der Wahlbestimmungen zu sorgen. Wenn man 549 den Einfluss des Königs akzeptierte, gab man damit nur einer längst geübten Praxis nach. Einige der anwesenden Bischöfe wie Gallus von Clermont waren ja selbst durch die Gunst des Königs in ihr Amt gekommen. Möglicherweise hat König Childebert, in dessen Teilreich die Synode stattfand, auf die für den König wichtige Synodalbestimmung auch selbst Einfluss genommen. In dem Kanon werden jedenfalls die politische Bedeutung des Bischofsamtes sowie die Verschränkung zwischen Kirche und Königtum in besonderer Weise sichtbar.

Ein weiterer problematischer Punkt zwischen kirchlichem und weltlichem Bereich war die Regelung von Strafverfahren gegen Kleriker. Die Synode von Orléans 538 verbot Klerikern, ohne Erlaubnis ihres Bischofs Laien vor Gericht zu bringen. Umgekehrt durfte ein Laie einen Kleriker ebenfalls nur mit Erlaubnis des Bischofs vor Gericht bringen. Die Synode von Orléans 541 verschärfte diese Vorschrift, indem sie die Verhaftung und Folter von Klerikern ohne Zustimmung ihrer Vorgesetzten verbot und es weltlichen Richtern untersagte, eine Untersuchung gegen einen Kleriker ohne Zustimmung des Bischofs oder eines anderen kirchlichen Vorgesetzten aufzunehmen.[10] In beiden Vorschriften wird die besondere Stellung der Kirche betont.

Ein Dauerproblem stellte für die Kirche die unrechtmäßige Aneignung von Kirchenbesitz dar. Die Synode von Clermont hielt 535 fest:

> »Diejenigen, die von den Königen Besitz der Kirche erbitten und angetrieben von schrecklicher Begierde den Lebensunterhalt der Bedürftigen rauben, deren Besitz soll als ungültig betrachtet werden

> und sie sind aus der Gemeinschaft der Kirche, deren Mittel sie wegnehmen, auszuschließen.«[11]

Wer sich also mithilfe des Königs am Kirchengut vergriff, verging sich nach Meinung der Synodalteilnehmer an den schwächsten Gliedern der Gesellschaft, den Armen, deren Versorgung und Schutz eine der ureigensten Aufgaben der Kirche war. Um die Versorgung der Armen, aber auch den Unterhalt von Bischof und Klerus sowie die Instandhaltung der Kirchen aus dem Kirchenvermögen gewährleisten zu können, war es wichtig, die Einkünfte zu sichern. Dies erklärt, weshalb der Kanon den Besitz von Kirchengut auch dann als nichtig bezeichnete, wenn es sich um eine königliche Schenkung handelte. Der 14. Kanon derselben Synode verhängte ebenfalls die Exkommunikation über Personen, die versuchten, die Kirche um Gut zu bringen, das ihr schriftlich vermacht worden war.[12] Der Kanon wurde auf der Synode von Orléans 549 in etwas erweiterter Form wiederholt (Kanon 13). Wichtig ist in diesem Zusammenhang eine Bestimmung der Synode von Orléans 538, die den Bischöfen verbot, Landbesitz oder anderes Kirchengut zu verkaufen. Dadurch sollte verhindert werden, dass sich die Bischöfe selbst am Kirchengut bereicherten und der Kirche Besitz verloren ging.[13] In eine ähnliche Richtung ging der 14. Kanon der Synode von Orléans 549, der Bischöfen und Klerikern untersagte, sich das Eigentum fremder Kirchen anzueignen.[14] Das Kirchengut war demnach nicht nur von außen, sondern durch habgierige Bischöfe und Kleriker auch von innen bedroht.

Die Kanones, in denen die rechtliche Norm festgehalten wurde, haben einen engen Bezug zur Realität, denn Gregor von Tours berichtet sowohl von Kirchengutplünderungen durch weltliche Personen als auch durch Bischöfe und Kleriker. So tadelt er den Grafen Nanthin und den Oberkämmerer Eberulf wegen ihrer Übergriffe auf Kirchengut.[15] Der Diakon Lampadius eignete sich laut Gregor zahlreiche Kirchengüter an und Bischof Badigisil von Le Mans nahm vielen ungerechterweise ihre Habe. Nach seinem Tod weigerte sich seine Frau, die Güter herauszugeben, welche die Kirche von Le Mans zur Zeit Badigisils erhalten hatte, und reklamierte sie als persönlichen Besitz des Bischofs.[16] Diese und ähnliche Berichte Gregors schildern zwar Ereignisse aus der Zeit nach 550, doch darf man wohl davon ausgehen, dass es vergleichbare Fälle auch schon in früherer Zeit gegeben hatte.

Durch königliche Ansprüche drohte der Kirche eine weitere finanzielle Belastung. König Chlothar unternahm einen Versuch, die Kirche stärker zur Finanzierung des Fiskus heranzuziehen, obwohl dies die Kirchen bei ihren traditionellen Fürsorgeaufgaben geschwächt hätte. Er erließ eine Vorschrift, nach der alle Kirchen seines Reichs den dritten Teil ihrer Einkünfte an die königliche Schatzkammer abzuliefern hatten. Die Bischöfe waren zwar über den Erlass verärgert, unterschrieben ihn aber dennoch. Nur Bischof Iniuriosus von Tours protestierte, verweigerte die Unterschrift und kritisierte den König:

> »Wenn du das Gut Gottes wegnehmen willst, wird der Herr dir bald dein Königreich wegnehmen. Denn es ist ungerecht, dass die Armen, die du aus deinen Vorratsspeichern ernähren sollst, mit ihren Abgaben deine Speicher füllen sollen.«[17]

Der Bischof bezog sich hier offenbar auf die weitverbreitete Vorstellung, nach der das Kirchenvermögen Gut der Armen war. Den König hat die Drohung mit der göttlichen Strafe offenbar beeindruckt, denn er nahm das Gesetz zurück.

Ein Problem ganz anderer Art stellte die Disziplinierung der Kleriker dar. Die Vorschriften bezogen sich auf die Einhaltung des Keuschheitsgebots sowie allgemein auf das Verhalten des Klerus. So bestimmte die Synode von Orléans 533, Priester, die es verachteten, ihr Amt auszuüben, sollten abgesetzt werden, und die Synode von Orléans 538 kritisierte Kleriker, die ihren Pflichten nicht nachkamen.[18] Auf der Synode von Clermont 535 wurden Presbyter dazu ermahnt, nicht weiter mit der früheren Gattin zusammenzuleben und sich des ehelichen Verkehrs zu enthalten. Sie sollten fortan nur noch mit Frauen zusammenleben dürfen, mit denen sie eng verwandt waren, wie der Mutter, Schwester oder Nichte.[19] Dass es sich um ein anhaltendes Problem handelte, zeigen ähnliche Bestimmungen der Synoden von 538 (Kan. 2 und 4), 541 (Kan. 17) und 549 (Kan. 3 und 4).

Noch ein Aspekt ist aufschlussreich für die Frage der Disziplinierung des Klerus, auch wenn er nur auf der Synode von Orléans 533 angesprochen wurde. Dort heißt es: »Es wurde auch beschlossen, dass künftig keiner Frau die Diakonsweihe erteilt wird aufgrund der Unbeständigkeit ihrer Charaktereigenschaften.«[20] In diesem Kanon wird die endgültige Verdrängung von Frauen aus den Kirchenämtern sichtbar, die nur noch Männern vorbehalten sein sollten.

Ein weiteres Dauerthema auf den Synoden war das Inzestverbot, das sich auch auf nicht blutsverwandte Familienmitglieder erstreckt. Schon in Orléans 511 war die Ehe mit der Witwe des Bruders und der Schwester der Ehegattin verboten worden.[21] Ob Chlodwig dieses Thema behandeln ließ, weil er damit ein Instrument gegen die Familien der Oberschicht in die Hand bekam, die seiner Macht gefährlich werden konnten, scheint fraglich,[22] denn die Strafbestimmung des Kanons: »Wenn sie es nun tun, sollen sie mit der kirchlichen Strafe geschlagen werden« ist wenig konkret und bot keine klare Handhabe gegen die Übertreter des Verbots. Im Gegensatz dazu sah die Synode von Orléans 533 im Falle der Heirat mit der Schwiegermutter die Strafe des Anathems vor (Kan. 10), und die Synode von Clermont 535 erweiterte die Regelung von 511 nicht nur um das Verbot der Ehe mit der Kusine oder der Witwe des Onkels, sondern stellte diese Inzestehen unter schwere Strafe. Verstöße sollten mit dem Ausschluss von der christlichen Versammlung, der Mahlgemeinschaft (*convivium*) und der Gemeinschaft der Mutter Kirche bestraft werden.[23] Auffällig ist die harte und bis dahin selten verhängte Strafe, die nicht nur die Exkommunikation, sondern auch den Ausschluss aus der identitätstiftenden Mahlgemeinschaft mit anderen Christen vorsah. Ziel dieser Strafe war es offenbar, den Betreffenden aus jeder gesellschaftlichen Bindung auszuschließen und ihm damit auch die Unterstützung und die Gemeinschaft der

Familie und der Sippe zu nehmen.[24] Nach Clermont wurde das Inzestverbot dann auf allen großen fränkischen Synoden bis 627 behandelt und schließlich setzte sich die Exkommunikation als Strafe für das Vergehen durch.[25] Die zunächst uneinheitliche Haltung der Bischöfe zur Bestrafung der Inzestehe war der Befürwortung einer harten Linie gewichen.

Die intensive Beschäftigung mit der Inzestehe seit 511 ist auffällig, denn auf den zahlreichen gallorömischen Synoden vor 500 war sie nie behandelt worden.[26] Die Aktualität des Problems dürfte mit der neuen politischen Situation im Frankenreich und der Stellung der Bischöfe innerhalb des neuen Kräfteverhältnisses zusammenhängen. Sowohl die Könige als auch die Angehörigen der Oberschicht gingen aus verschiedenen Gründen immer wieder Ehen mit nahen Verwandten ein. Die Bischöfe nutzten das Verbot, um König und Aristokratie unter Druck zu setzen. So forderte Nicetius von Trier die Gefolgsleute König Theudeberts, die von ihm exkommuniziert worden waren, nach dem Wortgottesdienst auf, die Kirche zu verlassen, da sie von der Kommunion ausgeschlossen waren. Als der König dem widersprach,

> »schrie plötzlich einer aus dem Volk auf, ein junger Mann, der von einem Dämon besessen war und er begann mit lauter Stimme […] die Sünden des Königs zu bekennen. Er nannte den Bischof keusch und den König ehebrecherisch.«

Als der König daraufhin bat, den Mann aus der Kirche zu schaffen, sagte der Bischof: »Zuerst sollen jene, die dir gefolgt sind, die Inzestuösen, Mörder und Ehebrecher aus der Kirche getrieben werden.«[27] Der König musste schließlich nachgeben. Die Erzählung zeigt nicht nur, dass der Inzestvorwurf gegen das Gefolge des Königs als Druckmittel verwendet wurde, sondern auch, dass die öffentliche Inszenierung der Exkommunikation durch den Bischof eine Wirkung entfalten konnte, gegen die sogar der König nur schwer Widerstand zu leisten vermochte.

Als König Chlothar nach dem Tode Theudebalds 555 dessen Witwe Waldrada heiraten wollte, musste er sich aufgrund des Widerstands der Bischöfe gegen diese Verbindung von ihr trennen.[28] Bischof Germanus von Paris soll König Charibert exkommuniziert haben, weil er die Schwester seiner früheren Ehefrau heiratete.[29] Den Bischöfen, die sich bemühten, die in ihren Augen richtige Ordnung von Ehe und Familie zu wahren, bot das Inzestverbot somit »eine Handhabe, um den Adel unter Druck zu setzen und die geistliche Gewalt des Bischofs in Szene zu setzen.«[30]

Aber nicht nur Verwandtenehen wurden verboten. Die Synode von Orléans 533 untersagte im 19. Kanon auch Ehen zwischen Juden und Christen.[31] Man hat in dieser Vorschrift, die auf Bestimmungen der spanischen Synode von Iliberis (um 306) und auf den *Codex Theodosianus* (VIIII 7,5) zurückgriff, keine ausdrückliche Wendung gegen die Juden gesehen, denn auch das jüdische Recht untersagte Mischehen.[32] Es stellt sich jedoch die Frage, warum 533 das Eheverbot überhaupt wieder ausgesprochen wurde, während es 511 noch keine Rolle gespielt hatte. Auf der Synode von Clermont, die Theudebert I. 535 in seinem Teilreich versammelte, wurde die Bestimmung von 533 wieder aufgenommen, aber sprachlich in auffälliger Weise verändert. Nun wurden eine Ehe zwischen Christen und Juden als Frevel (*nefas*) und die Juden als Feinde der Christen bezeichnet. Im 9. Kanon wurde zudem verboten, dass Juden zu Richtern über Christen ernannt wurden, womit ein altes Verbot des *Codex Theodosianus* wieder aufgenommen wurde.[33] In der sprachlichen Verschärfung des Eheverbots nur eine im burgundischen Episkopat wurzelnde Judenfeindlichkeit zu sehen, greift sicher zu kurz.[34] Die Synode von Orléans 538, an der kein zuvor in Clermont anwesender Bischof teilnahm, zeigte nämlich ebenfalls eine judenfeindliche Tendenz, indem sie christliche Sklaven, die Juden dienten, davor schützte, Tätigkeiten ausüben zu müssen, die gegen die christliche Lehre verstießen, und für Vergehen bestraft zu werden, die von der Kirche bereits verziehen worden waren. Weiter wurde nicht nur die Mischehe, sondern auch die Mahlgemeinschaft von Juden und Christen verboten und Juden durften sich zwischen Gründonnerstag und Ostern nicht unter Christen mischen.[35] Die Synodalen konnten sich für die ersten beiden Vorschriften auf den *Codex Theodosianus* (XVI, 9,1–5) und ältere kirchliche Vorgaben stützen. Auch die Mahlgemeinschaft zwischen Juden und Christen war bereits auf den Synoden von Vannes (zwischen 461 und 491), Agde 506 und Épao 517 verboten worden, doch nun wurde erstmals die Strafe der Exkommunikation angedroht.[36] Die Vorschrift, Juden dürften sich zwischen Gründonnerstag und Ostern nicht unter Christen zeigen, scheint dagegen neu zu sein und ist eine deutliche Ausgrenzung.[37] Wenn es auch für die meisten Vorschriften ältere Vorlagen gibt, zeichnet sich doch in der Bündelung und Verschärfung der Verbote ein massiveres Vorgehen der Bischöfe gegen Juden ab. Dies wurde möglicherweise von den Königen befürwortet und mitgetragen oder die Bischöfe hofften zumindest darauf. Da die Juden außerhalb der christlichen Gemeinschaft standen, galten die Synodalbeschlüsse für sie nur, wenn sie in weltliches Recht umgesetzt wurden. Die Bischöfe waren also auf die Hilfe der Könige angewiesen, damit ihre Beschlüsse gegen Juden wirksam wurden.

Zuletzt seien noch die Kanones erwähnt, in denen es um Christen ging, die sich wieder heidnischen Kulten zuwandten. Sie lassen erkennen, dass die Christianisierung zum Teil offenbar noch recht oberflächlich war. Der 20. Kanon der Synode von Orléans 533 bestimmte:

> »Katholiken, die sich wieder dem heidnischen Kult zuwenden und die Gnade der empfangenen Taufe nicht bewahren und welche die Speisen der Götzen beim Opferkult zu sich nehmen, indem sie diese in unerlaubter Verwegenheit kosten, sollen von den Versammlungen der Kirche ferngehalten werden.«[38]

Der 15. Kanon der Synode von Orléans 541 wiederholte diese Bestimmung im Wesentlichen, fügte aber hinzu, die Exkommunikation solle erst erfolgen, wenn sich jemand trotz der Ermahnungen des Priesters weigere, vom Götzendienst abzulassen. Der 16. Kanon der Synode verfügte zudem, Christen, die nach heidnischem Brauch einen Schwur beim Kopf eines Tieres leisteten und dazu die Namen der heidnischen Götter anriefen, seien aus der Kirche auszuschließen, wenn sie trotz

Ermahnung an dem Aberglauben festhielten.[39] Offenbar kam es in der gesamten Bevölkerung immer wieder zu Rückfällen ins Heidentum. Den Priestern oblag es, die fehlbaren Gemeindemitglieder zu ermahnen und in die Gemeinschaft der Kirche zurückzuführen. Das war wichtig, um zu verhindern, dass weitere Christen abtrünnig wurden. Für diese Aufgabe musste der Priester jedoch mit guten theologischen Argumenten gerüstet sein.

Während die Regelungen zum Kirchengut die materielle Grundlage der Kirche sichern und schützen sollten, sollten die übrigen vorgestellten Erlasse offenbar den Einfluss der Bischöfe gegenüber bestimmten Gruppen stärken. Ob sich die Vorstellungen der Bischöfe dabei durchsetzen ließen und die Verbote ein wirksames Druckmittel lieferten, ist schwer zu beurteilen. Bischof Nicetius von Trier soll König Chlothar I. wegen seiner ungerechten Taten drei Mal exkommuniziert haben, obwohl ihm der König mit dem Exil drohte.[40] Ob aber der König aufgrund der unnachgiebigen Haltung des Bischofs seine Taten bereute und wieder gutmachte, lässt sich den Quellen nicht entnehmen. Man muss sich zudem fragen, wie drängend das Problem der Inzestehe und der Juden wirklich war, denn das kanonisch verbotene Konkubinat von Laien wurde auf den Synoden nicht behandelt, obwohl es offenbar weitverbreitet war und ein echtes Problem darstellte. So musste sich Caesarius von Arles in einer Predigt mit der Kritik an den Bischöfen auseinandersetzen, die in den Augen mancher Zeitgenossen zu nachsichtig mit den im Konkubinat Lebenden waren. Die Kritiker forderten, die Sünder aus der Gemeinschaft auszuschließen. Caesarius hielt diese Forderung an sich für richtig, erklärte aber, bei der großen Menge an Sündern sei es dem Bischof unmöglich, sie entsprechend zu bestrafen.[41] Diese Aussage des Caesarius und das gleichzeitige Schweigen der großen Reichs- und Teilreichssynoden in der ersten Hälfte des 6. Jahrhunderts zu diesem Problem deuten darauf hin, dass sich die Bischöfe nicht unbedingt mit den drängendsten Problemen in ihren Gemeinden beschäftigten. Verbote mussten durchsetzbar sein, da sie sonst jene, die das Verbot erlassen hatten, unglaubwürdig und machtlos erscheinen ließen. Im Falle des Konkubinats war ein Verbot selbst unter der Androhung schwerer Strafen offenbar nicht durchzusetzen. Die Bischöfe stellten deshalb Angelegenheiten in den Vordergrund, die für die Organisation der Kirche und ihren Einfluss wichtig waren und bei denen die Kirche auf Erfolg hoffen konnte.

7.2 Der kirchliche Einfluss auf die Bildung

Wie schon erwähnt, gab es bereits zur Zeit des Sidonius Apollinaris Kritik an jenen Bischöfen, die sich mit den antiken römischen und somit paganen Autoren beschäftigten. Die *Statuta ecclesiae antiqua* (475–485) schrieben vor, der Bischof solle die Bücher der Heiden nicht lesen.[42] Es gab also innerhalb der Kirche Strömungen, die der tradierten Schulbildung mit ihrem an klassischen Autoren und antiken Bildungsinhalten ausgerichteten Stoff ablehnend gegenüberstanden. Sidonius selbst fühlte sich verpflichtet, auf gewisse Vorbehalte innerhalb der christlichen Gemeinschaft Rücksicht zu nehmen. Als ihn um 481 Oresius um ein neues Gedicht bat, antwortete ihm Sidonius:

> »Von Beginn meiner religiösen Aufgabe an habe ich vor allem diese Beschäftigung aufgegeben, weil man mir ohne Zweifel Leichtsinn anlasten könnte, wenn mich die Geschliffenheit der Verse ergriffen hätte, wo doch jetzt der gewichtige Ernst der Handlungen begonnen hat, mich in Anspruch zu nehmen.«[43]

Gedichte zu schreiben schien mit dem Charakter des Bischofsamtes nicht vereinbar zu sein. Gregor von Tours schreibt, er habe bei seinem Lehrer Avitus weder die weltlichen Schriftsteller noch die Grammatik genauer studiert, sondern sich nur mit den kirchlichen Schriften befasst.[44] Diese Aussage ist wohl nicht ganz zutreffend, da sich in Gregors Werk durchaus Bezüge zu Vergil, Gellius oder Plinius dem Älteren nachweisen lassen.[45] Insgesamt sind Bezugnahmen auf klassische Autoren in Gregors Werk jedoch selten,[46] woraus man auf

Vorbehalte gegenüber paganen Autoren schließen könnte. Die oben zitierte Aussage ist möglicherweise weniger auf Gregors tatsächliche Ausbildung zu beziehen, als auf seine Haltung gegenüber antiken Schriftstellern.

Der Umgang mit dem antiken Erbe war allerdings durchaus nicht einheitlich. Im Kloster Lérins, das auf einer kleinen Insel vor der südfranzösischen Küste bei Cannes liegt, war schon im 5. Jahrhundert die traditionelle antike Bildung mit asketisch-monastischen Vorstellungen verbunden worden. Auch im 6. Jahrhundert wurden dort zahlreiche Geistliche ausgebildet, die im gesamten Frankenreich als Bischöfe wirkten. Sie verbreiteten diese geistige Ausrichtung weiter und brachten antikes Bildungsgut auch in den Norden des fränkischen Reichs.[47]

Ebenso unterschiedlich wie der Umgang mit dem antiken Bildungserbe war auch die Bildungssituation im Frankenreich des 6. Jahrhunderts. Die Wohlhabenden waren nach wie vor in der Lage, die Ausbildung ihrer Kinder durch Privatlehrer zu finanzieren, während die vor allem durch Stiftungen finanzierten öffentlichen Schulen massiv zurückgegangen zu sein scheinen. Die Problematik des unterschiedlichen Bildungsniveaus wird in einer Predigt des Caesarius von Arles sichtbar. Caesarius schrieb, die Auslegung der heiligen Schriften solle in der Weise geschehen, dass sie nicht nur die wenigen Gelehrten (*scholastici*) verstehen könnten, sondern die ganze Gemeinde:

> »Da die ungebildeten und einfachen Menschen nicht zur Höhe der Gelehrten hinaufsteigen können, mögen sich die Gebildeten zur Unwissenheit jener hinabneigen.«[48]

Eine am Sprachstil Ciceros oder Vergils orientiere Predigt war also nach Caesarius nicht geeignet, die Masse des Volkes zu erreichen. Für die Vermittlung der christlichen Botschaft musste der Sprachstil der Zuhörer- oder Leserschaft angemessen sein und durfte diese nicht überfordern.

Die Kirche musste sich der Herausforderung stellen, die der Rückgang der Bildung in den einfacheren Bevölkerungsschichten bedeutete. Dies war sowohl für die Vermittlung der christlichen Botschaft als auch für die Ausbildung des eigenen Nachwuchses nötig. Die Synode von Vaison bestimmte deshalb im Jahr 529:

> »Es hat dies Gefallen gefunden, dass alle Priester, die in den Pfarreien eingesetzt worden sind, gemäß der Gewohnheit, die bekanntlich in ganz Italien mit erheblichem Vorteil eingehalten wird, jüngere Lektoren, wie viele auch immer sie haben, die noch ohne Frauen sind, zu sich ins Haus aufnehmen, wo sie selbst wohnen. Und wie gute Väter sollen sie diese geistlich erziehen und sich anstrengen, diese auf die Psalmen vorzubereiten, sie mit den heiligen Texten vertraut zu machen und sie im Gesetz des Herrn zu unterrichten, damit sie für sich würdige Nachfolger vorbereiten und vom Herrn den ewigen Lohn empfangen. Wenn diese aber zur Volljährigkeit gelangt sind, und einer von ihnen wegen der Schwachheit des Fleisches eine Frau haben will, soll man ihm die Möglichkeit, eine Ehe zu führen, nicht verweigern.«[49]

Die Priester sollten also junge, unverheiratete Männer in ihrem Haus aufnehmen, um sie auszubilden. Doch sollten sie nicht die klassischen Autoren, Grammatiker oder das römische Recht lehren, sondern das Singen der Psalmen, die Texte der Heiligen Schrift sowie die kirchlichen Vorschriften. Damit konkurrierte nun ein neues christliches mit dem herkömmlichen Bildungskonzept.

Ob und in welcher Weise die in Vaison erwähnten jungen Männer schon vorher eine Schulbildung erhalten hatten, bleibt allerdings unklar. Das Problem einer mangelhaften Schulbildung thematisiert aber der 16. Kanon der Synode von Orléans 533: »Kein Presbyter oder Diakon darf geweiht werden, wenn er ohne Ausbildung ist oder die Taufvorschriften nicht kennt.«[50] Hier wird innerhalb des Frankenreichs das Problem einer mangelhaften Ausbildung zum ersten Mal in einem offiziellen kirchlichen Dokument behandelt. Da die Bestimmungen der Kanones in der Regel Reaktionen auf tatsächliche Missstände sind, muss es entsprechende Probleme gegeben haben. Wie verbreitet sie waren, lässt sich nicht genau feststellen, doch immerhin formulierte die westgotische Synode im an der Grenze zum Frankenreich liegenden Narbonne 589 eine ganz ähnliche Vorschrift:

> »Keinem der Bischöfe soll es erlaubt sein, einen Diakon oder Presbyter zu weihen, der nicht schreiben kann; aber wenn sie geweiht worden sind, sollen sie gezwungen werden, es zu lernen. Wer aber als Diakon oder Presbyter im Schreiben ungebildet ist und es träge aufschiebt, zu lesen oder sein Amt zu erfüllen, und in der Kirche nicht zu allen Dingen bereit ist, muss vom Lebensunterhalt (der Kleriker) entfernt werden [...] Aber was wird er in der Kirche sein, wenn er nicht zum Lesen ermuntert worden ist? Doch wenn er träge dabei bleibt und nicht nützlich sein will, soll er ins Kloster geschickt werden, weil er das Volk außer durch Lesen nicht erbauen kann.«[51]

Ein Mindestmaß an Bildung war für den gesamten Klerus wichtig, da das Christentum eine Buchreligion ist. Der Klerus musste den Inhalt der Bibel, aber auch die liturgischen Texte und Gesänge erlernen bzw. vorlesen und vestehen können. Außerdem war für die Kirche die Lesefähigkeit wichtig, weil ihre gesamte Organisation auf Schriftlichkeit aufgebaut war. Das macht ein Beschluss der Synode von Orléans 541 deutlich:

> »Dass die Kleriker der Pfarreien von ihren Bischöfen vernehmen sollen, dass sie notwendigerweise die Vorschriften der Kanones lesen müssen, damit sie selbst und das Volk sich später nicht entschuldigen können, sie hätten nicht gewusst, was zu ihrem Wohl beschlossen worden sei.«[52]

Die Kenntnis der kirchenrechtlichen Vorschriften war für die Ausübung des priesterlichen Amtes ebenso wichtig wie die Kenntnis der Bibel und der Gebete. Es ging darum, alle Kleriker auf eine Norm, eine einheitliche Auslegung des Glaubens zu verpflichten. Nur diese durfte dem Volk gepredigt und vermittelt werden. Wer dagegen verstieß, lief Gefahr zum Häretiker zu werden und die Gemeinschaft mit der Kirche zu verlieren. Die Vorschriften der einzelnen Konzilien und Synoden bildeten die Richtschnur, nach der sich Bischöfe, Priester und alle anderen Kleriker, aber auch die Laien, soweit sie Christen waren, zu richten hatten. Die Kirche war deshalb grundsätzlich auf eine gewisse Bildung ihrer Amtsträger angewiesen, denn der Klerus musste die Vorschriften kennen, um sie den Gläubigen zu vermitteln. Die Gemeindepfarrer waren somit ein entscheidendes Bindeglied zwischen Geistlichkeit und Laien. Sie mussten der Gemeinde nicht nur die christliche Lehre verständlich vermitteln, sondern sie wurden auch zu Vermittlern des neuen christlichen Bildungskonzepts.

8 Das Reich unter den Söhnen Chlothars I.

8.1 Die Reichsteilung von 561

Die Situation im Jahr 561 sieht auf den ersten Blick jener von 511 ähnlich: Chlothar hinterließ ebenfalls vier Söhne, nämlich Charibert, Gunthram und Sigibert, die Ingund zur Mutter hatten, sowie Chilperich, dessen Mutter Ingunds Schwester Arnegund war. Doch im Gegensatz zu 511 war das Reich deutlich größer und die Söhne erheblich älter.[1] Zudem kam es sofort zu schwerwiegenden Konflikten zwischen den Erben, die das Reich offenbar in Anlehnung an die Regelung von 511 aufteilten, da wiederum dieselben Residenzen vergeben wurden. Charibert erhielt Paris, Gunthram Orléans, Sigibert Reims und Chilperich Soissons. Bei der Aufteilung der Herrschaftsgebiete mussten sie aufgrund der größeren Ausdehnung des Reichs allerdings neue Wege gehen. Charibert bekam als Ältester der Brüder den Hauptteil der *Francia* zwischen Somme und Loire, dazu die Provinzen Bordeaux und Eauze sowie Limoges, Cahors und Albi. Der in Reims residierende Sigibert erhielt den östlichen Teil der *Francia*, Laon sowie alle eroberten Gebiete östlich des Rheins und südlich der Donau. Außerdem empfing er noch einen Teil der Provence um Marseille sowie die Auvergne mit dem Velay und den Städten Rodez und Javols. Das alte Burgunderreich wurde zum Herrschaftsgebiet Gunthrams und mit Orléans verbunden. Außerdem erhielt Gunthram noch Sens, Bourges und Auxerre sowie die andere Hälfte der Provence um Arles. Die Herrschaftsgebiete der drei Söhne von Königin Ingund waren damit etwa gleichwertig. Sie waren in sich geschlossener als die Teilreiche ihrer Vorgänger, doch war die Verbindung des Reichteils Sigiberts mit den weit entfernten Gebieten der Provence und der Auvergne problematisch, da er zu diesen keinen direkten Zugang hatte.

Der Anteil von Arnegunds Sohn Chilperich ist schwieriger zu bestimmen. Seine Hauptstadt Soissons wurde jedenfalls mit der nördlichen *Francia* verbunden. Was sonst noch dazu gehörte ist unklar. Auffälligerweise wurde bei der Schaffung von Chilperichs Reichsteil auf die Strukturen der kirchlichen Diözesen keine Rücksicht genommen. Die in seinem Reichsteil gelegenen Bistümer gehörten alle zum Metropolitansprengel von Reims, das jedoch im Reichsteil Sigiberts lag. Chilperich hatte damit keinen Einfluss auf die Ernennung des für seine Kirchenprovinz zuständigen Metropoliten[2] und dem Bischof von Reims machte es die Situation schwer, seine Pflichten und Rechte als Metropolit wahrzunehmen. Der erkennbare Zuschnitt von Chilperichs Reich erscheint somit wie eine Notlösung. Zwar erfolgte die Reichsteilung nach Gregor von Tours durch das Los, doch offenbar wurde Chilperich bei der Teilung von seinen Halbbrüdern dafür bestraft, dass er unmittelbar nach der Bestattung des Vaters den am Hofe von Berny-Rivière aufbewahrten Königsschatz in Besitz genommen hatte. Wie Gregor von Tours berichtete, »wandte er sich an die ihm nützlicheren Franken (*Franci utiliores*), und indem er sie durch Geschenke gewann, machte er sie von sich abhängig.«[3] Nachdem Chilperich mithilfe des Schatzes den Rückhalt einflussreicher Franken gewonnen hatte, fühlte er sich stark genug, nach Paris zu ziehen, wo schon die Könige Chlodwig, Childebert und Charibert residiert hatten. Die seit der Spätantike stark befestigte Stadt, die an wichtigen Verkehrswegen lag, scheint für ihn das unbestreitbare Symbol königlicher Macht gewesen zu sein.[4] Seine drei Brüder verbündeten sich daraufhin und vertrieben ihn aus Paris.[5]

Chilperich scheint sich aufgrund seines kleineren Erbteils gegenüber den anderen Königen zurückgesetzt gefühlt zu haben, was zu blutigen Bürgerkriegen führte. Die erste Gelegenheit, einen Schlag gegen einen seiner Rivalen zu führen, ergab sich, als Sigibert 562 von den Awaren angegriffen wurde. Diese mongolisch-türkischen Reiternomaden erschienen an der mittleren Elbe, zogen später nach Süden, schlossen 567 ein Bündnis mit den Langobarden und konnten schließlich die Herrschaft im Raum des Gepidenreichs an der Theiß und Donau übernehmen, das unter den Angriffen der Langobarden zusammengebrochen war.[6] Sigibert konnte die Awaren zurückschlagen und ging anschließend ein Freundschaftsbündnis (*amicitia*) mit ihrem König ein, das wohl als Nichtangriffspakt zu werten ist. Aber noch während der Kampfhandlungen überfiel Chilperich Reims und eroberte auch andere Städte im Herrschaftsbereich Sigiberts. Als dieser vom Awarenfeldzug zurückkehrte, besetzte er seinerseits Soissons, nahm Chilperichs Sohn Theudebert gefangen und griff dann Chilperich selbst an. Dieser wurde besiegt und musste den Rückzug antreten. Sigibert hielt Theudebert offenbar ein Jahr als Geisel bei sich in Haft, bevor er ihn zu seinem Vater zurückschickte. Außerdem ließ er Theudebert einen Eid schwören, nichts gegen ihn zu unternehmen.[7] Sigibert selbst versuchte ebenfalls, seinen Herrschaftsanteil zu erweitern. Er ließ Arles erobern, das seinem Bruder Gunthram gehörte, der jedoch die Stadt zurückgewinnen konnte.[8]

Im Jahr 566 kam es zu einem weiteren wichtigen Ereignis. Nachdem Charibert mit Ingoberga und Gunthram mit Marcatrud jeweils Frauen von niedrigerem Stand geheiratet hatten,[9] warb Sigibert möglicherweise auf Veranlassung von Bischof Nicetius von Trier um Brunichild, die Tochter des Westgotenkönigs Athanagild. Dieser nahm die Werbung an und schickte seine Tochter mit reichen Geschenken zu Sigibert, der daraufhin die Großen seines Reichs versammelte, Festmähler veranstaltete und Brunichild zur Frau nahm.[10] Die Versammlung der Großen zeigt, dass Sigibert Wert darauf legte, die Vermählung mit einer Westgotin mit ihrer Zustimmung zu vollziehen. Vielleicht spielte dabei auch eine Rolle, dass Brunichild wie ihr Vater der arianischen Lehre folgte. Unter dem Eindruck der Ermahnungen der Bischöfe und ihres Mannes wurde sie jedoch katholisch. Für Sigibert war die Heirat mit der westgotischen Königstochter sicherlich ein politischer Erfolg, mit dem er die Bedeutung seines Königtums unterstrich. Chilperich, der zunächst Audovera und dann Fredegunde zur Frau genommen hatte, scheint die Heirat seines Bruders beeindruckt zu haben. Er verließ Fredegunde und bemühte sich mit Erfolg um Brunichilds ältere Schwester Galsvinth. Diese traf mit großen Schätzen bei Chilperich ein, wurde mit ihm verheiratet und trat ebenfalls zum katholischen Glauben über. Doch Fredegunde konnte sich die Gunst Chilperichs erhalten, worüber sich Galsvinth heftig beklagte. Sie wurde 569 oder 570 schließlich ermordet und Chilperich heiratete kurz darauf erneut Fredegunde. Seine Brüder sollen laut Gregor von Tours geglaubt haben, Chilperich habe die Ermordung Galsvinths veranlasst und wollten ihn angeblich aus seinem Reich vertreiben, doch ist ein entsprechender Feldzug nicht überliefert.[11]

8.2 Die Synode von Paris 561

Die Bischöfe haben auf die Teilung des Reichs mit sehr gemischten Gefühlen reagiert. Sichtbar wird ihre Sorge schon daran, dass 561 zum ersten Mal seit 511 Bischöfe aus dem gesamten Reich ohne königlichen Befehl zu einer Synode zusammenkamen, darunter die Metropoliten von Bordeaux, Bourges, Rouen und Tours. Möglicherweise aufgeschreckt durch die Zerstörung des Reimser Metropolitansprengels, versuchte die Synode von Paris die Unantastbarkeit des Kirchenbesitzes und die Unabhängigkeit der Bischöfe von den Königen zu stärken.[12] Auf der Versammlung wurden neun Kanones erlassen, von denen der sehr ausführliche 1. Kanon den Schutz der Kirchengüter betraf. Wer der Kirche den ihr geschenkten Besitz vorenthielt, wurde exkommuniziert:

> »Unwürdig nämlich ist es zu erlauben, dass der zum Altar des Herrn eilt, der es wagt, Kirchengut zu rauben, es zu Unrecht zu besitzen und in ungerechter Verteidigung (des Besitzes) zu verharren. Als Mörder der Armen müssen nämlich diejenigen verurteilt werden, die jenen ihren Unterhalt wegnehmen.«

Weiter wurde die Aneignung von Kirchenbesitz mithilfe erschlichener königlicher Schenkungen für ungültig erklärt. Dabei versuchten die Bischöfe, auch lange zurückliegende Aneignungen von Kirchengut rückgängig zu machen:

> »Es kommt auch hinzu, dass in den Zeiten des Streits einige über das Versprechen König Chlodwigs seligen Angedenkens hinaus Kirchengut erlangt haben und dieses Gut bei ihrem Tod ihren eigenen Erben hinterlassen haben.«

Die Besitzer solcher Güter sollten ebenfalls exkommuniziert werden, wenn sie diese nicht zurückgaben. Der Kanon richtete sich damit sowohl gegen die Gültigkeit königlicher Verfügungen, wenn diese unrechtmäßig zustande gekommen waren, als auch gegen die Profiteure der Erlasse, die ihre Beziehungen zum König missbraucht hatten.

Kanon 2 bezog den Besitz der Bischöfe in den Schutz des Kirchenbesitzes mit ein und die Kanones 3 und 6 verboten, sich überhaupt fremdes Eigentum anzueignen. Für das bischöfliche Bestreben nach mehr Unabhängigkeit vom König ist Kanon 8 von besonderer Bedeutung. Nach ihm sollte ein Bischof, der vom König allein ernannt worden war, nicht von den anderen Bischöfen der Provinz anerkannt werden. Der Metropolit sollte gemeinsam mit den übrigen Bischöfen der Kirchenprovinz gegen solche Bischöfe vorgehen.[13] Insgesamt zeigen die Kanones vor allem die Sorge um den Kirchenbesitz und über die königlichen Eingriffe in kirchliche Angelegenheiten: Die Einmischung in Bischofswahlen und die Verfügung über Güter und Personen wollte man nicht länger unwidersprochen hinnehmen.

Wie wenig die Bischöfe letztlich aber gegen die Könige ausrichten konnten, zeigt die Synode von Saintes. Sie fand zwischen 561 und 567 statt und richtete sich gegen Bischof Emerius von Saintes, der noch auf Befehl König Chlothars von einem nicht zuständigen Metropoliten ohne Einwilligung des zuständigen Metropoliten geweiht worden war. Der zuständige Metropolit, Bischof Leontius von Bordeaux, versammelte in Saintes eine Synode, die Emerius absetzte, da er nicht nach

Kirchenrecht, sondern durch die königliche Gunst Bischof geworden sei. Vermutlich stützte sich die Synode bei ihrem Beschluss auf Kanon 8 der Synode von Paris. Die versammelten Bischöfe setzten ein Schreiben an König Charibert auf, in dem sie um die Einsetzung des Heraclius, eines Priesters aus Bordeaux, als Bischof von Saintes baten. Der Kandidat brachte das Schreiben selbst zum König nach Paris, der ihn verärgert auf einen mit Dornen ausgeschlagenen Wagen werfen und in die Verbannung schaffen ließ. Charibert belegte Bischof Leontius von Bordeaux und die übrigen Synodalteilnehmer mit einer Geldstrafe und setzte Emerius wieder als Bischof ein. Laut Gregor von Tours erklärte er, die Bischöfe könnten einen nach dem Willen des Königs eingesetzten Bischof nicht ohne königliches Urteil absetzen.[14] Das Kirchenrecht interessierte ihn nicht im Mindesten. Der Vorfall macht deutlich, wie berechtigt die Sorgen der Teilnehmer der Synode von Paris im Jahr 561 gewesen waren und wie schwer es für die Bischöfe war, ihre Beschlüsse durchzusetzen.

9 Die Reichsteilung von 567 und die Folgen

9.1 Die Synode von Tours 567

Im Jahr 567 starb König Charibert. Sein Reich wurde unter seinen drei Brüdern Sigibert, Gunthram und Chilperich aufgeteilt, zwischen denen es erneut zu Konflikten kam. Einige Aussagen der Synode von Tours, die am 18. November 567 noch mit Zustimmung König Chariberts zusammentrat, lassen erkennen, wie bedrohlich den lediglich neun Teilnehmern die politische Entwicklung erschien. Im Vorwort zu ihren Beschlüssen erklärten die Synodalen:

> »Deshalb hielten wir es für gut, als wir uns unter dem Schutz Christi in der Stadt Tours [...] für den Frieden und für die Einrichtung der Kirche versammelt hatten, die unten angefügten Beschlüsse abzufassen und durch eigenhändige Unterschrift zu bekräftigen, damit Schädliches zurückgedrängt und Erwünschtes vermehrt wird, damit wir nicht durch unser Schweigen die Willkür lasterhafter Verbrechen zu nähren scheinen.«[1]

Der 1. Kanon beschwor den Zusammenhalt der Bischöfe und forderte sie auf, königliche Anordnungen nicht als Entschuldigung für ein Fernbleiben von Provinzialsynoden geltend zu machen, denn das geistliche Werk sei wichtiger als der königliche Befehl.[2] Und im 25. Kanon heißt es:

> »Wir glauben, dass auch jenes unverletzlich bewahrt werden muss, obgleich es schon durch die Autorität älterer Kanones vorgeschrieben worden ist, dass, während unsere Herren gegeneinander wüten und sie durch den Stachel schlechter Menschen angetrieben werden und einer in den Besitz des anderen mit ungestümer Begierde eindringt, sie es nicht wagen sollen, mit diesen blinden

Handlungen, die sie gegeneinander ausführen, die kirchlichen Landgüter zu berühren oder zu beflecken.«[3]

Eine so deutliche Kritik am Verhalten der Könige hatte bisher noch keine fränkische Synode formuliert. Das Ansehen der Könige war in den Augen der Synodalen tief gesunken, denn sie »wüten gegeneinander«, lassen sich von schlechten Menschen anstiften und bringen von Begierde getrieben fremden Besitz an sich. Das heißt zugleich, die Könige hörten nicht auf ihre Bischöfe, sondern auf schlechte Menschen. Dagegen mussten die Bischöfe zusammenstehen, um nicht durch ihr »Schweigen die Willkür lasterhafter Verbrechen zu nähren«. Damit setzten sie ein deutliches Zeichen ihrer Bedeutung für das Reich und ihres Selbstverständnisses, das sich auch im 1. Kanon ausdrückt: ihr geistliches Werk war wichtiger als jeder königliche Befehl. Zwar nahmen an der Synode nur neun Bischöfe teil, doch ihre Haltung schien einen Konflikt zwischen den Königen und den Bischöfen geradezu herauszufordern.[4]

9.2 Reichsteilung und Bürgerkrieg bis 575

Nach dem Tod Chariberts wurde sein Reich in die drei Gebiete *Francia*, *Aquitania* und *Novempopulana* (Gascogne) aufgeteilt, von denen jeder Bruder einen eigenen Anteil erhielt. Sigibert erhielt Meaux, Avranches, Châteaudun, Vendôme und Tours in der *Francia*, Poitiers und Albi in der *Aquitania* und Aire, Couserans und Bayonne in der *Novempopulana*. An Chilperich fielen Amiens und Beauvais sowie die meisten Städte der Provinzen Rouen und Tours in der *Francia*, Bordeaux, Limoges und Cahors in der *Aquitania* und Bigorre und Béarn in der *Novempopulana*. Gunthram wurde mit Troyes, Sées und Nantes in der *Francia*, mit Saintes, Angoulême, Périgueux und Agen in der *Aquitania*, Eauze und Oloron in der *Novempopulana* bedacht. Im Zentrum mit Paris, Senlis und Ressons-sur-Matz errichtete man eine gemeinsame Herrschaft (*condominium*). Die komplizierte Gebietserweiterung der einzelnen Herrschaftsbereiche führte zunächst nicht zu einem Ausgleich, sondern zu verschärften Spannungen, die sich in einem Bürgerkrieg entluden. Trotzdem wurde hiermit die zukunftsweisende Dreiteilung des Reichs in Austrasien (Sigibert), Neustrien (Chilperich) und Burgund (Gunthram) vorbereitet.[5]

Bereits kurz nach Abschluss des Teilungsvertrages ließ Chilperich durch seinen Sohn Chlodovech die an Sigibert gefallen Städte Tours und Poitiers besetzen, da sie eine Sperre zwischen dem Kerngebiet Chilperichs und seinen aquitanischen Besitzungen bildeten. Sigibert verbündete sich daraufhin mit Gunthram und gemeinsam vertrieben sie Chlodovech aus Tours. Dieser begab sich nun nach Bordeaux, wo er von dem Heerführer Sigulf im Auftrag Sigiberts überfallen wurde. Die Schilderung dieses Überfalls durch Gregor von Tours zeigt, wie tief die Feindschaft zwischen Sigibert und Chilperich saß. Als Chlodovech geflohen sei, habe ihn Sigulf »mit Hörnern und Trompeten«, verfolgt, »als ob er einen fliehenden Hirsch jage«.[6] Obwohl es sich bei Chlodovech um einen Verwandten Sigiberts handelte, wurde er wie ein wildes Tier gejagt. Darin kommt die Verachtung zum Ausdruck, die Sigiberts Männer, und wohl auch Sigibert selbst, gegenüber der Sippe Chilperichs hegten. Chlodovech konnte mit Mühe entkommen und die Reaktion Chilperichs folgte prompt. Voll Zorn habe er, so berichtet Gregor von Tours, seinen Sohn Theudebert beauftragt, die Städte Tours und Poitiers zu erobern. Und dieser ging entsprechend der Chlodovech zugefügten Demütigung vor. Obwohl das Gebiet, das er angriff, kein Feindesland war, sondern zum merowingischen Gesamtreich gehörte, richtete er ein Blutbad unter der Bevölkerung von Poitiers an, zerstörte die Umgebung von Tours durch Feuer und verwüstete die Provinzen Limoges und Cahors sowie weitere Regionen. Dabei soll er nicht davor zurückgeschreckt sein, Kirchen niederzubrennen, sie auszuplündern und Geistliche zu töten. Wenn auch der Bericht Gregors vielleicht übertrieben sein mag, so kommen darin doch der Hass und die Wut zum Ausdruck, die sich auf Seiten Chilperichs angestaut hatten.

Sigibert sammelte nun seinerseits ein Heer aus Hessen, Thüringern und Alemannen, die im rechts des Rheins gelegenen Teil seines Reichs lebten, und griff 574 Chilperich an. Dieser schloss angesichts der drohenden Gefahr ein Bündnis mit Gunthram, der ihn jedoch im entscheidenden Moment im Stich ließ. Chilperich zog sich daraufhin vor Sigibert zurück, der von ihm verlangte, das Schlachtfeld zu bestimmen. »Jener (Chilperich) aber fürchtete, dass auch ihr Reich zugrunde ginge, wenn die beiden Heere aufeinanderträfen, und er bat um Frieden.«[7] Laut Gregor von Tours war Chilperichs Angst vor dem Herrschaftsverlust zuletzt ausschlaggebend. Im Falle einer Schlacht hätten nicht nur er, sondern auch Sigibert und letztlich die ganze Familie der Merowinger die Herrschaft verlieren können. Denn eine Schlacht, in der die Könige, die militärischen Anführer und zahlreiche weitere Franken den Tod fanden, hätte das gesamte Reich erheblich schwächen können, sodass es seinen Feinden ausgeliefert gewesen wäre. Chilperich gab die von Theudebert verwüsteten Städte zurück und bat darum, den Bürgern die Eroberung ihrer Städte nicht als deren Schuld anzulasten. Trotzdem kam es in der Umgebung von Paris zu Plünderungen durch Krieger, die den rechtsrheinischen Stämmen angehörten. Gregor charakterisiert diese Männer als *hostes*, als »Feinde«, obwohl ein Teil der rechtsrheinischen Gebiete seit über einem halben Jahrhundert in das Frankenreich integriert war. Doch ihre Handlungsweise entsprach in Gregors Augen der von äußeren Feinden. Sigibert versuchte, die Plünderungen zu unterbinden, denn schließlich plünderten diese Männer das eigene Reichsgebiet. Doch seine Mahnungen nutzten nichts. Als sich dann einige Anführer der rechtsrheinischen Völkerschaften auch noch über den König beschwerten, weil er es nicht zu einer Schlacht habe kommen lassen, musste sich Sigibert persönlich bemühen, um sie zu besänftigen. Der Unmut war verständlich, denn die Schlacht hätte den Kriegern die Möglichkeit gegeben, Beute zu machen und nur dadurch war der Krieg für sie gewinnbringend. Für Sigibert galt es jedoch, seine königliche Autorität zu wahren. Deshalb ließ er die aufrührerischen Anführer nach der Rückkehr in die Heimat steinigen.

Der Friede zwischen Chilperich und Sigibert hielt lediglich ein Jahr. Dann griff Chilperich im Einverständnis mit Gunthram erneut Sigiberts Reich an. Dieser konnte sich wiederum auf ein Heer aus rechtsrheinischen Verbänden stützen, mit dem er bis Paris vordrang. Chilperichs Sohn Theudebert wurde von den Herzögen Sigiberts angegriffen und starb in der Schlacht. Als Chilperich in dieser Situation erfuhr, dass Gunthram das Bündnis mit ihm erneut aufgekündigt hatte, verschanzte er sich mit seiner ganzen Familie in dem gut befestigten Tournai. Sigibert war nun Herr der Lage. Um das Heer zu belohnen, wollte er die um Paris gelegenen Städte zur Plünderung freigeben. »Doch die Seinen hindern ihn daran, dies zu tun.«[8] Bei Gregor stehen hier die »Feinde«, die rechtsrheinischen Völker, und die »Seinen«, nämlich Sigiberts fränkische und gallorömische Berater, gegenüber. Die »Feinde« hofften auf Beute, um damit die Kosten des Kriegszuges zu decken und auch Gewinn aus ihm zu ziehen. Sigibert war bereit, dies zuzulassen, weil er wusste, dass er seinen militärischen Erfolg letztlich diesen Truppen verdankte. Warum die fränkischen und gallorömischen Großen ihn daran hinderten, verrät Gregor nicht, doch sind verschiedene Gründe denkbar. Vielleicht hoffte man auf eine Erweiterung des austrasischen Teilreichs um das nun besetzte Gebiet oder einige der Großen besaßen dort Ländereien, die ebenfalls betroffen gewesen wären oder man wollte sich nicht im Sinne Gregors als »Feind« des eigenen Volkes präsentieren. Die Stelle zeigt in beispielhafter Weise den Einfluss der Großen auf den König und zugleich wird ein konsensuales Verhalten von König und Oberschicht sichtbar. Sigibert beteiligte seine Großen an der Beschlussfassung und er war klug genug, sich ihren Wünschen zu beugen. Obwohl er von seinem ursprünglichen Plan Abstand nehmen musste, erkannte er die Gründe seiner Großen an und handelte danach.

Der Verzicht Sigiberts auf eine Plünderung der eroberten Gebiete mag ein Grund dafür gewesen sein, dass sich ihm nun auch die Oberschicht des neustrischen Reichsteils zuwandte. Während Sigibert in Paris weilte, kam eine Gesandtschaft aus dem Reich Chilperichs zu ihm, die offenbar aus unzufriedenen Angehörigen der Oberschicht bestand. Sie forderten Sigibert auf, zu ihnen zu kommen. Chilperich sollte abgesetzt und Sigibert als König angenommen werden. Die Gründe, die zu dieser Abfallbewegung unter der Oberschicht im Reich Chilperichs führten, sind unbekannt. Vielleicht hatte seine Erfolglosigkeit bei den militärischen Aktionen gegen seine Brüder den König in den Augen seiner Leute untragbar gemacht. Beute und Ansehen waren dabei jedenfalls nicht zu gewinnen. Sigibert ging auf den Vorschlag ein und ließ Chilperich in Tournai belagern. Er selbst begab sich nach Vitry und sammelte dort das vereinigte Heer beider Reiche um sich, das ihn auf den Schild hob und ihn zum König ausrief. Doch in dieser Situation drängten sich plötzlich zwei königliche Dienstleute, die angeblich von Chilperichs Frau Fredegunde bestochen waren, an Sigibert heran und durchbohrten ihn mit vergifteten Messern. Auf dem scheinbaren Höhepunkt seiner Regierung wurde Sigibert 575 im Alter von 40 Jahren ermordet. Sein Halbbruder konnte aufatmen, denn seine Herrschaft war gerettet.[9]

9.3 Chilperich, Gunthram und Childebert II.: Spaltung und Krise des Reichs

Herzog Gundowald brachte nach Sigiberts Tod dessen kleinen Sohn Childebert heimlich in Sicherheit, berief eine Reichsversammlung ein und ließ den 4-jährigen Knaben im November oder Anfang Dezember 576 zum König erheben.[10] Damit verhinderte er zwar ein Auseinanderbrechen des Reichs Sigiberts, das ohne König keinen Mittelpunkt gehabt hätte, doch konnte die Maßnahme nicht verhindern, dass sich eine Reihe von Großen König Chilperich anschloss.[11] Dieser nahm die Gebiete, die ihm Sigibert einst abgenommen hatte, wieder in Besitz. Besonders wichtig dürfte ihm dabei die Rückgewinnung seiner alten Hauptstadt Soissons gewesen sein.[12] Als er nach Paris kam, nahm er Sigiberts Frau Brunichild gefangen und verbannte sie nach Rouen. Ihre Töchter Ingund und Chlodosinda ließ er in Meaux in der Nähe von Paris festhalten.[13]

Chilperich wollte immer noch Tours und Poitiers endlich in seine Hand bekommen, um so einen direkten Zugang zu seinen aquitanischen Besitzungen zu erhalten. Er sandte deshalb Merovech, seinen zweiten Sohn aus der Ehe mit Audovera, aus, um Poitiers zu erobern, doch dieser hielt sich nicht an den Auftrag und eroberte stattdessen Tours. Offenbar hatte er bereits zu diesem Zeitpunkt beschlossen, sich gegen seinen Vater zu stellen. Vermutlich sah er seine eigene Stellung bedroht, da Chilperichs Frau Fredegunde inzwischen einen Sohn geboren hatte. Merovechs Hoffnungen auf die Thronfolge schienen dadurch gefährdet.[14] Anschließend begab er sich nach Rouen zu Brunichild, die er wohl schon in Paris kennengelernt hatte, und nahm sie ohne Wissen seines Vaters zur Frau. Vielleicht verband er mit der Heirat auch Hoffnungen auf eine Unterstützung der Regentschaft in Austrasien, die später jedoch enttäuscht wurden. Chilperich, der seine Autorität infrage gestellt sah, begab sich sofort nach Rouen. Das Paar flüchtete in eine Kirche und verließ diese erst, als der König versprochen hatte, sie nicht zu trennen. Bei seiner Rückreise nahm Chilperich seinen Sohn gegen seine Zusage mit nach Soissons, wo er ihn in Haft hielt.[15] Obwohl das Paar nun getrennt war, blieb das Misstrauen Chilperichs gegen seinen Sohn bestehen. Als Große aus der zum Reich Sigiberts gehörenden Champagne Soissons angriffen, vermutete der König seinen dort inhaftierten Sohn als Anstifter. Gregor von Tours berichtet allerdings, ein gewisser Godin, der auf der Seite Sigiberts gestanden habe, sei der Anführer des Angriffs gewesen. Bald darauf wandten sich einige Große, die von Sigibert zu Chilperich gewechselt waren, von Letzterem wieder ab,[16] da er ihre Hoffnungen auf mehr Teilhabe an der Herrschaft enttäuscht zu haben scheint. Ob sie mit Merovech in Verbindung standen, lässt sich den Quellen nicht entnehmen.

Chilperich beschloss nun, seinen Sohn zu scheren und zum Kleriker weihen zu lassen, wodurch er von der Königsnachfolge ausgeschlossen worden wäre. Merovech konnte jedoch flüchten und plante, seinen Vater zu entmachten.[17] Brunichilds Rolle bleibt in diesem Zusammenhang unklar, doch scheint sie entweder nicht willens oder nicht in der Lage gewesen zu sein, Merovech Unterstützung in Austrasien zu verschaffen. Er konnte deshalb kein Heer gegen seinen Vater aufbieten, wurde schließlich gefangengenommen und ließ sich von einem Vertrauten töten, während seine Freunde von Chilperich grausam hingerichtet wurden.[18]

Wie sehr Chilperich um seine Herrschaft fürchtete, zeigt auch das Ende Chlodovechs, seines dritten Sohnes aus der Ehe mit Audovera. Chlodovech, der bereits über eine eigene Hofhaltung verfügte, präsentierte sich nach dem Tod seiner Brüder und Halbbrüder öffentlich als alleiniger Anwärter auf den Thron. Aufgrund von Anschuldigungen durch Fredegunde, die in Chlodovech wohl einen unliebsamen Konkurrenten für mögliche eigene Söhne sah, ließ Chilperich seinen Sohn 580 in Haft nehmen, wo er umgebracht wurde.[19] Zwar weist Gregor von Tours Fredegunde die Hauptschuld am Tode Chlodovechs zu, doch die Bereitschaft Chilperichs, seinen einzigen lebenden männlichen Erben ohne genaue Untersuchung der gegen ihn erhobenen Vorwürfe einzukerkern, weist darauf hin, dass der König offenbar in ständiger Furcht vor einer Rebellion lebte.

Dazu passt auch Chilperichs Umgang mit der Kirche. Er hielt lediglich zwei Synoden ab, die beide nicht der Regelung kirchlich-gesellschaftlicher Probleme gewidmet waren, sondern als Gerichtssitzungen dienten. Auf der einen zog er 577 Bischof Praetextatus von Rouen zur Verantwortung, dem er vorwarf, Brunichild und Merovech getraut und Letzteren unterstützt zu haben. Die Synodalteilnehmer weigerten sich allerdings, Praetextatus abzusetzen.[20] Auf der anderen Synode, die 580 in Berny-Rivière tagte, wurde Gregor von Tours wegen angeblicher Verleumdung der Königin Fredegunde angeklagt, schließlich jedoch freigesprochen.[21] Chilperich bediente sich damit nicht wie die anderen Könige der Synoden als Herrschaftsinstrument. Indem er auf die Beratung bestimmter Fragen und Probleme auf den Reichssynoden verzichtete, schloss er die Bischöfe ein Stück weit von der Teilhabe an der Herrschaft aus. Er hatte zwar seine Vertrauten unter ihnen wie Berthram von Bordeaux und Ragnemod von Paris, aber die

Notwendigkeit, kirchliche und gesellschaftliche Probleme auf Synoden beraten zu lassen, sah er nicht. Diese Distanzierung von den Bischöfen mag letztlich zu dem vernichtenden Urteil geführt haben, das Gregor von Tours über Chilperich fällte, wo es unter anderem heißt:

> »Die Bischöfe des Herrn lästerte er ständig, und über nichts anderes machte er, wenn er im vertrauten Kreise war, mehr Späße und Scherze, als über die Bischöfe der Kirche.«[22]

Gregor scheint die mangelnde Beteiligung der Bischöfe an der Herrschaft sehr übel genommen zu haben, denn er stellt sie immer wieder als jene dar, die den Herrschenden den rechten Weg weisen konnten.

Nicht nur im Reich Chilperichs, sondern auch im Reich von Sigiberts Sohn Childebert II. kam es zu Auseinandersetzungen um die Beteiligung an der Herrschaft. König Gunthram hatte Childebert 577 zu einem Treffen eingeladen. Dieser folgte der Einladung zusammen mit seinen Großen und man traf sich an der gemeinsamen Grenze der Reiche bei Pompierre. Gunthram adoptierte den jungen König des Ostreichs, da seine eigenen Söhne gestorben waren, setzte Childebert als seinen potentiellen Nachfolger ein, versprach ihn zu verteidigen und wie einen eigenen Sohn zu behandeln. Für den minderjährigen Childebert bekräftigten seine Großen den Vertrag, der durch ein gemeinsames Mahl und den Austausch von Geschenken bekräftigt wurde.[23] Bei dieser Gelegenheit scheint die Regentschaft für Childebert Gunthram die Hälfte von Marseille abgetreten zu haben.[24] Brunichild, die inzwischen nach Metz an den Hof ihres Sohnes zurückgekehrt war, war bei diesem Treffen nicht anwesend und die Vorgänge zeigen, dass die Regierungsgeschäfte in der Hand namentlich nicht genannter Großer lagen. An ihrer Spitze standen zunächst offenbar Gogo, der Erzieher Childeberts II., sowie Herzog Lupus von der Champagne, ein Vertrauter Brunichilds.[25] Wieweit der Einfluss der Königinwitwe selbst reichte, bleibt ungewiss. Noch zu Lebzeiten Gogos kam es 581 zu personellen Veränderungen in der Regentschaft und damit auch zu einer

Neuausrichtung der Politik.[26] Einflussreichstes Mitglied der Regentschaft wurde nun Bischof Egidius von Reims, der zusammen mit weiteren Großen Austrasiens mit König Chilperich ein gegen Gunthram gerichtetes Bündnis aushandelte und erreichte, dass Chilperich nach dem Vorbild Gunthrams Childebert II. ebenfalls als seinen Erben einsetzte.[27] Egidius dürfte ein besonderes Interesse an einem Ausgleich mit Chilperich gehabt haben, denn seine Kirchenprovinz erstreckte sich weit in dessen Reich. Konflikte zwischen den beiden Reichen hinderten ihn aber daran, seine Funktion als Metropolit wirksam auszuüben. Herzog Lupus, der mit dieser Politik nicht einverstanden war, verlor seine Position in der Regentschaft Austrasiens und brachte sich bezeichnenderweise im Königreich Gunthrams in Sicherheit. Brunichild ihrerseits konnte nicht verhindern, dass Lupus' Besitzungen durch dessen Feinde geplündert wurden,[28] was auf ihren in dieser Zeit eher geringen politischen Einfluss hindeutet. Die Stellung des minderjährigen Childebert, der bei Vertragsabschlüssen und anderen Aktionen immer wieder präsent war, blieb von den politischen Veränderungen unberührt, da die Regenten sich nur durch ihn legitimieren konnten.

Gunthram sah sich nun einer bedrohlichen Koalition gegenüber. Als Childebert den Teil Marseilles, den er zuvor Gunthram überlassen hatte, wieder zurückforderte, kam es 581 zu einem bewaffneten Konflikt um die Stadt, der jedoch ergebnislos verlief.[29] In demselben Jahr gelang es Chilperich, alle Gebiete Gunthrams in Aquitanien zu erobern.[30] Im Jahr 583 brach der Konflikt um Marseille erneut aus. Eine Gesandtschaft Childeberts unter Führung des Bischofs Egidius von Reims klagte bei Chilperich, Gunthram habe sich unrechtmäßig in den Besitz seines Teiles von Marseille gebracht, und erbat Chilperichs Hilfe. Dieser beschuldigte seinerseits Gunthram, an der Ermordung König Sigiberts indirekt beteiligt gewesen zu sein, woraufhin man einen Angriff gegen Gunthram vereinbarte, um diesen zu stürzen. Chilperich sammelte sein Heer und drang bei Bourges in das Reich Gunthrams ein. Das Heer Childeberts kam ihm aber nicht wie vereinbart zu Hilfe, da es in Austrasien zu einer Rebellion des *minor populus*, des »geringeren Volkes«, gegen die Regentschaft des Bischofs Egidius und der Großen kam. Mit dem Begriff *minor populus* beschreibt Gregor von Tours jene große Gruppe von Freien, die den Kern des Heeres bildeten und die sonst kaum politische Macht ausüben konnten, weil sie über keine Machtmittel verfügten. Sie warfen der Regentschaft vor, das Reich zu verraten und es der Herrschaft Chilperichs zu unterwerfen und griffen den Bischof sowie die anderen Großen im Heerlager an. Egidius konnte sich nur durch die Flucht in Sicherheit bringen. Offenbar hatte sich im *minor populus* ein kollektiver Unmut über die Regentschaft und das Ziel des Feldzuges ausgebreitet. Als Folge dieser Rebellion stand Chilperich dem Heer Gunthrams alleine gegenüber und musste den Feldzug nach einer Niederlage abbrechen.[31] Die Rebellion dürfte dazu beigetragen haben, dass die Befürworter einer engen Bindung Austrasiens an Chilperich an Macht verloren. Gunthram unterstützte diese Entwicklung, indem er nun seinen Anteil an Marseille an Childebert zurückgab und damit die Position seiner Anhänger im Reich Childeberts stärkte, da sie die Rückgabe als politischen Erfolg vorweisen konnten.[32] Gunthram hoffte offenbar, auf diese Weise ein solides Fundament für eine Koalition mit der Regentschaft des Ostreichs zu schaffen und dadurch Chilperich von weiteren Aggressionen abzuhalten. Dieser fürchtete nun seinerseits einen Angriff auf sein Herrschaftsgebiet und traf Maßnahmen zu dessen Verteidigung.[33] Doch zu einer Militäraktion Childeberts und Gunthrams kam es nicht. Dies könnte daran gelegen haben, dass es für die Vormundschaftsregierung in Austrasien kaum möglich war, eine Mehrheit der Großen für einen Feldzug gegen Chilperich zu gewinnen, denn die Anhänger einer Koalition mit Chilperich, wie etwa Bischof Egidius von Reims, besaßen weiterhin erheblichen Einfluss.[34]

Die angespannte Situation löste sich, als Chilperich Ende September oder Anfang Oktober des Jahres 584 umgebracht wurde. Fredegar bezeichnet Brunichild als Auftraggeberin des Mordes, doch dürfte diese Behauptung seiner extrem negativen

Haltung gegenüber Sigiberts Witwe geschuldet sein.[35] Eugen Ewig hat vermutet, Chilperich sei Opfer einer Adelsopposition geworden, die sich in allen Teilreichen formiert, vor allem aber im Ostreich Rückhalt gehabt habe. Möglicherweise spielten dabei die oben schon angesprochenen Probleme der mangelnden Herrschaftsbeteiligung eine Rolle. Für den Mord zur Verantwortung gezogen wurde allerdings Chilperichs Oberkämmerer Eberulf, der zunächst fliehen konnte, später aber getötet wurde.[36]

Bis 584 erfährt man über die Situation im Reich Gunthrams bei Gregor von Tours wenig, doch gibt der 18. Kanon der Synode von Mâcon, die 581 oder 583 stattfand, Hinweise auf eine Opposition gegen den König:

> »Auch dies gefiel mit gleicher Übereinstimmung, weil im ganzen Volk viele wegen der Sünden angeklagt werden, die durch Ehrgeiz angestachelt in Meineide verstrickt sind, dass, wenn irgendjemand überführt wird, andere zu einem falschen Zeugnis oder zu einem Meineid genötigt oder durch irgendeine Bestechung verleitet zu haben, er selbst freilich bis zu seinem Tode nicht die Kommunion empfangen soll. Die aber, denen nachgewiesen wird, ihm bei dem Meineid zugestimmt zu haben, müssen danach von jedem Zeugnis ausgeschlossen werden.«[37]

Der Kanon erhebt den Vorwurf, dass Eide aus Ehrgeiz gebrochen oder falsche Eide abgelegt wurden. Da sowohl Bischöfe als auch weltliche Amtsträger dem König durch einen Treueid verpflichtet waren, gefährdeten ihre Eidbrüche die königliche Autorität massiv.[38] Weiter wurden Eide behandelt, mit denen man sich gemäß der Zusätze zum *Pactus legis Salicae* von Schuldvorwürfen reinigen konnte, denn der letzte Passus bezieht sich auf Eidhelfer, die bei diesen »Reinigungseiden« den Eid bekräftigten.[39] Während Personen, die andere zum Meineid verleitet hatten, exkommuniziert werden sollten, verloren die Eidhelfer auffälligerweise ihr Recht, als Zeugen aufzutreten. Sie wurden also nicht mit einer kirchlichen, sondern mit einer weltlichen Strafe belangt, die ihnen die Teilnahme am Gericht unmöglich machte und damit ihre soziale Stellung herabsetzte. Der Kanon zielte somit eindeutig auf ein politisches Problem, denn offenbar versuchten Funktionsträger, ihre Stellung durch Eidbruch oder Meineid dafür zu nutzen, eigene Interessen durchzusetzen. Der König nutzte die kirchliche Gesetzgebung, um gegen solche Manöver vorzugehen.

9.4 Die Gundowaldaffäre

Definitiv greifbar werden die politischen Probleme im Reich Gunthrams in der Person Gundowalds, der angeblich ein unehelicher Sohn Chlothars I. war. Sowohl von Chlothar selbst wie auch von König Sigibert war diese Vaterschaft bestritten worden. Gundowald floh zunächst nach Italien und später weiter nach Konstantinopel, wo er vom Kaiser aufgenommen wurde. Herzog Gunthram Boso, der 578 von König Gunthram auf die Seite Childeberts II. gewechselt war, suchte Gundowald zwischen 578 und 582 in Konstantinopel auf und lud ihn ins Frankenreich ein, um mit seiner Hilfe Childebert zu stürzen. Ob die Einladung im Auftrag der Regentschaft Austrasiens oder nur im Auftrag einiger unzufriedener Großer erfolgte, lässt sich nicht feststellen. König Gunthram behauptete später angeblich, Brunichild habe Gundowald eingeladen und ihm die Ehe versprochen, doch ist dies wenig wahrscheinlich, da sie damit die Herrschaft ihres eigenen Sohnes gefährdet hätte.

Kaiser Tiberius I. stattete Gundowald für seine Expedition zu den Franken reich aus, weil er vermutlich hoffte, durch ihn seinen Einfluss im Frankenreich vergrößern zu können und so einen verlässlichen Verbündeten gegen die Langobarden zu gewinnen. Ende September 582 landete Gundowald in Marseille, wo ihn Bischof Theodorus im Namen einer Gruppe Großer Childeberts empfing. Doch die politische Konstellation in Austrasien hatte sich offenbar schon wieder verändert, denn Gunthram Boso, der Gundowald eingeladen hatte, klagte nun Bischof Theodorus von Marseille an, zugunsten der Oströmer gegen die fränkische Herrschaft konspiriert zu haben. Der Bischof wurde an König Gunthram ausgeliefert und Gunthram

Boso konnte zumindest einen Teil des Schatzes, den Gundowald mit sich führte, an sich bringen, den er mit einem *dux* (Herzog) König Gunthrams teilte. Gundowald, der inzwischen von Mummolus, einem Herzog Gunthrams aufgenommen worden war, brachte sich daraufhin auf einer Insel im Mittelmeer in Sicherheit.[40]

Die Episode zeigt, dass es nicht nur um politische, sondern auch um materielle Interessen ging. Dies trifft auch bei Herzog Desiderius zu, einem weiteren Akteur in der Gundowald-Affäre. Kurz nach Chilperichs Tod hatte der Herzog in Toulouse den Brautschatz von Chilperichs Tochter Rigunth an sich gebracht. Sie war auf dem Weg zum westgotischen König Leovigild, mit dessen Sohn sie verheiratet werden sollte.[41] Der Raub von Rigunths Brautschatz zeigt deutlich das Machtvakuum, das nach dem Tod des Königs entstanden war. Zu Lebzeiten des Königs hätte es der Herzog kaum gewagt, eine Königstochter auszurauben. Danach begab sich Desiderius zu Herzog Mummolus nach Avignon, zu dem auch Gundowald zurückgekehrt war. Gemeinsam zogen sie dann ins Limousin, wo Gundowald im Dezember 584 in Brives-la-Gaillarde zum König erhoben wurde. Er ließ sich in Aquitanien von jenen Städten, die zum Reich Chilperichs oder zum Reich Gunthrams gehörten, den Treueid leisten. Nur in den Städten, die früher der Herrschaft Sigiberts unterstanden hatten, verlangte er den Treueid im Namen Childeberts II.[42] Dieses Vorgehen unter Beteiligung Großer aus den Teilreichen Gunthrams und Chilperichs zeigt, dass die Revolte sich nicht mehr gegen Childebert II., sondern gegen Gunthram richtete.

Gundowald konnte die Unterstützung weiterer Großer aus den Reichen Chilperichs und Gunthrams gewinnen. Von Bordeaux aus schickte er im Januar 585 Boten an König Gunthram mit der Forderung, ihm den Reichsteil zu überlassen, der ihm als Sohn Chlothars I. zustehe. Im Falle einer Weigerung drohte er mit Krieg. Gunthram ging auf die Forderung jedoch nicht ein, sondern ließ die Boten foltern, die daraufhin aussagten, alle Großen im Reich Childeberts hätten Gundowald als König haben wollen, der auf Einladung Herzog

Gunthram Bosos nach Gallien gekommen sei.[43] König Gunthram ließ nun Childebert zu sich kommen und verhörte mit ihm gemeinsam die Boten noch einmal, die bei ihrer Aussage blieben. Als Reaktion darauf bekräftigte Gunthram die Einsetzung Childeberts als seinen Erben. Angeblich warnte er seinen Neffen vor Bischof Egidius von Reims sowie vor seiner Mutter Brunichild, die er für eine Anhängerin Gundowalds hielt. Die Warnung vor Egidius scheint insofern denkbar, als die bisherigen Konflikte stets das Verhältnis zwischen Gunthram und der Regentschaft Austrasiens und nicht zwischen ihm und seinem Neffen betrafen. Zudem wird Egidius anschließend nicht mehr als Gesandter Childeberts genannt. Eine Verbindung Brunichilds zu Gundowald lässt sich dagegen nicht nachweisen.[44]

Gunthram nutzte das Treffen außerdem dazu, den nun etwa 13-jährigen Childebert für mündig zu erklären. Er übergab ihm einen Speer und sagte vor dem ganzen Heer:

> »Bedenkt, ihr Männer, dass mein Sohn Childebert schon ein großer Mann geworden ist. Gebt Acht und hütet euch, ihn für ein Kind zu halten. Lasst nun die Untaten und Vermessenheiten, die ihr verübt, denn er ist der König, dem ihr nun dienen müsst.«

Anschließend übertrug er Childebert alles, was dessen Vater Sigibert in Besitz gehabt hatte, und räumte damit einen wesentlichen Streitpunkt aus. Die Handlungen Gunthrams zielten somit vor allem darauf ab, das politische Gewicht Childeberts gegenüber den Großen zu stärken, die bis jetzt die Regierung geführt hatten.[45]

Anschließend ließ Gunthram Gundowald in der Stadt Comminges (Saint-Bertrand-de-Comminges) belagern. Gundowald wurde von seinen eigenen Vertrauten verraten und den Heerführern Gunthrams übergeben, die ihn sofort töteten. Auch die Stadt wurde durch Verrat übergeben, alle männlichen Bewohner niedergemacht und die Stadt in Brand gesteckt. Die Verräter Gundowalds, die auch für den Verrat der Stadt verantwortlich waren, wurden mit zwei Ausnahmen ebenfalls hingerichtet, obwohl man ihnen das Leben versprochen hatte.[46]

10 Das Frankenreich von 584 bis 596

10.1 Die politische Situation nach dem Tode Chilperichs I.

Chilperichs Frau Fredegunde war unmittelbar nach der Ermordung ihres Mannes im Herbst 584 mit einem Teil der königlichen Schätze nach Paris in die Obhut des Bischofs Ragnemod geflüchtet. Vermutlich wollte sie sich auf diese Weise vor Angriffen auf ihr eigenes Leben schützen. Sie wandte sich an Gunthram und forderte ihn auf, das Reich ihres Mannes in Besitz zu nehmen. Außerdem wollte sie ihm ihren erst vier Monate alten Sohn, der später den Namen Chlothar erhielt, anvertrauen, wohl in der Hoffnung, ihm dadurch die Königsherrschaft zu sichern. Gunthram ging darauf ein und zog mit einem Heer nach Paris, wohin auch Childebert II. aufgebrochen war. Die Gesandten seiner Regentschaft forderten von Gunthram die Einhaltung der 577 nach dem Tode Chariberts geschlossenen Verträge. Sie verlangten die Abtretung der von Chilperich im Reichsteil Chariberts eroberten Gebiete, die gemäß der Teilung von 567 Sigiberts Sohn Childebert zustanden. Unter Hinweis auf die Vertragsverletzung der Regentschaft durch ihre Bündnisse mit Chilperich erklärte Gunthram, er werde allein das ganze ehemalige Reich Chariberts in Besitz nehmen. Auch die anschließend erhobene Forderung nach einer Auslieferung Fredegundes an Childebert lehnte Gunthram ab, setzte aber ein Treffen an, bei dem über alle Fragen beraten werden sollte.[1]

Das Ringen um die Herrschaft über Städte und Gebiete ging somit weiter. Noch im Dezember 584 entsandte Gunthram

Grafen, die für ihn die Städte des Charibertreichs in Besitz nehmen sollten, doch war Herzog Gararich bereits unmittelbar nach dem Tode Chilperichs nach Limoges gezogen und hatte dort den Huldigungseid für Childebert II. entgegengenommen. Die Städte Poitiers und Tours zwang Gunthram allerdings mit militärischer Gewalt, sich ihm anzuschließen.[2] Im ehemaligen Reich Chilperichs übernahm er die Regierung ebenfalls und versuchte in der folgenden Zeit, ihm genehme Amtsträger einzusetzen, was aber zum Teil auf heftige Ablehnung bei den Großen vor Ort stieß.[3] Das Treffen zwischen Gunthram und einer Gesandtschaft Childeberts änderte an der Situation nichts. Bezeichnenderweise gehörten der Gesandtschaft Bischof Egidius von Reims und Herzog Gunthram Boso an, die einem Ausgleich mit Gunthram ablehnend gegenüberstanden. Die Gesandtschaft forderte erneut die Überlassung der Childebert zustehenden Gebiete und die Auslieferung Fredegundes, was Gunthram wiederum ablehnte, woraufhin die Gesandten mit Krieg drohten.[4]

Diese angespannte Situation versuchten einige Große aus den Reichen Childeberts und Gunthrams zu nutzen, um ihre eigenen Interessen durchzusetzen. Gregor von Tours berichtet von mehreren Mordanschlägen auf Gunthram, als deren Drahtzieher er zwei Mal Fredegunde bezeichnet,[5] hinter denen aber vermutlich opponierende Gruppen der Großen standen. Als im Jahr 586 Childeberts erster Sohn Theudebert geboren wurde und bereits 587 die Geburt des zweiten Sohnes Theuderich folgte,[6] hielt eine Gruppe von Großen aus Austrasien und Neustrien ihre Stunde für gekommen. Angeführt wurde die Gruppe von Childeberts Herzog Rauching sowie von Ursio und Bertefred, die schon früher gegen Herzog Lupus und gegen den Einfluss Brunichilds vorgegangen waren. Sie wollten Childebert ermorden und die Regentschaft für seine kleinen Söhne übernehmen. Gunthram erfuhr jedoch von dem Plan und benachrichtigte Childebert, der die Rebellion niederschlug.[7] Der Vorfall führte auch zur endgültigen Entmachtung des Bischofs Egidius von Reims, der verdächtigt wurde, an der Verschwörung beteiligt gewesen zu sein.[8] Vermutlich richtete sich die Verschwörung nicht nur gegen Childebert, sondern auch gegen Brunichild, deren politischer Einfluss wieder gestiegen war. Obwohl Childebert 585 mündig wurde, hatte sie die Sorge für ihren Sohn übernommen, wie Gregor es ausdrückt.[9] Wie stark ihre Stellung 587 bereits war, zeigt der Fall Herzog Gunthram Bosos, der sich zu spät um ihre Gunst bemühte und deshalb wegen früherer Verfehlungen Gefahr lief, getötet zu werden.[10]

Kurz darauf forderte Gunthram seinen Neffen Childebert zu einem Treffen auf, um gemeinsam über das öffentliche Wohl (*pro utilitatibus publicis*) zu beraten. Ob das Treffen durch die erwähnte Verschwörung der Großen oder die Verschwörung durch die Vorbereitungen für das vorgesehene Treffen bedingt wurde, ist unklar. Dass die Verschwörung das Resultat der Vorbereitungen zu dem Treffen war, erscheint möglich, falls die Verschwörer über die Verhandlungsgegenstände informiert waren. Eine Vormundschaft der Großen über die Söhne Childeberts II. wurde nämlich durch den während des Treffens ausgehandelten Vertrag unterbunden.[11]

Im November 587 fanden sich Gunthram, Childebert, seine Mutter Brunichild, seine Frau Faileuba, seine Schwester Chlodosinda sowie die Großen und die Bischöfe der beiden Reiche in Andelot ein. Dort wurde unter Einbeziehung der Bischöfe und Großen zwischen Gunthram, Childebert und Brunichild ein äußerst wichtiges Bündnis geschlossen, dessen Text im Wortlaut bei Gregor von Tours überliefert ist. Der Abschluss des Vertrags von Andelot wurde durch den Austausch von Geschenken sowie durch ein gemeinsames Mahl besiegelt.[12] Faileuba und Chlodosinda werden nicht als Vertragspartner genannt. Nach der Übereinkunft sollte das Erbe Chariberts neu aufgeteilt werden. Außerdem setzten sich die beiden Könige gegenseitig zu Erben ein, falls sie keine erbberechtigten Kinder haben sollten. Falls Childebert sterben sollte, bevor seine Söhne die Volljährigkeit erreicht hatten, sollte Gunthram für sie die Regentschaft übernehmen. Childeberts Frau, seine Schwester und seine Mutter Brunichild sollten unter dem Schutz Gunthrams stehen, der ihnen ihren

Besitz und ihr Vermögen garantierte. Ebenso wurde Gunthrams Tochter der Besitz garantiert. Die Städte, die Brunichild aus dem Nachlass ihrer Schwester Galsvinth, der zweiten Frau Chilperichs, besaß, sollten außer Cahors an Gunthram fallen. Nach dessen Tod mussten sie an Brunichild oder ihre Erben zurückgegeben werden. Senlis fiel dagegen vollständig an Childebert. Diejenigen Gefolgsleute (*leudes*), die nach dem Tod König Chlothars zunächst Gunthram oder Sigibert die Treue geschworen hatten, dann aber die Seite gewechselt hatten, sollten aus der Gefolgschaft entfernt werden. Außerdem sollte keiner der beiden Vertragspartner versuchen, die Gefolgsleute des anderen für sich zu gewinnen und sie zurückweisen, falls sie aus eigenem Antrieb kämen. Die Schenkungen der beiden Könige an die Kirchen und ihre Getreuen sollten Bestand haben.[13]

Die Beteiligung der Bischöfe und Großen an den Verhandlungen zeigt, dass Verträge von solcher Bedeutung von den Königen nicht einfach über die Köpfe ihrer Großen hinweg geschlossen werden konnten. Gerade vor dem Hintergrund der eben erst gescheiterten Verschwörung gegen Childebert ging es darum, die Zustimmung der Großen zu gewinnen und sie in die Vereinbarungen einzubinden, da letztlich sie die Umsetzung und Einhaltung der Verträge sicherstellten. Die Beteiligung Brunichilds als Vertragspartnerin verdeutlicht ihre starke Stellung, zumal sie über ganze Städte verfügte, sodass ihre Einbindung notwendig war, um einen Konsens zu erzielen.

Bei der praktischen Umsetzung des Vertrags von Andelot ergaben sich allerdings Schwierigkeiten, die das Verhältnis der beiden Könige belasteten. Gunthram warf Childebert wenige Monate später vor, den Vertrag gebrochen zu haben, da er Zusagen hinsichtlich des Gebietsausgleichs und der Entfernung von abtrünnigen Vasallen nicht einhalte. Childebert bot seinem Onkel 588 durch eine Gesandtschaft an, alle seine Forderungen zu erfüllen, denn er wollte die Zustimmung seines Onkels, der den Westgoten feindlich gesinnt war, zu einer Verheiratung seiner Schwester Chlodosinda mit dem Westgotenkönig Rekkared. Gunthram stimmte der Verbindung schließlich unter der Bedingung zu, dass der Vertrag von Andelot eingehalten werde.[14]

Zu einer weiteren Spannung im Verhältnis zwischen Gunthram und Childebert kam es, als Gunthram sich im Jahr 591 auf Bitten Fredegundes bereit erklärte, ihren mittlerweile sechs Jahre alten und immer noch nicht getauften Sohn aus der Taufe zu heben. Childebert befürchtete offenbar, sein Onkel könnte nun Fredegundes Sohn zum König erheben und wies Gunthram durch Gesandte darauf hin, dass dies einen Bruch des Vertrags von Andelot bedeute. Gunthram erklärte jedoch, es ginge ihm nur um die Übernahme der Taufpatenschaft, vom Vertrag wolle er in keiner Weise abweichen. Tatsächlich hob Gunthram später den Sohn Fredegundes aus der Taufe, der den Namen Chlothar erhielt.[15]

Als Gunthram 592 starb, fiel sein Teilreich vertragsgemäß an Childebert II. und noch in demselben Jahr drang Wintrio, der *dux* der Champagne, im Auftrag Childeberts mit einem Heer in das Reich Chlothars II. ein. Die Quellen teilen die genauen Gründe für diesen Heerzug nicht mit, doch legen sie nahe, dass Childebert auch die Herrschaft im Reich Chlothars II. übernehmen wollte. Nach den späten Berichten Fredegars und des *Liber historiae Francorum* kam es zu einer für beide Seiten verlustreichen Schlacht, bei der Wintrio unterlag.[16] Anders sehen die Ereignisse jener Zeit jedoch aus, wenn man das Testament Bischof Bertramns von Le Mans von 616 hinzuzieht: »Aber aus Gier ist ihm (Chlothar II.) die Stadt selbst (Le Mans) weggenommen worden und sein übriges Reich erlitt großen Schaden.« Childebert konnte also nach Gunthrams Tod einen Teil des Reichs Chlothars II. an sich bringen, was Fredegar und der *Liber historiae Francorum* verschweigen.[17] Die dort beschriebene Schlacht scheint nur ein Teil der Expansionsbestrebungen Childeberts gewesen zu sein. Nach der Niederlage Wintrios machte er allerdings keinen weiteren Versuch, den jungen Chlothar zu entmachten. Die Gründe dafür sind nur schwer zu bestimmen, da die Aufzeichnungen Gregors von Tours 591 abbrechen.

10.2 Die Beziehungen zu Ostrom, den Langobarden und den Westgoten

Im Kontext des Usurpationsversuchs Gundowalds ist bereits deutlich geworden, dass die Beziehungen der Franken zu Ostrom trotz der Konflikte um die fränkische Unterstützung der Ostgoten zur Zeit der Herrschaft Theudeberts und Theudebalds nicht abgerissen waren. Eine wichtige Rolle spielt in diesem Zusammenhang auch das Verhältnis der Franken zu den Langobarden und zu den Westgoten.

Wohl 568 schickte König Sigibert eine Gesandtschaft an Kaiser Justin II. (565–578).[18] Bei ihrer Rückkehr brachte sie Reliquien des Heiligen Kreuzes aus Konstantinopel mit. Vermutlich hatte König Sigibert den Kaiser um die Reliquien gebeten und ihm im Gegenzug Hilfe gegen die Langobarden versprochen.[19] Es hatte sich gezeigt, dass die Rückeroberungskriege Kaiser Justinians (527–565) in Afrika, Spanien und Italien die Kräfte des oströmischen Reichs überfordert hatten. Es gelang Ostrom nicht, in Italien stabile Verhältnisse zu schaffen und dort so viele Truppen zu stationieren, wie es für eine ständige Behauptung des Landes notwendig gewesen wäre. So konnten die Langobarden 568 ohne größere Probleme die Po-Ebene besetzen und sogar bis Spoleto und Benevent vordringen.[20] Justin II. wollte die Langobarden vermutlich wie zuvor die Ostgoten in einen Zwei-Frontenkrieg verwickeln. Es kam offenbar zu einer engen Verbindung zwischen Sigibert und dem Kaiser, die auch in Münzemissionen aus Prägestätten Sigiberts in der Provence sichtbar wird. Die Münzen zeigen das Brustbild Justins mit der Umschrift *Dominus Noster Iustinus Perpetuus Augustus* (»Unser Herr Justin, der immerwährende Kaiser«).[21] Mit dem Tod Sigiberts 575 scheint die Verbindung zwischen den fränkischen Königen und Ostrom aber zunächst abgebrochen zu sein.

Der Angriff der Langobarden von Italien aus auf Südgallien 569 könnte eine Reaktion auf das Bündnis zwischen Sigibert und Justin II. gewesen sein und leitete eine Verschlechterung des früher guten Verhältnisses zu den Franken ein,[22] das durch die Eheschließungen Theudeberts I. und Theudebalds mit langobardischen Königstöchtern gestärkt worden war.[23] Zwischen 571 und 574 kam es zu langobardischen Angriffen auf das Reich Gunthrams, die zwar abgewehrt werden konnten, aber dennoch erhebliche Verwüstungen mit sich brachten.[24] Gleichzeitig rückten die Langobarden in Italien weiter vor, weshalb sich 578 der *patricius* Pamphronius, möglicherweise als Gesandter des Papstes, von Rom aus nach Konstantinopel begab, um Kaiser Tiberius (578–582) um militärische Intervention gegen die Langobarden zu bitten. Da Tiberius jedoch alle Kräfte für den Krieg gegen die Perser brauchte, stattete er den *patricius* mit finanziellen Mitteln aus, mit denen er langobardische Fürsten auf die Seite Roms ziehen oder, falls dies misslänge, die Franken zu einem Krieg gegen die Langobarden bewegen sollte.[25] Offenbar hat sich Pamphronius umgehend an König Chilperich I. gewandt, der noch 578 eine Gesandtschaft zu Verhandlungen nach Konstantinopel schickte, die jedoch erst 581 zurückkehrte.[26] Mittlerweile hatte sich Papst Pelagius II. im Oktober 580 an Bischof Aunarius von Auxerre gewandt, und ihn ermahnt, die fränkischen Könige für einen Krieg gegen die Langobarden zu gewinnen. Er sollte sie zudem dazu anhalten, auf keinen Fall ein Bündnis mit den Langobarden einzugehen, da sie dafür am Tag des Jüngsten Gerichts bestraft werden würden.[27] Einen Feldzug Chilperichs gegen die Langobarden erwähnen die Quellen jedoch nicht. Das ist kaum verwunderlich, denn Chilperich hätte den Zug nur gemeinsam oder mindestens mit dem Einverständnis von Childebert oder Gunthram durchführen können, da deren Reiche zwischen ihm und den Gebieten der Langobarden lagen. Tiberius hatte die politische Lage im Frankenreich vermutlich falsch eingeschätzt. Sein Nachfolger Kaiser Mauricius (582–602) wandte sich deshalb direkt an König Childebert und ließ ihm spätestens 584 zur Finanzierung eines fränkischen Feldzugs gegen die Langobarden die Summe von 50 000 Goldstücken zukommen. Der Feldzug fand noch 584 statt, wurde jedoch bald abgebrochen, da sich die Langobarden Childebert angeblich unterworfen hatten. Mauricius forderte deshalb das Geld zurück und ließ Childeberts Schwester Ingund und ihren Sohn als Geiseln nach Konstantinopel bringen, um Druck auszuüben. Ingund war mit Hermenegild, dem Sohn des Westgotenkönigs Leovigild, verheiratet und von ihrem Mann im römisch besetzten Teil Südspaniens zurückgelassen worden, als dieser selbst gegen seinen Vater kämpfte. Während der Reise starb Ingund 585 in Nordafrika und nur ihr Sohn Athanagild erreichte Konstantinopel.[28] Noch bevor Ingunds Tod im Frankenreich bekannt wurde, beugte sich Childebert dem Druck, sandte ein Heer nach Italien und ließ dies dem Kaiser melden, doch musste das Heer laut Gregor von Tours ohne greifbare Erfolge wieder abziehen.[29] Johannes von Biclaro berichtet dagegen zu den Jahren 585/86, die Römer hätten mithilfe der Franken einen großen Sieg über die Langobarden errungen und einen Teil der verlorenen Gebiete zurückerobert.[30] Welcher der beiden Berichte der Wahrheit näher kommt, lässt sich heute nicht mehr beurteilen.

Gunthram lehnte einen Krieg gegen die Langobarden ab, da er das Ziel verfolgte, das westgotische Septimanien zu erobern. Gregor von Tours berichtet, Gunthram habe als Grund für den Angriff auf das Gotenreich Rache für die Ermordung von Hermenegild, dem Mann seiner Nichte Ingund, angegeben, welcher nach der Niederlage gegen seinen Vater König Leovigild im April 585 in der Haft umgebracht worden war.[31] Wieweit diese Begründung der Realität entspricht, muss dahingestellt bleiben. Zwar war Ingund Gunthrams Nichte, weshalb der Rachegedanke nicht abwegig ist,[32] doch hatte Gunthram auch ein massives Interesse an der Ausdehnung seines Reichs. Sein 585 durchgeführter Angriff endete allerdings in einem Fiasko. Das Heer verwüstete und plünderte auf dem Durchmarsch das eigene Land und machte auch vor den Kirchen nicht Halt. Die Belagerung von Nîmes und anderen Städten missglückte. Ein weiteres Heer, das bis Carcassone vordrang, plünderte zuvor das fränkische Gebiet und wurde schließlich von den Goten vertrieben. Der erboste König zog die Heerführer zur Rechenschaft, die sich jedoch damit verteidigten, dass die Krieger weder den Befehl des Königs, noch den der Herzöge oder Grafen achteten.[33] Vermutlich hatte die Disziplin durch den Bürgerkrieg tatsächlich gelitten und es war für die Krieger nichts Ungewöhnliches mehr, das eigene Land zu plündern. In Anbetracht der zahlreichen Kriegsverpflichtungen, die es den Kämpfern unmöglich machten, sich um ihren eigenen Besitz zu kümmern, dürfte für sie nur das Beutemachen gezählt haben, mit dem sie ihre eigene und die Existenz ihrer Familien sichern konnten. Dies war aber im eigenen, ungeschützten Land sehr viel leichter zu erreichen als im Kampf gegen die gut gerüsteten Goten.

Der Gegenschlag der Westgoten ließ nicht lange auf sich warten. Während Gunthram noch damit beschäftigt war, die Gründe für das Scheitern des Feldzugs zu untersuchen, besetzte Leovigilds Sohn Rekkared die Festung Cabaret, verwüstete einen großen Teil des Bezirks Toulouse und drang in das Gebiet um Arles ein. Gunthram wechselte daraufhin die Heerführer aus und schickte sie zur Wache an die Grenze des Reichs.[34] Im Jahr 586 kamen gotische Gesandte aus Spanien mit der Bitte um Frieden an den Hof König Gunthrams, doch dieser war dazu nicht bereit.[35] Er hoffte möglicherweise immer noch, die Kontrolle über Septimanien gewinnen zu können. Es folgten weitere Gesandtschaften der Westgoten, darunter auch eine an König Childebert, die jedoch alle erfolglos blieben.[36] Nachdem Leovigild 586 gestorben war, übernahm sein Sohn Rekkared die Regierung. Er schickte erneut Gesandte an Gunthram und an Childebert mit der Bitte um Frieden und um ein Bündnis. Während Childebert die Boten nun freundlich empfing und Frieden mit Rekkared schloss, weigerte sich Gunthram, die westgotische Gesandtschaft zu empfangen. Rekkareds Gesandte baten Childebert, ihrem König seine Schwester Chlodosinda zur Frau zu geben, doch blieb das Ersuchen zunächst ohne Ergebnis. Childebert wollte sich in dieser Angelegenheit erst mit Gunthram abstimmen, da die Schwierigkeiten bei der Umsetzung des Vertrags von Andelot das Verhältnis der beiden Könige ohnehin belastete.[37] Nachdem Childebert 588 angeboten hatte, alle Forderungen Gunthrams zu erfüllen, gab dieser seine Zustimmung zur Heirat zwischen dem Westgotenkönig und seiner Nichte, allerdings ohne dabei seine eigene Haltung gegenüber den Goten zu ändern. Das Anliegen Childeberts, ihn im Kampf gegen die Langobarden zu unterstützen, lehnte er kategorisch ab.[38] Stattdessen befahl er 589 einen weiteren Feldzug gegen die Westgoten in Septimanien, der nach anfänglichen Erfolgen wiederum mit großen Verlusten der Franken endete. Gunthram soll für diese Niederlage Childeberts Bündnis mit den Westgoten verantwortlich gemacht haben.[39]

Childebert selbst brachte die Bitte Rekkareds in eine unangenehme Situation, denn nach dem Feldzug gegen die Langobarden von 585 war es zu Verhandlungen gekommen und Childebert hatte schließlich zugestimmt, seine Schwester Chlodosinda dem Langobardenkönig Authari zur Frau zu geben. Das Abkommen mit der Gesandtschaft Rekkareds veranlasste ihn dazu, seine Zusage gegenüber Authari zurückzuziehen. Er schickte eine Gesandtschaft an Kaiser Mauricius mit dem Versprechen, die gegen die Langobarden eingegangenen Verpflichtungen zu erfüllen. Noch während seine Gesandtschaft in Konstantinopel weilte, ließ Childebert 588 zu einem Feldzug nach Italien rüsten: »Dort erlitt das Heer der Franken eine so große Niederlage«, schreibt Gregor von Tours, »dass man sich seit alter Zeit einer ähnlichen nicht erinnert.«[40] Nachdem die Gesandtschaft im Jahr 590 aus Konstantinopel mit einem Brief des Kaisers zurückgekehrt war, worin er einen Angriff gegen die Langobarden forderte, befahl Childebert trotz der kürzlich erlittenen Niederlage erneut einen Angriff gegen die Langobarden, doch verlief der Feldzug ergebnislos. Trotzdem blieben die Franken für die Langobarden weiterhin eine massive Bedrohung, weshalb König Authari sich an Gunthram als Vermittler wandte. Er bat um Frieden und bot ein Bündnis an. Gunthram unterstützte die Bitte Autharis und schickte die Gesandten des Königs zu Childebert. Während sie bei ihm weilten, traf eine weitere Gesandtschaft ein, die den Tod Autharis meldete und im Namen seines Nachfolgers Agilulf um Frieden und ein Bündnis bat. Wohl aufgrund der vorausgegangenen Erfahrungen ließ sich Childebert 591 zu einem Friedensschluss bewegen.[41] Mit diesen Ereignissen und mit dem Tod Gunthrams 592 endete die Politik der Aggression der Franken gegenüber den Langobarden und Westgoten, die zuletzt kaum noch zu Erfolgen geführt hatte.

11 Die gesellschaftlichen Veränderungen in der zweiten Hälfte des 6. Jahrhunderts

11.1 Die Synode von Mâcon 585 und die Situation der Kirche

Nachdem Gunthram 584 die Herrschaft im Reich Chilperichs übernommen hatte, berief er 585 eine Synode ein, die im Oktober in Mâcon zusammentrat. Sie wurde von 54 Bischöfen und zwölf Bischofsvertretern aus dem früheren Herrschaftsgebiet Chilperichs und demjenigen Gunthrams besucht und ihre Beschlüsse wurden durch ein Edikt Gunthrams bestätigt.[1] Die Synode befasste sich zunächst mit den Folgen des Usurpationsversuchs Gundowalds, machte die von ihm veranlasste Erhebung des Faustinianus zum Bischof von Dax rückgängig, bestrafte die an seiner Weihe beteiligten Bischöfe und exkommunizierte Bischof Ursicinus von Cahors wegen der Aufnahme Gundowalds. Anschließend behandelte sie die Behauptung eines Bischofs, man könne Frauen nicht als *homo* (»Mensch«/ »Mann«) bezeichnen. Vermutlich meinte der Bischof damit nicht, dass Frauen keine Menschen seien, sondern er wollte nur auf eine grammatikalische Ungereimtheit hinweisen, da das maskuline Wort *homo* im Lateinischen selten auf Frauen bezogen wird. Seine Amtsbrüder wiesen jedoch darauf hin, dass im Schöpfungsbericht der Bibel und an anderen Stellen die Frauen sehr wohl als *homines* bezeichnet werden, worauf der Bischof sich nicht weiter zur Sache äußerte.[2]

Diese Entscheidungen fanden keinen Eingang in die Kanones der Synode, die sich mit anderen Sachverhalten beschäftigen. In ihnen ist eine Reihe neuer Bestimmungen enthalten, deren Bedeutung bisher von der Forschung nur zum Teil erkannt wurde. Die Synode befasste sich aber auch mit alten Problemen, die das religiöse Leben betrafen. Im 1. Kanon wurde die unzureichende Beachtung der Sonntagsruhe sowohl durch Laien als auch durch Geistliche gerügt und entsprechende Strafen mit einer beachtenswerten Begründung verfügt:

> »Alle diese Strafen nämlich geben uns den besänftigten Sinn Gottes zurück und vertreiben und entfernen die Verheerung der Krankheiten und der Unfruchtbarkeiten.«

Nur wenn jene, welche die Sonntagsruhe verletzt hatten, bestraft wurden, konnte die Gnade Gottes wiedererlangt und die Folgen des göttlichen Gnadenverlustes verhindert werden. Die Vorstellung, Gott könne durch Bestrafung der Missetäter versöhnt werden, findet sich nicht in den Kanones früherer merowingischer Synoden und erinnert an alttestamentliche Gottesvorstellungen. Weitere Bestimmungen betrafen die Feier des Osterfestes (Kan. 2) sowie die Beibehaltung des Karsamstags als Tauftag (Kan. 3). Der 4. Kanon beklagte einen deutlichen Rückgang bei der Darbringung von Opfergaben durch die Gemeindemitglieder und forderte, dass alle Gemeindemitglieder Brot und Wein auf den Altar zu legen hätten, da solche Spenden sündentilgend wirkten.

Kanon 5 machte die Abgabe des Zehnten von allen Erträgen an die Kirche verpflichtend, damit der Klerus frei von existenzsichernder Arbeit sich ganz dem Gottesdienst widmen konnte. Außerdem sollten diese Einnahmen auch zur Unterstützung der Armen und zum Freikauf von Gefangenen verwendet werden. Der Kanon betonte die Pflicht der Gemeindemitglieder für das materielle Wohlergehen ihrer Priester zu sorgen, da diese durch ihre Gebete der Bevölkerung Friede und Heil brächten. Wer sich hartnäckig weigerte, den Zehnten zu geben, sollte exkommuniziert werden. Auch wenn sich der Kanon auf ältere Bestimmungen berief, führte er tatsächlich eine Neuerung ein, denn bisher war die Abgabe des Zehnten nie als Pflicht festgeschrieben worden. In diesem Kanon wird bereits die Betonung der besonderen Stellung der Kirche sichtbar, die auch in weiteren Neuregelungen der Synode zu erkennen ist.[3]

So wurden neben Geistlichen neu auch Bischöfe ausdrücklich vor einer Verhaftung und Einkerkerung durch weltliche Amtsträger geschützt (Kan. 9 und 10), während in Orléans 541 nur Geistliche niedrigerer Weihegrade ausdrücklich vor solchen Maßnahmen der weltlichen Amtsgewalt geschützt worden waren. Klagen gegen Bischöfe waren vor den zuständigen Metropoliten zu bringen, Klagen gegen Geistliche vor deren Bischof. Damit sollten Bischöfe und Geistliche dem weltlichen Gericht entzogen und die besondere Stellung der Kirche nochmals manifestiert werden.[4] Diese unterstrichen auch die im 15. Kanon getroffenen Bestimmungen: Selbst hochgestellte Laien sollten einen Geistlichen gleich welchen Weihegrades bei einer Begegnung stets durch eine Verbeugung grüßen. Begegneten sich beide zu Pferd, sollte der Laie den Hut ziehen, und wenn der Laie zu Pferd einem Geistlichen zu Fuß begegnete, hatte er abzusteigen, um ihn zu grüßen. Damit wurden Verhaltensweisen der römischen Sozial- und Herrschaftsrepräsentation, die ursprünglich nur die Bischöfe in Nachahmung römischer Senatoren und Amtsträger übernommen hatten, auf den gesamten geistlichen Stand übertragen und das gesellschaftliche Ansehen des geringsten geistlichen Weihegrades über das eines angesehenen Laien gestellt.[5]

Die Neuregelungen betrafen aber auch wichtige gesellschaftliche Probleme. In Kanon 7 nahmen sich die Synodalteilnehmer der freigelassenen und der Kirche anvertrauten Sklaven an, da diese von den Richtern bedrückt würden. Alle, die ihren Status als Freigelassene durch einen in der Kirche vollzogenen Freilassungsakt, einen Freilassungsbrief, ein Testament oder aufgrund von Verjährung besaßen, sollten in die »Schutzgewalt der unsterblichen Kirche« aufgenommen werden. Rechtsforderungen gegen sie sollten nur noch vor dem bischöflichen Gericht verhandelt werden können, wobei weltliche Richter hinzugezogen werden konnten. Damit ging die Patronatsgewalt über die Freigelassenen, die eigentlich dem Freilasser zustand und mit gewissen Pflichten des Freigelassenen gegenüber dem Patron verbunden war, an die Kirche über. Es sollte nun auch nicht mehr ohne Weiteres möglich sein, dass der Patron einen Freigelassenen wegen seines undankbaren Benehmens nach der Freilassung wieder versklavte, wie es ein Gesetz im *Codex Theodosianus* vorsah.[6] Diese Regelung stieß unweigerlich auf den Widerstand der Patrone und ihrer Erben und konnte sich in dieser strikten Form auch nicht durchsetzen. Sie zeigt aber das Bemühen der Kirche, sich gesellschaftlich benachteiligter Gruppen anzunehmen und dadurch auch die eigene Bedeutung zu erhöhen.[7] Dasselbe Bemühen wird im 14. Kanon sichtbar:

> »Durch die Klage einiger haben wir erfahren, dass, indem die Kanones und weltlichen Gesetze mit Füßen getreten werden, diejenigen, die zum Gefolge des Königs gehören und andere, die durch weltliche Macht aufgeblasen werden, nach fremdem Gut streben und ohne, dass von ihnen eine Klage eingeleitet oder ihnen eine gerichtliche Belangung zugestanden wurde, die armen Menschen (*miseri*) nicht allein von den Feldern, sondern auch aus ihren eigenen Häusern vertreiben. Deshalb entscheiden wir inmitten dieser beratenden Synode, dass fortan niemand die Erlaubnis zu einer solchen schlechten Tat haben soll, sondern dass gemäß der Kanones und Gesetze ein jeder das Klagebegehren seiner Streitsachen vorlege, damit keiner der armen Leute um seine Güter mit Macht oder durch Erschleichung nach Belieben betrogen wird. Jene aber, die nicht allein gegen unsere Anordnung, sondern auch gegen jene der alten Väter und Könige vorzugehen wagen, sollen durch die Strafe des wie ein Sturm hervorbrechenden Anathems geschlagen werden.«[8]

Bei den hier erwähnten *miseri* handelt es sich um Freie, die der unteren Mittelschicht angehörten und über eigenen Besitz verfügten, aber arm an Rechten und politischer Macht waren.[9] Ihre Vertreibung von Land und Besitz durch die Mächtigen wird hier zum ersten Mal angesprochen. Passend dazu berichtet Gregor von Tours zum Jahr 584, König Gunthram habe Höfe und anderen Besitz, den die Gefolgsleute Chilperichs verschiedenen Leuten unrechtmäßig abgenommen hatten, zurückerstattet. Man wird hier eine Parallele zu dem Inhalt des Kanons ziehen können.[10] Die Bischöfe drängten nun auf die Einhaltung der gerichtlichen Verfahren, wenn entsprechende Forderungen geltend gemacht wurden.

Bereits 581 oder 583 hatte König Gunthram eine Synode in Mâcon versammelt, die sowohl wichtige öffentliche Angelegenheiten als auch die drängenden Probleme der Armen behandeln sollte, ohne dass jedoch dazu ein Beschluss gefasst wurde. Es bleibt somit unklar, ob es wie 585 um die in ihren Rechten beschnittenen »armen« Freien der Mittelschicht oder um materiell bedürftige Arme ging.[11] Mit Letzteren scheint sich die von Gunthram 583 in Valence »wegen der vielfältigen Klagen der Armen« versammelte Synode beschäftigt zu haben, denn der Prolog der Synode deutet darauf hin, dass es vor allem um die Entfremdung von Kirchengut ging, das eigentlich der Versorgung Bedürftiger dienen sollte.[12] Wenn man sich 585 in Mâcon ausdrücklich mit den Angehörigen der freien Mittelschicht befasste, dann deshalb, weil ihre Unterdrückung und Verarmung den König unmittelbar betraf. Denn die Freien der Mittelschicht zahlten aufgrund ihres Besitzes Steuern und waren kriegsdienstpflichtig. Verloren sie ihren Besitz, fielen sie sowohl als Steuerzahler als auch als Krieger aus. Das konnte jedoch nicht im Interesse des Königs sein. Vielleicht verweist der 14. Kanon gerade deshalb nicht nur auf die Bestimmungen der früheren Kanones, sondern auch auf die Gesetze und Anordnungen der Könige. Die Vertreibung der Mittelschicht von ihrem Besitz blieb in der Folgezeit offenbar ein Problem, da sie nach 802 mehrfach in den Kapitularien Karls des Großen behandelt wird.[13]

Allerdings gab es auch Probleme in der kirchlichen Fürsorge für die bedürftigen Armen. Das Haus des Bischofs galt als Ort der Armenversorgung, woran sich einige Bischöfe aber nicht hielten, wie dem 13. Kanon der Synode zu entnehmen ist:

> »Wir wollen deshalb, dass das Haus des Bischofs, das dazu durch Gottes Gunst eingerichtet worden ist, ohne Ansehen der Person alle in die Gastfreundschaft aufzunehmen, keine Hunde haben soll, damit nicht vielleicht diejenigen, die darauf vertrauen, dort eine Erleichterung ihres Unglücks zu finden, im Gegenteil sogar Schaden an ihrem Körper erleiden, weil sie durch die Bisse der angreifenden Hunde verwundet werden. Es soll also die Wohnstatt

> des Bischofs durch Hymnen, nicht durch Hunde, durch gute Taten, nicht durch Bisse verehrungswürdig erscheinen.«[14]

Manchem Bischof lag offensichtlich nicht viel daran, sich um die Armen zu kümmern, die sein Haus aufsuchten, und er ließ sie von seinen Hunden verjagen. Die Synodalen kritisierten hier in deutlichen Worten das Fehlverhalten der Amtsbrüder, ohne aber eine Strafe für Verstöße gegen den Kanon festzusetzen.

Die Beschlüsse der Synode von Mâcon sind insgesamt ein wichtiges Zeugnis für das Verhältnis zwischen geistlicher und weltlicher Sphäre. Man hat in ihnen die Konzeption einer Trennung zwischen kirchlichen und weltlichen Belangen erkennen wollen,[15] doch widerspricht dem der 14. Kanon, der nicht nur auf das kirchliche, sondern auch auf das weltliche Recht verweist und die früheren Anordnungen der Bischöfe und der Könige als gemeinsame Rechtsbasis benennt. Dennoch versuchten die Bischöfe durchaus, ihre Macht auf Kosten der weltlichen Amtsträger erheblich zu steigern. Die erwähnten Kanones 1 bis 5 machen zudem Probleme bei der Disziplinierung der Gläubigen sichtbar. Der Versuch der Kirche, ihre traditionelle Schutzfunktion für Bedürftige, Witwen und Waisen auf die bedrängten Freigelassenen und Bauern auszuweiten, könnte eine Reaktion darauf sein. Ein wirksamer Schutz vor Unrecht machte die Kirche attraktiv und stärkte ihre gesellschaftliche Stellung. Der Beschluss, Geistliche der weltlichen Gerichtsbarkeit zu entziehen, könnte unmittelbar mit dieser Aufgabenausweitung zusammenhängen. Denn im Streit um Rechte und Besitz waren die Mächtigen aufgrund ihrer Ämter und Privilegien vor Gericht oft in einer starken Position, die sie auch gegen Geistliche ausnutzen konnten.

König Gunthram hat die Bischöfe in ihren Anliegen unterstützt, da er die Beschlüsse durch sein Dekret bestätigte. Indem er den Bischöfen aus dem ehemaligen Herrschaftsgebiet Chilperichs ermöglichte, auf einer Reichssynode wichtige Anliegen zu erörtern und ihre Beschlüsse in weltliches Recht überführte, gab er ihnen im Gegensatz zu Chilperich, in dessen

Regierungszeit nur zwei Synoden stattfanden, nach langer Zeit wieder eine Teilhabe an der Herrschaft und band sie enger an das Königtum. Die Synode erwähnte die Rolle des Königs nicht, doch Gunthram selbst hob seine Aufgabe, für die Einhaltung der Kanones und Gesetze zu sorgen, in seinem Dekret deutlich hervor. Als er sich mit großer Sorge und Aufmerksamkeit um die Stabilität und das Wohl seines Gebietes und seines Volkes gekümmert habe, habe er im ganzen Bereich seiner Herrschaft Verbrechen feststellen müssen, welche die Kanones und die weltlichen Gesetze unter Strafe stellten. Bestrafe man die Verbrechen nicht, errege dies den Zorn Gottes und führe zu Krankheit bei Mensch und Vieh und zu Krieg. Da Gott ihm die Gabe der Herrschaft (*facultas regnandi*) verliehen habe, müsse er entsprechend für sein Volk sorgen, wenn er dem Zorn Gottes entgehen wolle. Die Bischöfe sollten deshalb durch die sonntägliche Predigt, ihr vorbildliches Leben und eine strenge Anwendung der Kanones die Menschen ermahnen und bessern. Wer sich nicht durch die Predigt der Bischöfe bessern lassen wolle, müsse von den weltlichen Richtern bestraft werden.[16] Die Bedeutung der Kirche für Gunthrams Herrschaftsvorstellung kommt in seinem Edikt deutlich zum Ausdruck. Die Stabilität der Königsherrschaft hing stark vom Erfolg der Geistlichen bei der Vermittlung christlicher Werte ab. Zugleich wird in dem Dekret eine neue Stufe der Sakralisierung des Königsamts sichtbar, wenn sich Gunthram ausdrücklich darauf beruft, dass ihm »die Autorität des himmlischen Königs die Gabe der Herrschaft verliehen hat«. Die Königsherrschaft wird hier zum ersten Mal im Frankenreich in einem Schreiben des Königs als von Gott verliehen und damit als göttlich legitimiert dargestellt.[17]

11.2 Die Veränderung des Volksrechts

Nicht nur die Synodalbeschlüsse machen gesellschaftliche Entwicklungen auf der normativen Ebene sichtbar, sondern auch die Ergänzungen des *Pactus legis Salicae*, die schon unter

Childebert I. und Chlothar I. einsetzen, und von Chilperich I. sowie Childebert II. fortgeführt wurden.[18] Dabei wird unter anderem das Eindringen römisch-rechtlicher sowie christlicher und kirchenrechtlicher Vorstellungen in das fränkische Recht sichtbar. So wurde das Recht auf Kirchenasyl für Verbrecher und Sklaven, das 511 auf der Synode von Orléans festgeschrieben worden war, unter Chlothar I. in den *Pactus legis Salicae* übernommen.[19] Unter Chilperich I. wurde zwischen 561 und 584 ein Inzestverbot unter Rückgriff auf das römische Recht erlassen,[20] während in einem Edikt Childeberts II. von 596 eine Verschärfung des Inzestverbots unter Rückgriff auf die kirchliche Gesetzgebung verfügt wurde. Für den Fall einer Eheschließung mit der Witwe des Vaters wurde 596 sogar mit der Todesstrafe gedroht. Die Durchsetzung des Verbots übertrug Childebert bezeichnenderweise in erster Linie den Bischöfen. Die königlichen Amtsträger sollten nur eingreifen, wenn ein Paar, das eine inzestuöse Bindung eingegangen war, die Trennung verweigerte. Dieses Vorgehen sollte eine effektive Umsetzung des Verbots ermöglichen.[21] In demselben Edikt wurden Frauenräuber als Feinde Gottes bezeichnet und mit der Todesstrafe bedroht, vor der sie nur das Kirchenasyl schützen konnte.[22] Hier wird die Aufnahme christlicher Vorstellung in das fränkische Recht deutlich greifbar. Der römisch-rechtliche Einfluss macht sich wiederum darin bemerkbar, dass Childebert II. in seinem Edikt für einen Mord die Todesstrafe androhte und nicht mehr wie im *Pactus legis Salicae* die Zahlung eines hohen Wergelds. Zudem war es den Verwandten und Freunden des Mörders nicht erlaubt, für ihn einzutreten.[23]

Auch in der Veränderung des Erbrechts wird der Einfluss des römischen Rechts sichtbar. Nach der ersten Fassung des *Pactus legis Salicae* erbten lediglich die Söhne.[24] Durch das Edikt Chilperichs wurde die Erbregelung des *Pactus* in grundlegender Weise abgeändert. Zwar erbten nach wie vor zunächst die Söhne das Land, doch konnten nun auch die Töchter das Land erben, falls die Söhne verstorben waren.[25] Damit kamen hier offenbar Grundsätze des römischen Rechts und möglicherweise des Alten Testaments (Numeri 27,8–11) zur Geltung, nach denen die Töchter erbberechtigt waren. Ein Beispiel für die Anwendung dieser Regelung zeigt der Fall der Witwe Herzog Launebods, Beretrude. Sie vererbte 589 ihrer Tochter sowohl die von ihr gegründeten Klöster als auch mindestens einen Hof mit den zugehörigen Leuten in der Nähe von Poitiers.[26] Insgesamt wird in den Veränderungen der Normen die dynamische Veränderung der Gesellschaft des Frankenreichs sichtbar, in der Werte und Vorstellungen der Galloromanen und Franken immer mehr miteinander verschmolzen.

11.3 Pest, Armut und Hunger

Die Synode von Mâcon und das Edikt König Gunthrams hatten 585 auf den Ausbruch von Krankheiten und Hungersnöten als Folge göttlichen Zorns hingewiesen, den es zu besänftigen galt. Man kann hier sicher einen Zusammenhang mit der Pest sehen, die in dieser Zeit im Frankenreich um sich griff.[27] Die Beulenpest brach 541 in Ägypten aus, wurde von den Soldaten Justinians nach Italien gebracht, breitete sich von dort im übrigen Westeuropa aus und brach dort bis 750 in unregelmäßigen Abständen immer wieder in verschiedenen Regionen aus. Im Jahr 543 ist sie zum ersten Mal in Gallien nachweisbar.[28] Für ihre Ausbreitung in Gallien ist Gregor von Tours ein wertvoller Zeuge. Seine Schilderungen machen deutlich, dass es sich in den von ihm erwähnten Fällen tatsächlich um die Beulenpest handelte. Zudem zeigt er, wie die Pest an verschiedenen Orten ausbrach, dort wütete, nach einiger Zeit verschwand und später in anderen Regionen wieder ausbrach, was typisch für den Verlauf der ersten großen Pest ist. Auch ihre Folgen werden in den Schilderungen Gregors sichtbar. So berichtet er über den Ausbruch der Pest in Clermont im Jahr 571:

> »Als aber die Krankheit ausbrach, kam es unter dem Volk jener ganzen Gegend zu einer so großen Verheerung, dass man nicht zählen kann, eine wie große Menge daran starb. Denn weil schon

Särge und Bretter fehlten, begrub man zehn oder mehr in einer Grube. Es wurden aber an einem Sonntag in der Kirche des heiligen Petrus allein 300 Leichen gezählt. Der Tod selbst kam ganz plötzlich. Denn wenn sich in den Weichen oder unter den Achseln ein schlangenförmiges Geschwulst bildete, wurde jener Mensch von dem Gift so zugrunde gerichtet, dass er schon am zweiten oder dritten Tage den letzten Atem aushauchte.«[29]

Gregor schildert hier die für die Beulenpest typischen Symptome: Nach einer Inkubationszeit von drei bis sechs Tagen bricht die Krankheit aus und macht sich unter anderem durch Lymphknotenschwellungen bemerkbar. Bei einem schweren Verlauf führt die Pest dann innerhalb weniger Tage zum Tod. Wie weit die von Gregor genannten Zahlen der Todesopfer zuverlässig sind, lässt sich nicht überprüfen, doch scheinen sie im Vergleich mit den Sterblichkeitsraten gut dokumentierter Pestausbrüche der Neuzeit nicht übertrieben.

Im Jahr 588 brach die Pest in Marseille aus, worauf Gregor mehrfach Bezug nimmt. Seine Schilderung über den Beginn der Pest ist äußerst interessant:

»Inzwischen war ein Schiff aus Spanien mit den üblichen Handelswaren im Hafen von Marseille angelandet worden, das den Keim dieser Krankheit fahrlässig mit sich gebracht hatte. Weil viele Bürger von diesem Schiff Verschiedenes kauften, brach sofort in einem Haus, das von acht Menschen bewohnt war, die Krankheit aus, und nachdem die Bewohner gestorben waren, blieb das Haus leer zurück. Doch dieser Feuerbrand der Seuche wurde nicht sofort auf alle Häuser übertragen, sondern, nachdem er für eine bestimmte Zeit abgebrochen und gleichwie eine Flamme im Saatfeld wieder aufgelodert war, verbrannte er die ganze Stadt mit dem Feuer der Krankheit. Der Bischof (der zuvor auf Reisen gewesen war) kehrte trotzdem zur Stadt zurück, und hielt sich in den Mauern der Kirche des heiligen Victor mit den wenigen auf, die damals bei ihm geblieben waren; und dort flehte er während der völligen Verheerung der Stadt unablässig mit Beten und Wachen die Barmherzigkeit Gottes an, dass er durch die Beendigung des Verderbens endlich das Volk in Frieden zur Ruhe kommen lasse. Es hörte aber diese Verheerung für gut zwei Monate auf und als das Volk sorglos zur Stadt zurückkehrte, brach die Krankheit wiederum aus, und es

> starben jetzt die, welche zurückgekehrt waren. Aber später wurde die Stadt noch vielfach von dieser Vernichtung belastet.«[30]

Auch hier zeigt sich eine für die Pest typische Verlaufsform. Die Pest wird durch das Bakterium *Yersinia pestis* ausgelöst, dessen Träger vor allem Ratten sind. Durch Flöhe wird die Krankheit auf Menschen übertragen, welche den Erreger untereinander durch Tröpfcheninfektion weitergeben können.[31] Durch rechtzeitige Flucht hatte sich offenbar ein Teil der Bewohner von Marseille der Ansteckung entzogen. Die Pest ging zurück, weil keine potenziellen Opfer mehr zur Verfügung standen. Erst mit der Rückkehr der Bewohner konnte sich die Pest erneut ausbreiten. Zugleich schildert Gregor ebenso wie die Synode von Mâcon die Pest als Strafe Gottes. Da man kein Mittel gegen die Krankheit fand, suchte man seine Zuflucht im Gebet.

Als er von der sich in der Region Marseille ausbreitenden Pest hörte, suchte auch König Gunthram nach Abhilfe. »Aber der König« so berichtet Gregor,

> »sorgte wie ein guter Bischof für die Heilmittel, durch welche die Wunden des sündigen Volkes geheilt werden könnten, und er befahl dem ganzen Volk, zur Kirche zu kommen und die Bittgebete mit der größten Andacht abzuhalten und er gebot allen, zur Nahrung nichts anderes als Gerstenbrot und reines Wasser zu sich zu nehmen und beständig bei den Vigilien anwesend zu sein. Dies ist in jener Zeit so ausgeführt worden. Drei Tage hindurch, während seine Almosen noch reichlicher flossen als gewöhnlich, bangte er so für sein Volk, dass er schon damals nicht nur für einen König, sondern auch für einen Bischof des Herrn gehalten wurde, der seine ganze Hoffnung auf das Erbarmen Gottes setzte.«[32]

Wie im Dekret Gunthrams von 585 werden die Pest als Strafe Gottes und die Sünden des Volkes im Zusammenhang gesehen. Gebete, Fasten und Almosengeben schienen die einzigen Möglichkeiten, die Gnade Gottes wiederzuerlangen. Doch was geschah, wenn das Gebet wirkungslos blieb und Gott sich nicht erbarmte? Lag dies dann nicht vielleicht daran, dass man etwas falsch machte und sich einen neuen Weg zeigen lassen musste? Laut Gregor löste die Pest auch eine Hinwendung der Bevölkerung zu Personen aus, von denen sie neues Heil erhoffte. In den Jahren 579 und 586 erhielten mehrere Männer in Tours, die sich als Heilige ausgaben, sofort Zulauf.[33] Im Jahr 591 trat in der Gegend von Arles sogar ein Mann auf, der sich als Christus ausgab. Offenbar war er mit besonderen Gaben ausgestattet, denn Gregor von Tours versichert, er habe tatsächlich Kranke geheilt, wodurch sein Bund mit dem Teufel sichtbar geworden sei. Der Mann sammelte eine große Gefolgschaft und wurde mit Gold, Silber und Kleidung beschenkt. Die Geschenke gab er den Armen, was seine Anziehungskraft noch vergrößerte. Bald zählte er 3000 Anhänger, unter ihnen auch Priester. Schließlich begann er auf der Landstraße Reisende auszurauben und die Beute an die Armen zu verteilen. Da er zugleich den Bischöfen und Bürgern der Städte mit dem Tod drohte, weil sie ihn nicht verehren wollten, sandte der Bischof von Puy-en-Velay Männer aus, die den selbsternannten Christus festnehmen sollten, ihn jedoch bei einer Auseinandersetzung töteten.[34]

In den behandelten Texten werden Almosenverteilungen und Spenden an Arme als Mittel gegen die Krankheit genannt und es scheint, als ob die Pest das ohnehin bestehende Armutsproblem noch verschärft hätte. Die Armenfürsorge war von Beginn an eine der wichtigsten Aufgaben der Kirche, um die sie sich stets bemüht hat. Wie diese Versorgung im Einzelnen ablief, ist noch nicht geklärt. Für einige Städte im Frankenreich lassen sich im 6. Jahrhundert Xenodochien nachweisen, also Häuser, in denen Arme, Kranke und Fremde versorgt und beherbergt wurden. Zudem gab es sogenannte Armenmatrikel, in denen die Namen derjenigen Armen einer Stadt verzeichnet waren, die Anspruch auf eine Versorgung hatten.[35] Doch galt auch das Haus des Bischofs an sich als Ort der Armenversorgung. Dass diese keineswegs immer reibungslos funktionierte, macht der schon erwähnte 13. Kanon der Synode von Mâcon 585 deutlich, der es Bischöfen verbot, Hunde zu halten und mit diesen Arme zu verjagen, die deren Haus aufsuchen wollten.[36] Gregor von Tours übt in seinen »Zehn Büchern Geschichten« ebenfalls an verschiedenen Amtskollegen Kritik, weil sie sich nicht um die Armen kümmerten. Allerdings lobt er auch ausdrücklich Bischöfe, die sich besonders für die Armen einsetzten.[37]

Wie sehr sich zu Beginn der zweiten Hälfte des 6. Jahrhunderts Armut und soziale Spannungen durch die unruhige Lage im Reich aufgebaut hatten, macht der 5. Kanon der Synode von Tours (567) deutlich, der die Armutsproblematik in vorher nicht dagewesener Form aufgriff:

> »Dass eine jede Stadt ihre armen und bedürftigen Einwohner mit geeigneten Nahrungsmitteln ernähren soll gemäß ihrer Möglichkeiten; dass der auf dem Dorf lebende Presbyter wie jeder Stadtbürger seinen Armen ernähren soll. Dies soll geschehen, damit die Armen nicht zu fremden Städten wandern.«[38]

Die Notlage der Armen scheint zu diesem Zeitpunkt bereits Ausmaße erreicht zu haben, die eine geregelte Versorgung gefährdet erscheinen ließ. Ob die angesprochene Wanderung der Armen vielleicht auch durch die Pestausbrüche bedingt wurde, lässt sich nicht klären. Eindeutig ist der Zusammenhang zwischen Krankheit und Armut dagegen im 6. Kanon der Synode von Lyon (583), der von den Bischöfen verlangte, die Leprosen ihrer Stadt mit Nahrung und Kleidung zu versorgen.[39]

Krankheiten wie Lepra und Pest waren aber nicht die einzigen Katastrophen, welche die ohnehin prekären Lebensbedingungen der Armen verschärften. Gregor von Tours berichtet immer wieder von Naturkatastrophen, die in verschiedenen Regionen des fränkischen Reichs wüteten, die Versorgung der Menschen erschwerten oder sogar zu Hungersnöten führten, wie etwa 585:

> »In diesem Jahr bedrängte eine große Hungersnot fast ganz Gallien. Denn viele bereiteten aus Traubenkernen und Haselblüten, einige aus getrockneten und zu Staub gemahlenen Wurzeln des Farnkrauts, denen sie etwas Mehl beimischten, das Brot. Viele schnitten die grüne Saat ab und taten damit dasselbe. Es gab auch viele, die überhaupt kein Mehl hatten, verschiedene Kräuter sammelten und aßen, davon anschwollen und umkamen. Sehr viele nämlich siechten damals aus Hunger dahin und starben. Gewaltig plün-

derten zu jener Zeit die Kaufleute die Bevölkerung aus, sodass sie kaum den Scheffel Getreide (= 8,454 Liter) oder das Halbmaß Wein für ein Drittel Goldstück verkauften. Die Armen nahmen die Knechtschaft auf sich, damit sie auch nur ein wenig Nahrung erlangten.«[40]

Im Bericht Gregors wird die soziale Dimension der Hungersnot deutlich. Die hier erwähnten Armen sind jene, die auch der 14. Kanon der Synode von Mâcon (585) im Blick hatte, nämlich Freie der unteren Mittelschicht, die zwar Besitz hatten, aber keineswegs reich waren. Sie konnten die enorm gestiegenen Lebensmittelpreise nicht bezahlen und ihnen blieb nur der Hungertod oder die Knechtschaft. Sie dienten dann einem Mächtigen, der dafür Nahrung und Schutz versprach.

11.4 Die Bedeutung des Totengedenkens

Gebete, Fasten und Almosen erschienen, wie oben gezeigt, oft als die einzigen Möglichkeiten, die Gnade Gottes wiederzuerlangen. Außerdem spielten sie eine entscheidende Rolle für die Erlangung des Seelenheils. Seit dem 3. Jahrhundert existierte die Vorstellung, die Seelen der Verstorbenen könnten im Jenseits bereits vor dem Jüngsten Gericht bestraft werden. Aurelius Augustinus (354–430) sah Gebete und die Darbringung von Opfergaben durch die Lebenden als einziges Mittel an, das Los der Seelen im Jenseits zu verbessern.[41] Diese bei Augustinus zum Ausdruck kommende Vorstellung von der Bedeutung des Totengedenkens hat die religiöse Praxis nachhaltig beeinflusst. Auch Gregor von Tours hob die Bedeutung des Gebetsgedenkens hervor: Als in Lyon ein angesehener Mann gestorben war, widmete sich seine Witwe völlig dem Gebet für den Verstorbenen, nahm täglich an der Messfeier teil und brachte Gaben für sein Seelenheil dar.[42] Durch ihre Gebete und die Gabendarbringung sollte das Schicksal der Seele ihres Mannes verbessert werden. Wie die Erzählung Gregors zeigt, war das Totengedenken im 6. Jahrhundert die Aufgabe der Angehörigen der Verstorbenen und noch nicht die Aufgabe der

Gemeinde und der Priester. Welche Bedeutung man dem privaten Totengedenken beimaß, macht der 9. Kanon der Synode von Paris (561) deutlich. Dort heißt es:

> »Hinsichtlich jener Art von Sklaven, denen aufgrund ihrer Eigenschaften die Dienste an den Gräbern der Verstorbenen übertragen worden sind, soll dies beachtet werden, dass [...] der Wille des Verstorbenen ihnen gegenüber in allem bewahrt werden soll.«[43]

Die Sklaven wurden also von ihren Herren freigelassen, um sich nach deren Tod um das Grab und die Memoria zu kümmern. Sie unterstützten damit die Angehörigen. Die Bestimmung des Kanons sollte dafür sorgen, dass diese Freigelassenen nicht zu anderen Tätigkeiten herangezogen wurden, sondern sich ausschließlich um das Totengedenken kümmern konnten. Die Dauer des Gedenkens war bereits zu einer wichtigen Voraussetzung für das Seelenheil des Verstorbenen geworden. Je mehr Menschen des Verstorbenen gedachten und je länger das Gedenken anhielt, desto besser schien dies für das Seelenheil zu sein. Zudem war die Freilassung der Sklaven selbst oft ein Akt, der für das Seelenheil erfolgte, da sie als gutes Werk galt.[44]

Welchen Umfang die Freilassungen für das Totengedenken (*memoria*) annehmen konnten, macht das Testament des Bischofs Bertramn von Le Mans aus dem Jahr 616 deutlich. Bertramn traf darin unter anderem ausführliche Bestimmungen für die zahlreichen von ihm freigelassenen Sklaven und deren Aufgaben. Die Freigelassenen sollten für seinen Namen Gaben vor dem Altar darbringen und seiner gedenken. Doch Bertramns Vorsorge für sein Seelenheil reichte noch weiter. Er stiftete Güter an Kirchen, die dafür zum Gebetsgedenken verpflichtet wurden. Außerdem vermachte er eine Reihe von Geldgeschenken an verschiedene Kirchen und bat die dortigen Priester darum, seinen Namen in die *Libri vitae* (»Bücher des Lebens«) einzuschreiben und ihn an den einzelnen Festtagen vorzulesen.[45] In diesen Verfügungen wird eine Institutionalisierung des Gebetsgedenkens sichtbar. Mithilfe der Stiftungen wurde ein dauerndes Gedenken eingefordert, das vom Klerus der bedachten Kirchen zu erbringen war. Die Vorstellung vom

Nutzen der Gabendarbringung und der Gebete für die Seelen der Verstorbenen bewirkte in dieser Zeit, dass das private Totengedenken über das Stiftungsrecht immer mehr in den Gemeindegottesdienst eindrang. Die Stifter verpflichteten die Priester zur Sühnung der Sünden durch ihr Gebet und zur *commemoratio*.[46]

Das sich auf diese Weise entwickelnde Stiftungswesen hatte weitreichende Folgen. Einerseits kam die Kirche überall im Frankenreich in den Genuss großer Land- und Geldschenkungen, um dafür der Seelen der Verstorbenen zu gedenken und für sie zu beten. Andererseits bildeten im Osten des Reichs, wo diese Entwicklung von den Königen gefördert wurde, die aus religiösen Gründen Freigelassenen allmählich eine eigene soziale Gruppe, die sogenannten *tabularii*. Ihr kennzeichnendes Merkmal war, dass sie bei der Freilassung in den Schutz der Kirche aufgenommen wurden und dafür Abgaben zahlen mussten. Das galt auch für ihre Nachkommen.[47] Die Kirche entwickelte sich somit nicht nur zur entscheidenden Institution für die Sicherung des Seelenheils, sondern auch zu einer Schutzgewalt, die imstande schien, die Freigelassenen über Generationen hinweg zu schützen.[48]

12 Theudebert II. und Theuderich II.

Als Childebert II. im März 596 starb, stand das fränkische Reich vor großen Herausforderungen. Die Pest wütete nach wie vor in Gallien, die Armut und die Unterdrückung der unteren Mittelschicht stellten ernsthafte Probleme dar, die Kirche bemühte sich um Abgrenzungen von der weltlichen Herrschaft und hatte zugleich mit strukturellen Problemen zu kämpfen und die gesamte Gesellschaft befand sich offenbar in einer Phase der Neuorientierung. Für den Historiker markiert dieser Zeitpunkt ebenfalls eine Zäsur im Zugriff auf die Geschichte des Frankenreichs, denn die Aufzeichnungen Gregors von Tours zur politischen Geschichte brechen im Jahr 591 ab. Danach sind vor allem die Chronik des sogenannten Fredegar (um 658/60), der 727 geschrieben *Liber historiae Francorum* (Buch von der Geschichte der Franken) sowie die zahlreichen im 7., 8. und 9. Jahrhundert entstandenen Heiligenviten wesentliche Quellen zur Geschichte des Frankenreichs unter den Merowingern.

Childeberts Söhne Theudebert und Theuderich waren erst zehn bzw. neun Jahre alt, als ihr Vater starb.[1] Zwar hatte Childebert den älteren Theudebert schon 589 mit einem eigenen kleinen Hof als Unterkönig (*subregulus*) nach Soissons geschickt,[2] damit er dort das Königtum repräsentierte, aber selbstverständlich übte er keine eigenständige Herrschaft aus. Zu diesem Zeitpunkt oder später scheint Childebert auch die Aufteilung des Reichs unter seinen Söhnen verfügt zu haben, da Fredegar berichtet, Theuderich habe durch einen Befehl seines Vaters das Elsass erhalten.[3] Die endgültige Zuweisung der Teilreiche erfolgte nach Childeberts Tod durch das Los, doch konnte Theudebert in seinem Gebiet bleiben und die

Herrschaft im austrasischen Reich übernehmen. Theuderich erhielt Burgund.[4] Die Regentschaft für die beiden jungen Könige übernahm ihre Großmutter Brunichild.

Für Verwirrung hinsichtlich der Reichsteilung hat eine Urkunde gesorgt, die Theudebert II. am 8. Juni 596 oder 602 in der Pfalz Chatou bei Paris für das Martinskloster in Le Mans ausstellte. Im Jahr 602 lag der Ausstellungsort Chatou unzweifelhaft im Herrschaftsgebiet Theuderichs II., weshalb Margarete Weidemann die Urkunde auf 596 datiert und aus ihr geschlossen hat, Brunichild habe einen »Staatsstreich« zugunsten Theudeberts unternommen, den sie als Alleinherrscher durchsetzen wollte. Sollte dies so sein, bleiben die Beweggründe der Königin jedoch im Dunkeln, zumal keine andere Quelle über diesen »Staatstreich« berichtet. Da das Verhältnis zwischen Theudebert, Theuderich und Brunichild zudem bis 600 gut war, scheint ein Staatsstreichversuch der Regentin höchst unwahrscheinlich.[5]

Allerdings besaß Brunichild als Regentin unzweifelhaft großen Einfluss in beiden Teilreichen, der sich vor allem an den Briefen Papst Gregors des Großen ablesen lässt.[6] Bereits im Juli 596 wandte er sich mit einem Schreiben an die beiden jungen Könige, in dem er sie um Unterstützung für die Mission in England und den Missionsbischof Augustinus bat. Parallel wandte sich Gregor mit derselben Bitte an Brunichild.[7] In diesem Brief schreibt der Papst, Brunichild möge Augustinus aufgrund seiner Bitte und ihrer Gottesfurcht Schutz und Hilfe zukommen lassen. Eine vergleichbare Wendung im Brief an die Könige fehlt. Sie werden nicht um Schutz und Hilfe gebeten, sondern Augustinus und seine Begleiter werden nur der Gunst der Könige empfohlen.

Noch deutlicher wird die Bedeutung, welche Gregor Brunichild als Regentin zumaß, in einem Brief aus dem Jahr 599:

> »Da die königliche Sorge eurer Exzellenz überall durch ihre Leitung lobenswert ist, müsst ihr zur Vermehrung eures Ruhmes noch wachsamer und vorsichtig sein, damit ihr nicht erlaubt, dass diejenigen, die ihr mit Rat äußerlich lenkt, innerlich zugrunde gehen. So könnt ihr als Frucht eures frommen Eifers nach der

> Würde des weltlichen Königtums, das ihr jetzt führt, mit Gottes Hilfe die ewigen Freuden und das ewige Reich erlangen.«[8]

Brunichild führte also die Würde des weltlichen Königtums, das heißt, in Gregors Augen war sie nicht nur Regentin dem Namen nach, sondern konnte die Herrschaft oder zumindest einen wichtigen Anteil an der Herrschaft tatsächlich ausüben. Das wird auch im Vergleich mit einem Brief deutlich, den der Papst zur gleichen Zeit an die jungen Könige Theuderich und Theudebert schickte.[9] In beiden Briefen ging es um die Erhebung von Bischöfen gegen Geldzahlung (Simonie), die im Frankenreich weit verbreitet war, und in beiden Briefen forderte Gregor eine Synode, auf der die unmittelbare Erhebung von Bischöfen aus dem Laienstand verboten werden sollte. Aber nur im Brief an Brunichild teilte Gregor mit, er habe Bischof Syagrius von Orléans mit der Einberufung der Synode beauftragt. Brunichild möge seine Bitten anhören und ihn unterstützen. Damit wird die praktische Seite der Versammlung der Synode nur in dem Brief an Brunichild thematisiert. In den Augen des Papstes kam es offenbar auf die Zustimmung der Königin an, um die Erlaubnis für die Versammlung einer Reichssynode zu erlangen. Da Gregor Vertraute in der Umgebung Brunichilds hatte, dürfte er ausreichend über ihren Einfluss und ihre Möglichkeiten informiert gewesen sein. Brunichild konnte demnach wie ein König handeln und ihre Herrschaftsansprüche gegen die Aristokratie durchsetzen.

Eine differenzierte Beurteilung der Bedeutung Brunichilds und der politischen Situation während der Zeit ihrer Regentschaft ist allerdings schwer, da wichtige Quellen die Königin einseitig als skrupellos und böse charakterisieren. Während sie bei Gregor von Tours insgesamt positiv dargestellt wird, zeichnet die Vita des Bischofs Desiderius von Vienne, die der westgotische König Sisebut wohl kurz nach 613 verfasste, ein extrem negatives Bild.[10] Sie und ihr Enkel Theuderich hätten den Bischof wegen seiner Frömmigkeit gehasst, da er ihrer verbrecherischen Herrschaftsausübung im Wege gestanden habe.

Deshalb sei er zwei Mal abgesetzt und 603 schließlich gesteinigt worden.[11] Die negative Darstellung Brunichilds hatte vermutlich politische Gründe, denn als Sisebut, der zuvor erfolgreich gegen die Franken gekämpft hatte, die Vita schrieb, hatte Chlothar II. gerade die Herrschaft im gesamten Frankenreich übernommen und Brunichild und ihre Urenkel töten lassen. Sisebut wollte sich offenbar durch die diffamierende Darstellung Brunichilds mit dem neuen Alleinherrscher gut stellen.[12] Die negative Sichtweise wurde von Jonas von Bobbio in seine Vita des Abtes Columban übernommen und ausgeschmückt, die wiederum Fredegar als Vorlage für sein Bild von Brunichild diente.[13] Bei der Interpretation der Quellen muss deshalb ihre Tendenz zur Dekonstruktion und Verformung der Geschichte berücksichtigt werden.

Den Herrschaftswechsel 596 in Austrasien und Burgund nutzten Fredegunde und ihr mittlerweile 13-jähriger Sohn Chlothar II., um Paris und weitere Städte nördlich der Loire zu besetzen. Ein Heer Theuderichs II. und Theudeberts II. zog daraufhin gegen Chlothar und musste eine schwere Niederlage hinnehmen. Fredegunde hat diesen Sieg ihres Sohnes wohl noch erlebt, bevor sie 597 starb.[14]

Im Jahr 599 soll Brunichild laut Fredegar aus Austrasien vertrieben und von einem armen Mann, der sie auf einem Feld fand, zu Theuderich geführt worden sein. Die Erzählung wird in der Forschung zum Teil bezweifelt und eine schlüssige Deutung steht noch aus. Sicher ist, das Brunichild mindestens bis 602 noch über erheblichen Einfluss in Austrasien verfügte und es bis dahin auch nicht zu einer Trübung im Verhältnis zwischen Theuderich und Theudebert kam, wie es im Falle einer gewaltsamen Vertreibung Brunichilds zu erwarten gewesen wäre.[15] Vielmehr sammelten Theudebert II. und Theuderich II. im Jahr 600 erneut ihre Heere, um gemeinsam gegen Chlothar II. vorzugehen. Bei dem folgenden Kampf erlitt Chlothar bei Dormelles eine so schwere Niederlage, dass er in einen Vertrag einwilligen musste, der ihm nur eine kleine Region um Rouen, Beauvais und Amiens beließ.[16] Das neustrische Reich war damit dramatisch zusammengeschrumpft.

Man muss sich aber fragen, inwieweit Theuderich und Theudebert ihre Herrschaft in den Gebieten, die sie Chlothar abgenommen hatten, wirklich durchsetzen konnten. Als Theuderich 603 seinen Hausmeier (*maior domus*) Bertoald mit einem kleinen Gefolge beauftragte, in den Städten, die ehemals zum Herrschaftsgebiet Chlothars gehörten, Steuern einzutreiben, wurde er von Chlothars Sohn Merowech und dem Hausmeier Landerich vertrieben und bis nach Orléans verfolgt. Die Truppen Chlothars drangen also bis nach Burgund vor. Es kam zu einer erneuten militärischen Auseinandersetzung, bei der Theuderich wieder Sieger blieb. Danach wurde ein neuer Vertrag ausgehandelt, über dessen Inhalt die Quellen jedoch schweigen.[17] Möglicherweise wurden die Bestimmungen des ersten Vertrags abgemildert, da Theuderich die Herrschaft in den eigentlich zu Chlothars Reichsteil gehörenden Regionen ohnehin nicht durchsetzen konnte. Dies wäre ihm wohl nur mit einer starken militärischen Präsenz oder mithilfe der dortigen Großen möglich gewesen. Beide Optionen scheinen nicht realistisch gewesen zu sein.

Fraglich bleibt auch, wie gefestigt die Position Theuderichs und Brunichilds in Burgund eigentlich war. Angeblich wurde auf Brunichilds Anordnung hin der *patricius* Aegyla ermordet, weil sie seinen Besitz dem Fiskus einverleiben wollte, Bischof Desiderius von Vienne 602 auf einer Synode in Châlons-sur-Marne wegen Unzucht abgesetzt und später gesteinigt und der Hausmeier Bertoald aus seinem Amt gedrängt.[18] Fredegar führt Brunichilds Habgier und Klientelpolitik als Gründe an und die Vita des Desiderius erwähnt, der Bischof habe dem Lebenswandel und der Herrschaftsausübung Theuderichs und Brunichilds im Wege gestanden.[19] Tatsächlich scheinen hier die Ausschaltung politischer Gegner und die Durchsetzung königlicher Fiskalansprüche ineinandergegriffen zu haben.[20]

Darüber hinaus verlor Brunichild nach 602 ihren Einfluss in Austrasien und konnte die Regentschaft dort nicht mehr ausüben. Noch 602 hatten Theudebert und Theuderich gemeinsam einen Sieg über die Basken errungen, die in die *Novempopulana* (Gascogne) eingefallen waren.[21] Danach hat sich das Verhältnis der beiden Brüder offensichtlich verschlechtert. Angeblich lag dies daran, dass Brunichild Theuderich gegen seinen Bruder aufhetzte.[22] Aber vermutlich löste schon zu dieser Zeit ein Streit um die Herrschaft über das Saintois, das Elsass und den Thurgau den Konflikt aus, denn Fredegar gibt den Streit um diese Gebiete als Grund für die späteren Auseinandersetzungen an. Theudebert forderte die Gebiete, die er bei der Aufteilung der Herrschaftsgebiete an den Bruder hatte abtreten müssen, zurück[23] und schloss außerdem, wohl zu Beginn des Jahres 605, mit Chlothar Frieden, dem er einen großen Teil der eroberten Gebiete zurückgab.[24] Aus diesen Gründen kam es 605 beinahe zu einem Krieg zwischen den Brüdern, der im letzten Moment verhindert werden konnte. Interessanterweise spielte auch hier das Heer wieder eine wichtige Rolle: Theuderich wurde von seinen Gefolgsleuten aufgefordert, nicht gegen Theudebert zu kämpfen und den Konflikt beizulegen. Als der Hausmeier Protadius dennoch zum Kampf riet, wurde er vom Heer umgebracht und Theuderich musste mit seinem Bruder Frieden schließen.[25] In ähnlicher Weise hatte das Heer 583 den gemeinsamen Feldzug Childeberts II. mit Chilperich I. gegen Gunthram verhindert.

Theuderich knüpfte nach diesem Zerwürfnis mit seinem Bruder Kontakte zu Chlothar II., der im Jahr 606 Theuderichs Sohn Merowech aus der Taufe hob. Diese Taufpatenschaft sollte eine Atmosphäre des Vertrauens zwischen Theuderich und Chlothar schaffen. Darüber hinaus schickte Theuderich, der bisher nur Konkubinen gehabt hatte, 607 eine Gesandtschaft zum Westgotenkönig Witterich (603–610), die ihn in seinem Namen um die Hand seiner Tochter Ermenberga bitten sollte. Die Gesandtschaft leistete einen Eid, dass Theuderich Ermenberga niemals verstoßen werde, und erst danach wurde ihnen die Braut anvertraut, die von Theuderich zunächst mit großer Freude aufgenommen wurde. Bald darauf soll der König aber von Brunichild und seiner Schwester Theudila gegen Ermenberga aufgestachelt worden sein, sodass er sie nach einem Jahr ohne ihren Brautschatz nach Spanien zurückschickte und damit seinen Eid brach. Während Fredegar kein

Motiv für Brunichilds Verhalten nennt, wirft ihr Jonas von Bobbio vor, sie habe gefürchtet,

> »dass, wenn eine Königin nach der Vertreibung der Konkubinen dem Königshof vorstehe, das Maß ihrer eigenen Würde und Ehre vermindert werde.«[26]

Dagegen spricht jedoch, dass Brunichild die Ehe selbst zunächst begünstigt zu haben scheint, denn ihr Vertrauter Bischof Arigius von Lyon leitete die Gesandtschaft, die Ermenberga im Westgotenreich abholte. Jonas nützt die Episode zu einer scharfen Kritik am Lebensstil Theuderichs, der entgegen christlichen Grundsätzen und kirchlichen Vorschriften keine Ehefrau, sondern mehrere Konkubinen gehabt habe, wofür Jonas Brunichild verantwortlich macht. Angeblich kam es zu einem Streit zwischen Brunichild und Columban, der sich geweigert haben soll, die von den Konkubinen Theuderichs II. geborenen Kinder zu segnen.[27]

Während sich die Hintergründe der Verstoßung Ermenbergas nicht aufklären lassen, sind die Folgen bekannt. Der verärgerte Witterich schickte eine Gesandtschaft zu Chlothar, die sich dann mit einem Gesandten Chlothars zu Theudebert begab. Von dort reiste eine gemeinsame Gesandtschaft Witterichs, Chlothars und Theudeberts nach Italien zum Langobardenkönig Agilulf. Sie verhandelte mit ihm über einen gemeinsamen Feldzug gegen Theuderich, doch kam kein greifbares Ergebnis zustande.[28] Erst 610 kam es wieder zu einem militärischen Konflikt zwischen Theuderich und Theudebert um das Elsass und weitere Gebiete. Die beiden Könige trafen sich in der Festung Seltz (Département Bas-Rhin), um über die strittigen Fragen zu verhandeln. Theudebert war mit einem großen Heer erschienen und wollte seine Forderung notfalls militärisch durchsetzen. Angesichts dieser Bedrohung gab Theuderich nach und trat das Elsass, das Saintois, den Thurgau sowie einen Teil der Champagne ab. In demselben Jahr erlitt er eine weitere Niederlage, als Alemannen in den Gau von Avenches im heutigen Schweizer Kanton Waadt einfielen und ihn plünderten. Das ihnen entgegengeschickte

Heer unterlag und die Feinde zogen sich mit Beute beladen zurück.[29]

Sowohl die von seinem Bruder erzwungenen Gebietsabtretungen als auch die Niederlage gegen die Alemannen dürften dem Ansehen Theuderichs geschadet haben. Er suchte erneut Kontakt zu Chlothar und schickte 611 eine Gesandtschaft, um ihn über seinen geplanten Feldzug gegen Theudebert zu informieren und ihn zu bitten, diesem nicht zu Hilfe zu kommen. Als Gegenleistung sollte Chlothar Gebiete, die er an Theudebert hatte abtreten müssen, zurückerhalten.[30] Chlothar stimmte den Bedingungen zu, sodass Theuderich 612 den Krieg gegen seinen Bruder beginnen konnte. Bei Toul kam es zur Schlacht, in der Theuderich siegte. Theudebert floh nach Köln, von wo aus er Truppen von Sachsen, Thüringern und anderen Stämmen zusammenzog. Theuderichs Heer, das dem fliehenden Theudebert gefolgt war, traf bei Zülpich auf dessen Truppen und es kam erneut zum Kampf. Theudebert verlor, konnte wiederum fliehen, wurde aber bald von seinen Verfolgern gefangen und nach Köln zu Theuderich gebracht. Dort wurden Theudebert seine königlichen Gewänder abgenommen, wodurch öffentlich der Verlust seines Königsamtes demonstriert wurde. Dann brachte man ihn in Fesseln nach Chalon-sur-Saône. Sein kleiner Sohn Merowech wurde sofort getötet, während sein Sohn Chlothar den Vater wohl in die Gefangenschaft begleitete, wo er mit ihm getötet wurde.[31]

Chlothar besetzte nun die ihm von Theuderich versprochenen Gebiete, doch war dieser nicht mehr bereit, sich an die Vereinbarung zu halten. Er schickte eine Gesandtschaft, die Chlothar mit Krieg drohte, falls er die besetzten Gebiete nicht räume. Als Chlothar der Forderung nicht nachkam, zog Theuderich gegen ihn, doch starb er überraschend, noch bevor es zum Kampf kam, im Alter von nur 25 Jahren in Metz an der Ruhr. Für Chlothar bedeutete dies die Erlösung von der drohenden Kriegsgefahr, für Austrasien und das frankoburgundische Reich jedoch die Gefahr von Instabilität. Brunichild, die sich zu dieser Zeit ebenfalls in Metz aufhielt, handelte deshalb schnell. Sie ließ Sigibert, den ältesten der vier Söhne

Theuderichs, der elf oder zwölf Jahre alt war, zum König erheben. Doch eine Gruppe bedeutender Aristokraten Austrasiens lief zu Chlothar über und drängte ihn zum Angriff auf Austrasien. An ihrer Spitze standen Arnulf, der *domesticus* Theudeberts II., sowie Pippin, die beiden Stammväter der Karolinger.[32] Zumindest Arnulf dürfte als enger Vertrauter Theudeberts um seine Stellung gefürchtet haben, falls Austrasien unter dem Sohn Theuderichs mit dem frankoburgundischen Reich verbunden blieb. Möglicherweise ließen sich die übrigen Mitglieder dieser Gruppe von ähnlichen Befürchtungen leiten. Man darf dabei jedoch nicht übersehen, dass es auch andere Kräfte in Austrasien gab, so etwa den Mainzer Bischof Leudegasius, der sich zuvor auf die Seite Theuderichs geschlagen und ihm zur vollständigen Eroberung Austrasiens geraten hatte.[33] Die Männer um Arnulf und Pippin bildeten also nur eine von mehreren Gruppen mit unterschiedlichen politischen Interessen.

Chlothar folgte dem Rat dieser Gruppe und griff Austrasien an. Als er bereits bis Andernach vorgerückt war, erreichte ihn eine Gesandtschaft Brunichilds, die ihn beschwor, sich aus dem Reich Theuderichs zurückzuziehen. Er antwortete, wenn ausgewählte Franken in dem Streit einen Schiedsspruch fällten, werde er sich diesem beugen. Brunichild hat dieser Versicherung offenbar keinen Glauben geschenkt. Sie schickte Sigibert II. mit dem burgundischen Hausmeier Warnachar und einigen Großen nach Thüringen, um von dort aus Truppen gegen Chlothar zusammenzuziehen. Dabei soll sie angeblich einen Mordanschlag auf Warnachar befohlen haben, da dieser Chlothar zuneigte. Warnachar erfuhr jedoch rechtzeitig von dem geplanten Anschlag, verhinderte aus Rache die erfolgreiche Ausführung des Auftrages und überlegte, wie er die Söhne Theuderichs entmachten könne. Die Brunichild feindlich gesonnene Fredegarchronik ist hierzu die einzige Quelle und es ist fraglich, ob wirklich ein geplanter Mordanschlag der Grund für Warnachars Opposition war, denn die Chronik berichtet:

> »Aber die Großen der Burgunder, und zwar sowohl die Bischöfe als auch die übrigen Vasallen, traten dem Plan des Warnachar bei, weil sie Brunichild fürchteten und hassten. Sie vereinbarten, dass nicht einer von den Söhnen Theuderichs entkommen sollte, sondern dass sie alle getötet werden sollten, und dass sie Brunichild vernichten und Chlothars Herrschaft erstreben wollten.«[34]

Demnach herrschte unter den burgundischen Großen eine allgemeine Unzufriedenheit mit der Herrschaft Brunichilds, die sich nun Luft machte. Angesichts des raschen Erfolgs Chlothars in den anschließenden Auseinandersetzungen handelt es sich dabei wohl nicht um eine Fiktion Fredegars, sondern Theuderich und Brunichild war es offenbar tatsächlich nicht gelungen, wichtige politische Kräfte an sich zu binden.

Brunichild und Sigibert konnten zwar noch ein Heer aus burgundischen und austrasischen Gefolgsleuten gegen Chlothar aufbieten, doch als es bei Châlons-sur-Marne auf das Heer Chlothars traf, löste es sich noch vor dem Beginn des Kampfes auf. Die zu Chlothar übergelaufenen austrasischen Großen sollen wichtige Große Burgunds auf ihre Seite gebracht haben, die dafür sorgten, dass es nicht zu einem Kampf kam.[35] Auf diese Weise wurde Chlothar kampflos Herr über das gesamte Frankenreich. Theuderichs Söhne wurden mit Ausnahme des geflohenen Childebert gefangengenommen. Sigibert und Corbus wurden auf Befehl Chlothars umgebracht, seinen Patensohn Merowech verschonte er jedoch. Die Hinrichtung Brunichilds ließ Chlothar öffentlich inszenieren. Er machte sie für den Tod Sigiberts I., Merovechs, Chilperichs I., Theudeberts II. und dessen Sohn Chlothar sowie Theuderichs II. und seiner Söhne verantwortlich. Damit schob er ihr alle Schuld an den Auseinandersetzungen zwischen den Merowingern in den letzten 38 Jahren zu. Dies erscheint absurd, doch offenbar war es für Chlothar von großer Wichtigkeit, sein eigenes Handeln zu legitimieren und gleichzeitig den Forderungen der Aristokratie nachzukommen. Brunichild wurde zunächst drei Tage lang gefoltert, dann auf ein Kamel gesetzt und im ganzen Heer herumgeführt, um ihre Erniedrigung zu demonstrieren. Anschließend wurde sie an wilde Pferde gebunden und von diesen zu Tode geschleift und auseinandergerissen.[36] Dieses Vorgehen symbolisierte öffentlich die Ablehnung einer Herrschaftsausübung in der Art Brunichilds, welche die Königsmacht vehement gegen die Aristokratie verteidigt hatte, und versprach den Großen eine stärkere Beteiligung an der Herrschaftsausübung des nun allein herrschenden Chlothar.

13 Das Reich unter Chlothar II. und Dagobert I. (612–639)

13.1 Die Synode und die Reichsversammlung von Paris 614

Nach der Erringung der Alleinherrschaft musste Chlothar II. seine Herrschaft sowohl legitimieren als auch stabilisieren. Dies war nicht einfach, denn die Großen, die ihn unterstützt hatten, erwarteten Zugeständnisse. In Frankoburgund bestätigte Chlothar Warnachar, der sich besonders für seine Herrschaft eingesetzt hatte, im Amt des Hausmeiers und schwor ihm einen Eid, ihn zeit seines Lebens nicht abzusetzen.[1] In Austrasien wurde Arnulf, der Chlothar gemeinsam mit Pippin aufgefordert hatte, in Austrasien einzufallen, 614 zum Bischof von Metz gewählt. Pippin erhielt zunächst kein Amt. Zum Hausmeier in Austrasien ernannte Chlothar erst Rado und als dessen Nachfolger 617/18 Chucus.[2] Hier zeigt sich, dass der König offenbar nicht auf alle Parteien Rücksicht nehmen konnte oder wollte. Allerdings wurden entsprechende Entscheidungen des Königs nicht überall akzeptiert. So lehnten der *patricius* Aletheus, Bischof Leudemund von Sitten und Graf Herpinus die Ablösung des Herzogs Eudila durch den Franken Herpo ab und planten Chlothar zu ermorden, dessen Stelle Aletheus einnehmen sollte.[3] Ein von ihnen 614 im Juradukat angezettelter Aufstand scheiterte jedoch. Wann der Aufstand 614 genau erfolgte, ist unbekannt, doch dürfte die Unterbindung dieser Art von Auflehnung gegen die königliche Gewalt mit ein Grund für Chlothar gewesen sein, am 10. Oktober 614 zunächst eine Reichssynode und acht Tage später eine Reichsversammlung in Paris einzuberufen.

Die Synode erließ 17 Kanones. Die Kanones 2 und 3 verlangten eine kanonische Wahl des Bischofs ohne unzulässige Einflussnahme und richteten sich damit auch gegen den Einfluss der Könige, die oft ihre eigenen Kandidaten gegen das Kirchenrecht durchsetzten. Kleriker sollten sich nicht an einen mächtigen Mann wenden, um sich diesen zum Schutzherrn zu wählen (Kan. 5), Geistliche sollten nicht von einem Richter ohne Wissen ihres Bischofs vor Gericht geladen werden (Kan. 6) und niemand sollte einen Freigelassenen bedrängen oder versuchen, ihn dem Fiskus zu übergeben (Kan. 7). Die Kanones 8 bis 12 betreffen das Kirchenvermögen, dessen unrechtmäßige Aneignung durch Dritte ein Dauerproblem darstellte, das immer wieder von den fränkischen Synoden behandelt wurde. Besonders auffällig ist der 9. Kanon, für den sich keine direkte Vorlage nachweisen lässt:

> »Man beschloss auch, dass den Bestimmungen (dies) hinzugefügt wird: Nachdem ein Bischof, ein Presbyter oder ein Diakon oder irgendein Kleriker eines niedrigeren Weihegrades gestorben ist, darf weder aufgrund eines königlichen Befehls noch aufgrund eines richterlichen Beschlusses noch auf Veranlassung irgendeiner Person das Kirchenvermögen oder das Eigentum dieser von irgendeinem angerührt werden, bis man weiß, ob er ein Testament oder irgendeine Verfügung gemacht hat, sondern das oben genannte Vermögen soll von dem Archidiakon oder dem Klerus in allem verteidigt und bewahrt werden. Wenn nun irgendjemand ohne Rücksicht auf diese Bestimmung etwas daraus wegzunehmen wagt oder in blinder Verwegenheit in das Vermögen selbst eindringt und es dem Eigentum der Kirche entzieht, soll er wie ein Mörder der Armen von der Gemeinschaft ausgeschlossen werden.«[4]

Das testamentarisch übertragene Privatvermögen von Bischöfen und Klerikern stellte eine wichtige Einkommensquelle für die Kirchen dar. Da aus dem Kirchenvermögen der Unterhalt von Bischof und Klerus, die Instandhaltung der Kirchen sowie die Versorgung der Armen bestritten wurden, war es wichtig, die Einkünfte zu sichern. Dies erklärt, weshalb der Kanon den Besitz des Verstorbenen mit einer derart massiven Strafandrohung sogar gegen einen königlichen Befehl und gegen richterliche Beschlüsse für die Kirche zu sichern versuchte. Kanon 10 richtete sich entsprechend gegen Bischöfe und Archidiakone, die den Nachlass von Klerikern an sich brachten. Zudem sollten Bischöfe und Laien die Teilung von Königreichen oder Provinzen nicht ausnutzen, um sich Vermögen anderer Kirchen anzueignen (Kan. 11) und zugunsten der Kirche aufgesetzte Testamente sollten auch dann gültig sein, wenn sie formal fehlerhaft waren (Kan. 12). Letzteres war rechtlich jedoch höchst fragwürdig, denn nach römischem Recht gab es bestimmte Beschränkungen der Verfügungsgewalt des Erblassers, die einem engeren Kreis von Erbberechtigten einen Pflichtteil sicherten.[5] Diese Regelung hätte durch die kirchliche Bestimmung ausgehebelt werden können, sodass der ganze Nachlass an die Kirche gefallen wäre.

Die letzten Bestimmungen der Synode betrafen ganz unterschiedliche Bereiche. Mönche und Nonnen in den Klöstern wurden ebenso wie Witwen und Mädchen, die in ihren privaten Häusern als Nonnen lebten, aufgefordert, ihr Gelübde einzuhalten (Kan. 14 und 15). Kanon 16 schrieb vor, alle in einer Inzestehe lebenden Personen zu exkommunizieren, bis sie die Ehe auflösten, und Kanon 17 verbot es Juden, irgendeine militärische oder zivile Befehlsgewalt über Christen zu übernehmen.[6]

Im Gegensatz zur Synode von Mâcon 585 enthielten die Kanones von Paris keine neuen programmatischen Aussagen, denn sie waren nicht primär auf die Seelsorge, die Disziplinierung der Gläubigen und die Stärkung der gesellschaftlichen Stellung der Kirche ausgerichtet. Vielmehr bündelten sie Probleme und Forderungen, die im 6. Jahrhundert immer wieder angesprochen worden waren und die Struktur der Kirche und den Einflussbereich der Bischöfe unmittelbar betrafen. Hinsichtlich der Bischofswahl und des Kirchenbesitzes stellten sich die Synodalen gegen die Verfügungsgewalt des Königs und ordneten sich so in eine Tradition ein, die 561 in Paris ihren Anfang genommen hatte. Traditionsbewusstsein zeigten sie auch durch die fast wörtliche Übernahme des Prologs der Synode von Lyon 567, der hier jedoch programmatisch wirkt:

> »Als wir […] zusammenkamen, um die Vorschriften der alten Kanones zu erneuern, die aufgrund der gegenwärtigen Situation notwendigerweise wiederholt werden müssen, und auch deshalb, weil überall neue Anlässe Klagen hervorrufen, welche die Vorschrift zu regeln fordert, haben wir beraten, was und auf welche Weise etwas dem Fürsten nutzt, was besser dem Wohl des Volkes entspricht und was der geistliche Stand heilsam beachten soll.«[7]

Die Synodalen nahmen also für sich in Anspruch, nicht nur zum Wohl der Kirche, sondern auch zum Wohl des Königs und des Volkes zu handeln. Gleichzeitig wurde König Chlothar durch die Kanones signalisiert, dass die Bischöfe nicht bereit waren, ihre Ansprüche aufzugeben.

Die Bischöfe konnten ihre Position auf der acht Tage später stattfindenden Reichsversammlung, an der neben ihnen auch die wichtigen Vertreter der Aristokratie teilnahmen, allerdings nicht vollständig durchsetzen. Die Beschlüsse der Reichsversammlung, die Chlothar anschließend als Edikt veröffentlichte, basierten zwar zum Teil auf den Kanones der Synode, doch wurden sie dort geändert, wo der König seine Rechte in Gefahr sah. Die Gegenüberstellung des Kanons zur Bischofswahl (Kan. 2) mit dem entsprechenden Kapitel des königlichen Edikts (Cap. 1) macht die unterschiedliche Ausrichtung sichtbar. Während die Synode bei der Wahl des Bischofs nur die Mitwirkung des Metropoliten, der Bischöfe, des Klerus und des Volkes der betreffenden Stadt vorsah, machte das Edikt die Weihe vom Befehl des Königs abhängig:

> »Wenn die (gewählte) Person völlig würdig ist, soll sie auf Befehl des Königs geweiht werden. Wenn indessen jemand aus der Königspfalz gewählt wird, soll er aufgrund des Verdienstes seiner Person und seiner Kenntnisse geweiht werden.«

Die wesentliche kirchliche Norm, die Würde (*dignitas*) des Kandidaten wurde nicht angetastet. Wenn der Kandidat aus der Umgebung des Königshofes kam, war seine persönliche Eignung für das Amt ausschlaggebend, was durchaus den kirchlichen Normen entsprach. Doch der König übernahm die Befugnis des Metropoliten, die Eignung zu prüfen und wurde damit zu einer festen institutionellen Größe im Verfahren der Bischofsbestellung.[8]

Auch der Passus über die Nichtzuständigkeit des weltlichen Gerichts für Geistliche wurde geändert. Hatte Kanon 6 der Synode den Richtern grundsätzlich verboten, Kleriker ohne Wissen des Bischofs vor Gericht zu laden und zu verurteilen, schränkte das 4. Kapitel des Edikts dieses Verbot auf Zivilfälle ein. Bei Strafsachen konnten die weltlichen Richter die Kleriker von sich aus vor ihr Gericht ziehen und sie verurteilen. Ausgenommen davon wurden nur Presbyter und Diakone, die weiterhin dem bischöflichen Gericht unterstanden. Die völlige Herauslösung der Kirche aus der Zuständigkeit der weltlichen Gerichte war damit gescheitert. Für ein Verfahren zwischen Laien und Geistlichen wurde ein Gericht vorgeschrieben, das mit einem geistlichen und einem weltlichen Richter besetzt war (Cap. 5).

Eine Münze Chlothars II.

Von erheblicher Bedeutung sind aber auch jene Kapitel des Edikts, die in der synodalen Vorlage keine Entsprechung haben. Für den Fall, dass jemand ohne ein Testament zu hinterlassen starb, bestimmte Kapitel 6, die Verwandten sollten durch die Richter nicht daran gehindert werden, das Erbe gemäß der gesetzlichen Regelung anzutreten. Leute, die meinten, ebenfalls einen Anspruch auf das Erbe zu haben, sollten den Erbgang also nicht durch Klagen vor Gericht verzögern können.[9] Überall dort, wo böswilligerweise ein neuer Census gegen die Einwände der Bevölkerung erhoben worden war, sollte er nach einer Untersuchung mitleidvoll korrigiert werden (*misericorditer emendetur*) (Cap. 8). Ob man dies so deuten kann, dass Chlothar darauf verzichtete, die römische Kopf- und Grundsteuer regelmäßig neu festzusetzen,[10] scheint fraglich. Der Textzusammenhang spricht dagegen, denn es geht ausdrücklich nur um Steuern, die böswillig (!) neu eingeführt wurden und somit wohl um außerordentliche Steuern, wie sie auch das römische Steuerwesen kannte. Sie sollten nach einer Untersuchung korrigiert werden, ein Verfahren, das vermutlich die Fortführung der entsprechenden antiken Verwaltungspraxis darstellt.[11] Da die Synode von Clichy (626/627) beschloss, dass ein Steuerpflichtiger die Erlaubnis des Königs oder der Richter brauche, um in den Klerus einzutreten und die Formelsammlung des Marculf (2. Hälfte 7. Jh.) festhielt, jemand, der in den Klerus eintreten wolle, müsse persönlich frei sein und dürfe nicht in den Steuerlisten stehen, müssen auch in dieser Zeit die Steuerlisten und damit der Zensus weitergeführt worden sein.[12]

Als Amtsträger (*iudices*) für eine Provinz oder Region durften nur noch Männer bestellt werden, die von dort stammten (Cap. 12). Damit wurde die austrasische und frankoburgundische Aristokratie vor der willkürlichen Einsetzung neustrischer Gefolgsleute des Königs in ihren jeweiligen Gebieten geschützt. Allerdings galt dasselbe Gebot für die bevollmächtigten Vertreter der Bischöfe und Vornehmen, die ebenfalls aus der Region stammen mussten, in der sie eingesetzt wurden (Cap. 19). Es ging also nicht um ein einseitiges Zugeständnis des Königs, sondern um einen allgemein geltenden Grundsatz und um eine vom König durchaus gewünschte Aufwertung der Regionalverwaltung, die durch die Stärkung regionaler Autoritätsstrukturen der Rechtssicherheit dienen sollte.[13]

Wichtig ist schließlich die Bestätigung der Immunitätsbezirke, welche die Vorgänger Chlothars der Kirche und den Mächtigen gewährt hatten (Cap. 14). Neu wurde festgeschrieben, dass auch die öffentlichen Richter keine Amtsgewalt in den Immunitätsbezirken ausüben durften.[14] In demselben Kapitel sowie in Kapitel 9 nennt Chlothar als rechtliche Basis seiner Verfügungen die Erlasse Gunthrams, Chilperichs und Sigiberts I. Die Nachkommen Brunichilds werden mit Stillschweigen übergangen und fallen damit einer *damnatio in memoria* anheim.[15] In Kapitel 17 heißt es sogar, was einem Getreuen oder Gefolgsmann während der *interregna* wegen der Treue zu seinem Herrn verloren gegangen sei, solle ihm zurückgegeben werden. Es scheint, als werde hier die Herrschaft von Childebert II., Theudebert II., Theuderich II. sowie Sigibert II. mit dem Begriff *interregna* als königslose Zeit beschrieben.

Nicht zuletzt geben die Regelungen des Edikts wichtige Aufschlüsse über die weltliche Macht der Bischöfe, die in den Synodalbeschlüssen nicht angesprochen wird. Aus Kapitel 19 ergibt sich, dass Bischöfe Güter außerhalb ihrer Diözesen besitzen konnten, die sie von Bevollmächtigten verwalten ließen. Welche Ausdehnung der bischöfliche Besitz erreichen konnte, wird exemplarisch am Testament Bischof Bertramns von Le Mans von 616 sichtbar, dessen Besitzungen durch Erbe, Schenkungen König Chlothars II. und eigene Erwerbungen über das ganze heutige Frankreich verteilt waren.[16] Dieser Besitz musste unter Umständen mit Waffengewalt verteidigt werden oder konnte auch den Wunsch nach einer gewaltsamen Ausdehnung der Ländereien auslösen, was in Kapitel 20 thematisiert wird:

> »Die Beauftragten der Bischöfe und Mächtigen sollen niemandem mit Gewalt und mit versammelter Truppenmacht Güter wegnehmen, noch sollen sie es wagen, von sich aus Gewalt anzuwenden.«[17]

Die Bischöfe verfügten somit nicht nur über ausgedehnten Landbesitz, sondern wenigstens zum Teil auch über eigene Truppen, wodurch sie ein bedeutender lokaler und regionaler Machtfaktor waren.

Chlothar hat in Paris also nicht ohne Grund neben den Großen auch die Bischöfe bewusst an den Beschlüssen beteiligt, die in seinem Dekret fixiert wurden. Diese Maßnahme diente dem Frieden und der Ordnung (*pax et disciplina*), die in Kapitel 11 beschworen werden. Dasselbe Ziel hatte wohl auch die *Praeceptio Chlotharii*, ein 14 Kapitel umfassender Erlass, der das frankoburgundische Reich betraf und möglicherweise im Jahr 616 auf einer Versammlung zu Bonneuil bei Paris verkündet wurde, an der die frankoburgundischen Bischöfe und Großen sowie der Hausmeier Warnachar teilnahmen.[18] Die Vorschriften der *Praeceptio* waren allerdings weniger weit gefasst als jene des Pariser Edikts. In ihrem Fokus stand die Rechtssicherheit im Hinblick auf die Geltung des römischen Rechts sowie der übrigen Gesetze und herrscherlichen Erlasse, wobei auch hier, ebenso wie in Paris, das Problem der Gültigkeit von Testamenten, der Steuererhebung und der Immunität behandelt wurde. Das ist nicht verwunderlich, da diese Punkte wesentliche Interessen der Aristokratie und der Kirche berührten. Wenn ausschließlich für das frankoburgundische Reich eine solche königliche Verordnung erlassen wurde, so könnte das mit der Herrschaft Theuderichs und Brunichilds zusammenhängen, die offenbar eine Verschärfung der Steuerpolitik und eine wachsende Rechtsunsicherheit in diesem Reichsteil zur Folge gehabt hatte.[19] Wieweit hier auch der schon geschilderte Aufstand im Juradukat von 614 gegen die Herrschaft Chlothars eine Rolle spielte, ist ungewiss.

13.2 Die politische Entwicklung unter Chlothar II.

Nach 614 scheint es keinen nennenswerten Widerstand mehr gegen die Herrschaft Chlothars und kaum noch Anhänger Brunichilds und ihrer Nachkommen gegeben zu haben. Die in diesem Zusammenhang immer wieder angeführten Fälle des Bischofs Lupus von Sens, der von Chlothar nach Amiens verbannt wurde, sowie die Beschuldigung der Äbtissin Rusticula von Arles, einen geflüchteten Sohn Theuderichs II. versteckt zu haben, gingen auf Machtkämpfe in der Region und auf Intrigen am Hof zurück.[20] Die Chronik des Fredegar, die Hauptquelle für die politischen Ereignisse jener Zeit, blendet die Jahre zwischen 616 und 623 allerdings aus und verschweigt möglicherweise Widerstände gegen Chlothar.

Im Jahr 623 setzte Chlothar seinen Sohn Dagobert als Unterkönig im austrasischen Reichsteil ein. Fredegar schreibt dazu:

> »Er machte Dagobert, seinen Sohn, zum Teilhaber an der Königsherrschaft und setzte ihn als König über die Austrasier ein, doch behielt er für sich das zurück, was die Ardennen und die Vogesen von Neustrien und Burgund trennen.«[21]

Demnach beschränkte sich das Herrschaftsgebiet Dagoberts auf den Raum zwischen Köln und Maastricht und ein schmales Gebiet entlang des Rheins mit den Städten Mainz, Worms, Speyer und Straßburg sowie die östlich des Rheins gelegenen Gebiete. Die beiden alten Verbündeten Chlothars, Arnulf und Pippin, wurden zu den wichtigsten Beratern Dagoberts.[22] Pippin war 624 oder 625 zum Hausmeier und Arnulf um 614 zum Bischof von Metz erhoben worden. Da Metz wohl nicht zum Herrschaftsgebiet Dagoberts gehörte, lag die Diözese seines Ratgebers im Reichsteil des Vaters, was jedoch nicht völlig ungewöhnlich ist.[23] Warum Chlothar diese Gebiete abtrennte, ist nicht klar, doch führte dieser Tatbestand in der Folge zum Streit zwischen Vater und Sohn.

Dagobert zog 626 in die Pfalz Clichy, wo er Gomatrud, die Schwester seiner Stiefmutter Sichielda, heiratete. Bei dieser Gelegenheit forderte er von seinem Vater, ihm die Herrschaft über das gesamte austrasische Reich zu übertragen, was Chlothar jedoch entschieden ablehnte. Um den Streit zu schlichten, wählten beide schließlich zwölf Franken aus, die einen Schiedsspruch fällen sollten. Die Kommission, in der Bischof Arnulf von Metz als Vertrauter beider Könige eine wichtige Rolle spielte, stellte das austrasische Reich nördlich der Loire in den Grenzen von 561 wieder her. Nur die nach dem Tode Chariberts[24] 567 hinzugekommenen Gebiete verblieben bei Chlothar.[25]

Hatte sich dieser Streit gütlich beilegen lassen, so eskalierte nach dem Tod des *maior domus* Warnachar 627 der Konflikt um seine Nachfolge im frankoburgundischen Reich. Sein Sohn Godin erhob Anspruch auf das Amt des Vaters und heiratete gegen die kirchlichen und weltlichen Bestimmungen zur Inzestehe seine Stiefmutter Berta, um seinen Anspruch auf das Amt zu unterstreichen. Dies erzürnte Chlothar so sehr, dass er dem *dux* Arnebert befahl, Godin mit militärischer Gewalt zu töten.[26] Die Todesstrafe für die Ehe mit der Witwe des Vaters sah allerdings allein das Dekret Childeberts II. von 596 vor, dessen Gültigkeit durch die Verfügungen Chlothars im Pariser Edikt eigentlich aufgehoben worden war. In der besonderen Situation hatte Chlothar aber offenbar keine Bedenken, sich auf das Dekret Childeberts II. zu stützen. Er wollte verhindern, dass sich die Machtstellung der Familie Warnachars verfestigte und das wichtige Amt des Hausmeiers erblich wurde. Godin floh daraufhin zu Dagobert, der sich bei seinem Vater für ihn verwendete. Chlothar war zunächst bereit, Godin das Leben zu schenken, forderte aber von ihm, er solle sich aufgrund der kirchenrechtlichen Vorschriften von seiner Frau trennen und in der Kirche des heiligen Medardus in Soissons und in der Kirche des heiligen Dionysius in Paris dem König beständige Treue schwören. Laut Fredegar war dies jedoch nur ein Vorwand, um Godin nach Paris zu locken und ihn fernab von seinen Anhängern zu töten. Tatsächlich wurde Godin dann bei Chartres getötet, ohne dass seine Ermordung Unruhen im frankoburgundischen Reich ausgelöst hätte.[27] Noch in demselben Jahr versammelte Chlothar die Vertreter der burgundischen Aristokratie in Troyes und befragte sie, wen sie als *maior domus* einsetzen wollten. Die Anwesenden erklärten jedoch, dass sie keinen neuen Hausmeier wählen wollten, und baten darum, von nun an direkt mit dem König verhandeln zu dürfen.[28] Die burgundische Aristokratie scheint also die Beseitigung Godins akzeptiert zu haben. Sie war offenbar ebenso wenig wie Chlothar daran interessiert, dass sich eine Zwischengewalt zwischen ihr und dem König etablierte.

Von dauerhaften Konflikten blieb das fränkische Reich unter Chlothar verschont. Das lag auch daran, dass er die expansive, gegen die Westgoten und Langobarden gerichtete Politik aufgab. Wohl 616 konnten die Langobarden ihre Tributpflicht durch eine hohe einmalige Zahlung ablösen.[29] Mit den Sachsen kam es 623 zu einem bewaffneten Konflikt, als sie das austrasische Teilreich angriffen und das Heer Dagoberts schlugen. Chlothar kam seinem Sohn zu Hilfe und besiegte die Sachsen schließlich an der Weser.[30] Um 626 scheint es außerdem zu einem Aufstand der Basken gekommen zu sein, da Bischof Sidocius von Eauze und sein Vater Palladius als Mitwisser des Aufstandes in die Verbannung geschickt wurden.[31] Im Vergleich mit den früheren inneren Unruhen und Kämpfen mit den Nachbarn erscheint die Regierungszeit Chlothars jedoch als überaus friedlich.

13.3 Die Synode von Clichy 626/627

Kurz nach dem Beginn seiner Alleinherrschaft hatte Chlothar 614 die oben behandelte Reichssynode in Paris versammelt, die Probleme und Forderungen bündelte, die für die Struktur der Kirche und den Einflussbereich der Bischöfe zentral waren. Auf einer Synode, die vielleicht noch 614, vielleicht aber auch deutlich später an einem unbekannten Ort stattfand, wurden die Beschlüsse von Paris bestätigt und teilweise ergänzt.[32] Am 27. September 626 oder 627 versammelte Chlothar nochmals eine Reichssynode in der Pfalz Clichy bei Paris. Der Prolog zeigt, dass sich die Haltung der Bischöfe gegenüber dem König seit 614 geändert hatte:

»Im Namen des Herrn. Als wir auf Einladung des ruhmreichsten und frömmsten Herrn und Königs Chlothar in der Nähe von Paris in der Kirche der Gottesmutter Maria […] nahe dem Landgut, das Clichy genannt wird, zusammenkamen und eure Gnade dort befahl, die Bestimmungen der Kanones im Hinblick auf den

Zustand der Kirche zu erörtern, hat eure Gnade veranlasst, alles, was notwendig ist anzuordnen. Wir haben viele Fragen mithilfe des allmächtigen Gottes behandelt, der eurem Ruhm einen solchen Sinn eingab, dass ihr nicht weniger für den Frieden der Kirche als für die Beständigkeit eures Glückes wacht. Deshalb gratulieren wir euch herzlich im Herrn, weil ihr das, was euch durch die göttlichen Stimmen verkündet wird, nicht allein als Vorschriften erlasst, sondern auch dem, was wir zu verkünden haben, zuvorkommt und zwar dadurch, dass ihr für Gott wie David die Herrschaft des Reichs vorhersehend lenkt und den prophetischen Dienst erfüllt. Weil es also förderlich für uns ist, der Gnade eurer Güte Vertrauen zu schenken, hoffen wir demütig bittend, dass ihr diese Vorschrift des Erlasses in allem für uns bewahren wollt, bezüglich derer ihr befohlen habt, dass sie in Paris in eurer Gegenwart auf der allgemeinen und großen Synode der Gallier gemäß der alten Bestimmungen der Kanones festgesetzt werde. Es ist uns sehr angenehm, dass das, was auf euren (des Königs) Befehl allgemein bekannt gemacht und von so bedeutenden Bischöfen veröffentlicht und schriftlich festgelegt worden ist, in allem bewahrt wird. Und weil wir einige dieser Kapitel, die wir in verschiedenen Kanonessammlungen bezeichnet haben, in einem Band gesammelt zusammengefasst haben, sind wir der Meinung, dass er der vorgenannten Konstitution angefügt werden muss. Wir bitten dich demütig, dass diese Beschlüsse, die das Gewicht eurer Prüfung aus diesen Kanones mit prophetischer Gabe auswählt, um sie den vorgenannten Beschlüssen anzufügen, als beständige Richtschnur durch die Entscheidung eurer Autorität unter Gottes Führung gesichert werden.«[33]

Die Sorge Chlothars II. für die Kirche und das Reich wird stark betont und seine besondere Stellung hervorgehoben. Die Synodalen verglichen ihn nicht nur mit David, sondern sprachen von seinem prophetischen Dienst (*ministratio prophetica*) und seiner prophetischen Gabe (*propheticare*), den sie auf die herrscherliche Ordnungsfunktion innerhalb der Kirche bezogen.[34] Denn der König wachte nicht nur über den Zustand der Kirche, sondern er hatte durch die Veröffentlichung der Synodalbeschlüsse auch für deren Einhaltung zu sorgen. Entsprechend wurden im Prolog und in den Kanones 4 und 27 die Synodalbeschlüsse und das Edikt von Paris 614 als verpflichtende Norm bezeichnet, an die man sich zu halten hatte. Vergleichbare Charakterisierungen des Königs hatten die Bischöfe in Paris 614 nicht vorgenommen. Sie hatten vielmehr darauf hingewiesen, dass sie selbst darüber zu beraten hatten, was dem König und dem Wohl des Volkes nütze.

Interessant ist der Prolog auch im Hinblick auf die Benutzung von Kanonessammlungen durch die Synodalteilnehmer. Das Vorlesen von älteren kirchenrechtlichen Bestimmungen war Teil der synodalen Liturgie und diente der Erinnerung an die überkommenen Normen und ihrer Vergegenwärtigung. Die Textbasis dafür bildeten die im Prolog erwähnten Kanonessammlungen, welche die Synodalteilnehmer nutzten, um mit ihrer Hilfe einen neuen Band mit den von ihnen verabschiedeten Kanones zu erstellen. Dieser Band sollte den Beschlüssen von Paris angefügt werden.[35] Tatsächlich haben die Synodalen zahlreiche Kanones anderer fränkischer Synoden verwendet, die sie allerdings nicht wörtlich übernahmen. Es ging ihnen darum, an wesentliche Verbote und Vorschriften, die nach wie vor in Kraft waren, zu erinnern.

Die Synode erließ 28 Kanones, die zum Teil Sachverhalte behandeln, die schon 614 in Paris auf der Tagesordnung standen. Das Themenspektrum ist indes breiter als in Paris, denn das Verbot für Bischöfe und Kleriker, Zinsen von Schuldnern zu verlangen und das Verbot von Wucherzinsen für Christen allgemein (Kan. 1) kamen dort ebenso wenig zur Sprache wie etwa die Feststellung, der katholische Glaube herrsche nun in ganz Gallien und noch verbliebene Häretiker sollten von den Priestern zum katholischen Glauben bekehrt werden (Kan. 5), die Vorschrift, dass Steuerpflichtige nicht ohne Erlaubnis des Königs oder des Richters in den Klerikerstand eintreten durften (Kan. 8), der Schutz der Asylsuchenden (Kan. 9), die Exkommunikation von Mördern (Kan. 11) oder das Verbot für Christen, an heidnischen Riten teilzunehmen (Kan. 16). Breiten Raum nahm erneut der Schutz des Kirchenvermögens ein (Kan. 2, 12, 15, 18, 22–25), doch sind die erlassenen Vorschriften keineswegs Wiederholungen der Beschlüsse von Paris, sondern greifen vielfach auf andere fränkische Synoden zurück. So nimmt etwa Kanon 2 inhaltlich Kanon 23 der Synode von Orléans 511 auf. Ziel war es offenbar, möglichst viele verschiedene Problemfelder zu behandeln und die Beschlüsse von Paris dadurch zu ergänzen.

Auffällig ist die scharfe Wendung gegen weltliche Amtsträger (*iudices*), die sich nicht an die Kanones und das Edikt von Paris 614 hielten (Kan. 27). Sie sollten, wenn sie sich nicht besserten, exkommuniziert werden.[36] Das in Paris erlassene Inzestverbot, das die Exkommunikation der Ehepartner bis zur Trennung der Verbindung vorsah, wurde unter Rückgriff auf das Edikt Childeberts II. von 596 erweitert (Kan. 10):

> »Wenn irgendjemand innerhalb der kanonisch festgelegten Stufe in inzestuösem Verhältnis mit den Personen, denen es durch die göttlichen Regeln verboten ist, verheiratet ist, sollen beide, bis ihre Buße durch die Trennung bezeugt wird, exkommuniziert werden und sie werden weder die Erlaubnis haben, bei Hof zu dienen noch bei Gericht Prozesse zu führen. Haben sich die vorgenannten nämlich so in inzestuöser Weise verbunden, sollen die Bischöfe und Presbyter, in deren Diözese oder Pfarre es geschehen ist, dem König und den Richtern das verübte Verbrechen melden, damit sie sich, sobald es ihnen gemeldet worden ist, von der Gemeinschaft und dem Zusammenwohnen mit diesen fernhalten.«[37]

Der Kanon verschärfte den Beschluss der Synode von Paris in drastischer Weise, geißelte die Inzestehe als Verbrechen und zielte auf die soziale Isolierung der Betroffenen ab. Der Ablauf des Verfahrens gegen Inzestuöse orientierte sich am Edikt Childeberts II., worin sich die Präsenz dieses Erlasses zeigt, auch wenn Chlothar ihn für ungültig erklärt hatte.

Wie der Kanon zur Inzestehe erkennen lässt, formulierte die Synode von Clichy trotz des wiederholten Bekenntnisses zur Gültigkeit der Beschlüsse von Paris 614 durchaus eigenständige Rechtspositionen. Das fällt besonders beim letzten Kanon (Kan. 28) auf. Er bestimmte, dass nach dem Tode eines Bischofs der Nachfolger aus der vakanten Diözese stammen und vom Volk sowie den Mitbischöfen gewählt werden musste. Die im Edikt Chlothars (Cap. 1) festgeschriebene Möglichkeit, Angehörige des königlichen Hofes oder Personen aus anderen

Bistümern zu wählen, wurde aufgehoben. Die alte Bestätigungsbefugnis des Metropoliten wurde ebenso ignoriert wie die im Edikt Chlothars vorgesehene Bestätigungsbefugnis des Königs.[38] Das scheint ein Widerspruch zu der devoten Verbeugung vor dem König im Prolog der Synode zu sein. Allerdings hatten die Synodalen dem König die Entscheidung übertragen, jene Beschlüsse auszuwählen, die er der Konstitution von Paris anfügen wollte. So bleiben letztlich die Tragweite und der Geltungsbereich des 28. Kanons unklar, denn wie erwähnt wurden sowohl unter Chlothar als auch seinem Nachfolger Dagobert Männer zu Bischöfen ernannt, die zuvor am Hof ausgebildet worden waren.[39]

Als Desiderius 630 von König Dagobert zum Bischof von Cahors erhoben wurde, hob der König in dem entsprechenden Schreiben hervor, es werde nur denen die Erhebung auf eine solche Stelle zuteil, die sich durch ihre Lebensführung, Sittenreinheit und hohe Abkunft auszeichneten. Desiderius habe diese Anforderungen erfüllt und sei zudem von den Bürgern von Cahors als Bischof erbeten worden.[40] Damit hielt sich Dagobert genau an die Vorgabe des Edikts von 614, dass ein Kandidat vom Königshof aufgrund seiner persönlichen Eignung geweiht werden solle. Für den König war demnach die Bestimmung des Edikts von 614 maßgeblich und nicht die Regelung des 28. Kanons der Synode von Clichy.[41]

13.4 Der königliche Hof und die Bildung im 7. Jahrhundert

In der Regierungszeit Chlothars II. und Dagoberts schickten viele aristokratische Familien ihre Söhne zur Ausbildung an den Königshof. Dies ist ein neues Phänomen seit Chlothar II., denn bis dahin war der Hof nicht in vergleichbarem Maße attraktiv für junge Aristokraten. Unter denjenigen, die zur Ausbildung an den Hof kamen, war auch Desiderius, der 630 den Bischofssitz von Cahors einnahm. Seine Briefe und seine Vita gewähren einen gewissen Einblick in das Geschehen während seines Aufenthalts am königlichen Hof. Gleichzeitig mit ihm hielten sich unter anderem Sulpicius, ab 624 Bischof von Bourges, Paul, der vielleicht 627 das Bischofsamt in Verdun erhielt, Audoin (Dado), ab 641 Bischof von Rouen, sowie Eligius, seit 641 Bischof von Noyon, am Hof auf.[42] Bezeichnenderweise durchliefen sie zunächst eine weltliche Karriere, wie es sich bei Bischöfen aus aristokratischen Familien schon im 6. Jahrhundert mehrfach belegen lässt. So war Desiderius Schatzmeister König Dagoberts. Sein Bruder Siagrius, der mit ihm am Hof ausgebildet wurde, blieb in der weltlichen Laufbahn und wurde Graf von Albi.[43] Der Hof entwickelte sich also zu einem Ort, an dem sich der König mit den Söhnen führender Familien traf, gemeinsam mit ihnen wichtige Themen besprach und wohl auch antike Texte las, denn in einem Brief an einen unbekannten Empfänger schreibt Desiderius:

> »Ich wünschte oft, die Umstände wären uns gewogen, sodass du an unseren Gesprächen teilnehmen könntest, damit es dir erlaubt sei, so, wie wir früher im weltlichen Stand in der Gesellschaft des huldreichsten Fürsten Chlothar uns gegenseitig Geschichten (*fabellae*) zu erklären pflegten, jetzt, nachdem wir jenes nichtige Tun völlig aufgegeben haben, die süßen Vorschriften Christi mit uns zu erörtern.«[44]

Der Brief spiegelt Desiderius angenehme Erinnerung an die gemeinsame Zeit am Hof und die Gemeinschaft mit dem König wider. Diese positiven Erfahrungen brachten dem König eine anhaltende Loyalität der späteren Amtsträger ein, die auch anhielt, nachdem sie den Hof verlassen hatten. Auf diese Weise konnte er der wachsenden Macht lokaler Eliten begegnen, indem er seine Vertrauten, die eben aus diesen Eliten stammten, in wichtige Schlüsselpositionen der Kirche und der weltlichen Verwaltung einsetzte. Durch ihren langjährigen Aufenthalt am Hof fühlten sie sich weniger ihren Familien als dem König verpflichtet.[45]

Der Briefwechsel, den Desiderius mit seinen Weggefährten unterhielt, zeigt außerdem, dass nicht nur die Bindung an den Hof bestehen blieb, sondern auch der Kontakt untereinander.

Und dies ist das eigentlich Neue dieser Generation von Bischöfen. Schon früher waren natürlich immer wieder Bischöfe im Amt, die aus dem Hofdienst kamen, wie etwa der Referendar Charimer, der auf Beschluss König Gunthrams Bischof von Verdun wurde.[46] Doch eine so große Anzahl von Bischöfen, die ihre Laufbahn im Hofdienst begonnen hatten, wie dies unter Chlothar II., Dagobert und seinen Söhnen der Fall war, hat es vorher nicht gegeben. Die gemeinsam am Hof verbrachte Zeit führte bei ihnen zu einem Netzwerk, das der gegenseitigen Unterstützung diente.[47] Der politische Einfluss dieses Netzwerks lässt sich aus den überlieferten Briefen nicht ermessen, er dürfte aber nicht zu unterschätzen sein.

Anhand der erhaltenen Briefe lassen sich auch Aussagen zum Bildungsstand der geistigen Elite des Frankenreichs machen. Wie der oben zitierte Briefausschnitt zeigt, las man am Hof gemeinsam die Texte der antiken römischen Autoren und diskutierte über ihren Inhalt. Neben der literarischen stand eine juristische Ausbildung.[48] Sie war für die weltliche Karriere wichtig und dürfte denjenigen, die später in das Bischofsamt erhoben wurden, den Umgang mit den kirchenrechtlichen Texten erheblich erleichtert haben. Dass die Bischöfe die Überlieferung des Kirchenrechts gut kannten, kann man dem im vorangehenden Kapitel zitierten Prolog der Synode von Clichy entnehmen. Trotzdem lässt sich hier eine Veränderung im Umgang mit Bildungsinhalten feststellen. Der noch im 5. Jahrhundert vorhandene feste Bildungskanon, der mittels der gemeinsamen Lektüre der gallorömischen Senatorenschicht einen gemeinsamen Sprachstandard erzeugte und damit identitätsstiftend wirkte, löste sich im 6. Jahrhundert allmählich auf. So sind die Briefe des Bischofs Desiderius von Cahors aus der ersten Hälfte des 7. Jahrhunderts immer noch der *Romanitas* verpflichtet, ohne aber bei den Adressaten noch einen klar profilierten Bildungskanon vorauszusetzen.[49] Entsprechend gering bleiben die Bezugnahmen auf die klassische Bildung. Der Umgang mit den Texten der antiken Autoren blieb jedoch bestehen, da sie auch weiterhin zur regelmäßigen Lektüre der Oberschicht gehörten, wie der oben zitierte Brief des Desiderius zeigt. Auffällig in seinem Fall ist allerdings, dass er es als Bischof nicht mehr für angemessen hielt, sich mit der heidnischen römischen Literatur zu beschäftigen. Dies war nun für ihn »nichtiges Tun«, das der Beschäftigung mit den Bibeltexten, den »süßen Vorschriften Christi«, weichen musste.[50] Damit werden hier die Auswirkungen einer Entwicklung sichtbar, die bereits im 5. Jahrhundert ihren Anfang nahm und sich schon um 475 im 5. Kanon der *Statuta ecclesiae antiqua* niederschlug, der den Bischöfen verbot, die Bücher der Heiden zu lesen.[51] Doch waren durchaus nicht alle Bischöfe der Ansicht, sie müssten auf die Beschäftigung mit klassischen Texten verzichten. Bischof Desiderius von Vienne wurde im Jahr 601 von Papst Gregor I. für seinen Grammatikunterricht anhand antiker Autoren kritisiert, denn das Lob Christi dürfe nicht zugleich mit dem Lob Jupiters in einem Mund Platz haben.[52] Und die Vita Bischof Leodegars von Autun († 677–679) berichtet, Leodegar sei von seinem hochgebildeten Onkel, Bischof Dido von Poitiers, in verschiedenen Bereichen unterrichtet worden, »welche die weltlichen Großen zu studieren pflegen«.[53] Das kulturelle Erbe der Antike blieb also am Hof und auch im privaten Unterricht der aristokratischen Familien, aus denen ein großer Teil der Bischöfe stammte, erhalten.

13.5 Das fränkische Klosterwesen und die Mission Columbans

Im 5. Jahrhundert kam es in Gallien zu einer Welle von Klostergründungen, die vom Gedanken der Askese und Weltabgeschiedenheit getragen war. Von besonderer Bedeutung war das kurz nach 400 gegründete, vor der südfranzösischen Küste gelegene Inselkloster Lérins, in dem die traditionelle antike Bildung mit asketisch-monastischen Vorstellungen verbunden wurde. Dort erhielten zahlreiche Geistliche ihre Ausbildung, die später im gesamten Frankenreich als Bischöfe tätig waren. Ein weiteres wichtiges Zentrum war Marseille, wo Johannes

Cassian um 415 zwei Klöster gründete. Cassian war im Osten des römischen Reichs ausgebildet worden, trat vor 390 in ein Kloster in Bethlehem ein und lebte später zehn Jahre bei ägyptischen Mönchen. Er beeinflusste das westliche Mönchtum stark durch seine Schriften, in denen er als erster im Westen eine monastische Theorie entwarf. Im Mittelpunkt stehen die Askese und die Schriftmeditation als Mittel, die Sünde und das Böse zu überwinden.[54]

Eine einheitliche Regel für Klöster gab es damals nicht. Die fränkischen Synoden machten bis zum 8. Jahrhundert keinen Versuch, den Klöstern verbindliche Regeln vorzuschreiben.[55] Trotzdem scheinen im 6. Jahrhundert einzelne Bischöfe ein Interesse an der Entwicklung klosterinterner Strukturen und Disziplin gehabt zu haben, denn in dieser Zeit entstanden sechs von Bischöfen verfasste Klosterregeln: die Mönchsregel und die Nonnenregel des Caesarius von Arles, die *Regula Aureliani*, die *Regula Tarnatensis*, die *Regula Ferrioli* sowie die *Regula patrum tertia*. Daneben wurden die Benediktsregel und die Magisterregel, die beide in Italien entstanden, im 6. Jahrhundert im Frankenreich stark rezipiert. Eine Antwort auf die Frage, wie klösterliches Leben im frühen Frankenreich aussah, geben diese Texte nicht, doch lassen sie erkennen, welche Vorschriften man auf der normativen Ebene für wichtig hielt.[56]

Einen Einschnitt in die bisherige Entwicklung der fränkischen Klosterwelt bedeutete die Mission des irischen Missionars Columban (um 543–615), der ab 590 im Frankenreich tätig war. Er erhielt seine monastische Ausbildung im irischen Kloster Bangor, entschloss sich dann zur Wanderschaft (*peregrinatio*), um den Glauben zu verkünden, brach mit zwölf Gefährten auf und kam nach Gallien.[57] Dort wandte er sich an König Childebert II., der ihn förderte.[58] Danach fand Columban die Unterstützung Theuderichs II., mit dem er sich 610 jedoch überwarf, sodass er das frankoburgundische Reich verlassen musste. Er wurde aber am Hof Chlothars II. und später am Hof Theudeberts II. aufgenommen, bevor er sich 612 nach Italien begab, wo er das Kloster Bobbio gründete.[59] Seine ständige Verbindung zu den fränkischen Königshöfen, die in ihrer Art neu war, hat wohl wesentlich zum Erfolg der Klostergründungen Columbans beigetragen. Über die Königshöfe konnte Columban Beziehungen zur fränkischen Aristokratie knüpfen, was ihm besonders bei der Gründung des Kloster Luxeuil zugutekam, das er als zweites Kloster nach Annegrey in den Vogesen ins Leben rief. Seine Vita weist in ihrem Bericht über die Gründung Luxeuils darauf hin, dass die Söhne aus aristokratischen Familien von überall her in das Kloster gekommen seien, um so ihr Seelenheil zu finden.[60] Sie scheinen nicht nur von der asketischen Lebensführung Columbans fasziniert gewesen zu sein, sondern auch von der Möglichkeit, durch die ständige Beichte und Buße und die damit verbundene Absolution die Voraussetzungen für die Erlangung ewiger Gnade bei Gott zu schaffen.

König Chlothar II. und dann vor allem sein Sohn Dagobert haben die columbanische Mönchsbewegung nachhaltig gefördert. In ihrer Regierungszeit gründeten Aristokraten und Bischöfe, die mit dem Königshof in Verbindung standen, zahlreiche Klöster, die sich nach der Regel Columbans richteten.[61] Bis zu diesem Zeitpunkt gibt es kaum Belege für Klostergründungen durch Aristokraten und nur wenige für königliche Gründungen. Erst während der durch Columban ausgelösten Welle von Klostergründungen spielt die Aristokratie eine wesentliche Rolle sowohl bei der Gründung als auch bei der Ausstattung von Klöstern.[62] Durch Columbans Verbindung zum Königshof in Paris konzentrierten sich die Klostergründungen mehrheitlich auf den neustrischen Reichsteil, dessen Norden im 7. Jahrhundert von einer großen Welle von Klostergründungen erfasst wurde. Dort befanden sich 230 der 330 neugegründeten Klöster.[63] In Austrasien wurden deutlich weniger Klöster columbanischer Prägung gegründet, obwohl hier der früheste Klosterverband (Filiation) entstand: das von dem aus Luxeuil stammenden Mönch Romarich um 620 gegründete Kloster Remiremont.[64] Die Auswirkung der columbanischen Mönchsreform wird auch in Zahlen sichtbar. Als Columban 590 im Frankenreich eintraf, bestanden dort etwa 220 Klöster, am Ende des 7. Jahrhunderts waren es bereits um 550. Diese Zahlen zeigen, wie sehr sich die columbanische Reform auf die Verankerung des Christentums über die Institution der Klöster im Frankenreich auswirkte.[65]

Im Mittelpunkt der columbanischen Mönchsidee standen Askese, strenge Befolgung der Regeln, Beichte und Buße. Das wird in einem kurzen Bericht in der Vita Columbans deutlich, der sich auf das Leben der Gemeinschaft in Annegrey bezieht:

> »Darauf war nur eine kleine Zeit vergangen, in der sie (die Mönche) mit frommem Sinn Christus Besänftigungsmittel und Versöhnungsmittel des Geistes und Gott die durch die Züchtigung des Fleisches und die Strafe des Hungers abgetöteten Glieder darbrachten und sich bemühten, die Vorschrift der Religion unverletzt zu bewahren. Jede körperliche Lust wurde durch harte Strenge gebrochen, damit freilich die Räuberin der Tugenden aller Verbrechen beraubt werde.«[66]

Durch Gebete und Fasten sollte Buße geleistet und dadurch zugleich jegliche körperliche Lust vernichtet werden, da diese die gefährlichste Ursache für weitere Sünden war. Diese Strenge spiegelt sich auch in der Klosterregel Columbans wider, die für die Mönche selbst bei kleinen Unachtsamkeiten Züchtigungen mit Stockschlägen vorsah:

> »Es wird festgesetzt, jenen, der bei Tisch den Segen nicht beachtet und nicht ›Amen‹ geantwortet hat, durch sechs Schläge zu bessern. In ähnlicher Weise wird festgesetzt, den, der ohne Notwendigkeit während des Essens mit einem anderen Bruder spricht, durch sechs Schläge zu bessern […] Es wird festgesetzt, den, der zu Beginn eines Psalms durch Husten nicht gut gesungen hat, durch sechs Schläge zu bessern […] Und wer beim Gottesdienst lächelt, das heißt im Verlauf der Gebete, durch sechs Schläge.«[67]

Während die oben genannten fränkischen Klosterregeln, die Magister- und die Benediktsregel nur in wenigen Ausnahmefällen Körperstrafen vorsehen,[68] sind sie in der Klosterregel Columbans allgegenwärtig und betreffen selbst die kleinste Nachlässigkeit. Hintergrund für diese Ausrichtung ist das irische Bußverständnis, nach dem die Strafe eine rächende Funktion hatte (Vindikativ-Stafe) und die Haftung für eine Tat im Vordergrund stand. Im Neuen Testament sowie im alten Christentum war dagegen vor allem der Vorsatz wichtig.[69]

Die irischen Bußvorstellungen schlugen sich noch in einer weiteren Neuerung nieder, den Bußbüchern. Das von Columban verfasste Bußbuch sah ebenfalls schon für die kleinsten Vergehen harte Bußen vor. Programmatisch ist der Einleitungssatz: »Wahre Buße ist es, Dinge, die gebüßt werden müssen, nicht zu begehen, die begangenen aber zu beweinen.«[70] Mit der Verbreitung des irischen Bußsystems auf dem Kontinent begannen die äußeren Werke und zählbaren Leistungen in den Vordergrund zu treten, während der innerliche und sittlich bessernde Zweck der Buße zurücktrat. Dies führte zu einer völligen Neuausrichtung des Bußsystems. Nun wurde die Ablösung der Bußleistung durch Geldzahlungen an den Priester möglich, der dem Sünder dafür die Absolution gewährte und die Messe zur Reinigung der Seele feierte. Er übernahm damit stellvertretend die Sühne der Sünde.[71]

Eine weitere Neuerung, die Columban einführte, bestand darin, dass er den drei von ihm gegründeten Klöstern Annegrey, Luxeuil und Fontaines, die nicht weit voneinander entfernt lagen, zwar eigene Äbte gab, die Gesamtleitung über die Klöster aber selbst behielt. Klosterverbände, bei denen mehrere Klöster einem Abt unterstanden, kannte man auf dem Kontinent bis dahin nicht. Außerdem erreichte Columban, dass zumindest Luxeuil ein ähnliches Klosterprivileg erhielt wie Lérins. Eigentlich unterstanden seit den Bestimmungen im 19. Kanon des Konzils von Chalcedon (451) die Äbte der Gewalt (*potestas*) des Bischofs und sollten, wenn sie gegen die Regeln verstießen, von diesem gebessert werden.[72] Das bedeutete, dass die Klöster disziplinarisch wie vermögensrechtlich dem zuständigen Ortsbischof unterstanden. Lérins erhielt zwischen 449 und 461 ein bischöfliches Privileg, das den Einfluss des Bischofs im Kloster auf den sakramentalen Bereich beschränkte: Er weihte die Mönche zu Priestern, von ihm musste das Salböl erbeten werden, er firmte die Neugetauften und entschied über die Aufnahme fremder Kleriker in die Kommuniongemeinschaft und in ein kirchliches Amt. Der Abt dagegen war für die ganze Mönchsgemeinschaft verantwortlich und der Bischof durfte sich nicht in die inneren Angelegenheiten des Klosters einmischen. Die Mönchsgemeinschaft wiederum hatte das Recht, den Abt frei zu wählen.[73] Außer Lérins hatten im 6. Jahrhundert auch einige von den Königen gegründete Klöster entsprechende Privilegien erhalten.[74] Das Privileg für Luxeuil ist nicht erhalten, aber in dem in der zweiten Hälfte des 7. Jahrhunderts entstandenen Formelbuch des Marculf werden die Privilegien für Lérins, Saint-Maurice im Wallis und Luxeuil als Beispiele einer Klosterprivilegierung genannt. Die entsprechende Formel bei Marculf sieht allerdings mehr Freiheiten für das zu privilegierende Kloster vor als das Privileg für Lérins. Ein wesentlicher Unterschied ist, dass nach Marculf der Bischof, der die Weihehandlungen im Kloster vornehmen sollte, nicht mehr der Ortsbischof sein musste, sondern frei gewählt werden konnte. Zudem wurde es dem Ortsbischof verboten, ohne Einladung durch den Abt oder die Gemeinschaft das Kloster zu betreten (Introitusverbot).[75] Lange glaubte man, das 635 dem Kloster Rebais von König Dagobert I. verliehene Immunitätsprivileg, das der Formel Marculfs weitgehend entspricht, habe sich an dem Privileg für Luxeuil orientiert, das somit weitergehende Freiheiten als Lérins genossen habe. Das Privileg für Rebais ist jedoch eine Fälschung,[76] sodass die genauen Freiheiten Luxeuils ungeklärt bleiben.

Unser Bild von Columban und seinen Erfolgen wird wesentlich von den Schilderungen seiner Vita bestimmt, die Jonas, der vierte Abt des von Columban gegründeten Klosters Bobbio, um 642 verfasste. Doch die Vita ist sowohl als Quelle für die politische Geschichte als auch für das Wirken Columbans problematisch. Sie stilisiert die Person Columbans und die von ihm vertretenen monastischen Ideale in sehr subjektiver Weise, um so die besondere Stellung des columbanischen Mönchtums zu unterstreichen. Jonas nahm eine Dekonstruktion und bewusste Verformung der Geschichte vor. So ist ein nicht unwesentlicher Teil der Vita den Konflikten zwischen Columban und Brunichild gewidmet, die Jonas als herrschsüchtige, grausame

Königin, als eine zweite Jezabel beschrieb, und dabei ihre eigenen Leistungen als Klostergründerin verschwieg. Er schuf auf diese Weise eine Geschichte Columbans und seiner Gründungen, die für die merowingischen Könige und die fränkische Aristokratie in der Mitte des 7. Jahrhunderts konsensfähig war, weil sie die Vernichtung Brunichilds durch Chlothar legitimierte und zugleich die Überlegenheit des columbanischen Klosterideals demonstrierte.[77] Trotzdem kann der Erfolg Columbans und seiner Klostergründungen nicht in Zweifel gezogen werden, da er durch weitere Quellen belegt ist.

13.6 Die Herrschaft Dagoberts

Als Chlothar im Jahr 629 starb, hinterließ er zwei Söhne, den älteren Dagobert, dessen Mutter Haldetrud war, und den wohl um 614 von Berthetrud geborenen Charibert. Über eine Nachfolgeordnung Chlothars ist nichts bekannt, doch verfügte Charibert 627 über eine eigene Hofhaltung. Dies könnte ein Hinweis darauf sein, dass er ebenfalls einen Teil des Reichs erhalten sollte.[78] Möglicherweise kam es zwischen den beiden Brüdern schon früh zu Konflikten. Auf dem Hoftag in Clichy 627/628 wurde Ermarius, der Hofmeister Chariberts, von Gefolgsleuten des aquitanischen Herzogs Aegyhna getötet. Auf Befehl Chlothars musste Aegyhna daraufhin mit seinen zahlreichen Begleitern den Hof verlassen und sich auf den Montmartre zurückziehen. Inzwischen sammelte Brodulf, der Onkel Chariberts mütterlicherseits, ein Heer, um den Herzog zusammen mit Charibert anzugreifen, doch wurde dies von Chlothar unterbunden. Aegyhna hatte bereits 626 Bischof Sidocius von Eauze und dessen Vater Palladius beschuldigt, in den Baskenaufstand verwickelt gewesen zu sein.[79] Da Aegyhna später stets die Huld Dagoberts behielt, könnte es sein, dass er die Anschuldigungen gegen Sidocius und Palladius sowie die Ermordung des Ermarius mit Dagobert abgesprochen hatte, um Charibert wichtige Helfer zu entziehen.[80]

Als Dagobert die Nachricht vom Tod seines Vaters erhielt, befahl er seinen Gefolgsleuten in Austrasien, sich für einen Heereszug zu versammeln und schickte Boten nach Burgund und Neustrien, damit die dortigen Großen »seine Herrschaft wählten«, wie es Fredegar ausdrückt. Sein Vorgehen hatte Erfolg. Die Bischöfe und Großen des frankoburgundischen Teilreichs und ein großer Teil der Bischöfe und Großen Neustriens erkannten Dagobert als König an.[81] Doch ein Teil der neustrischen Großen stellte sich auf die Seite Chariberts, der angeblich ebenfalls das gesamte Reich unter seine Herrschaft bringen wollte. Aufgrund seiner Einfalt (*simplicitas*), so Fredegar, habe er jedoch wenig Erfolg gehabt, obwohl er von seinem Onkel Brodulf unterstützt wurde. Allerdings war Dagoberts Erfolg nicht so eindeutig, wie Fredegar dies darstellt. Nach seiner Schilderung gestand Dagobert Charibert die Gaue Toulouse, Cahors, Agen, Périgueux und Saintes sowie das Gebiet zwischen diesen Gauen und den Pyrenäen aus Mitleid »zum Ausgleich (*ad transagendum*) zu, weil sie ihm, der als ein Privatmann galt, zum Leben ausreichen konnten«. Hier wird der Eindruck erweckt, Charibert habe eigentlich keine Herrschaftsbefugnisse beanspruchen können. Zugleich berichtet Fredegar aber, die Lösung sei auf den Rat weiser Männer zustande gekommen. Charibert habe die Herrschaft über die genannten Gebiete erhalten und in einem Vertrag zugesichert, keine weiteren Ansprüche auf das Reich des Vaters zu erheben.[82] Dagobert musste also vermutlich auf Druck eines Teils der neustrischen Großen Zugeständnisse machen, die seinem Bruder ein nicht unbeträchtliches Gebiet im Süden Neustriens einbrachten. Wohl aus Rache dafür ließ Dagobert 629/30 Brodulf ermorden.[83] Charibert verlegte seinen Hof nach Toulouse und unterwarf 631 das Baskenland, wodurch er seinen Herrschaftsbereich erweitern konnte.[84] Seinen Erfolg konnte er indes nicht mehr nutzen, da er bereits 632 starb und sein kleiner Sohn Chilperich ihn nicht lange überlebte.[85]

Dagobert stützte sich als Regent über Austrasien, Burgund und den von ihm kontrollierten Teil Neustriens weiter auf die Vertrauten aus seiner Zeit als Unterkönig in Austrasien, nämlich den Hausmeier Pippin und Bischof Arnulf von Metz. Letzterer zog sich jedoch bereits 629 in das Kloster Remiremont zurück und an seine Stelle trat der Kölner Bischof Kunibert (623–um 663). Wie schon sein Vater pflegte der König daneben enge Kontakte zu jenen Männern, die am Hof ausgebildet wurden und dann wichtige zivile Ämter oder Bischofssitze übernahmen. Zu ihnen gehörten Desiderius, seit 630 Bischof von Cahors, Burgundofaro, der 637 zum Bischof von Meaux erhoben wurde, sowie Sulpicius von Bourges, Eligius von Noyon und Audoin von Rouen.[86] Durch dieses Netzwerk scheint seine Regierung breit abgestützt gewesen zu sein. Den Beginn der Regierung Dagoberts lobt Fredegar überschwänglich. Die Armen seien nun zu ihrem Recht gekommen und dadurch mit Freude erfüllt worden. Als Dagobert nach Langres gekommen sei, habe er mit solcher Gerechtigkeit über alle seine Gefolgsleute und ebenso über die Mächtigen wie über die Armen geurteilt, dass er Gott, wie man meinte, sehr wohlgefällig gewesen sei. Er sei erfüllt von dem Streben gewesen, ein guter Herrscher zu sein. Doch diese Gesinnung habe nicht lange angehalten. Bereits 630/631 beschloss er, das in Neustrien gelegene Paris zu seiner Residenz zu machen. »Er vergaß die ganze Gerechtigkeit«, so berichtet Fredegar,

> »die er früher geliebt hatte, und angestachelt von der Gier nach den Gütern der Kirchen und seiner Gefolgsleute wollte er mit findigem Verlangen, indem er alle überall beraubte, neue Schatzkammern füllen.«

Außerdem habe er sich Ausschweifungen hingegeben und mehrere Frauen und Konkubinen gleichzeitig gehabt.[87]

Die negative Entwicklung Dagoberts war also nach Fredegar mit der Verlegung des Regierungssitzes nach Neustrien verbunden, die auf ein verstärktes Interesse des Königs hindeuten könnte, in diesem Gebiet die königliche Autorität zur Geltung zu bringen. Eugen Ewig sieht in dem Bericht Fredegars eine austrasische Perspektive, da die Großen Austrasiens enttäuscht über die Wahl der Residenz gewesen seien, die zu einem Bedeutungsverlust Austrasiens beigetragen habe. Den Bericht über die Ausplünderung der Kirchen und der Gefolgsleute hält er für eine Fiktion.[88] Michel Rouche und Friedrich Prinz gehen dagegen davon aus, dass es unter Dagobert zur ersten Säkularisierung der Geschichte gekommen sei.[89] Das scheint auf den ersten Blick erstaunlich, denn weder die zeitgenössischen Briefe des Desiderius von Cahors noch dessen Vita oder andere Bischofsviten jener Zeit berichten über derartige Maßnahmen Dagoberts. Es stellt sich tatsächlich die Frage, ob man von einer »Säkularisierung« reden kann. Bereits die Synode von Clermont 535 hatte festgehalten:

> »Diejenigen, die von den Königen Besitz der Kirche erbitten und angetrieben von schrecklicher Begierde den Lebensunterhalt der Bedürftigen rauben, deren Besitz soll als ungültig betrachtet werden.«[90]

In ähnlicher Weise hatte die Synode von Paris 561 diejenigen exkommuniziert, die Kirchengut raubten, es zu Unrecht besaßen und diesen Besitz verteidigten. Im ersten Kanon der Synode wurde nicht nur die Aneignung von Kirchenbesitz mithilfe erschlichener königlicher Schenkungen für ungültig erklärt, sondern auch auf die Vergabe von Kirchengut unter Chlodwig I. Bezug genommen. Damals hätten einige mehr Kirchengut erlangt, als ihnen der König versprochen habe, und sie hätten dieses Gut bei ihrem Tod ihren eigenen Erben hinterlassen.[91] Bereits Chlodwig hatte demnach seinen Gefolgsleuten Kirchengut zu ihrer Ausstattung gewährt. Die Klagen über die Aneignung und erschlichene königliche Schenkungen von Kirchenbesitz deuten darauf hin, dass auch die Nachfolger Chlodwigs Kirchengut an ihre Gefolgsleute verliehen. Dagobert stand somit in einer langen Tradition und hat mit der Vergabe von Kirchenbesitz keine Neuerung eingeführt. Laut Michel Rouche stützte sich Dagobert bei seinem Vorgehen auf das römische Recht, demgemäß der Kirchenbesitz Fiskalgut war und damit dem Zugriff des Königs offen stand.[92] Das könnte auch schon unter seinen Vorgängern praktiziert worden sein. Die Ausplünderung der Gefolgsleute durch Dagobert erklärt Rouche allerdings nicht. Um eine generelle Steuererhöhung dürfte es sich bei den Maßnahmen Dagoberts kaum gehandelt haben. Möglicherweise erließ er aber neue Sondersteuern, die auch jene betrafen, die von den übrigen Steuern befreit waren.

Der negative Bericht Fredegars über Dagoberts Verhalten steht auch im Gegensatz zu den Aussagen der Vita des Bischofs Eligius von Noyon, die in der zweiten Hälfte des 7. Jahrhunderts entstand. Dort heißt es zum Verhältnis zwischen Dagobert und Eligius:

> »Aber was auch immer Eligius von ihm (Dagobert) forderte, erlangte er ohne Verzögerung. Was auch immer er aber erlangen konnte, verwendete er als Almosen für die Bedürftigen, für den Freikauf von Gefangenen und zur Hilfe für die Kranken; deshalb gewährte es der König sehr gern, weil er wusste, dass es nicht einem, sondern vielen zugutekam.«

Die karitativen Maßnahmen des Eligius wurden von Dagobert dezidiert unterstützt und gefördert, was schlecht zum Bild des Kirchengut raubenden Königs passt, wie es Fredegar entwirft.[93]

Der Umzug des Hofs nach Paris führte auch zu personellen Veränderungen im unmittelbaren Umfeld des Königs. Dagoberts langjähriger Berater Pippin verließ Austrasien und folgte dem König nach Paris. Damit scheint er einen Teil der führenden Austrasier gegen sich aufgebracht zu haben, die nun versuchten, Dagobert gegen ihn zu beeinflussen. Doch behielt Pippin zunächst offenbar das Vertrauen Dagoberts, was daran sichtbar wird, dass der König ihm seinen Sohn Sigibert anvertraute, den Pippin auf seiner Reise zu Charibert begleitete.[94] Sigibert empfing in Orléans die Taufe und sein Onkel Charibert wurde sein Taufpate. Das Verhältnis zwischen Dagobert und Charibert scheint sich demnach entspannt zu haben, denn in der Regel wählten die Eltern die Paten sorgfältig aus, weil die Taufpatenschaft ein enges Band zwischen Pate und Täufling knüpfte.[95] Für die Zeit nach der Taufe Sigiberts wird Pippin jedoch aus ungeklärten Gründen für die nächsten Jahre in den Quellen nicht mehr erwähnt. Dagobert stützte sich nun vor allem auf den Neustrier Aega.[96]

Vermutlich aus Anlass seines Regierungsantritts hatte Dagobert wohl 629 oder 630 eine Gesandtschaft an Kaiser Heraclius (610–641) geschickt, die ein Friedensabkommen, aber wohl auch ein Bündnis sowie die Anerkennung von Dagoberts Herrschaft durch Ostrom aushandelte.[97] Heraclius war im Jahr 626 in Konstantinopel von den verbündeten Awaren und Persern belagert worden, hatte diese existentielle Krise des Reichs aber meistern können, da es ihm gelang, zunächst die Awaren und später die Perser zu besiegen.[98] Die Niederlage führte zu inneren Auseinandersetzungen im Awarenreich sowie zu dessen Schwächung und begünstigte Bestrebungen der Slawen, sich der Herrschaft der Awaren zu entziehen.[99] Die slawischen Wenden wählten sich Samo zu ihrem König, der möglicherweise fränkischer Herkunft war, und in den folgenden Kämpfen gegen die Awaren siegreich blieb. Dabei besaß er sicherlich die Rückendeckung der Franken.[100] Zwischen ihm und dem fränkischen Reich kam es aber zu Spannungen, als fränkische Händler, die im Reich Samos Handel trieben, beraubt und getötet wurden. Der von Dagobert abgesandte Unterhändler, der von den Slawen eine Wiedergutmachung fordern sollte, erklärte, »Samo und das Volk seines Reichs schuldeten Dagobert Dienstbarkeit (*servitium*)«. Darauf habe Samo geantwortet:

> »Sowohl das Land, das wir innehaben, gehört Dagobert, als auch wir gehören ihm, wenn er sich nur vornimmt, die Freundschaftsbünde mit uns zu bewahren.«

Demnach gab es Verträge zwischen Dagobert und Samo. Die Verhandlungen endeten in einem Eklat, da der Gesandte Dagoberts das Bestehen entsprechender Verträge bestritt.[101]

Die Antwort, die Fredegar Samo in den Mund legte, macht deutlich, dass die Wenden sich nach fränkischer Rechtsauffassung mit Zustimmung der Franken in einem Gebiet angesiedelt hatten, auf das die Franken Anspruch erhoben. Vermutlich erfolgte diese Ansiedlung im Zusammenhang mit dem oben erwähnten Bündnis Dagoberts mit Ostrom, das sich gegen die Awaren richtete. Die Unterstützung der Wenden durch die

Franken sollte den Awaren ihre Verbündeten entziehen. Gleichzeitig konnte Dagobert auf diese Weise mit oströmischer Zustimmung seinen Einflussbereich im Osten ausdehnen.[102] Aus dem Bericht Fredegars geht allerdings hervor, dass zwischen den Franken und den Wenden unterschiedliche Ansichten über die rechtliche Grundlage ihrer Beziehung bestanden, da der fränkische Gesandte das Bestehen von Freundschaftsbündnissen bestritt. Dadurch kam es 631 zum bewaffneten Konflikt. Dagobert verbündete sich mit den Langobarden und gemeinsam griffen sie Samo an. Die Austrasier stellten ein großes Heer, das in drei Säulen aufmarschierte und Dagobert bot zusätzlich noch ein alemannisches Heer auf. Während die getrennt vom Hauptheer operierenden Langobarden und Alemannen erfolgreich waren, wurde das austrasische Hauptheer bei Wogastisburc (Kaaden an der Eger) von den Wenden vernichtend geschlagen.[103] Nach dem Sieg der Wenden schlossen sich die unter fränkischer Oberhoheit stehenden Sorben ebenfalls dem Reich des Samo an. Die Niederlage der Austrasier führt Fredegar auf ihre Unzufriedenheit mit Dagobert zurück, die ihren Grund in den schon erwähnten Ansprüchen auf das Vermögen der Großen gehabt haben soll.[104] Fredegar hat den betreffenden Abschnitt seiner Chronik, der auf einen Vergleich zwischen Heraclius und Dagobert hinausläuft, sorgfältig komponiert. Beide werden als Herrscher beschrieben, die scheiterten, weil sie sich am Kirchengut vergriffen und sich sexuellen Fehlverhaltens schuldig gemacht hatten.[105] Ob Fredegar bei seiner Kritik an Dagobert die Meinung führender Gruppen in Austrasien wiedergab, lässt sich nicht entscheiden.

Wohl 632 kam es zu einem Einfall der Wenden in Thüringen und Dagobert brach mit einem austrasischen Heer, das durch Krieger aus Neustrien und Burgund verstärkt worden war, von Metz aus auf, um dem Angriff zu begegnen. Noch auf dem Marsch erreichten ihn Gesandte der Sachsen, die ihn baten, ihnen die Tribute zu erlassen, die sie zu zahlen hatten. Sie versprachen, dafür gegen die Wenden zu kämpfen und die Grenzgebiete der Franken zu bewachen. Dagobert nahm den

Vorschlag auf Rat seiner neustrischen Berater an und die Sachsen beschworen die Vereinbarung, doch blieb sie angeblich ohne große Wirkung.[106] Fredegars Bericht ist allerdings auch hier verzerrt, schuf Dagobert doch in dieser Zeit das Markherzogtum Thüringen, wo er vielleicht noch 632 für den Grenzschutz den vermutlich aus Thüringen stammenden Radulf als Herzog einsetzte.[107] Der König verließ sich also keineswegs nur auf die Sachsen.

Schon im nächsten Jahr kam es zu erneuten Einfällen der Wenden und Dagobert entschloss sich auf Anraten der Bischöfe und Großen 633/634 dazu, seinen erst 2-jährigen Sohn Sigibert, der aus der Verbindung mit seiner Konkubine Ragnetrud stammte, zum Unterkönig im austrasischen Teilreich zu erheben. Das neue Unterkönigtum umfasste möglicherweise wie früher Dagoberts eigenes Unterkönigtum nicht das ganze austrasische Teilreich. Der Hof wurde in Metz eingerichtet und Bischof Kunibert von Köln sowie der *dux* Adalgisel als Regenten eingesetzt. Diese Maßnahme stärkte gemäß Fredegar das Selbstbewusstsein der Austrasier, die nun die Grenzen des Reichs wieder sorgfältig gegen die Angriffe der Wenden verteidigt haben sollen.[108] Wieweit dieser Bericht zutrifft, ist fraglich, da er zu Fredegars Tendenz passt, Dagobert als König abzuwerten. Erst nach Rückzug des Königs aus Austrasien wären die Austrasier demnach willens gewesen, das Reich wieder gewissenhaft zu verteidigen.

Dagobert hatte 629 seine kinderlos gebliebene Frau Gomatrud verstoßen und die Sächsin Nanthild geheiratet, die 634 einen Sohn namens Chlodwig zur Welt brachte. Auf Drängen der Großen Neustriens schloss Dagobert mit seinem Sohn Sigibert einen Vertrag, der festhielt, dass nach Dagoberts Tod Neustrien und Burgund in vollem Umfang zum Reich Chlodwigs gehören sollten. Austrasien sollte in seiner alten Ausdehnung der Herrschaft Sigiberts unterstehen. Die Abmachung wurde von dem kleinen Sigibert, den austrasischen Bischöfen und Großen sowie den übrigen Gefolgsleuten Sigiberts beschworen. Laut Fredegar stimmten die Austrasier dem Vertrag nur aus Furcht vor Dagobert zu.[109] Da der Vertrag aber, wie er selbst vermerkt, anschließend eingehalten wurde, scheint es tatsächlich keinen breiten Widerstand gegen die Regelung gegeben zu haben. Sie schuf Klarheit und räumte Bedenken über die Zukunft der Teilreiche aus. In Austrasien führte sie allerdings auch zu Konflikten zwischen dem in Thüringen eingesetzten Herzog Radulf und dem Vertreter des Königs, Herzog Adalgisel. Offenbar versuchte Radulf, die Konzentration Dagoberts auf Burgund und Neustrien für seine eigene Machtentfaltung zu nutzen und lehnte sich nach dem Tod Dagoberts 639 gegen König Sigibert auf.[110]

Dagobert wurde zu dieser Zeit durch Konflikte im Südwesten und im Westen des Reichs in Anspruch genommen. Im Südwesten kam es zu einem Aufstand der Basken, gegen die Dagobert 636/637 einen Feldzug durchführen ließ. Als das aus Burgund unter der Führung des Referendars Chadoindus aufgebotene Heer im Baskenland eintraf, gaben die Basken den Kampf gegen die Übermacht schnell auf und verschanzten sich in den Pyrenäen. Dem Heer gelang es jedoch, sie dorthin zu verfolgen, zahlreiche Männer zu töten oder gefangen zu nehmen und deren Häuser zu zerstören. Die Basken baten daraufhin um Gnade und Frieden und versprachen, sich der Herrschaft Dagoberts zu unterwerfen. Im folgenden Jahr erschienen dann tatsächlich die Großen der Basken zusammen mit ihrem *dux* Aegyhna in der Pfalz Clichy, unterwarfen sich Dagobert und leisteten einen Treueeid. Angesichts des Erfolges gegen die Basken hatte Dagobert unmittelbar nach der Rückkehr des burgundischen Heeres auch von den aufständischen Bretonen die Unterwerfung gefordert. Er drohte ihnen, andernfalls das aus dem Baskenland zurückgekehrte Heer sofort in die Bretagne zu schicken. Judicaël, der König der Bretonen, begab sich daraufhin mit Geschenken zu Dagobert nach Clichy und unterwarf sich ihm. Fredegar setzt auch diesen Erfolg Dagoberts herab, indem er erzählt, der fromme Judicaël habe sich geweigert, gemeinsam mit Dagobert zu essen, weil er dessen unfrommen Lebenswandel kannte.[111]

Dagoberts Politik zu bewerten ist schwierig, weil die Informationen zu vielen Bereichen dürftig sind. Die Forschung geht davon aus, dass Dagobert verschiedene Gebiete politisch neu ordnete. Die Errichtung des Markherzogtums Thüringen wurde schon erwähnt.[112] Das elsässische Herzogtum, dem der Sornegau (zwischen Basel und Biel) und das Land bis zum Thuner See angeschlossen wurden, könnte durch Dagobert geschaffen worden sein und die Einführung oder Neuorganisation der Grafschaftsverfassung im Breisgau und in Alemannien gehen vielleicht ebenfalls auf ihn zurück, doch ist die Quellenlage insgesamt schlecht.[113] Wann die Abgrenzung des Bistums Konstanz gegen Avenches-Windisch und Chur stattfand, liegt gleichfalls im Dunkeln. Sie könnte auch unter einem seiner Nachfolger erfolgt sein.[114] Die Wiedererrichtung oder Förderung der Bistümer Augsburg, Worms, Speyer und Straßburg durch Dagobert ist erst durch späte Quellen belegt oder von der Forschung durch Indizien erschlossen worden.[115] Feststellen lässt sich jedoch ein Interesse Dagoberts, das Christentum in den östlichen Gebieten und in Bayern durch Missionsbemühungen zu stärken und damit zugleich den Einfluss der Franken zu festigen.[116] Dasselbe gilt wohl auch für Regionen im Norden Neustriens. So missionierte Bischof Amandus von Maastricht in der Region um Gent, wofür er die Zustimmung des Metropoliten Acharius von Noyon und König Dagoberts einholte. Etwa zur gleichen Zeit missionierte Audomar, der auf Wunsch des Acharius von Noyon von König Dagobert zum Bischof von Thérouanne erhoben worden war, in dieser Gegend. In beiden Regionen scheint es Christen gegeben zu haben, die sich wieder paganen Kulten zugewandt hatten, sowie bisher noch nicht bekehrte Heiden.[117] Der Wahrheitsgehalt der entsprechenden Berichte in den Viten des Amandus und Audomars ist von der älteren Forschung mehrfach bezweifelt worden, doch konnten neuere Forschungen die Zweifel weitgehend ausräumen.[118] Man kann bei Dagobert sicher ein Interesse an Missionsbemühungen feststellen. Im Ganzen bleibt das Bild seiner Persönlichkeit und seines Wirkens jedoch unscharf. Das liegt an der verzerrten Berichterstattung Fredegars und daran, dass sich die ihm zugeschriebenen Maßnahmen oft nicht eindeutig mit seiner

Person verbinden lassen und klare zeitliche Ansätze fehlen. Dadurch wird es schwer, die politischen Konstellationen zur Zeit Dagoberts klar zu erfassen.

Im Januar 639 erkrankte der König an der Ruhr. Im Bewusstsein seines unmittelbar bevorstehenden Todes ließ er den Hausmeier Aega kommen und vertraute ihm die Sorge für die Königin Nanthild, den erst 4-jährigen Chlodwig sowie die Regierungsführung an. Dagobert starb am 19. Januar 639.[119]

13.7 Die Entstehung der *Lex Ribuaria*

Die *Lex Ribuaria* nimmt mit ihrem Namen auf die Rheinfranken im Raum Köln Bezug, die als ribuarische Franken bezeichnet werden. Sie umfasst Gesetzestexte verschiedener Zeiten und Urheber und basiert zum Teil auf dem *Pactus legis Salicae*, enthält daneben aber auch Rechtssätze, für die keine Vorlagen nachweisbar sind. Zudem wurde die Textgestaltung durch die Edikte der merowingischen Könige beeinflusst. Auffällig ist die Tendenz der *Lex Ribuaria*, die Gefolgschaft des Königs und die Angehörigen der Kirche rechtlich gleich zu behandeln.[120] Während in der rekonstruierten Urfassung des *Pactus legis Salicae* die Kirche und ihre Angehörigen noch gar nicht berücksichtigt worden waren, wurde nun ihre gesellschaftliche Bedeutung betont und die Ermordung von Subdiakonen, Diakonen, Priestern und Bischöfen mit hohen Bußen belegt.[121]

Die Datierung der *Lex* ist umstritten. Franz Beyerle gelang der Nachweis, dass sie im 7. Jahrhundert entstanden sein muss. Ihm zufolge hatte Chlothar II. die *Lex Salica* ab 613 für Austrasien revidieren lassen und Dagobert habe dann 633/34 auf dieser Grundlage die *Lex Ribuaria* für das »austrasische Kleinreich« seines erst 3-jährigen Sohnes Sigibert geschaffen, das lediglich Ribuarien und Thüringen umfasst habe.[122] Beyerles auf inhaltlichen Argumenten aufbauende Datierung der *Lex* in das 7. Jahrhundert erhielt viel Zustimmung, wurde allerdings in jüngerer Zeit zugunsten einer Datierung in die erste Hälfte des 8. Jahrhunderts auch angefochten. Die inhaltlichen Argumente Beyerles konnten dabei jedoch nicht entkräftet werden.[123] Seiner Auffassung, das Gesetz sei 633/34 für das »austrasische Kleinreich« Sigiberts geschaffen worden, widersprachen Karl August Eckhardt und Eugen Ewig. Eckhardt ging von einer Entstehung des Textes in zwei Schritten aus. Die erste Textschicht sei unter Chlothar II. begonnen worden und vermutlich 623/625 im Unterkönigtum Dagoberts Gesetz geworden. Die zweite Textschicht sei dann 634/35 unter Dagobert als König des Gesamtreichs in Kraft getreten.[124] Ewig beanstandete dagegen die Annahme, Sigibert habe nur ein austrasisches Kleinreich erhalten, das lediglich Ribuarien und Thüringen umfasste. Er konnte zeigen, dass Sigiberts Teilreich neben dem Gebiet um Köln (Ribuarien) mindestens auch die Amtsbezirke von Mainz, Worms, Speyer, den Maindukat, Thüringen und den Niederrhein umfasste. Am Erlass der *Lex Ribuaria* 633 oder kurz danach durch Dagobert hielt Ewig jedoch fest. Die Initiative dazu sei von Dagoberts Berater Bischof Kunibert von Köln ausgegangen und das Gesetz sei zunächst nur für Köln und seine Umgebung erlassen worden. Zu einem späteren Zeitpunkt könnte das Gesetz dann möglicherweise auf ganz Austrasien ausgedehnt worden sein.[125] Zuletzt hat Karl Ubl eine Datierung der *Lex Ribuaria* in die Zeit Chlothars II. vorgeschlagen. Seiner Meinung nach kann man nicht von einer sukzessiven Entstehung des Gesetzestextes ausgehen, da die handschriftliche Überlieferung eine einheitliche Textfassung biete, die keine unterschiedlichen Textschichten erkennen lasse. Da das Gesetz über die Freilassung der Sklaven in der Kirche (§ 61,2) eindeutig Chlothar II. zugeordnet werden könne, käme seine Regierungszeit auch für die Abfassung der gesamten *Lex* infrage. Zudem habe Chlothar im Gegensatz zu Dagobert durch sein Pariser Edikt von 614 sowie den Erlass für das frankoburgundische Reich sein Interesse an neuen gesetzlichen Regelungen gezeigt. Die *Lex Ribuaria* entstand nach Ubl 623, als Dagobert das verkleinerte austrasische Reich als Unterkönigtum erhielt.[126] Chlothar hätte damit in dem neuen Gesetz vor allem der gewandelten gesellschaftlichen Bedeutung der Kirche Rechnung getragen.

Warum der Geltungsbereich dieses Gesetzes jedoch zunächst auf Ribuarien beschränkt blieb und warum für diesen Raum überhaupt eine eigene gesetzliche Regelung benötigt wurde, bleibt ungeklärt.

13.8 Wirtschaft und Handel

Das Pariser Edikt Chlothars II. von 614 geht in zwei Kapiteln auf wirtschaftlich relevante Aspekte ein und nimmt damit als erstes Edikt eines merowingischen Herrschers auf diesen Bereich Bezug. Kapitel 9 schrieb fest, den Zoll an den Orten und von jenen Waren zu erheben, wie dies bis zum Tod der Könige Gunthram, Chilperich und Sigibert üblich war. Kapitel 21 verbot den königlichen Schweinehirten, ohne Erlaubnis des Eigentümers in die Wälder der Kirche oder eines privaten Besitzers einzudringen, um dort die Schweine zu mästen.[127] Die Aufnahme dieser Vorschriften in das königliche Edikt macht die Bedeutung von Handel und Landwirtschaft sichtbar. Die Hafen-, Fluss-, Brücken- und Straßenzölle generierten immer noch wichtige Einkünfte für den Königsschatz und die Vorschrift des 21. Kapitels verdeutlicht exemplarisch den Kampf um Landressourcen. Die große ökonomische Bedeutung der Schweinemast in den Wäldern zeigt sich einerseits in ihrer Besteuerung,[128] andererseits in den Übergriffen der königlichen Schweinehirten auf kirchliche und private Besitzungen, die Ausdruck eines Kampfes um die besten Futterplätze, aber auch des Machtmissbrauchs sind, denn die königlichen Schweinehirten gingen offenbar davon aus, dass ihre Übergriffe durch die königliche Autorität gedeckt waren.

Auch sonst scheint es Übergriffe mächtiger Männer auf das Land anderer Besitzer gegeben zu haben. So berichtet Gregor von Tours über Eberulf, den Oberkämmerer König Chilperichs I.:

> »Denn als er noch in Freiheit war, wurden seine Pferde und sein Vieh in die Saaten und Weinberge der armen Leute getrieben.

> Wenn das Vieh nun von jenen, deren Arbeit es zugrunde richtete, hinausgetrieben wurde, wurden sie sogleich von seinen Leuten niedergemacht.«[129]

Der schon behandelte 14. Kanon der Synode von Mâcon 585 spricht sogar von der Vertreibung armer Besitzer von ihren Höfen und Feldern. Aus diesen Quellen lassen sich zwei Erkenntnisse ableiten: Zum einen gab es einen Kampf um guten Grund und Boden, der von einzelnen Großen erbarmungslos geführt wurde, zum anderen existierten neben den großen Landbesitzern wie dem König, der Kirche und reichen Privatpersonen viele kleine, freie Landbesitzer, die in den Quellen als *miseri* oder *pauperes*, also als »Arme« erscheinen. Zwar besaßen diese »Armen« eigene Felder, Weinberge, Zugtiere, Fuhrwerke und sogar Sklaven,[130] aber aus der Sicht der Großgrundbesitzer waren sie arm, denn sie waren weder in der Lage, ihren Besitz adäquat zu verteidigen und somit arm an politischer Macht,[131] noch konnten sie größere ökonomische Krisen unbeschadet überstehen. Gerade diese Gruppe war deshalb vom Klimawandel betroffen, der sich zwischen dem 3. und 8. Jahrhundert auswirkte. Zwischen 200 und 400 kam es zu einer Klimaverschlechterung, die in Gallien die Temperatur um 1–1,5 Grad Celsius im Jahresmittel sinken ließ.[132] Dies hatte weitreichende Folgen für die Landwirtschaft, da die Ernteerträge zurückgingen. Vor allem in Nordgallien wurden nun statt des von den Römern bevorzugten, aber anspruchsvollen Weizens robustere Getreidesorten wie Dinkel und Roggen, aber auch Emmer, Einkorn sowie Hirse angebaut. Sie brachten jedoch nicht nur weniger Ertrag, sondern Dinkel, Emmer und Hirse waren auch aufwendiger in der Verarbeitung, denn sie mussten in einem zusätzlichen Arbeitsgang von dem beim Dreschen nicht ausfallenden Spelz befreit werden. Mit dem Ertrag sank auch der Gewinn pro Fläche, was besonders in Nordgallien zur Aufgabe vieler Hofanlagen (*villae rusticae*) führte.[133] Dies sowie der Wegfall der im römischen Reich auch in normalen Zeiten üblichen staatlichen Versorgung mit Getreide aus Nordafrika oder Ägypten führte seit dem 6. Jahrhundert zu vermehrten Hungersnöten. Es wurde schon darauf hingewiesen, dass die fränkischen Synoden in der zweiten Hälfte des 6. Jahrhunderts in bis dahin nicht dagewesener Form zur Armenfürsorge Stellung nahmen und die Versorgung der Leprosen durch die Bischöfe einforderten. Die Zunahme von Infektionskrankheiten wie der Lepra ist ein Hinweis auf Armut und schlechte Ernährung.[134]

Die Auswirkungen dieser Entwicklung auf die Gesamtwirtschaft werden in den Quellen indes kaum sichtbar. Gregor von Tours berichtet lediglich einmal über die ökonomische Krise einer Stadt. Bischof Desideratus von Verdun erbat von König Theudebert I. (533–547) Geld, um den Bürgern seiner Stadt zu helfen. Er erhielt 7000 Solidi, die er als Anschubfinanzierung für die angeschlagene Wirtschaft der Stadt nutzte. Geschäfte und Handel erholten sich daraufhin so gut, dass der Bischof dem König einige Zeit später das Darlehen zurückerstatten wollte, doch nahm dieser das Geld nicht an.[135] Dieser Bericht erwähnt zwar die Krise in Verdun, berichtet aber nichts über die Gründe, die dazu führten. Er zeigt aber die große ökonomische Bedeutung eines funktionierenden Handels, die auch in den Zollbestimmungen des Pariser Edikts von 614 sichtbar wird. Der Binnenhandel und der Fernhandel waren für die Versorgung der Bevölkerung im Frankenreich ebenso wichtig wie die Kaufleute, die ihre Waren in Läden in den Städten oder auf Märkten anboten.[136] Die Händler werden jedoch selten in den Quellen erwähnt, sodass sich kein genaues Bild der unterschiedlichen Arten von Kaufleuten zeichnen lässt. Neu ist im 7. Jahrhundert, dass Vertreter von Klöstern als Händler agieren. Eine zwischen 679 und 690 ausgestellte Urkunde König Theuderichs III. befreite das Kloster Saint-Denis nicht nur von allen Straßen- und Flusszöllen, sondern auch von Verkaufsgebühren (*salutaticum*).[137] Die Beauftragten des Klosters handelten also mit Waren, die das Kloster entweder selbst gekauft oder auf seinen Gütern produziert hatte.

Welche ökonomische Bedeutung der Handel hatte, zeigt auch die immer wieder belegte Nennung sehr reicher Kaufleute. Als Beispiel sei hier das Epitaph für Julianus aus der zweiten Hälfte des 6. Jahrhunderts genannt:

> »Geborgen sind unter diesem Hügel die Glieder des Julianus, dessen Ansehen es erfahren hat, in Ewigkeit zu leben. Zuvor Kaufmann, hat er sich durch das selige Ende verwandelt und er wurde als ein von jeder Schuld freier Mann dieser Welt entrissen. Er häufte sehr viel Gold an, aber er verteilte es an die Armen. Er schickte alle Schätze voraus, denen er dann folgte.«[138]

Die Inschrift des Epitaphs lässt keinen Zweifel an der guten finanziellen Situation des Julianus, der als Repräsentant einer sehr wohlhabenden Schicht von Kaufleuten gelten darf. Auch die Ländereien, Häuser und Sklaven umfassende testamentarische Schenkung des Kaufmanns Johannes und seiner Angehörigen an die Basilika Saint-Denis, die König Chlothar II. bestätigte, zeigt den enormen Reichtum, den ein Händler erwirtschaften konnte.[139] Auf vermögende Kaufleute weist ferner eine Geschichte Gregors von Tours hin, in der Kaufleute von zwei hochgestellten Aristokraten, die bei Hof ein- und ausgingen, überfallen und ausgeplündert wurden, weil sie Geld oder wertvolle Waren mit sich führten.[140] Nicht immer war indes großes Startkapital nötig, um als Händler erfolgreich zu sein, wie folgende Erzählung Gregors zeigt:

> »Ein gewisser Mann in Lyon trachtete mit Mühe danach, eine Goldmünze zu bekommen, doch entflammt durch den verfluchten Hunger nach Gold wollte er mit diesem einen Goldstück seinen Geldbeutel füllen [...] Also kaufte er von dieser einen Goldmünze Wein und nachdem er ihn mit Wasser vermischt hatte, verkaufte er ihn wieder für Silbergeld und verdoppelte sein Geld. Dies machte er wieder und wieder und so ist er lange ein Anhänger des schändlichen Gewinns geworden, bis er 100 Goldmünzen (*Solidi*) aus dieser einen erworben hatte.«[141]

100 Solidi waren aber immerhin die Summe, die man einem Bischof für den Lebensunterhalt eines ganzen Jahres zugestand.[142] Die Beispiele zeigen, dass der Handel zumindest im 6. Jahrhundert noch florierte und großen Gewinn bringen konnte.

Die oben erwähnte Urkunde König Theuderichs III. für Saint-Denis nennt ausdrücklich Transportwagen sowie Straßen- und Brückenzölle.[143] Man kann daraus schließen, dass ein Teil der Warentransporte auf dem Landweg mit Fuhrwerken und Lasttieren erfolgte. Das legt auch eine Urkunde König Chilperichs II. von 716 nahe, mit der er dem Kloster Corbie Einkünfte aus dem Zoll des Hafens von Fos-sur-Mer bei Marseille bestätigte und die Versorgung der Boten des Klosters auf ihrer Reise regelte. Die Einkünfte sollten auf 15 Wagen in das weit entfernte, in der Picardie im Nordwesten Frankreichs gelegene Kloster gebracht werden. Die Urkunde gibt überdies einen Einblick in die Handelswaren, die im Hafen von Fos in der Zeit um 716 eintrafen, denn die Abgaben wurden in Naturalien bezahlt. Das Kloster erhielt 10 000 Pfund Olivenöl, 30 Pfund Garum (ein teures Würzmittel aus vergorener Fischsoße), 30 Pfund Pfeffer, 150 Pfund Kümmel, 2 Pfund Gewürznelken, 1 Pfund Zimt, 2 Pfund Lavendel, 30 Pfund Frauenminze, 50 Pfund Datteln, 100 Pfund Feigen, 100 Pfund Mandeln, 30 Pfund Pistazien, 100 Pfund Oliven, 50 Pfund *hidrium* (Parfüm?), 150 Pfund Erbsen, 20 Pfund Reis, 10 Pfund Opperment (Arsen-Schwefel-Mineral zur Herstellung von Farbe), 10 Pfund Talg, 10 Pfund *cordevise pelles* (weiterer Talg?) sowie 50 Rollen Papyrus.[144] Zum Teil handelt es sich um sehr teure Waren, die sich nur wohlhabende Personen leisten konnten, wie etwa Garum, Pfeffer, Kümmel, Gewürznelken und Zimt. Auch wenn es in der Urkunde nur um den privilegierten Warentransport eines einzelnen Klosters geht, wird doch deutlich, dass zu Beginn des 8. Jahrhunderts immer noch vielfältige Waren über das Mittelmeer ins Frankenreich kamen und offenbar mit ausreichender Schnelligkeit auf dem Landweg nach Norden transportiert werden konnten.

Allgemein geht man allerdings davon aus, dass der schlechte Zustand der Straßen den Transport über Land erschwerte. Die überwiegend für militärische Zwecke gebauten Römerstraßen verloren ihre überragende Bedeutung, weil sich neben den alten Zentren nun neue, wirtschaftlich wichtige Orte entwickelten, die keinen Anschluss an das römische Straßennetz hatten. Deshalb wurde der teure Unterhalt der Römerstraßen vernachlässigt.[145] Wenn möglich erreichten die Waren über Wasserwege ihren Bestimmungsort. So berichtet Gregor von Tours über den Kaufmann Christophorus aus Tours:

> »In diesen Tagen begab sich der Kaufmann Christophorus nach Orléans. Er hatte nämlich gehört, dass dorthin viel Wein hingebracht worden war. Er ging also hin, und nachdem er den Wein eingekauft hatte und dieser auf Kähnen verschifft worden war, begab er sich mit viel Geld, das er von seinem Schwiegervater empfangen hatte, mit zwei sächsischen Knechten zu Pferd auf den Heimweg.«[146]

Der Wein wurde auf Kähne verladen und über Wasserwege transportiert. Schiffe hatten grundsätzlich den Vorteil, dass sie größere Ladungen aufnehmen konnten als ein Fuhrwerk und oft schneller waren. Bedeutende Wasserwege waren im 6. und 7. Jahrhundert die Rhône, Saône, Loire, Maas und der Rhein.[147] Doch sowohl die Wasserwege als auch die Straßen scheinen im Winter nur sehr eingeschränkt benutzbar gewesen zu sein. So klagte Gregor von Tours, als er Mitte November 590 auf Geheiß des Königs eine Reise unternehmen musste: »Es gab heftige Regengüsse, enorm viel Wasser, die Kälte war unerträglich, die Wege in Schmutz aufgelöst und die Flüsse über die Ufer getreten.«[148]

Venantius Fortunatus entschuldigte sich um 576 bei Agnes, der Äbtissin des Heiligkreuzklosters in Poitiers, er könne wegen Regen und Wind nicht nach Poitiers reisen,[149] und die Teilnehmer der Ende Oktober tagenden Synode von Mâcon 585 erklärten, ihre Arbeit schnell erledigen zu wollen, damit die Winterstürme sie nicht an der Rückreise in ihre Städte hinderten.[150] Während der Monate November bis März unterlagen demnach sowohl der Handel wie auch private Reisen erheblichen Einschränkungen.

Große Bedeutung kam dem mediterranen Seehandel zu. Der wichtigste Hafen des Frankenreichs war im 6. und 7. Jahrhundert Marseille. Hier wurden die Waren aus dem Mittelmeerraum entladen und dann über die Flüsse Rhône,

Saône und Loire weiterverschifft. Es handelte sich dabei um Waren des täglichen Bedarfs wie Olivenöl, um Luxusartikel wie Gewürze und Schmuck aus dem Nahen und Fernen Osten und um Papyrus aus Ägypten.[151] Der bereits zitierte Bericht Gregors über den Ausbruch der Pest im Jahr 588 macht die Bedeutung Marseilles als wichtigstem Mittelmeerhafen des fränkischen Reiches ebenfalls sichtbar. Als die Einwohner verschiedene Waren von dem aus Spanien eingetroffenen Schiff kauften, infizierten sie sich mit der Pest.[152] Güter aus dem Ausland waren demnach gefragt und es gab offenbar auch genügend Bürger, die ausreichend Geld hatten, sich solche Waren zu leisten. Bei der großen Bedeutung Marseilles als Handelsplatz ist es nicht erstaunlich, dass es zwischen den Königen Childebert und Gunthram 581 zum Streit um den Besitz der Stadt kam.[153] Ihre Bedeutung als Handelsmetropole, die auch die Städte in der Umgebung mit Waren versorgte, zeigt ferner ein Brief Bischof Gallus II. von Clermont, den er zwischen 631 und 655 an Bischof Desiderius von Cahors schickte. In dieser Zeit war in Marseille erneut die Pest ausgebrochen. Gallus schreibt:

> »Da aus Marseille so schlimme Nachricht über die Pest kommt, die fast die ganze Provence entvölkert und verheert, möge unser Herr befehlen, dass Wachen ausgeschickt werden und dass keiner aus dem Cahorsin zu jenen Märkten im Rouergue oder in den benachbarten Städten zu gehen wage, damit nicht, was ferne sei, durch irgendeinen Anlass ein so großes Übel in eure Stadt dringen kann. Denn in den Orten, die jenen Gegenden benachbart sind, wurden Wachen aufgestellt, damit nur ja niemand Zugang zum Kauf oder Verkauf habe. Wenn ihr nicht eifrig darum sorgt, dass Vorsorge getroffen werde, besteht Lebensgefahr.«[154]

Die Märkte in der Umgebung von Marseille waren also beliebte Warenumschlagplätze, wo auch Personen aus Cahors und Clermont einkauften. Insgesamt dürften im ganzen Frankenreich die schon in der Spätantike vorhandenen Marktplätze weiter genutzt worden sein, wenn es dafür auch nur wenige Belege gibt. Daneben entstanden neue Märkte wie der Jahrmarkt von Saint-Denis, den König Dagobert I. gründete.[155]

Eine diesen Jahrmarkt betreffende Urkunde König Childeberts III. von 709 gestand dem Kloster Saint-Denis die Einnahmen aus den Abgaben der Kaufleute aller Nationen zu und erwähnte dabei ausdrücklich die Kaufleute aus England.[156] Handelsbeziehungen mit England und Irland lassen sich ab dem 7. Jahrhundert nachweisen. Handelsgüter waren unter anderem Getreide, Wein, Textilien, Metallwaren sowie Sklaven.[157] Ein Warenverkehr zwischen dem fränkischen Reich und den Slawen lässt sich nur im Bericht Fredegars über Samo fassen,[158] während der Handel mit Italien vor allem durch archäologische Zeugnisse gut belegt ist.[159] Der Warenaustausch mit Ostrom und dem Nahen und Fernen Osten wurde im 7. Jahrhundert erschwert, weil die Awaren und Slawen den Landweg nach Ostrom blockierten und die arabische Expansion im Mittelmeerraum den Mittelmeerhandel einschränkte.[160] Doch zeigt die schon zitierte Urkunde König Chilperichs II. von 716, dass weiterhin Waren wie Pfeffer, Kümmel, Nelken, Zimt und Lavendel aus dem Osten über das Mittelmeer ins Frankenreich gelangten.[161]

Die Bezahlung der Waren dürfte im 6. und 7. Jahrhundert in der Regel mit Geld erfolgt sein. Die Wergeldbestimmungen des *Pactus legis Salicae* verdeutlichen die hohe Wertschätzung des Geldes bei den Franken. In dem oben zitierten Bericht Gregors von Tours über den Kaufmann Christophorus wird gesagt, er habe »viel Geld« (*multa pecunia*) bei sich gehabt und in der ebenfalls schon erwähnten Geschichte vom betrügerischen Lyoner Weinhändler werden Goldmünzen und Silbergeld erwähnt. An anderer Stelle erzählt Gregor von Tours von einem Armen, der sich sechs Goldmünzen erbettelte, die ihm anschließend geraubt wurden.[162] Die Bezahlung der Steuern erfolgte ebenfalls mit Goldmünzen (*Solidi*).[163] Im ganzen Frankenreich gab es über 700 Münzstätten, in denen Gold-, Silber- und Kupfermünzen geprägt wurden. Zwar waren darunter nur wenige große Münzstätten, die über einen langen Zeitraum betrieben wurden, aber gerade die Entstehung kleiner kurzlebiger Münzstätten zeigt das Bedürfnis der Bevölkerung nach der Verfügbarkeit von Geld für den täglichen

Gebrauch.[164] Die vielen kleinen, oft außerhalb der alten Städte gelegenen Münzorte lassen zugleich die Ablösung der antiken *civitas*-Struktur durch neue ländliche Zentren erkennen.[165]

Die hier ausgehend von den Bestimmungen des Edikts Chlothars II. nur skizzenhaft dargelegte wirtschaftliche Entwicklung lässt dennoch Kontinuitäten und Kontinuitätsbrüche erkennen, die den Übergang vom weströmischen Reich zu seinen germanischen Nachfolgereichen kennzeichnen. Kontinuitätsbrüche zeigen sich in der Organisation der Versorgung der Bevölkerung mit Nahrungsmitteln und an der steigenden Bedeutung ländlicher Zentren. Die im römischen Reich übliche Versorgung der Bevölkerung mit Getreide durch den Staat entfiel und der Getreideanbau sowie die Nahrungsmittelversorgung mussten den neuen politischen und klimatischen Bedingungen angepasst werden. Darin dürfte ein Grund für die Entstehung neuer Märkte und die Veränderung von Handelswegen liegen. Für den Handel blieben die Städte zwar weiterhin wichtig, doch entwickelten sich daneben neue Orte mit wirtschaftlicher Bedeutung. Diese mussten Anschluss an das Handelsnetz finden und auch deshalb dürften die Römerstraßen, welche nur die alten Zentren verbanden, an Bedeutung verloren haben. Eine Konstante war der Handel mit dem Mittelmeerraum, auch wenn er an Bedeutung verlor. So konnte sich Marseille als wichtiges Handelszentrum behaupten und die Flüsse Rhône, Saône und Loire blieben bedeutende Routen für den Transport der Güter innerhalb des Frankenreiches. Der rege Handel mit England im 7. Jahrhundert scheint dagegen eine neue Entwicklung zu sein. In der Tradition des römischen Reiches stand die weiterhin hohe Bedeutung des Geldes, sie war auch eine Voraussetzung für die Fortsetzung des Steuersystems. Der kurze Überblick zeigt auch die wachsende Bedeutung der Institution Kirche, die im Frankenreich immer stärker alle Lebensbereiche prägte. Die Ausstattung von Kirchen und Klöstern mit Zoll- und Handelsprivilegien weist auf eine neue gewinnorientierte Hinwendung zum Handel hin.

14 Die Nachfolger Dagoberts I.

14.1 Austrasien: Sigibert III. und *Childebertus adoptivus*

»Als nach dem Tod Dagoberts der Hausmeier Pippin und die übrigen *duces* der Austrasier, die bis zum Hinscheiden Dagoberts dessen Herrschaft unterworfen waren, Sigibert in einträchtiger Übereinstimmung (als König) verlangt hatten, verband sich Pippin mit Kunibert, um erneut wie zuvor ihre Freundschaft sehr fest und beständig zu bewahren, so wie schon früher die Pflege der Freundschaft unter ihnen gegenseitig vereinbart worden war. Gemeinsam zogen sie klug und mit Freundlichkeit alle austrasischen Gefolgsleute an sich, lenkten sie freundlich und banden die Freundschaft dieser an sich, um sie immer zu bewahren.«[1]

Mit diesen Worten beschreibt Fredegar die Situation in Austrasien nach Dagoberts Tod 639. Demnach führten der *maior domus* Pippin, der jetzt sein Amt in Austrasien offenbar wieder ausübte, und Bischof Kunibert von Köln die Regentschaft für den unmündigen Sigibert. Der von Dagobert als Regent eingesetzte *dux* Adalgisel dürfte ebenfalls weiterhin an der Regentschaft beteiligt gewesen sein. Pippin und Kunibert gelang es nach Fredegar, die austrasischen Gefolgsleute an sich zu binden, obwohl Schenkungen oder andere Gunsterweise der Regentschaft an die Gefolgsleute im Namen des Königs erfolgten, wie aus dem sehr devoten und schwer verständlichen Gratulationsschreiben des Desiderius von Cahors an Sigibert zu seinem Herrschaftsantritt hervorgeht:

»Weil ja unserem hervorragenden Herrn, eurem Vater, widerfuhr, was für eure Frömmigkeit nicht so schnell wünschenswert war, habt ihr es für richtig gehalten, ehrwürdigster Herr, sowohl gegenüber uns, euren Dienern, als auch gegenüber allen Getreuen die unverminderte Gnade zu erweisen, sodass eure Strenge diejenigen geduldig erträgt, die euer Vater in frommer Liebe ernährt hat.«[2]

Nach dem unerwarteten und frühen Tod des Vaters sorgte Sigibert III. weiterhin für seine Getreuen. Der Brief des Desiderius macht außerdem deutlich, dass zumindest ein Teil der von Dagobert eingesetzten Bischöfe seine Treue vom Vater auf den Sohn übertrug und die Regentschaft musste Rücksicht auf diese Situation nehmen, wenn sie ihre eigene Stellung sichern wollte. So war es sicherlich auch im Sinne des jungen Königs, dass Pippin und Kunibert von Königin Nanthild und dem jungen König Chlodwig II. den Anteil Sigiberts III. an den Schätzen Dagoberts einforderten, der ihm zustand. Der Anteil wurde übergeben, zu Sigibert gebracht und verzeichnet. Auch die Aufteilung des Reichsgebietes scheint sich in gegenseitigem Einvernehmen vollzogen zu haben. Das Reich Sigiberts wurde nördlich der Loire in den Grenzen von 561 wiederhergestellt und erhielt südlich der Loire die Auvergne, einen Teil der Provence mit Marseille, Uzès und Avignon sowie Poitiers, Cahors und ein Stück der Gascogne.[3] Die territoriale Aufteilung beugte damit Konflikten zwischen den Teilreichen vor.

Pippin starb bereits 640 und auffälligerweise rückte nun nicht sein Sohn Grimoald in die Stellung des Vaters nach, sondern Otto, der Sohn des *domesticus* (Hofmeisters) und Erziehers Sigiberts, Uro. Hier scheint die Nähe zum König den Ausschlag gegeben zu haben. In seiner Stellung konnte Uro sicherlich eine Reihe von Männern an sich binden, indem er ihnen die Gunst des jungen Königs verschaffte oder ihnen selbst Gunsterweise gewährte. Grimoald amtierte in dieser Zeit (641) als *dux* und blieb damit ebenfalls im Umfeld des Königs. Zudem festigte er seine Freundschaft zu Bischof Kunibert.[4]

Obwohl sich die Herrschaftsübernahme Sigiberts III. zunächst ohne Schwierigkeiten vollzogen zu haben scheint, wurde ihre Stabilität bald durch die Differenzen zwischen den einflussreichen Familien des Frankenreichs geschwächt. Herzog Adalgisel war, wie erwähnt, bereits zu Lebzeiten Dagoberts in einen Konflikt mit *dux* Radulf von Thüringen geraten. Im Jahr 641 erhob sich Radulf gegen König Sigibert. Möglicherweise ging es dabei um die Verteilung von Macht und Einfluss im Umfeld des Königs und Radulf empfand seine Interessen als nicht ausreichend berücksichtigt. Unter der Leitung des 11-jährigen Sigibert fand deshalb 641 ein Feldzug gegen Radulf statt, an dem Grimoald, Adalgisel, Bobo, der Herzog der Auvergne, sowie weitere Große teilnahmen. Zunächst konnte der mit Radulf verbündete Agilolfinger Fara besiegt werden. Nach diesem Erfolg zog das Heer weiter nach Thüringen, wo sich Radulf in einer hölzernen Festung verschanzt hatte. Der Angriff auf diese Festung endete in einer verheerenden Niederlage für den jungen König. Fredegar macht dafür zum einen seine Unerfahrenheit verantwortlich, zum anderen aber auch die Spaltung innerhalb des königlichen Heeres. Es habe einige *duces* gegeben, die mit Radulf sympathisiert und ihm versprochen hätten, ihn nicht anzugreifen. Fredegar beschuldigt ausdrücklich die Männer aus Mainz der Untreue. Sigibert und seine Ratgeber befanden sich nach dem Kampf in einer schwierigen Lage. Sie verhandelten mit Radulf und erhielten die Zusicherung des freien Abzugs. In der Folge scheint es, als hätten Sigibert und seine Nachfolger ihren Herrschaftsanspruch in diesem Raum immer weniger durchsetzen können, denn Fredegar berichtet:

> »Radulf verstieg sich in seinem Übermut so weit, dass er sich für den König Thüringens hielt. Er schloss mit den Wenden ein Freundschaftsbündnis und verpflichtete sich den übrigen Völkern, die er als Nachbarn hatte, durch die Sitte des Freundschaftsbundes. In seinen Worten sprach er Sigibert zwar die Herrschaft nicht ab, aber in seinen Taten leistete er dessen Herrschaft heftig Widerstand.«[5]

Wer die genannten Nachbarvölker zu Radulfs Einflussgebiet waren, lässt sich ebenso wenig sicher erschließen wie die weitere Entwicklung seiner Herrschaft.

Die weitere Entwicklung am austrasischen Hof stellte das Königtum offensichtlich ebenfalls vor Probleme. Im Jahr 642 oder 643 wurde der *maior domus* Otto angeblich auf Betreiben

Grimoalds durch Leuthard, den *dux* der Alemannen, getötet. »Die Ehrenstellung des *maior domus* im Palast Sigiberts und das ganze Reich der Austrasier wurden in der Hand Grimoalds fest gesichert« meldet die Chronik Fredegars dazu.[6] Doch Grimoald scheint mit dem Amt des *maior domus* für seine Familie nicht zufrieden gewesen zu sein: Er wollte ihr die Königswürde verschaffen. Die Überlieferungssituation zu diesem »Staatsstreich« ist allerdings äußerst schwierig. Lediglich der 727 verfasste sogenannte *Liber historiae Francorum* berichtet über Grimoalds Plan:

> »Als einige Zeit vergangen und König Sigibert gestorben war, schor Grimoald dessen kleinen Sohn mit Namen Dagobert und befahl, dass Bischof Dido von Poitiers diesen auf eine Pilgerfahrt nach Schottland (gemeint ist eigentlich Irland) mitnehmen müsse, und er setzte seinen eigenen Sohn ins Königtum ein. Die Franken (*Franci*) waren darüber sehr entrüstet, legten Grimoald einen Hinterhalt, ergriffen ihn und brachten ihn dem Frankenkönig Chlodwig zur Verurteilung. In der Stadt Paris wurde er im Kerker gefangen gehalten, unter Qualen in Fesseln gelegt, und weil er des Todes würdig war, beendete sein Tod unter heftigen Qualen das, was er seinem Herrn angetan hatte.«[7]

Dieser kurze Bericht lässt viele Fragen offen und ist von der Forschung viel diskutiert worden. Eine weitere Quelle zu dem »Staatsstreich« sind die fränkischen Königskataloge. Die unter Karl dem Großen entstandene zweite Fassung enthält den Eintrag: *Childebertus adoptivus filius Grimoald(i) regnavit annos VII.*[8] Es ist darüber gestritten worden, wie man diesen Text zu verstehen habe. Die Deutung »Childebert, Adoptivsohn, Sohn des Grimoald, regierte 7 Jahre« hat Eugen Ewig 1995 nachdrücklich und überzeugend verteidigt.[9] Demnach konnte Grimoald König Sigibert III. dazu bringen, seinen Sohn zu adoptieren. Als Sigibert am 1. Februar 656 oder 657 starb, ließ Grimoald dessen noch kleinen Sohn Dagobert nach Irland bringen und machte so den Weg für seinen eigenen Sohn als König frei. Dieser trat unter dem Namen Childebert die Königsherrschaft an. Was in dieser Zeit mit Sigiberts

Frau Chimnechild passierte, die er 646 geheiratet hatte, bleibt im Dunkeln.

Es scheint dann recht schnell zu einer Reaktion gegen Grimoald gekommen zu sein. Da der *Liber historiae Francorum* die Bezeichnung *Franci* stets nur für die Franken in Neustrien verwendet, muss Grimoald von Männern aus Neustrien gefangen genommen worden sein.[10] Das erklärt auch, weshalb er durch König Chlodwig II., der in Neustrien regierte, abgeurteilt wurde. Da Chlodwig mit ziemlicher Sicherheit Anfang Oktober 657 starb, ist damit eine zeitliche Einordnung des Geschehens gegeben.[11] Sigiberts Adoptivsohn Childebert konnte in Austrasien jedoch unangefochten weiterregieren. Da eine Urkunde des Klosters Weißenburg nach dem sechsten Jahr der Regierung Childeberts datiert, hat er nach dem Tode Grimoalds 657 mindestens bis 661 oder 662 weiterregiert.[12] Offenbar akzeptierte man in Austrasien das Königtum Childeberts weiterhin und sah die Adoption als gültig an. Die Bemerkung in der Vita der Königin Balthild, die Austrasier hätten nach Childeberts Tod 661 oder 662 endlich eine friedvolle Ordnung in ihrem Reichsteil erhalten, weil sie Balthilds Sohn Childerich II. als König annahmen, dürfte sich auf die Herrschaft Childeberts beziehen. In den Augen der Neustrier war Childebert kein rechtmäßiger König und erst mit der Einsetzung des legitimen Merowingers Childerich II. als König konnte in Austrasien wieder eine friedvolle Ordnung durchgesetzt werden.[13]

14.2 Neustrien: Chlodwig II.

Auch im neustroburgundischen Reich machten sich Spannungen innerhalb der Führungsschicht bemerkbar. Dort hatte Königin Nanthild, die Witwe Dagoberts I., für ihren Sohn Chlodwig die Regierung übernommen, was sichtbaren Ausdruck darin fand, dass sie unter seine Urkunden ihr *signum* setzte.[14] Ihr zur Seite stand zunächst der *maior domus* Aega, der jedoch bereits 641 starb. Neuer Hausmeier für Neustrien wurde nun Erchinoald, ein Verwandter Königin Nanthilds, dessen Güte, Geduld und Umsicht von Fredegar ausdrücklich gelobt werden.[15] In Burgund, wo es seit 627 keinen eigenen *maior domus* mehr gab, schien es Nanthild und ihren Beratern aufgrund der Minderjährigkeit König Chlodwigs II. nötig, das Amt wiederzubesetzen, um die Zentralgewalt zu stärken. Nanthild schlug den gebürtigen Franken Flachoald als neuen Hausmeier vor und kam den Interessen der burgundischen Großen entgegen, indem sie diese nach dem Vorbild Chlothars II. den Hausmeier wählen ließ. Zwar stand kein anderer Kandidat zur Wahl, doch die Großen konnten Bedingungen für die Wahl nennen. Flachoald musste den Bischöfen und *duces* durch Urkunden und Eide versichern, sie in ihrem Amt zu belassen.[16] In dieser Forderung zeigt sich erneut die schon unter Chlothar II. festzustellende kritische Haltung der Burgunder gegenüber dem Amt des *maior domus*.

Ein Teil der Aristokratie war allerdings trotz der von Flachoald geleisteten Garantien mit der Wiederbesetzung des Amtes nicht einverstanden. An ihrer Spitze stand der reiche und mächtige *patricius* Willebad, der zu den Vertrauten König Dagoberts gehört und in seinem Auftrag Chariberts Onkel Brodulf ermordet hatte.[17] Sein Machtbereich erstreckte sich vermutlich über die Gebiete von Lyon, Vienne und Valence.[18] Man hat in dem Konflikt eine burgundisch-neustrische Auseinandersetzung gesehen, in der Willebad die burgundische und Flachoald die neustrische Seite vertreten habe, doch ist dies wenig wahrscheinlich.[19] Laut Fredegar verhielt sich Willebad überheblich gegenüber Flachoald und behandelte ihn geringschätzig.[20] Willebad nahm also Flachoalds Amtsstellung nicht ernst und versuchte sie zu ignorieren. Gleichzeitig scheint es Flachoald aber wichtig gewesen zu sein, seine Amtsbefugnisse durchzusetzen, denn die Vita des Eligius bezeichnet ihn als Tyrannen.[21] Der Konflikt dürfte somit in der Wiederbesetzung des Hausmeieramtes wurzeln. Auf einer Versammlung der burgundischen Großen in Chalon-sur-Saône 642 kam es zu einer ersten öffentlichen Auseinandersetzung, die jedoch ohne Blutvergießen endete, da Flachoalds Bruder und andere Männer vermittelnd eingriffen. Der Konflikt schwelte aber weiter. Nach dem Tod Königin Nanthilds 642 lud der 8-jährige Chlodwig II. Willebad zu einer Versammlung nach Autun vor. Zu den Begleitern des Königs gehörten Erchinoald und weitere Große aus Neustrien sowie Flachoald, dessen Bruder Amalbert und die *duces* Amalgar und Chramnelenus. Willebad zog mit einer großen Schar aus dem Gebiet seines Patriziats nach Autun und wurde zudem von Bischöfen und weiteren Vornehmen begleitet. Die Rolle des Königs in der folgenden Auseinandersetzung wird nicht deutlich. Möglicherweise wollte er zwischen den beiden Parteien vermitteln, was jedoch nicht gelang. Es kam zum Kampf zwischen Flachoald und seinen Begleitern auf der einen und Willebad und seinem Anhang auf der anderen Seite, bei dem Willebad getötet wurde. Der König und seine Begleiter aus Neustrien mischten sich auffälligerweise nicht in den Kampf ein.[22] Vielleicht wollten sie dadurch deutlich machen, dass es gerade nicht um eine Konfrontation zwischen Neustrien und Burgund ging, doch bleibt dies Spekulation. Flachoald konnte seinen Sieg nicht auskosten, da er wenige Tage später ebenfalls starb. Ob Burgund danach einen neuen Hausmeier erhielt, ist unbekannt, denn die Chronik des Fredegar bricht an dieser Stelle ab und die übrigen Quellen geben auf diese Frage keine Antwort.

Nachdem Chlodwig II. um 649 mündig geworden war, heiratete er eine vornehme Angelsächsin namens Balthild. Ihre Vita behauptet, sie sei eine Sklavin gewesen, doch hat dies die Forschung mittlerweile als Fiktion entlarvt und ihre Herkunft aus der Aristokratie plausibel gemacht.[23] Chlodwigs Frau stammte somit wie seine Mutter von den britischen Inseln, wohin auch Erchinoald enge Verbindungen hatte, der die Heirat vermutlich vermittelte.[24] Über die Amtsführung Chlodwigs erfährt man aus den Quellen wenig. Laut der Vita des Bischofs Nivard von Reims (657–663) übertrug Chlodwig ihm Land bei Mailly in der Nähe von Reims. Der König verfügte über das Land, nachdem er einige ihm untreue Männer von dort vertrieben hatte.[25] Wenn diese Nachricht stimmt, zeugt sie von Widerständen gegen Chlodwig, die der König jedoch überwinden konnte. Der *Liber historiae Francorum* geht auf Chlodwigs politische Tätigkeit nicht ein und behauptet, er sei ein Frauenheld gewesen, der sich dem Essen und Trinken hingegeben habe. Das steht in auffälligem Gegensatz zum Bild des frommen und der Armenfürsorge zugewandten Königs, das die Vita Balthilds von ihm zeichnet.[26] Beide Darstellungen dürften wohl durch die Erzählabsicht der jeweiligen Quelle verzerrt sein. Die Vita Balthilds schreibt ohnehin der Königin einen großen Einfluss auf die Politik zu:

> »Aber sie selbst gehorchte, weil ihr von Gott die Gnade der Klugheit gegeben worden war, mit wachsamem Eifer dem König als ihrem Herrn und zeigte sich den Vornehmen als Mutter, den Priestern als Tochter, den Jünglingen und Heranwachsenden als die beste Amme, und sie war allen liebenswert; sie selbst liebte die Priester wie Väter, die Mönche wie Brüder, die Armen wie eine fromme Ernährerin und sie gab jedem einzelnen große Almosen. Sie bewahrte die Ehre der Vornehmen und die weisen Ratschläge dieser hielt sie fest, die Jünglinge ermunterte sie immer zum Eifer für die Religion und den König beeinflusste sie demütig und beständig im Sinne der Kirchen und der Armen.«[27]

Demnach nahm die Königin eine wichtige Position am Hof ein. Sie beeinflusste den König positiv, kümmerte sich um die jungen Aristokraten am Hof und ermöglichte den Großen ausreichend Einflussnahme auf die Politik, indem sie ihre Ratschläge ernst nahm. Gemeinsam mit dem am Hof ansässigen Geistlichen Genesius, dem späteren Bischof von Lyon, konnte sie sogar auf Anordnung des Königs über einen Teil des Königsschatzes verfügen, um die Kirchen und die Armen zu unterstützen.[28] Wieweit dieses Bild Balthilds der Realität entspricht, ist schwer zu entscheiden. Doch die finanzielle Förderung der Armenfürsorge durch den König steht in der Tradition König Dagoberts, der Eligius in dieser Hinsicht gezielt unterstützt hatte. Und die unangefochtene Übernahme der Regentschaft durch Balthild nach dem Tod ihres Mannes spricht dafür, dass sie tatsächlich über gute Kontakte zu den aristokratischen Familien und zur Kirche verfügte.

14.3 Die kirchliche Entwicklung im Gesamtreich

Im Reichsteil Sigiberts III. fand während seiner Herrschaft keine Reichssynode statt. Bischof Vulfoleudus von Bourges, das im burgundischen Reichsteil lag, hatte Desiderius von Cahors und andere Bischöfe des austrasischen Reichsteils zwar zu einer Synode eingeladen, die offenbar von den Bischöfen des gesamten fränkischen Reichs besucht werden sollte, doch stieß das Vorhaben auf den Widerstand König Sigiberts:

> »Es geht das Gerücht um und wir erfahren von vielen unserer Getreuen, dass ihr von unserem Vater, dem Bischof Vulfeleudus, zu einer Synode am 1. September in unserem Reich eingeladen worden seid, doch wissen wir nicht, an welchem Ort ihr euch mit den übrigen Brüdern und euren Mitbischöfen versammeln sollt. Wir wünschen freilich, die Vorschriften der Kanones und die kirchlichen Regeln, so wie sie unsere Vorfahren im Namen Gottes bewahrt haben, auch selbst zu bewahren, doch, da es uns vorher nicht zur Kenntnis gebracht wurde, so halten wir es zusammen mit unseren Großen für richtig, dass ohne unser Wissen eine Synodalversammlung in unserem Reich nicht abgehalten werden kann [...] Später aber, zu einem geeigneten Zeitpunkt, wenn es uns vorher gemeldet wird, verweigern wir es nicht, dass man wegen des Zustandes der Kirche oder für den Nutzen des Reichs oder auch aus irgendeinem anderen einleuchtenden Grund eine Versammlung beschließt, doch so, wie gesagt, dass sie zuvor zu unserer Kenntnis gebracht wird.«[29]

Der König verbot den Bischöfen in Übereinstimmung mit seinen Großen, sich ohne sein Wissen und vor allem ohne seine Zustimmung zu einer Synode zu versammeln. Er hielt damit an der Tradition fest, dass Reichssynoden nur mit Zustimmung oder auf Veranlassung des Königs abgehalten werden konnten. Obwohl es unter Chlothar II. und Dagobert I. zu einer engen Verbindung zwischen einer Reihe von Bischöfen und dem Hof gekommen war, schien ein allzu eigenständiges Agieren der Bischöfe dem jungen König und seinem Umfeld bedenklich.

Dagobert I., Goldmünze mit der Nennung des Münzmeisters und Vertrauten des Königs, Eligius, auf der Rückseite.

Da Vulfoleudus am 17. Januar 647 zum Bischof geweiht wurde, kann die Synode erst danach geplant worden sein. Weil das Projekt der Gesamtreichssynode scheiterte, trat möglicherweise die Synode von Chalon-sur-Saône an ihre Stelle, die auf Anordnung Chlodwigs II. zwischen 647 und 653 an einem 24. Oktober stattfand und an der 33 Bischöfe und sechs Delegierte aus Neustrien und Frankoburgund teilnahmen.[30] Sie hielt im Vorwort zu den Beschlüssen ausdrücklich fest, den früheren Zustand der Kirche, so wie er von den heiligen Vätern vorgeschrieben worden sei, wiederherzustellen. Entsprechend der Vorbemerkung greift der größte Teil der Kanones auf ältere Bestimmungen zurück, doch ergeben sich in der Akzentuierung doch Unterschiede zu früheren fränkischen Synoden. Für die Glaubensverkündung berief sich die Synode im ersten Kanon ausdrücklich auf die Beschlüsse der Konzilien von Nicaea (325) und Chalcedon (451), was in dieser Deutlichkeit sonst nicht vorkommt. Hintergrund dürfte die Auseinandersetzung um die Lehre des Patriarchen Sergius von Konstantinopel (610–638) sein. Sie betraf die Annahme der einen Wirkweise des

Gottmenschen Christus (Monotheletismus), die dem Glaubensbekenntnis von Chalcedon entgegenlief. Diese Lehre war bereits zwischen 639 und 641 im Frankenreich bekannt und wurde auf der Synode von Orléans (639/641) als häretisch verurteilt.[31] Kanon 3 wiederholte das alte Verbot, dass Priester keinen vertrauten Umgang mit Frauen haben sollten, die nicht mit ihnen verwandt waren. Die Kanones 4 und 12 verboten, dass zwei Bischöfe oder zwei Äbte zugleich einem Bistum oder einer Abtei vorstanden. Deutlich weniger Raum als sonst nimmt überraschenderweise der Schutz des Kirchenguts ein, der nur in den Kanones 5 und 7 behandelt wird. Kanon 8 hob die Notwendigkeit der Buße hervor und Kanon 9 betonte die christliche Pflicht, Gefangene freizukaufen und verbot, sie außerhalb des Reichs Chlodwigs zu verkaufen. Kanon 10 griff das vielfach behandelte Problem der Bischofswahl auf und bestimmte im Gegensatz zum Dekret Chlothars II. von 614 (Cap. 1), ein neuer Bischof dürfe nur von den Mitbischöfen, dem Klerus und den wahlberechtigten Bürgern gewählt werden. Jede andere Wahl sei ungültig. Damit wurde wie schon auf der Synode von Clichy 626/27 die Bestätigungsbefugnis des Metropoliten ebenso ignoriert wie die Bestätigungsbefugnis des Königs.[32] Kanon 12 verbot den *iudices*, also weltlichen Amtsträgern, sich aufgrund ihrer Machtstellung ohne Zustimmung des Bischofs, Abts oder Archidiakons in die Belange der Pfarreien oder Klöster einzumischen. Hatte schon die Synode von Clichy die weltlichen Amtsträger mit der Exkommunikation bedroht, wenn sie sich nicht an die Kanones der Synode von Paris und das Edikt Chlothars II. von 614 hielten (Kan. 27), so wurde nun ein konkretes Problem hinsichtlich der Trennung von geistlicher und weltlicher Sphäre angesprochen. Offenbar mischten sich weltliche Amtsträger aus machtpolitischen Gründen häufiger in Angelegenheiten von Pfarreien und Abteien ein und beschnitten so die kirchlichen Rechte. Es stellt sich die Frage, ob diese Einmischungen auf die zunehmenden Stiftungen und Klostergründungen durch Angehörige der Aristokratie zurückzuführen sind. In diesem Falle hatte nicht nur die Kirche, sondern selbstverständlich auch der

König sowie sein *maior domus* ein Interesse daran, diese Eingriffe zu unterbinden, da sie der Aristokratie zusätzliche Macht verschafften. Auch Kanon 14 richtete sich gegen die aristokratische Oberschicht, welche die Kleriker in den Kapellen (Oratorien) ihrer Landgüter dem Zugriff des Bischofs und des Archidiakons entzogen. Dies schwächte die Autorität der Bischöfe und war deshalb für sie nicht akzeptabel. Kanon 16 verbot den Kauf eines geistlichen Amtes (Simonie) und Kanon 18 forderte erneut die strikte Einhaltung der Sonntagsruhe. Neue Bestimmungen enthalten die Kanones 17 und 19, die zugleich einen Einblick in das Verhalten der Bevölkerung gewähren. Kanon 17 verbot Laien, in der Kirche oder in der Vorhalle (*atrium*) Auseinandersetzungen zu beginnen, Waffen zu tragen und irgendjemanden zu verwunden oder zu töten. Kanon 19 untersagte, während der Kirchweihfeiern oder der Märtyrerfeste im Atrium oder in der Säulenhalle (*porticus*) der Kirche unanständige Lieder vorzutragen. Insbesondere sollten Frauenchöre keine unanständigen Gesänge zu Gehör bringen.

Die große Masse der Kanones bewegt sich im Rahmen der üblichen Beratungsgegenstände der Synoden. Bemerkenswert sind jedoch die Kanones 12 und 14, die in bis dahin unbekannter Deutlichkeit die Einmischung weltlicher Amtsträger in kirchliche Belange verurteilten. Bisher waren weltliche Amtsträger in den Kanones in der Regel wegen Besitz von Kirchengut oder wegen Einmischung in die kirchliche Rechtsprechung kritisiert worden. Nun wurde ein neues Problem angesprochen, das in der zunehmenden Verflechtung von geistlicher und weltlicher Sphäre lag. Damit spiegeln sich hier neue strukturelle Probleme der Kirche wider, die machtpolitisch motivierte Eingriffe der Aristokratie und des Königs in ihren Bereich nicht unterbinden konnte.

15 Königin Balthild

15.1 Die Regentschaft Balthilds

Als Chlodwig II. 657 starb, hinterließ er drei unmündige Söhne: Chlothar III. (657–673), Childerich II. (662–675) und Theuderich III. (674–691). »Die Franken aber bestimmten Chlothar, den ältesten der drei Brüder, für sich als König, der mit seiner Mutter, der Königin, herrschen sollte«, berichtet der *Liber historiae Francorum* und die Vita des Eligius ergänzt, Chlothar habe das größte Recht (*potissimum ius*) auf den Königstitel gehabt.[1] Die Großen Neustroburgunds entschieden demnach über die Einsetzung des Königs und bestimmten Balthild zur Regentin. Eine Aufteilung der Herrschaft unter allen Söhnen kam für sie offenbar nicht infrage. Dabei dürfte es eine wichtige Rolle gespielt haben, dass alle drei Söhne minderjährig waren und jeder von ihnen eine Regentschaft benötigt hätte. Dies hätte aber unabsehbare Folgen für die Stabilität des Reichs haben können.[2]

Balthild, die zumindest unter einzelne Urkunden König Chlothars III. ihr *signum* setzte und auch dadurch als Regentin in Erscheinung trat,[3] übte die Herrschaft in enger Abstimmung mit wichtigen Vertretern der Großen aus. Ihre Vita nennt Bischof Chrodobert von Paris, Bischof Audoin von Rouen sowie den *maior domus* Ebroin, dem dieses Amt wohl 658 ebenfalls durch die Entscheidung der Großen übertragen worden war.[4] Nach dem Tod des *Childebertus adoptivus* 661 oder 662 wurde Balthilds Sohn Childerich II. in Begleitung von *dux* Wulfoald als König nach Austrasien geschickt.[5] Die Vita Balthilds schreibt dazu, auf ihre Anordnung und auf Rat der Großen hätten die Austrasier Childerich als König angenommen und damit endlich eine friedvolle Ordnung in ihrem Reichsteil erhalten. Balthild habe die drei Teilreiche in friedlicher Eintracht innegehabt.[6] Die Vita verschweigt dabei, dass Balthild einen Kompromiss mit der austrasischen Königsfamilie und wohl auch den dortigen Großen eingehen musste. Entgegen dem Verbot der Inzestehe heiratete ihr Sohn Childerich Bilichild, die Tochter Sigiberts III. und Chimnechilds. Zugleich wurde der Königinwitwe Chimnechild offenbar die Regentschaft in Austrasien zugestanden, denn zumindest eine Urkunde des Königs ist mit ihrem *signum* versehen, wie es auch für die Regentinnen Nanthild und Balthild belegt ist. Dafür verzichtete Chimnechild auf die Rückkehr ihres im Exil lebenden Sohnes Dagobert und erkannte die Vorrangstellung der neustrischen Königsfamilie an. Der Kompromiss macht die schwierige Situation deutlich, in der sich beide Königsfamilien befanden, denn eine Ausübung der Regentschaft durch die Schwiegermutter des Königs war unüblich.[7]

Schon deshalb muss auch das Bild von Balthilds friedfertiger Herrschaft, das ihre Vita zeichnet, hinterfragt werden, denn die Vita Wilfrids von York bietet ein ganz anderes Bild:

> »Denn in jener Zeit verfolgte die übel gesinnte Königin namens Balthild die Kirche des Herrn so wie die überaus ruchlose Königin Jezabel, welche die Propheten des Herrn tötete. Und so befahl auch diese, von den Priestern und Diakonen abgesehen, neun Bischöfe zu töten, unter ihnen den Bischof Dalfinus (=Aunemund von Lyon), den die *duces* sehr böswillig zu sich kommen ließen.«[8]

Der letzte Nebensatz ist auffällig: Nicht nur Balthild, sondern auch die *duces* verhielten sich böswillig gegenüber Aunemund († 663). Eine Begründung dafür liefert seine Vita, die berichtet, Aunemund sei aufgrund seines engen Verhältnisses zu seinem Patenkind Chlothar III. und seines zunehmenden Ruhmes schließlich von allen gehasst worden.[9] Sowohl Aunemund als auch sein Bruder, der »Präfekt« von Lyon, wurden beim König der Untreue angeklagt und umgebracht.[10] Aber die Vita Aunemunds lastet seinen Tod nicht wie die Vita Wilfrids Balthild direkt an, sondern ihrem Umfeld.

Einen weiteren Hinweis darauf, dass während der Regentschaft Balthilds durchaus nicht alles in geordneten Bahnen verlief, gibt auch ihre eigene Vita. Sie erwähnt die Ermordung Bischof Sigobrands von Paris († 664?) und betont, diese sei gegen Balthilds Willen geschehen.[11] Die verschiedenen Quellen bieten somit ein widersprüchliches Bild der Königin. Die Behauptung der Vita Wilfrids von York, Balthild habe neun Bischöfe umbringen lassen, kann nicht durch andere Quellen bestätigt werden, was nicht automatisch heißen muss, dass sie falsch ist. Sowohl die Vita Aunemunds als auch die Vita Balthilds selbst machen für die Ermordung Aunemunds und Sigobrands jedoch nicht Balthild, sondern Männer im Umfeld der Königin beziehungsweise die *Franci*, also einflussreiche Franken, verantwortlich. Wenn dies und die Darstellung der Frömmigkeit Balthilds in ihrer Vita stimmen, wäre das ein Zeichen dafür, dass sie sich während ihrer Regentschaft nur bedingt durchsetzen konnte.

Wer konkret für das Vorgehen gegen Aunemund und Sigobrand und eventuell weitere Bischöfe verantwortlich war, bleibt im Dunkeln. Der Grund für die Anklage gegen Aunemund und seinen Bruder sowie deren Beseitigung scheint vor allem ihre Machtstellung in Lyon gewesen zu sein.[12] Aunemund wurde zum Vorwurf gemacht, heimlich ein fremdes Volk eingeladen zu haben, das Frankenreich anzugreifen. Vielleicht war der Vorwurf aus der Luft gegriffen, um die Anklage des Hochverrats zu rechtfertigen. Möglich wäre aber auch, dass Aunemund in den Auseinandersetzungen zwischen Franken und Langobarden eine Rolle spielte. Nach dem Tod des Langobardenkönigs Aripert I. 661 war es Herzog Grimoald von Benevent gelungen, das Königtum zu übernehmen. Die Söhne Ariperts hatte er ausgeschaltet, indem er Godepert getötet und Perctarit zur Flucht gezwungen hatte. Allerdings kehrte Perctarit zurück und unterwarf sich, musste bald darauf jedoch erneut fliehen. Diesmal führte seine Flucht ins Frankenreich und Balthild und Ebroin scheinen ihm nicht nur Asyl gewährt, sondern für ihn in Italien auch militärisch interveniert zu haben. Im Jahr 663 griff ein fränkisches Heer die Langobarden an, erlitt aber bei Asti eine schwere Niederlage.[13] Letztlich bleiben aber sowohl die Hintergründe für den Angriff der Franken gegen die Langobarden als auch eine mögliche Verwicklung Aunemunds in diese Vorgänge im Dunkeln.

15.2 Die Klosterpolitik Balthilds

Während ihrer Regentschaft gründete Balthild zwei Klöster und führte an einigen wichtigen Kirchen (*seniores basilicae*) Reformen durch. Um 658/659 gründete sie das Frauenkloster Chelles bei Paris und zwischen 657 und 661 das Männerkloster Corbie (Département Somme), die sie beide reich ausstattete.[14] Am 6. September 664 stellte Bischof Berthefrid von Amiens für Corbie ein Privileg aus, das König Chlothar III. und Balthild von ihm erbeten hatten. Die Urkunde ist aber nicht an den König, Balthild oder den Abt des Klosters, sondern an elf Bischöfe gerichtet. Diese Bischöfe hatten der Verleihung weitreichender Rechte an Corbie zugestimmt und die Urkunde unterschrieben. Vorbilder für die erteilten Rechte waren die Privilegien für Agaunum, Lérins, Saint-Marcel bei Chalon-sur-Saône und Luxeuil. Nach den Bestimmungen hatten der Bischof, die Geistlichen und der Vogt der Kirche von Amiens keine Verfügungsgewalt über die Klostergüter oder dem Kloster dargebrachte Geschenke, der Bischof musste die Weihe der Altäre und der vom Abt ausgewählten Geistlichen kostenlos vornehmen, er durfte das Kloster nur auf Einladung des Abtes betreten und der Mönchsgemeinschaft stand die Wahl des Abtes zu, der die Diziplinargewalt über die Mönche ausübte. Im Kloster sollten die Regeln Benedikts und Columbans gelten. Hielt sich der Bischof nicht an die Bestimmungen, verfiel er der Exkommunikation.[15] Da die Klöster ursprünglich disziplinarisch wie vermögensrechtlich dem zuständigen Ortsbischof unterstanden, schränkte das Privileg für Corbie die Befugnisse des Bischofs deutlich ein. Die Zustimmung der in der Urkunde genannten Bischöfe sollte also das Privileg und dessen Umsetzung absichern.

Balthilds weitere Maßnahmen knüpften an Bemühungen an, die sich bereits in der Regierungszeit ihres Mannes Chlodwig II. fassen lassen. Letzterer bestätigte 654 der Basilika Saint-Denis ein Privileg Bischof Landerichs von Paris, das dieser auf Chlodwigs Bitte ausgestellt hatte. Die königliche Bestätigungsurkunde wies zunächst auf die Bedeutung der Märtyrer Dionysius, Leutherius und Rusticus hin, die in der Basilika bestattet lagen. Zudem erinnerte sie daran, dass Chlodwigs Eltern Dagobert I. und Nanthild in Saint-Denis beigesetzt worden waren,

> »damit sie durch die Fürbitte jener Heiligen es verdienen, am himmlischen Königreich mit allen Heiligen teilzuhaben und das ewige Leben zu empfangen.«

Weiter hielt die Urkunde fest, dass die früheren Könige und andere gottesfürchtige Menschen die Kirche reich beschenkt hätten. »Es ist unser Wunsch und unsere Bitte gewesen«, heißt es weiter,

> »dass der apostolische Mann Landerich, Bischof der Kirche von Paris, ein Privileg für eben diesen heiligen Ort, dem Abt und den Brüdern, die sich dort aufhalten, für den künftigen Frieden gewähren und bestätigen soll, damit es der Mönchsgemeinschaft umso leichter erlaubt sei, für die Festigkeit unseres Reichs an der Schwelle eben dieser Märtyrer beständig zu beten. Es ist bekannt, dass dieser Bischof mit seinen Mitbischöfen gemäß unserer Bitte den Wunsch vollkommen erfüllt und bestätigt hat.«

Saint-Denis wurde von der bischöflichen Verfügungsgewalt über die Klostergüter und dem Kloster dargebrachte Geschenke befreit. Das Privileg sollte ausdrücklich dazu dienen, das von Dagobert I. eingeführte beständige Gebet für den Bestand des Reichs zu sichern.[16] Dasselbe Ziel verfolgte Balthild, als sie für die Mönchsgemeinschaften in Saint-Denis, Saint-Germain in Paris oder Auxerre, Saint-Médard in Soissons, Saint-Pierre-le-vif in Sens, Saint-Aignan in Orléans und Saint-Martin in Tours die benediktinisch-columbanische Mischregel einführen ließ. Die Bischöfe der genannten Kirchen brachte sie dazu, diesen kirchliche Freiheiten zu gewähren, während sie selbst den

Gemeinschaften die weltlichen Freiheiten gewährte, deren Umfang jedoch nicht bekannt ist.[17] Ob die Gemeinschaften jene Freiheiten, die in der Urkunde von 654 für Saint-Denis genannt werden, erhielten oder weitergehende Rechte, lässt sich nicht klären. Unabdingbar damit verbunden war aber auf jeden Fall das Gebet für das Reich. Dadurch und durch die erteilten Privilegien wurden die betreffenden Kirchen enger an das Königtum gebunden. Ebenfalls unklar ist, ob die Bischöfe diesen Maßnahmen nur auf Druck von Balthild oder auch aus eigenem Interesse zustimmten, um als Garanten für die Umsetzung der Privilegien ihre Beziehungen zum Hof zu festigen.

16 Die Herrschaft der Hausmeier

16.1 Theuderich III., Childerich II. und der Hausmeier Ebroin

Ende 664 oder 665 zog sich Balthild in das von ihr gegründete Kloster Chelles zurück und übergab die Herrschaft an ihren inzwischen mündig gewordenen Sohn Chlothar III. Laut ihrer Vita war es ihre eigene Entscheidung, nun im Kloster zu leben, doch wenige Zeilen später heißt es:

> »Sie hatte nämlich damals ziemlichen Ärger mit denen, die sie selbst liebevoll erzogen hatte, weshalb diese sie fälschlicherweise verdächtigten und ihr auch Gutes mit Schlechtem vergalten.«

Hatte die Vita Balthild zunächst als Mutter der Vornehmen, als Amme der am Hof aufwachsenden aristokratischen Jünglinge und als jene, die dem Rat der Großen Gewicht verlieh, gerühmt,[1] scheint das gute Einvernehmen, das zwischen Balthild und wichtigen Aristokratenfamilien geherrscht hatte, später zerbrochen zu sein. Dabei spielte offenbar der in diesem Zusammenhang in der Vita erwähnte Mord an Bischof Sigobrand von Paris eine wichtige Rolle, doch bestanden wohl noch weitere Differenzen zwischen der Königin und ihrem Umfeld, welche die Vita nicht konkret benennt. Man kann insofern bezweifeln, ob sie sich wirklich freiwillig ins Kloster begab.[2]

Nach dem Ausscheiden Balthilds aus der Regierung scheint Ebroins Macht weiter gewachsen zu sein. Die Passio Leodegars schildert die Machtfülle Ebroins eindrucksvoll, wenn auch sehr einseitig:

> »Es war nämlich in jenen Zeiten Ebroin, wie wir sagen, *maior domus*, der damals unter König Chlothar den Hof leitete. Denn die

> Königin, die wir oben genannt haben, hielt sich bereits im Kloster auf, das sie vorher für sich bereitet hatte […] Es war nämlich der erwähnte Ebroin so durch die Fackel der Begierde entflammt und der Gier nach Geld ergeben, dass vor ihm nur die einen gerechten Grund hatten, die ihm mehr Geld brachten. Und weil die einen aus Furcht, die anderen, um sich Gerechtigkeit zu kaufen, ihn mit ungeheuren Mengen an Gold- und Silbergeld überschütteten, deshalb waren die Gemüter einiger durch den Schmerz der Beraubung berührt und sie hatten sich schon gegen ihn empört, weil er nicht nur das Spiel der Raubsucht betrieb, sondern auch aufgrund einer leichten Beleidigung das Blut vieler unschuldiger Vornehmer vergoss. […] Er erließ damals ein tyrannisches Edikt, dass es keiner vonseiten der Burgunder wagen solle, zum Hof zu kommen, wenn er nicht einen Auftrag dazu von ihm erhalten habe. Damals waren alle Vornehmen aus Furcht misstrauisch, was er zur Vollendung seiner Untat überlege, damit er entweder einige zum Tode verurteilen oder sie mit dem Verlust des Vermögens schlagen könne. Inzwischen blieb die Sache in der Schwebe, bis König Chlothar von Gott gerufen aus diesem Leben schied (im Jahr 673). Aber als Ebroin dessen Bruder Theuderich, nach Zusammenrufung der Großen, feierlich, wie es Sitte ist, hätte in das Königtum erheben sollen, wollte er diese, vom Geist der Hochmut aufgeblasen, nicht zusammenrufen. Deshalb begannen sie umso mehr zu fürchten, dass er dadurch, dass er den König, den er zum Ruhm des Reichs hatte erheben sollen, während er ihn danach nur um des (Königs)namens willen bei sich behalte, jenem, dem er Böses gewünscht hatte, es nun auch dreist zufügen könne. Und als eine Menge Vornehmer zur Begegnung mit dem neuen König eilte, wurde ihnen im Auftrag Ebroins der Weg versperrt. Es kam nun zu einem gemeinsamen Plan, und nachdem sie diesen (Theuderich) verlassen hatten, erbaten sie alle Childerich (zum König), seinen jüngeren Bruder, der das Königtum in Austrasien erlangt hatte. Wer damals diesem Plan nicht zustimmen wollte, floh entweder oder stimmte, von Lebensgefahr bedroht, gegen seinen Willen zu.«[3]

Die Passio zeichnet ein extrem negatives Bild von Ebroin, dem die üblichen Verfehlungen wie Ungerechtigkeit, Habgier und Machthunger vorgeworfen werden. Die um 800 verfasste *Vita Lantberti* berichtet, es habe damals drei Fraktionen gegeben, von denen eine Childerich und eine Theuderich zuneigte, während sich die dritte noch nicht festgelegt hatte.[4] Dies passt zum oben zitierten Satz der Passio Leodegars, wer dem Plan nicht habe zustimmen wollen, sei entweder geflohen oder habe gegen seinen Willen zugestimmt. Theuderich und Ebroin wurden gefangengenommen und angeblich rettete Letzteren nur die Fürsprache einiger Bischöfe vor dem Tod. Beide wurden geschoren, der König im Kloster Saint-Denis und Ebroin im Kloster Luxeuil inhaftiert, »damit er den Untaten, die er verübt hatte, durch Buße entrinne«, wie die Passio Leodegars bemerkt. Noch im Jahr 673 luden die Großen Neustriens und Burgunds den austrasischen König Childerich II. zu sich ein, der gemeinsam mit dem *dux* Wulfoald nach Neustrien kam. Er wurde zum König erhoben und herrschte nun über das gesamte Reich.[5] Die Großen der drei Reichsteile verlangten von ihm, durch Dekrete zu bestätigen, dass die Amtsträger (*iudices*) die Gesetze und Gewohnheiten der einzelnen Reichsteile respektierten, dass der Amtsträger (*rector*) einer Provinz nicht in eine andere eindringen und niemand eine ungerechte Herrschaft wie Ebroin führen und auf seine Standesgenossen (*contubernales*) herabblicken dürfe. Zudem sollte ein regelmäßiger Wechsel im Amt des *maior domus* gewährleistet und die unrechtmäßige Übernahme des Amtes verhindert werden.[6] Die Großen bestanden damit auf einer Beteiligung an der Regierung und auf der Respektierung ihrer Stellung.[7] Childerich II. stimmte diesen Wünschen zu und am Hof scheinen Wulfoald und Bischof Leodegar von Autun, ein Vertrauter Balthilds und einer der wichtigsten Gegner Ebroins, eine führende Stellung eingenommen zu haben.

Während seiner kurzen Herrschaft über das Gesamtreich von 673 bis 675 berief Childerich zwei Synoden ein. Die eine tagte im burgundischen Saint-Jean-de-Losne, die andere in Saint-Pierre-de-Granon in der Diözese Agen.[8] Bei Letzterer handelte es sich eindeutig um eine Regionalsynode für Aquitanien, an welcher der aquitanische Herzog Lupus als Stellvertreter des Königs teilnahm. Diese erste aquitanische Regionalsynode kann als ein Anzeichen für die zunehmende Eigenständigkeit der Region gewertet werden.[9] Ob die Synode von Saint-Jean-de-Losne ebenfalls nur eine burgundische Regionalsynode oder vielleicht doch eine Reichssynode war, lässt sich aufgrund der fehlenden Unterschriftenliste nicht klären. Die im Prolog erwähnte Anwesenheit des Königs spricht eher für eine Reichssynode, mit deren Hilfe Childerich die Politik aktiv gestalten wollte. Die Kanones beider Synoden enthalten einige neue Bestimmungen. So wurde den Bischöfen und Klerikern im 15. Kanon der Synode von Saint-Jean-de-Losne zum ersten Mal die Jagd nach Art der Laien verboten. Dies ist bezeichnend für die Thematik beider Synoden, die sich in bisher unbekanntem Ausmaß mit der Verweltlichung des Bischofsamtes beschäftigten. Der 4. Kanon der Synode von Saint-Pierre-de-Granon hielt fest:

> »Die Bischöfe aber, die wie es geschrieben steht, gleichsam als Haupt der Kirche hervorragen und, wie der heilige Hieronymus schreibt, so wie die Apostel sein sollen, sollen den Kirchen einen solchen Charakter zeigen, dass sie selbst den Klerus lieben und vom Klerus geliebt werden und ihr Lebenswandel Vorbild für die Gläubigen ist durch die Lebensweise, das Wort und den Gehorsam. In jeder Weise sollen sie die weltlichen Angelegenheiten denen der Religion hintanstellen. Und, so wie der Apostel sagt, sollen sie einen solch wahrhaften Charakter und Glauben besitzen, dass sowohl die Festigkeit des Reichs durch diese feststehen soll, als auch das Heil des Volkes, so wie es sich gehört, durch diese mithilfe Gottes andauern soll.«[10]

Die Kanones der Synode von Saint-Jean-de-Losne enthalten ähnliche Forderungen: Die Bischöfe sollten sich der weltlichen Dinge entledigen und gemäß der Kanones leben (Kan. 1), sie sollten keine Waffen tragen (Kan. 2) und ihre Rechtsfälle nicht selbst vor Gericht vertreten (Kan. 3). Bischöfe, die nicht gemäß ihrer geistlichen Berufung lebten, sollten bestraft werden und sich bessern oder abgesetzt werden (Kan. 10). Und Kanon 17 hielt fest:

> »Wir haben beschlossen, dass die Bischöfe und Äbte, die bekanntlich aus eigener Schuld verurteilt worden sind oder sich freiwillig von ihren Kirchen zurückgezogen haben, auf keine Weise zu ihren eigenen Kirchen oder Ehrenstellungen zurückkehren dürfen.«[11]

Ziel beider Synoden war es also, die Bischöfe dazu zu bringen, ihre weltliche Aufgaben und ihr weltliches Auftreten aufzugeben, ihre religiösen Aufgaben wieder in den Mittelpunkt zu stellen und ihre Vorbildfunktion für die Gemeinden wahrzunehmen. Denn von ihrem Verhalten und der Stärke ihres Glaubens waren die Festigkeit des Reichs und das religiöse Heil des Volkes abhängig.

Man hat die Initiative zur Einberufung der Synoden meist Leodegar von Autun zugeschrieben, doch kann man die Kanones durchaus auch als Kritik an Bischöfen wie Leodegar lesen, der eben jenen Bischofstypus vertrat, der sowohl geistliche Funktionen als auch weltliche Herrschaftsrechte in seiner Stadt ausübte. Zudem überwarf sich Leodegar nach einiger Zeit mit König Childerich. Der Bischof warf dem König angeblich vor, gegen sein Versprechen die alten Gewohnheiten nicht zu beachten und gegen das Verbot der Inzestehe mit seiner Cousine Bilichild verheiratet zu sein. Ob dies so allerdings zutrifft, ist zweifelhaft, denn als Childerich nach Neustrien gerufen wurde, war er bereits zehn Jahre unangefochten mit Bilichild verheiratet, und Balthild, Leodegars Förderin, hatte die Ehe vermutlich arrangiert. Sicher ist aber, dass Leodegar in einen Konflikt mit dem König, Wulfoald und Chimnechild geriet. Als er den *patricius* Hector von Marseille in einem Streit mit Bischof Praeiectus von Clermont unterstützte, entzog ihm der König seine Huld. Leodegar und Hector wurden von ihren Gegnern des Hochverrats angeklagt, Hector hingerichtet und Leodegar nach Luxeuil verbannt, wo auch sein alter Gegner Ebroin inhaftiert war.[12] Auf diesen Vorgang könnte der 17. Kanon der Synode von Saint-Jean-de-Losne zielen, der abgesetzten Bischöfen die Rückkehr in ihr Bistum verbot. Da weder diese Synode noch jene von Saint-Pierre-de-Granon genau datiert werden kann, haben beide möglicherweise erst nach der Absetzung Leodegars stattgefunden. Eine vom König für Mitte September 676 angesetzte weitere Synode trat nicht mehr zusammen,[13] denn im Herbst 675 kam es zum Sturz Childerichs. Der *Liber historiae Francorum* behauptet, der König habe leichtsinnig und unüberlegt gehandelt und die Franken unterdrückt.

> »Er befahl ganz ohne gesetzliche Grundlage, einen von ihnen, einen Franken namens Bodilo, an einen Pfahl gebunden zu schlagen. Als die Franken dies sahen, gerieten sie in großen Zorn und Ingobert, Amalbert und die übrigen Großen der Franken entfachten einen Aufstand gegen den König. Bodilo erhob sich gegen diesen mit den übrigen und legte dem König einen Hinterhalt. Er tötete ihn zusammen mit der Königin und seinem Sohn, was zu berichten schmerzlich ist.«[14]

Die entehrende Strafe, die an Bodilo vollzogen wurde, mag vielleicht der unmittelbare Auslöser des Aufstandes gewesen sein, aber sie war sicher nicht der eigentliche Grund. Erhebungen von Teilen der Aristokratie gegen den König lassen sich seit der zweiten Hälfte des 6. Jahrhunderts immer wieder beobachten und werden stets mit dem Fehlverhalten des Königs begründet. Wie im Falle Chilperichs I. oder auch Theuderichs II. zu sehen war, fühlten manche Aristokraten ihre Interessen ungenügend berücksichtigt und forderten mehr Beteiligung an der Herrschaft. Auch die Ermordung König Childerichs II., seiner Frau Bilichild und seines Sohnes Dagobert dürfte in der Unzufriedenheit bestimmter aristokratischer Gruppen ihren Ursprung gehabt haben. Bezeichnenderweise berichtet die Passio Leodegars, dass es nach dem Tod des Königs zu heftigen Kämpfen zwischen den Vorstehern (*rectores*) einzelner Regionen gekommen sei. Childerichs Hausmeier Wulfoald musste nach Austrasien fliehen und Leudesius wurde zu seinem Nachfolger gewählt. An der entsprechenden Versammlung nahm der aus dem Exil zurückgekehrte Bischof Leodegar von Autun mit seinem Bruder Gaerin teil. Offenbar hatte jene Gruppe, die für die Absetzung Theuderichs und die Ermordung Childerichs verantwortlich war, wieder das Steuer übernommen, was zu Auseinandersetzungen zwischen einzelnen Gruppen der Oberschicht führte.[15]

Die schnelle Wahl des Leudesius zum neuen *maior domus* zeigt, dass Leodegar und sein Umfeld diese Schlüsselposition besetzen wollten, bevor überhaupt die Frage der Königsherrschaft geklärt war. Dieses Vorgehen unterstreicht die signifikante Bedeutung, die das Hausmeieramt inzwischen erreicht hatte! Erst nach Leudesius' Wahl einigte man sich darauf, Theuderich III. aus dem Kloster zu holen und als König einzusetzen.[16] Dabei war ebenfalls Eile geboten, denn inzwischen war Ebroin mithilfe seiner Anhänger aus dem Kloster Luxeuil entkommen. Er erklärte angeblich zunächst seine Treue zu Theuderich, verbündete sich dann aber mit Großen aus Austrasien und Neustroburgund, unter ihnen Waimer, *dux* der Champagne, und Adalricus, *dux* im Elsass. Dazu kamen die möglicherweise beim Sturz Ebroins abgesetzten neustroburgundischen Bischöfe Desideratus (Diddo) von Chalon-sur-Saône und Bobo von Valence. Gemeinsam erkannten sie einen angeblichen Sohn Chlothars III. als König Chlodwig (III.) an. Gleichzeitig ließ Ebroin das Gerücht verbreiten, Theuderich sei bereits gestorben. Er zog nun mit dem von ihm gesammelten Heer plündernd durch das Reich und erteilte den Amtsträgern Anweisungen unter Berufung auf König Chlodwig. Sinn seiner Doppelstrategie war es wohl, zum einen nicht als Empörer gegen den rechtmäßigen König Theuderich III. aufzutreten, da dieser angeblich schon verstorben war, und andererseits mit König Chlodwig einen König zur Hand zu haben, durch den er sein Handeln legitimieren konnte. Schließlich gelang es ihm, den in Nogent-sur-Oise residierenden Königshof überraschend zu überfallen. Theuderich, Leudesius und andere Mitglieder des Hofes flohen, verfolgt von Ebroin, der in Baizieux zunächst den Königsschatz in seine Gewalt brachte, bevor er in Crécy-en-Ponthieu den König selbst gefangen nahm.[17]

Ebroin rächte sich nun an seinen Gegnern. Den *maior domus* Leudesius ließ er umbringen, dann sandte er nach Beratungen mit seinen Anhängern ein Heer unter Führung von Herzog Waimer und Bischof Desideratus nach Autun, um Leodegar gefangen zu nehmen. Für diese Aktion berief man sich immer noch auf einen Befehl König Chlodwigs, obwohl Theuderich schon in der Gewalt Ebroins war. Möglicherweise wusste

Ebroin nicht, wie er sich jetzt verhalten sollte, denn er hatte ja den Tod Theuderichs verkündet. Vielleicht wollte er auch erst abwarten, wie sich die Situation für ihn entwickelte, um dann sein Verhältnis zu Theuderich zu klären. Leodegar stellte sich seinen Gegnern, wurde geblendet und Waimer als Häftling übergeben, der mit ihm und einem Teil des Heeres in die Champagne zurückkehrte. Adalricus, Desideratus von Chalon und Bobo von Valence stießen gemeinsam bis Lyon vor, doch konnten sie weder die Stadt erobern noch Adalricus wie geplant zum *patricius* der Provence erheben. Auch konnte sich der in Autun zum Nachfolger Leodegars erhobene Bobo nicht halten und verlor den Bischofssitz an Abt Hermenar von Saint-Symphorian.[18] Ebroin selbst scheint in diese Kämpfe nicht eingegriffen zu haben. Für ihn war es vor allem wichtig, dass Leodegar ausgeschaltet worden war. Zugleich musste er überlegen, wie er sich gegenüber König Theuderich verhalten sollte. Es dürfte ihm klar gewesen sein, dass die anfechtbare Königswürde Chlodwigs eine zu schwache Legitimationsbasis bildete. Die Passio Leodegars berichtet dazu:

> »Weil also, wie gesagt, Ebroin seine Untaten nicht länger verheimlichen konnte, wandte er seine Hinterlist von dem König (Chlodwig) ab, den er als falschen König erhoben hatte, damit er an den Hof Theuderichs zurückkehren konnte. Es bildete sich eine Gruppe gewisser Männer und wiederum wurde er plötzlich *maior domus* am Hofe.«[19]

Obwohl Ebroin den Königsschatz und den König in seine Gewalt gebracht hatte, konnte er Theuderich offenbar nicht einfach seinen Willen diktieren. Er brauchte Fürsprecher, um wieder ein gutes Verhältnis zum König zu erlangen, der ihn dann als *maior domus* akzeptierte. Diese kurze Schilderung der Passio zeigt deutlich, dass Ebroin neben Waimer, Adalricus, Desideratus von Chalon und Bobo von Valence weit mehr Unterstützer hatte, die wohl auch für den Ausgleich zwischen Theuderich und Ebroin sorgten.

Obwohl Ebroin Theuderich nicht einfach seinen Willen aufzwingen konnte, war er nach dem Ausgleich mit dem

König in der Lage, weiter gegen seine Gegner vorzugehen. Der König hatte nicht die Macht, ihn daran zu hindern oder vermittelnd einzugreifen. Ebroin beschuldigte Leodegar und dessen Bruder Gaerin für die Ermordung Childerichs II. verantwortlich zu sein und ließ Leodegar an seinen Lippen sowie an der Zunge verstümmeln und Gaerin steinigen. Einen formalen Prozess gegen Gaerin erwähnt die Passio Leodegars nicht, doch hat es ihn vielleicht trotzdem gegeben. Denn Leodegar kehrte zunächst für zwei Jahre in die Haft zurück, bevor er sich 678 vor einer Synode verantworten musste. Ebroin hielt sich hier also an die rechtlichen Vorgaben, wonach kein Bischof durch ein weltliches Gericht verurteilt werden durfte. Die Synode setzte Leodegar ab, der allerdings bestritt, etwas mit dem Mord an Childerich zu tun zu haben. Nach diesem Urteil konnte er dem Königsgericht ausgeliefert werden, das ihn zum Tode verurteilte. Pfalzgraf Chrodebert richtete Leodegar mit dem Schwert hin.[20]

Das zumindest äußerlich rechtlich korrekte Verfahren gegen Leodegar zeigt, dass Ebroin auf Unterstützung aus den Reihen der Bischöfe hoffte und sie auch erhielt. Das war nicht selbstverständlich, da sich die Bischöfe durchaus in einer gegenseitigen Verpflichtung sahen. Immerhin war es König Chilperich I. 577 nicht gelungen, die Absetzung des Bischofs Praetextatus auf der Synode von Paris durchzusetzen.[21] Möglicherweise hat die in den Quellen sichtbar werdende Spaltung des Episkopats in verschiedene Interessengruppen das Band der gegenseitigen Verpflichtung aber zerstört.

Der Sieg über Leodegar und die Spaltung des Episkopats stärkten Ebroins Stellung. Auf einer Synode, die der König zum 15. September 679 in die Pfalz Mâlay-le-Petit einberufen hatte, kam es zu weiteren Urteilen gegen Bischöfe, die sich gegen Ebroin gestellt hatten. In einer während der Synode ausgestellten Urkunde Theuderichs III. heißt es dazu:

> »Als wir den Bischöfen unseres Reichs, sowohl aus Neustrien als auch aus Burgund, befohlen hatten, wegen dem Zustand der Kirche und der Bekräftigung des Friedens in unserer Pfalz Mâlay zusam-

> menzukommen, sind einige von ihnen, die in Untreue uns gegenüber gefunden wurden, aufgrund der sie betreffenden Kanones verurteilt worden. Unter ihnen war Chramlin, Sohn des verstorbenen Miecius, der das Bischofsamt in der Stadt Embrun innehatte, und es wurde festgestellt, dass er durch Anmaßung, falsche Urkunden und seine offensichtliche Verwegenheit, aber nicht aufgrund unserer Anordnung das Bischofsamt empfangen hatte und es waren auch nicht die zu seiner feierlichen Weihe nötigen Bischöfe in der Weise, wie es die Kanones festhalten, anwesend.«

Chramlin wurde deshalb abgesetzt und in das Kloster Saint-Denis verbannt, durfte sein privates Vermögen jedoch behalten. Der König ließ also Milde walten.[22]

Der Urkundentext ist von erheblicher Bedeutung, denn er zeigt das Bemühen um ein kanonisch korrektes Verfahren, wie es auch die Vita Leodegars für dessen Aburteilung berichtet. Den in Mâlay angeklagten Bischöfen wurde unter anderem Untreue gegen den König vorgeworfen. Es ging also nicht um den Streit mit dem Hausmeier. Die Urkunde betont zudem, dass Chramlins Bischofsweihe unkanonisch erfolgt sei und er nach dem für ihn geltenden Recht verurteilt wurde. Auch hier kam der König wieder ins Spiel, denn Chramlin hatte keine königliche Bestätigung für sein Bischofsamt erhalten. Der König stand somit eindeutig im Mittelpunkt, obwohl Ebroin im Hintergrund die Fäden gezogen haben dürfte. Aber indem Theuderich III. die Synode einberief, an der er selbst teilnahm und die Urteile bestätigte, erschien er immer noch als handelndes Oberhaupt des Reichs. Das kanonisch korrekte Vorgehen und die Begründung der Absetzung mit konkreten Verstößen gegen das Kirchenrecht erschwerten es der Opposition, Einwände zu erheben und die als Richter anwesenden Bischöfe konnten eine Verurteilung ihrer Amtskollegen kaum verweigern.

Paul Fouracre hat zu Recht darauf hingewiesen, dass in den hagiographischen Quellen dieser Zeit, denen wir die meisten Informationen verdanken, die Konflikte innerhalb der christlichen Gemeinschaft, zwischen dem Klerus und den Bischöfen, aber auch unter den Bischöfen selbst, deutlich benannt werden.

Die politische Verantwortung der Bischöfe und die daraus entstehenden Verwicklungen werden keineswegs verschwiegen, sondern die jeweiligen Umstände am Hof sowie das Verhalten der Aristokratie werden zum Teil sehr deutlich beschrieben. Dabei erscheinen die in ihren Lebensbeschreibungen als Heilige verewigten Bischöfe selbstverständlich als Kämpfer für das Gute. Dennoch wird in den Texten zeitgenössische Realität sichtbar, etwa wenn sie darüber berichten, dass Prozesse gegen Bischöfe den vorgegebenen rechtlichen Normen folgten.[23] Andererseits muss man vielleicht doch etwas stärker als Fouracre die Tendenz dieser Quellen betonen, durch Auslassungen und Verzerrungen die Geschichte zugunsten ihrer Protagonisten zu verformen. Alles, was gegen die Heiligkeit des betreffenden Bischofs spricht, wird ausgeblendet oder umgedeutet.

16.2 Der Aufstieg Pippins des Mittleren zur Alleinherrschaft

Wie sehr die Quellen jener Zeit Ereignisse verschweigen und Geschichte verformen, zeigt die Überlieferung zu König Dagobert II., dem Sohn Sigiberts III. Über sein Schicksal berichtet lediglich die Vita Bischof Wilfrids von York. Nach ihr haben »Freunde und Verwandte« Dagobert mithilfe Bischof Wilfrids von York aus seinem Exil in Irland zurückgeholt und ihn 676 in Austrasien zum König erhoben.[24] Über die Hintergründe schweigt die Quelle allerdings. In Neustrien stieß die Königserhebung Dagoberts offenbar auf Ablehnung, denn kurz darauf kam es zu einem Krieg mit Theuderich III. um die Grenze zwischen Toul und Langres, der jedoch ergebnislos blieb.[25] Im *Liber historiae Francorum* heißt es zum fraglichen Zeitraum lediglich:

> »Zu dieser Zeit, nachdem Wulfoald von Austrasien und auch die Könige gestorben waren, herrschten Martin und Pippin der Jüngere, Sohn des verstorbenen Ansegisel in Austrasien.«[26]

Dagobert und seine Herrschaft werden mit keinem Wort erwähnt, sie werden aus der Geschichte ausgeblendet. Der Bericht des *Liber historiae Francorum* lässt auch keine eindeutigen Aussagen zu den personellen Konstellationen in Austrasien zu. Man kann annehmen, dass Wulfoald zu den »Freunden« Dagoberts zählte. Nach seiner Flucht aus Neustrien hatte er in Austrasien offenbar seine ehemalige führende Stellung wieder eingenommen und musste deshalb an der Erhebung eines legitimen Königs interessiert sein, um seine Stellung abzusichern. Dieses Interesse scheinen der *dux* Martin und Pippin geteilt zu haben, die womöglich für die Rückkehr Dagoberts aus Irland sorgten und unter ihm eine bedeutende Stellung einnahmen.[27] Am 23. Dezember 679 wurde Dagobert bei Stenay in den Ardennen Opfer einer Verschwörung, deren Drahtzieher Ebroin war. Einige *duces* ermordeten den König mit Zustimmung einer unbekannten Anzahl von Bischöfen. Man warf ihm vor, die Städte vernichtet, den Rat der Ältesten verachtet, das Volk durch Steuern gedemütigt und die Kirche sowie die Bischöfe geringschätzig behandelt zu haben.[28] Da dies die üblichen Gründe sind, um einen Königsmord zu rechtfertigen, bleiben die wirklichen Gründe, weshalb sich die Verschwörer auf die Seite Ebroins schlugen, im Dunkeln.

Nach der Ermordung Dagoberts II. konnte Theuderich III. auch die Herrschaft in Austrasien beanspruchen. Wie der Anschlag auf Dagobert zeigt, hatte Ebroin dort mächtige Verbündete, doch sein Herrschaftsanspruch führte zum Konflikt mit Martin und Pippin, welche die Regierung in Austrasien übernommen hatten. Es kam zu einer Schlacht, in der Ebroin Sieger blieb. Während Pippin entkam, fiel der *dux* Martin nach seiner Flucht durch eine List in die Hände Ebroins und wurde hingerichtet. Ebroin machte jedoch keinen Versuch, nach Austrasien vorzustoßen. Möglicherweise waren seine eigenen Verluste so groß, dass eine Fortführung des Feldzuges nicht infrage kam. Auf dem Höhepunkt seiner Macht wurde Ebroin 680 von dem Franken Ermenfred getötet, gegen den er aus unbekannten Gründen vorgegangen war.[29] Die Großen des neustroburgundischen Reichs einigten sich daraufhin mit Zustimmung König Theuderichs III. auf Waratto als neuen Hausmeier. Er verhandelte mit Pippin und schloss mit ihm Frieden. Pippin stellte Waratto als Sicherheitsleistung Geiseln, was eine gewisse Unterordnung Pippins unter Waratto sichtbar macht. Wie das Verhältnis zwischen den beiden im Einzelnen geregelt war, ist unbekannt, doch erhielt Austrasien keinen eigenen Hausmeier und Pippins Stellung als *dux* von Austrasien wurde nicht angetastet. Im Jahr 683 verdrängte allerdings Warattos Sohn Giselmar den Vater aus seiner Stellung und nahm den Kampf gegen Pippin wieder auf. Bei Namur kam es zu einer Schlacht, die Pippin erneut verlor. Aber wie schon Ebroin scheint auch Giselmar nicht versucht zu haben, Austrasien in einem Feldzug zu unterwerfen. Er starb, kurz nachdem er von dem Feldzug gegen Pippin zurückgekehrt war. An seine Stelle trat wieder sein Vater Waratto, der seine ausgleichende Politik fortsetzte. Die Vita des einflussreichen Bischofs Audoin von Rouen charakterisiert Waratto als *subregulus*, als »Unterkönig« und macht damit die Machtfülle deutlich, über welche die Inhaber des Hausmeieramtes mittlerweile verfügten.[30]

Nachdem Waratto im Herbst 684 gestorben war, übernahm sein Schwiegersohn Berchar das Hausmeieramt. Der *Liber historiae Francorum* zeigt auf, dass die Wahl Berchars unter den Großen des neustroburgundischen Reichs umstritten war:

> »Jedoch setzten die hin und her irrenden und immer noch uneinigen Franken Berchar in das Hausmeieramt ein, der von kleiner Statur, ruhmlos durch seine Weisheit und unnütz durch seinen Rat war.«[31]

Gemäß dem Zeugnis des Fortsetzers der Fredegarchronik war Berchar zudem nicht gewillt, sich um die Freundschaft der Großen zu bemühen und missachtete ihre Ratschläge. Dies brachte einige Große dazu, auf die Seite Pippins zu wechseln. Sie schlossen mit ihm Freundschaftsbündnisse, stellten ihm als Pfand für ihr Wohlverhalten Geiseln und hetzten ihn angeblich gegen Berchar auf. Angesichts dieser Unterstützung entschloss sich Pippin zum Kampf. Er verließ Austrasien mit einem Heer, traf bei Saint-Quentin auf die Truppen Theuderichs III. und

Berchars und blieb schließlich in der Schlacht bei Tertry an der Somme 687 Sieger. Zwar konnten der König und Berchar fliehen, aber der König hatte keinen Handlungsspielraum mehr und die eigentliche Herrschaftsausübung im gesamten Reich lag nun in den Händen Pippins. Er beließ Berchar aber das Amt des *maior domus* und verheiratete sogar seinen Sohn Drogo mit Berchars Tochter,[32] um den Konflikt beizulegen und Berchar einzubinden. Pippin hatte also aus den Fehlern Ebroins gelernt. Während dieser versucht hatte, alle mächtigen Gegner zu beseitigen und dadurch Widerstand hervorrief, band Pippin seine Gegner geschickt an sich. Erst als Berchar wohl Ende 690 einem Mordanschlag seiner Schwiegermutter zum Opfer fiel, übernahm Pippin das Hausmeieramt.[33] Der *Liber historiae Francorum* schreibt dazu:

> »Danach begann Pippin als *maior domus* mit König Theuderich die fürstliche Leitung auszuüben. Nachdem er den Schatz empfangen und von seinen Leuten Nordebercthus beim König zurückgelassen hatte, kehrte er selbst nach Austrasien zurück.«[34]

Pippin blieb also nicht selbst am Königshof, kontrollierte den Hof aber durch seinen Vertrauten Nordebercthus und sicherte seine Stellung dadurch ab, dass er über den königlichen Schatz verfügte, womit er den politischen Handlungsspielraum des Königs stark einengte. Diesem blieb keine Möglichkeit mehr, aus eigenen Mitteln ein Heer aufzustellen oder sich wichtige Magnaten durch großzügige Schenkungen zu verpflichten. Pippin begann, wichtige Schlüsselpositionen mit seinen Vertrauten zu besetzen. Seinen Sohn Drogo erhob er wohl um 690 zum *dux* der Champagne und den Reimser Bischofssitz übertrug er 691 seinem Vertrauten Rigobert, womit die Champagne fest in Pippins Hand war. Der offenbar unbequeme Bischof Ansbert von Rouen, der zugleich Abt von Saint-Wandrille war, wurde bei Pippin verklagt und daraufhin verbannt. Seinen Platz in Rouen nahm Gripo ein, während Bischof Bainus von Thérouanne die Leitung von Saint-Wandrille übernahm. Beide gehörten wohl zu den Anhängern Pippins.[35] So deutlich Pippin seine Macht durch eine gezielte

Personalpolitik festigte und die Politik steuerte, so wenig griff er in die traditionellen Abläufe am Hof ein. Als Theuderich III. 691 starb und ihm sein minderjähriger Sohn Chlodwig III. (691–694) folgte, übernahm wie üblich Theuderichs Frau Chrodechilde die Regentschaft für ihren Sohn, wie aus ihrem *signum* auf einer Urkunde Chlodwigs von 692 hervorgeht.[36] Aus der Zeit Chlodwigs III. und seines Nachfolgers Childebert III. (694–711) sind eine Reihe von Urkunden im Original oder in zuverlässiger Überlieferung erhalten geblieben, die Auskunft über die Personen im unmittelbaren Umfeld des Königs geben. Pippins Name erscheint nur in einer einzigen Urkunde von 697, und er wird dort auch nur als Vater Drogos erwähnt. Die Urkunde hält einen Gerichtsentscheid Childeberts III. gegen Pippins Sohn Drogo fest, der dazu verurteilt wurde, die in Neustrien gelegene *villa* Noisy-sur-Oise, die er widerrechtlich in Besitz hatte, an das Kloster Thusonevalle zurückzugeben.[37] Pippin setzte sich auffälligerweise nicht für seinen Sohn ein. Entweder waren die Interessen einflussreicher Familien im Spiel, gegen die Pippin nicht vorgehen konnte oder wollte,[38] oder es gehörte zu Pippins Führungsstil, sich nicht in Angelegenheiten auf dieser Ebene einzumischen. Dazu würde sein Rückzug nach Austrasien passen, der den neustroburgundischen Großen signalisiert haben könnte, dass Pippin bereit war, die bisherige Rechtsordnung zu respektieren. Nach 697 baute Pippin seine Macht weiter aus. Drogo wurde nun auch *dux* von Burgund und Pippins zweiter Sohn Grimoald übernahm das Amt des Hausmeiers am Hofe Childeberts III.[39] Dadurch verstärkte er die politische Einflussnahme seiner Familie und sicherte ihre Macht. Er selbst behielt aber weiterhin die Fäden in der Hand.

Obwohl Pippin der Mittlere nun de facto Herrscher des Frankenreichs war,[40] galten die Könige immer noch als die eigentlichen Repräsentanten der Herrschaft. Dies kommt einerseits in den Königsurkunden zum Ausdruck, durch die nach wie vor die Herrschaftsverfügungen erlassen wurden, andererseits in einer Formulierung des *Liber historiae Francorum* zum Tod Pippins 714:

»Zu dieser Zeit wurde Pippin von starkem Fieber dahingerafft und starb. Er hatte den Prinzipat unter den oben genannten Königen 27½ Jahre inne.«[41]

Pippin hatte also den Prinzipat und damit die Herrschaftsausübung inne, aber er unterstand immer noch den Königen. Trotzdem werden die merowingischen Könige in den mehrheitlich karolingerfreundlichen Quellen kaum noch erwähnt. Obwohl nach dem Tod Childeberts III. 711 noch fünf merowingische Könige und Gegenkönige von den Hausmeiern eingesetzt wurden, ist über deren Leben und ihren politischen Handlungsspielraum fast nichts bekannt. Lediglich über Chilperich II. (716–721) berichtet der *Liber historiae Francorum* etwas ausführlicher. Nach Pippins Tod am 16. Dezember 714 kam es in Neustrien zu einer Rebellion. Da seine Söhne Drogo († 708) und Grimoald († 714) bereits verstorben waren, hatte Pippin seinen Enkel Theudoald in Neustrien als Hausmeier eingesetzt, gegen den sich die neustrischen Großen erhoben. Theudoald wurde in einer Schlacht besiegt und verlor dabei sein Leben. Die Neustrier machten nun Raganfred († 731) zum Hausmeier und stellten ihn König Dagobert III. an die Seite. Als Dagobert zu Beginn des Jahres 716 starb, erhoben die Neustrier den Mönch Daniel, der gemäß einer Urkunde ein Sohn Childerichs II. war, als Chilperich II. zum König.[42] Anders als sein Vorgänger war Chilperich II. nicht minderjährig und kämpfte gemeinsam mit Raganfred an der Spitze der neustrischen Truppen zunächst gegen die Herrschaft von Pippins Frau Plektrud und dann gegen Pippins Sohn Karl Martell.[43] Nachdem sich Karl Martell nach wechselvollen Kämpfen 718 endgültig durchgesetzt hatte, verschwanden die Merowinger im Schatten der Geschichte. Am deutlichsten zeigt sich ihr Bedeutungsverlust darin, dass Karl Martell von 737 bis zu seinem Tod 741 ohne merowingischen König herrschen konnte. Erst seine Söhne Pippin der Jüngere und Karlmann setzten 743 mit Childerich III. (743–751) wieder einen merowingischen König ein, um ihre Herrschaft zu legitimieren. Im Jahr 751 hatte Pippin dann eine Machtstellung erlangt, die es ihm ermöglichte, Childerich III. mit Zustimmung des Papstes absetzen und sich selbst zum König erheben zu lassen.[44]

Abschließend muss hier noch das Bild betrachtet werden, das einzelene karolingische Quellen von den letzten merowingischen Herrschern entwerfen. In seiner vermutlich 829 geschriebenen *Vita Karoli* (Das Leben Karls des Großen) zeichnet Einhard gleich am Anfang ein Zerrbild der Merowingerkönige, als er von der Absetzung des letzten Merowingerkönigs Childerich III. 751 berichtet:

> »Das Geschlecht der Merowinger, aus dem sich die Franken ihre Könige zu wählen pflegten, bestand, wie man glaubt, bis zu König Childerich, der auf Befehl des römischen Papstes Stephan abgesetzt, geschoren und mit Gewalt ins Kloster geschafft wurde. Obwohl das Geschlecht mit jenem zu enden schien, war es doch schon längst ohne Kraft und es hatte nichts Besonderes an sich außer dem leeren Namen des Königs. Denn der Einfluss und die Macht des Reichs lagen fast völlig bei den Vorstehern des Hofes, die man Hausmeier nannte, und die an der Spitze der Herrschaft standen. Und dem König blieb nichts anderes übrig, als dass er, nur zufrieden mit dem königlichen Namen, mit wallendem Haar und ungeschnittenem Bart auf dem Thron saß und den Anschein eines Herrschers erweckte, die Legaten, woher sie auch kamen, anhörte und ihnen, wenn sie weggingen, Antworten gab, die ihm vorgegeben oder befohlen worden waren, wie wenn er sie aus eigener Macht gäbe. Außer dem leeren Namen des Königs und einem notdürftigen Lebensunterhalt, den ihm der Vorsteher des Hofes gewährte, wie es ihm gut schien, besaß er nicht anderes an Eigentum als ein Landgut mit sehr geringen Einkünften. In diesem hatte er sein Haus und dort hatte er eine geringe Zahl von Dienern, die ihm die nötigsten Dienste leisteten und ihm gehorchten. Wohin auch immer er gehen musste, fuhr er in einem Wagen, der von vorgespannten Ochsen gezogen wurde, die ein Ochsentreiber nach ländlicher Art antrieb. So pflegte er sich auch zur Pfalz zu begeben, so auch zu den Volksversammlungen, die jährlich zum Nutzen des Reichs abgehalten wurden, und so pflegte er auch wieder nach Haus zurückzukehren. Aber die Verwaltung des Reichs und alles, was in Bezug auf die inneren und äußeren Angelegenheiten auszuführen oder anzuordnen war, besorgte der Vorsteher des Hofes.«[45]

Die im frühen 9. Jahrhundert entstandenen *Annales Mettenses priores* berichten darüber hinaus, Pippin der Mittlere habe die Könige ernannt, die zwar den Königstitel getragen hätten, aber die Privilegien der Herrschaft, der Ruhm und die Ehre hätten bei Pippin gelegen. Karl Martell habe 718 nach seinem Sieg über Raganfred und den aquitanischen *dux* Eudo König Chilperich II. bei sich aufgenommen und ihm eine Pfalz (*sedes regalis*) als Aufenthaltsort zur Verfügung gestellt.[46] Beide Quellen versuchen, die Bedeutung der letzten Merowingerkönige als äußerst gering darzustellen. Bei Einhard wird der König durch seine Beschränkung auf ein kleines Landgut und wenige Diener sowie die Reisen mit dem Ochsenkarren regelrecht lächerlich gemacht. Berücksichtigt man jedoch die an über zehn verschiedenen, weit auseinanderliegenden Orten ausgestellten Königsurkunden aus der Zeit Pippins des Mittleren, dann ist es höchst unwahrscheinlich, dass der König diese Reisen im Ochsenkarren unternahm. Laut Gregor von Tours reiste der König zudem im 6. Jahrhundert zu Pferd. Hinsichtlich der Hofhaltung widersprechen sich Einhard und die Metzer Annalen. Während Einhard den König isoliert auf einem kleinen Landgut leben lässt, verfügte er laut den Metzer Annalen über eine Pfalz und somit wohl auch über eine eigene Hofhaltung. Eine Annäherung an die wirkliche Position und Lebensumstände der letzten Merowinger ist mit diesen Quellen kaum möglich. Letztlich wird auch hier wieder deutlich, wie sehr Auslassungen und Verzerrungen in den Quellen unseren Zugang zur Geschichte des Frankenreichs unter den Merowingern erschweren und welche Herausforderungen sie an heutige und künftige Historikerinnen und Historiker stellen.

17 Abkürzungen

Bf.	Bischof
CCSL	Corpus Christianorum, Series Latina
C. Th.	Codex Theodosianus
ed./edd.	herausgegeben von
Gem.	Gemahlin
MGH	Monumenta Germaniae Historica
AA	Auctores antiquissimi
Capit.	Capitularia regum Francorum
DD Mer.	Diplomata regum Francorum e stirpe Merovingica
Epp.	Epistolae (in Quart)
LL nat. Germ.	Leges nationum Germanicarum
Formulae	Formulae Merowingici et Karolini aevi
SS rer. Germ. in usum schol.	Scriptores rerum Germanicarum in usum scholarum separatim editi
SS rer. Merov.	Scriptores rerum Merovingicarum
RGA	Reallexikon der Germanischen Altertumskunde
VuF	Vorträge und Forschungen

18 Quellen und Literaturverzeichnis

18.1 Quellen

Acta conciliorum oecumenicorum. Concilium universale Constantinopolitanum sub Iustiniano habitum, Bd. 4,1, ed. Johannes Straub, Berlin 1971.

Acta Sancti Aunemundi alias Dalfini episcopi, Acta Sanctorum, September, Bd. 7, Antwerpen 1760, S. 744–746.

Agathias von Myrina, Auszüge aus den Historien, griech.-dt., in: Prokop, Werke, Bd. 2: Gotenkriege = De bello Gothico, ed. und übers. von Otto Veh, München 1966, S. 1107–1213.

Altmann von Hautvillers, Vita Nivardi episcopi Remesis, ed. Wilhelm Levison, MGH SS rer. Merov. 5, Hannover 1910, S. 157–171.

Ammianus Marcellinus, Ammiani Marcellini Rerum gestarum libri qui supersunt = Res gestae, 2 Bde., ed. Wolfgang Seyfarth, Leipzig 1978, ND Stuttgart 1999.

Annales Mettenses priores, ed. Bernhard von Simson, MGH SS rer. Germ in usum schol. 10, Hannover / Leipzig 1905.

Auctarium Marcellini, ed. Theodor Mommsen, MGH AA 11, Berlin 1894, S. 37–108.

Augustinus, De cura pro mortuis gerenda, ed. Joseph Zycha, CSEL 41, Prag / Wien / Leipzig 1900.

Aurelius Victor, Sexti Aurelii Victoris Liber de Caesaribus: praecedunt Origo gentis Romanae et Liber de viris illustribus urbis Romae, subsequitur Epitome de Caesaribus = Liber de Caesaribus, edd. Franz Pichlmayr / Roland Gründel, Leipzig 1970.

Avitus von Vienne, Epistulae, in: Alcimi Ecdicii Aviti Viennensis episcopi Opera quae supersunt, ed. Rudolf Peiper, MGH AA 6,2, Berlin 1883, S. 29–103.

Avitus von Vienne, Letters and selected prose, übers. mit einer Einführung und Komm. von Danuta Shanzer / Ian Wood (Translated texts for historians 38), Liverpool 2002.

Baudonivia, De vita sanctae Radegundis, ed. Bruno Krusch MGH SS rer. Merov. 2, Hannover 1888, S. 358–395.

Chronica Gallica ad annum DXI = Richard Burgess, The Gallic Chronicle of 511. A New Critical Edition with a Brief Introduction, in: Society and Culture in Late Antique Gaul, hg. von Ralph W. Matthisen / Danuta Shanzer, Aldershot 2001, S. 85–100.

Chronologia regum Francorum stirpis Merowingicae, ed. Bruno Krusch, MGH SS rer. Merov. 7, Hannover / Leipzig 1920, S. 468–516.

Caesarius von Arles, Sermones, ed. Germanus Morin, CCSL 103, Turnhout 1953.

Capitularia Merowingica, ed. Alfred Boretius, MGH Capit. 1, Hannover 1883, S. 1–23.

Cassiodor, Variarum libri duodecim, ed. Theodor Mommsen, MGH AA 12, Berlin 1894.

Chronica Gallica ad annum DXI = Richard Burgess, The Gallic Chronicle of 511. A New Critical Edition with a Brief Introduction, in: Society and Culture in Late Antique Gaul, edd. Ralph W. Matthisen / Danuta Shanzer, Aldershot 2001, S. 85–100.

Codex Theodosianus. Theodosiani libri XVI cum constitutionibus Sirmondianis et leges novellae ad Theodosianum pertinentes Bd. 1, edd. Theodor Mommsen / Paulus M. Meyer, Berlin 1954.

Columban, Instructio siehe Sancti Columbani Opera.

Sancti Columbani Opera, ed. G. S. M. Walker (Scriptores Latini Hiberniae 2), Dublin 1957.

Columban, Paenitentiale siehe Sancti Columbani Opera.

Columban, Regula coenobialis siehe Sancti Columbani Opera.

Concilia Galliae: A. 314–A. 506, ed. Charles Munier, CCSL 148, Turnhout 1963.

Concilia Galliae: A. 511–A. 695, ed. Charles de Clercq, CCSL 148 A, Turnhout 1963.

Desiderius von Cahors, Epistulae = Epistulae S. Desiderii Cadurcensis, ed. Dag Norberg (Studia Latina Stockholmiensia 6), Stockholm 1961.

Diplomata regum Francorum e stirpe Merovingica. Die Urkunden der Merowinger, nach Vorarbeiten von Carlrichard Brühl ed. Theo Kölzer, MGH DD Mer. 1 und 2, Hannover 2001.

Edictum Chlotharii II siehe Concilia Galliae: A. 511–A. 695.

Einhard, Vita Karoli magni, ed. Oswald Holder-Egger, MGH SS rer. Germ. in usum schol. 25, Hannover / Leipzig 1911.

Ennodius, Theoderich-Panegyrikus siehe Rohr, Christian, Theoderich-Panegyricus.

Epistolae aevi Merowingici collectae, ed. Wilhelm Gundlach, MGH Epp. 3, Berlin 1892, S. 434–468.

Epistolae Arelatensis genuinae, ed. Wilhelm Gundlach, MGH Epp. 3, Berlin 1892, S. 1–83.

Eusebius von Caesarea, De vita Constantini = Über das Leben Konstantins, übersetzt und kommentiert von Horst Schneider, eingeleitet von Bruno Bleckmann (Fontes Christiani 83), Turnhout 2007.

Eutrop, Breviarium ab urbe condita, ed. Carlo Santini, Leipzig 1979.

Fredegar, Chronicarum Fredegarii scholastici libri IV cum continuationibus, ed. Bruno Krusch, MGH SS rer. Merov. 2, Hannover 1888, ND Hannover 1984, S. 1–193.

Gesta Dagoberti I. regis Francorum, ed. Bruno Krusch, MGH SS rer. Merov. 2, Hannover 1888, ND Hannover 1984, S. 396–425.

Gregor I., Registrum epistularum 1–14, ed. Dag Norberg, CCSL 140, 140 A, Turnhout 1982.

Gregor von Tours, Liber in gloria confessorum, ed. Bruno Krusch, MGH SS rer. Merov. 1,2, Hannover 1885, S. 294–370.

Gregor von Tours, Liber vitae patrum, hg. von Bruno Krusch, MGH SS rer. Merov. 1,2, Hannover 1885, S. 211–294.

Gregor von Tours, Libri historiarum X, edd. Bruno Krusch / Wilhelm Levison, MGH SS rer. Merov. 1,1, Hannover ²1937–1951.

Gregor von Tours, Zehn Bücher Geschichten = Gregorii Episcopi Turonensis Historiarum libri decem, auf Grund der Übers. W. Giesebrechts neubearb. von Rudolf Buchner, Darmstadt 1955–1956, Darmstadt ⁹2000 (Ausgewählte Quellen zur deutschen Geschichte des Mittelalters Bd. 2–3).

Hydatius, Chronica subdita = The Chronicle of Hydatius and the Consularia Constantinopolitana, ed. mit englischer Übersetzung Richard W. Burgess, Oxford 1993.

Isidor von Sevilla, Etymologiae = The Etymologies of Isidore of Seville, ed. Stephen A. Barney u. a., Cambridge 2006.

Johannes von Biclaro siehe Victoris Tunnunensis Chronicon.

Jonas von Bobbio, Vitae Columbani abbatis discipulorumque eius, ed. Bruno Krusch, MGH SS rer. Merov. 4, Hannover 1902, S. 1–152.

Jonas von Bobbio, Vita Johannis abbatis Reomaensis, ed. Bruno Krusch, MGH SS rer. Merov. 3, Hannover 1896, S. 505–517.

Jordanis de origine actibusque Getarum, edd. Francesco Giunta / Antonio Grillone (Fonti per la storia d'Italia 117), Rom 1991.

König, Ingemar, Aus der Zeit Theoderichs des Großen. Einleitung, Text, Übersetzung und Kommentar einer anonymen Quelle (Texte zur Forschung 69), Darmstadt 1997.

Lex Ribuaria, edd. Franz Beyerle / Rudolf Buchner, MGH LL nat. Germ. 3,2, Hannover 1954.

Leges Burgundionum, ed. Ludwig Rudolf von Salis, MGH LL nat. Germ. 2,1, Hannover 1892.

Liber Epistolarum = Il *Liber epistolarum* della cancelleria austrasica (sec. V–VI), ed. Elena Malaspina, Rom 2001.

Liber historiae Francorum, ed. Bruno Krusch, MGH SS rer. Merov. 2, Hannover 1888, S. 215–328.

Marculfi Formularum libri duo, ed. Alf Uddholm, Uppsala 1962.

Marius von Avenches, La chronique de Marius d'Avenches (455–581), ed., übers. und komm. von Justin Favrod (Cahiers lausannois d'histoire médiévale 4), Lausanne 1991.

Menander Protector = Menander the Guardsman. Introductory Essay, Text, Translation, and Historiographical Notes, ed. R. C. Blockley (Arca 17), Liverpool 1985.

Pactus legis salicae, ed. Karl August Eckhardt, MGH LL nat. Germ. 4,1, Hannover 1962.

Panegyrici latini, ed. Roger Aubrey Baskerville Mynors, Oxford 1964, [5]1998.

Passio Leudegarii episcopi Augustodunensis I, ed. Bruno Krusch, MGH SS rer. Merov. 5, Hannover / Leipzig 1910, S. 282–322.

Passio Praeiecti episcopi et Martyris Averni, ed. Bruno Krusch, MGH SS rer. Merov. 5, Hannover / Leipzig 1910, S. 212–248.

Paulus Diaconus, Geschichte der Langobarden. Historia Langobardorum, ed. und übers. von Wolfgang F. Schwarz, Darmstadt 2009.

Pelagii I papae epistvlae, quae svpersvnt (556–561), edd. Pius M. Gassó / Columba M. Battle (Scripta et documenta 8), Abbadia de Montserrat 1956.

Prokop, Werke, griech.-dt., 5 Bde., ed. und übers. von Otto Veh, München 1961–1977.

Recueil des inscriptions chrétiennes de la Gaule antérieures à la Renaissance carolingienne, Bd. 8: Aquitaine Première, ed. Françoise Prévot, Paris 1997.

Recueil des inscriptions chrétiennes de la Gaule antérieures à la Renaissance carolingienne, Bd. 15: Viennoise du Nord, ed. Françoise Descombes, Paris 1985.

Sidonius Apollinaris, Sidoine Apollinaire, lat.-frz., 3 Bde., ed. und übers. von André Loyen, Paris 1960–1970.

Sisebut, Vita vel passio S. Desiderii, in: Miscellanea Wisigothica, ed. Juán Gil (Filosofías y letras 15), Sevilla 1972.
Statuta ecclesiae antiqua siehe Concilia Galliae: A. 314–A. 506.
Stephanus, Vita Wilfridi, ed. Wilhelm Levison, MGH SS rer. Merov. 6, Hannover / Leipzig 1913, S. 163–263.
Theodericiana siehe König, Ingemar.
Venantius Fortunatus, Venanti Honori Clementiani Fortunati presbyteri Italici Opera poetica, ed. Friedrich Leo, MGH AA 4,1, Berlin 1881.
Venantius Fortunatus, Vita sanctae Radegundis, ed. Bruno Krusch, MGH AA 4,2, Berlin 1885, S. 38–49.
Victoris Tunnunensis Chronicon cum reliquiis ex Consularibus Caesaraugustanis et Iohannis Biclarensis Chronicon ed. Carmen Cardelle de Hartmann, comm. Roger Collins, CCSL 173 A, Turnhout 2001.
Vita Amandi episcopi prima, ed. Bruno Krusch, MGH SS rer. Merov. 5, Hannover, 1910, S. 428–449.
Vita Ansberti episcopi Rotomagensis, ed. Wilhelm Levison, MGH SS rer. Merov. 5, Hannover 1910, S. 613–641.
Vita Audoini episcopi Rotomagensis, ed. Wilhelm Levison, MGH SS rer. Merov. 5, Hannover 1910, S. 536–567.
Vita Audomari, ed. Wilhelm Levison, MGH SS rer. Merov. 5, Hannover 1910, S. 729–764.
Vita Balthildis, ed. Bruno Krusch, MGH SS rer. Merov. 2, Hannover 1888, S. 475–508.
Vita Desiderii Cadurcae urbis episcopi, ed. Bruno Krusch, MGH SS rer. Merov. 4, Hannover 1902, S. 547–602.
Vita Eligii episcopi Noviomagensis, ed. Bruno Krusch, MGH SS rer. Merov. 4, Hannover 1902, S. 634–761.
Vita Genovefae, ed. Bruno Krusch, MGH SS rer. Merov. 3, Hannover 1896, S. 204–238.
Vita Lantberti abbatis Fontanellensis et episcopi Lugdunensis, ed. Wilhelm Levison, MGH SS rer. Merov. 5, Hannover 1910, S. 606–612.
Vita sancti Lupi espiscopi Senonici, ed. Bruno Krusch, MGH SS rer. Merov. 4, Hannover / Leipzig 1902, S. 176–187.
Vita Rusticulae sive Marciae abbatissae Arelatensis, ed. Bruno Krusch, MGH SS rer. Merov. 4, Hannover / Leipzig 1902, S. 337–351.
Vita Sadalbergae abbatissae Laudunensis, ed. Bruno Krusch, MGH SS rer. Merov. 5, Hannover 1910, S. 40–66.

Zosimos, Histoire nouvelle = Historia nova, griech.-frz., 3 Bde., ed. François Paschoud, Paris 1971–1989.

18.2 Literatur

Althoff, Gerd, Die Macht der Rituale. Symbolik und Herrschaft im Mittelalter, Darmstadt 2003.

Angenendt, Arnold, Das Frühmittelalter. Die abendländische Christenheit von 400 bis 900, Stuttgart / Berlin / Köln 1990.

Angenendt, Arnold, Missa specialis. Zugleich ein Beitrag zur Entstehung der Privatmessen, in: Frühmittelalterliche Studien 17 (1983), S. 153–221.

Anton, Hans Hubert, »Bischofsherrschaften« und »Bischofsstaaten« in Spätantike und Frühmittelalter. Reflexionen zu ihrer Genese, Struktur und Typologie, in: Liber amicorum necnon et amicarum. Festschrift für Alfred Heit, hg. von Friedhelm Burgard u. a. (Trierer Historische Forschungen 28), Trier 1996, S. 461–473.

Anton, Hans Hubert, Art. »Origo gentis § 4: Franken«, in: RGA 22 (2002), S. 174–210.

Armand, Frédéric, Chilpéric Ier. Petit-fils de Clovis, grand-père de Dagobert, le roi assassiné deux fois, Cahors 2008.

Bachrach, Bernard S., The Anatomy of a Little War. A Diplomatic and Military History of the Gundovald Affair (568–586), Boulder 1994.

Bachrach, Bernard S., Quelques observations sur la composition et les caractéristiques des armées de Clovis, in: Clovis – Histoire et mémoire 1: Clovis et son temps, l'événement, hg. von Michel Rouche, Paris 1997, S. 689–703.

Barlow, Jonathan, Gregory of Tours and the myth of the Trojan origins of the Franks, in: Frühmittelalterliche Studien 29 (1995), S. 86–95.

Baumgart, Susanne, Die Bischofsherrschaft im Gallien des 5. Jahrhunderts. Eine Untersuchung zu den Gründen und Anfängen weltlicher Herrschaft der Kirche (Münchner Arbeiten zur Alten Geschichte 8), München 1995.

Bayer, Clemens M. M., Vita Eligii, in: RGA 35 (2007), S. 461–524.

Becher, Matthias, Chlodwig I. Der Aufstieg der Merowinger und das Ende der antiken Welt, München 2011.

Becher, Matthias, Eid und Herrschaft. Untersuchungen zum Herrscherethos Karls des Großen (VuF, Sonderbd. 39), Sigmaringen 1993.

Becher, Matthias, »Herrschaft« im Übergang von der Spätantike zum Frühmittelalter. Von Rom zu den Franken, in: Von der Spätantike zum frühen Mittelalter, S. 163–188.

Becher Matthias, Der sogenannte Staatsstreich Grimoalds. Versuch einer Neubewertung, in: Karl Martell in seiner Zeit, hg. von Jörg Jarnut u. a. (Beihefte der Francia 37), Sigmaringen 1994, S. 119–147.

Beisel, Fritz, Studien zu den fränkisch-römischen Beziehungen: von ihren Anfängen bis zum Ausgang des 6. Jahrhunderts (Wissenschaftliche Schriften, Reihe 9, Geschichtswissenschaftliche Beiträge 105), Idstein 1987.

Bellen, Heinz, Grundzüge der römischen Geschichte Bd. 2, Darmstadt 1998.

Bischoff, Bernhard, Anecdota novissima. Texte des vierten bis sechzehnten Jahrhunderts (Quellen und Untersuchungen zur Lateinischen Philologie des Mittelalters 7), Stuttgart 1984.

Böhme, Horst Wolfgang, Migrantenschicksale. Die Integration der Germanen im spätantiken Gallien, in: Von der Spätantike zum frühen Mittelalter, S. 35–59.

Böhme, Horst Wolfgang, Söldner und Siedler im spätantiken Nordgallien, in: Die Franken – Wegbereiter Europas, S. 91–101.

Borgolte, Michael: Freigelassene im Dienst der Memoria. Kulttradition und Kultwandel zwischen Antike und Mittelalter, in: Frühmittelalterliche Studien 17 (1983), S. 234–250.

Borgolte, Michael, Geschichte der Grafschaften Alemanniens in fränkischer Zeit (VuF, Sonderbd. 31), Sigmaringen 1984.

Bosl, Karl, Potens und Pauper. Begriffsgeschichtliche Studien zur gesellschaftlichen Differenzierung im frühen Mittelalter und zum »Pauperismus« im Hochmittelalter, in: Karl Bosl, Frühformen der Gesellschaft im mittelalterlichen Europa: Ausgewählte Beiträge zu einer Strukturanalyse der mittelalterlichen Welt, München 1964, S. 106–134.

Brandes, Wolfram, Herakleios und das Ende der Antike im Osten, in: Sie schufen Europa. Historische Portraits von Konstantin bis Karl dem Großen, hg. von Mischa Meier, München 2007, S. 248–258.

Brather, Sebastian, Tod und Bestattung im frühen Mittelalter. Repräsentation, Vorstellungswelten und Variabilität am Beispiel merowingerzeitlicher Reihengräberfelder, in: Ethnographisch-Archäologische Zeitschrift 50 (2009), S. 93–115.

Breukelaar, Adriaan, Historiography and episcopal authority in sixth-century Gaul. The histories of Gregory of Tours interpreted in the

historical context (Forschungen zur Kirchen- und Dogmengeschichte 57), Göttingen 1994.
Brown, Peter, Through the Eye of a Needle. Wealth, the Fall of Rome, and the Making of Christianity in the West, 350–550 AD, Princeton 2012.
Brox, Norbert, Kirchengeschichte des Altertums (Leitfaden Theologie 8), Düsseldorf [4]1992.
Brunner, Karl, Sachkultur, Kontinuität und Epoche im frühen 8. Jahrhundert, in: Karl Martell in seiner Zeit, hg. von Jörg Jarnut u. a. (Beihefte der Francia 37), Sigmaringen 1994, S. 193–203.
Buc, Philippe, The Dangers of Ritual. Between Early Medieval Texts and Social Scientific Theory, Princeton 2001.
Caspar, Erich, Geschichte des Papsttums 2, Tübingen 1933.
Castritius, Helmut, Chlodwig und der Tag von Tours im Jahr 508, in: Völker, Reiche und Namen im frühen Mittelalter, hg. von Matthias Becher / Stefanie Dick (MittelalterStudien 22), München 2010, S. 113–120.
Castritius, Helmut / Böhme, Horst Wolfgang, Art. »Laeten und Laetengräber«, in: RGA 17, Berlin 2001, S. 580–588.
Claude, Dietrich, Aspekte des Binnenhandels im Merowingerreich auf Grund der Schriftquellen, in: Untersuchungen zu Handel und Verkehr, S. 9–99.
Collins, Roger, Theodebert I, rex magnus Francorum, in: Ideal and reality in Frankish and Anglo-Saxon society: studies presented to John Michael Wallace-Hadrill, hg. von Patrick Wormald et al., Oxford 1983, S. 7–33.
Coumert, Magali, Origines des peuples. Les récits du Haut Moyen Âge occidental (550–850), 1 Bd., Paris 2007.
Curta, Florin, Slavs in Fredegar and Paul the Deacon: Medieval *gens* or »scourge of God«, in: Early Medieval Europe 6 (1997), S. 141–167.
Demandt, Alexander, Die Spätantike. Römische Geschichte von Diocletian bis Justinian 284–565 n.Chr., München 2. vollständig neu bearbeitete und erweiterte Auflage 2007.
Demandt, Alexander, Antike Staatsformen: eine vergleichende Verfassungsgeschichte der Alten Welt, Berlin 1995.
Demandt, Alexander, Die Zeitenwende von der Antike zum Mittelalter, in: Von der Spätantike zum frühen Mittelalter, S. 17–34.
Demyttenaere, Albert, Qu'une femme ne peut être appellée homme: Questions de langue et d'anthropologie autour du concile de Mâcon (585), in: Spoken and Written language. Relations between Latin and the Vernacular Languages in the Earlier Middle Ages, hg.

von Mary Garrison u. a. (Utrecht Studies in medieval literacy 24), Turnhout 2013, S. 11–42.

Devroey, Jean-Pierre, Economie rurale et société dans l'Europe franque (VIe – IXe siècles), 2 Bde., Paris 2003/4.

Diem, Albrecht, Das monastische Experiment. Die Rolle der Keuschheit bei der Entstehung des westlichen Klosterwesens (Vita regularis 24), Münster 2005.

Diem, Albrecht, On opening and closing the body: Techniques of discipline in early monasticism, in: Körper er-fassen. Körpererfahrungen, Körpervorstellungen, Körperkonzepte, hg. von Kordula Schnegg / Elisabeth Grabner-Niel, Innsbruck 2010, S. 89–112.

Dumézil, Bruno, Brunehaut, Paris 2008.

Dumézil, Bruno, Culture et politique (II). Gogo et ses amis: écriture, échanges et ambitions dans un réseau aristocratique de la fin du VIe siècle, in: Revue historique 643 (2007), S. 553–593.

Durliat, Jean, Les finances publiques de Dioclétien aux Carolingiens (284–889) (Beihefte der Francia 21), Sigmaringen 1990.

Eberl, Immo, Dagobert I. und Alemannien: Studien zu den Dagobertüberlieferungen im alemannischen Raum, in: Zeitschrift für württembergische Landesgeschichte 42 (1983), S. 7-51.

Ebling, Horst, Prosopographie der Amtsträger des Merowingerreiches (Francia, Beiheft 2), 1974.

Eckhardt, Karl August, Lex Ribuaria 1: Austrasisches Recht im 7. Jahrhundert (Germanenrechte NF, Westgermanisches Recht 7), Göttingen 1959.

Eckhardt, Karl August, Pactus Legis Salicae I: Einführung und 80 Titel-Text (Germanenrechte NF, Westgermanisches Recht), Göttingen 1954.

Ensslin, Wilhelm, Nochmals zu der Ehrung Chlodovechs durch Kaiser Anastasius, in: Historisches Jahrbuch 56 (1936), S. 502–507.

Ensslin, Wilhelm, Justinian I. und die Patriarchate Rom und Konstantinopel, in: Symbolae Osloenses 35 (1959), S. 113–127.

Epp, Verena, Amicitia. Zur Geschichte personaler, sozialer, politischer und geistlicher Beziehungen im frühen Mittelalter (Monographien zur Geschichte des Mittelalters 44), Stuttgart 1999.

Erkens, Franz-Reiner, »Divisio legitima« und »unitas imperii«. Teilungspraxis und Einheitsstreben bei der Thronfolge im Frankenreich, in: DA 52 (1996), S. 423–485.

Erkens, Franz-Reiner, Herrschersakralität im Mittelalter, Stuttgart 2006.

Esders, Stefan, »Öffentliche« Abgaben und Leistungen im Übergang von der Spätantike zum Frühmittelalter: Konzeptionen und Befunde, in: Von der Spätantike zum frühen Mittelalter, S. 189–244.

Esders, Stefan, »Avenger of all perjury« in Constantinople, Ravenna and Metz. St Polyeuctus, Sigibert I and the Division of Charibert's Kingdom in 568, in: Andreas Fischer / Ian N. Wood (Hg.), Western Perspectives on the Mediterranean. Cultural Transfer in Late Antiquity and the Early Middle Ages (400–800), London 2014, S. 17–40; S. 111–129.

Esders, Stefan, Die frühmittelalterliche »Blüte« des Tauschgeschäfts: Folge ökonomischer Entwicklung oder Resultat rechtspolitischer Setzung?, in: Tauschgeschäft und Tauschurkunde vom 8. bis zum 12. Jahrhundert L'acte d'échange, du VIIIe au XIIe siècle, hg. von Irmgard Fees / Philippe Depreux (Archiv für Diplomatik, Beiheft 13), Köln / Weimar / Wien 2013, S. 19–44.

Esders, Stefan, Die Formierung der Zensualität. Zur kirchlichen Transformation des spätrömischen Patronatswesens im früheren Mittelalter (VuF, Sonderbd. 54), Ostfildern 2010.

Esders, Stefan, Herakleios, Dagobert und die »beschnittenen Völker«. Die Umwälzung des Mittelmeerraums im 7. Jahrhundert in der Chronik des sog. Fredegar, in: Jenseits der Grenzen, hg. von Andreas Goltz / Hartmut Leppin / Heinrich Schlange-Schöningen (Millenium Studien 25), Berlin / New York 2009, S. 239–311.

Esders, Stefan, Konstans II. (641–668), die Sarazenen und die Reiche des Westens, in: Die merowingischen Monetarmünzen, S. 189–241.

Esders, Stefan, *Nationes quam plures conquiri*. Amandus of Maastricht, Compulsory Baptism and »Christian Universal Mission« in 7th century Gaul, in: Religion, Politics, and Society from Constantine to Charlemagne, hg. von Jamie Kreiner / Helmut Reimitz (im Druck).

Esders, Stefan, Rechtsdenken und Traditionsbewußtsein in der gallischen Kirche zwischen Spätantike und Frühmittelalter, in: Francia 20,1 (1993), S. 97–125.

Esders, Stefan, Römische Rechtstradition und merowingisches Königtum (Veröffentlichungen des Max-Planck-Instituts für Geschichte 134), Göttingen 1997.

Esders, Stefan, Treueidleistung und Rechtsveränderung im frühen Mittelalter, in: Rechtsveränderung im politischen und sozialen Kontext mittelalterlicher Rechtsvielfalt, hg. von Stefan Esders /

Christine Reinle (Neue Aspekte der europäischen Mittelalterforschung 5), Münster 2005, S. 25–61.

Ewig, Eugen, Beobachtungen zu den Klosterprivilegien des 7. und frühen 8. Jahrhunderts, in: Eugen Ewig, Spätantikes und fränkisches Gallien Bd. 2, S. 411–426.

Ewig, Eugen, Das Bild Konstantins des Großen in den ersten Jahrhunderten des abendländischen Mittelalters, in: Eugen Ewig, Spätantikes und fränkisches Gallien Bd. 1, S. 72–113.

Ewig, Eugen, Die Franken und Rom (3.–5. Jahrhundert). Versuch einer Übersicht, in: Eugen Ewig, Spätantikes und fränkisches Gallien Bd. 3, S. 121–162.

Ewig, Eugen, Zum christlichen Königsgedanken im Frühmittelalter, in: Das Königtum. Seine geistlichen und rechtlichen Grundlagen (VuF 3), Lindau / Konstanz 1956, S. 7–73.

Ewig, Eugen, Die fränkischen Königskataloge und der Aufstieg der Karolinger, in: Deutsches Archiv 51 (1995), S. 1–28.

Ewig, Eugen, Die Merowinger und das Frankenreich. Mit Literaturnachträgen von Ulrich Nonn, Stuttgart 5. aktualisierte Auflage 2006.

Ewig, Eugen, Die Merowinger und das Imperium (Rheinisch-Westfälische Akademie der Wissenschaften. Geisteswissenschaften. Vorträge G 261), Opladen 1983.

Ewig, Eugen, Die Namengebung bei den ältesten Frankenkönigen und im merowingischen Königshaus, in: Eugen Ewig, Spätantikes und fränkisches Gallien Bd. 3, S. 163–211.

Ewig, Eugen, Das Privileg des Bischofs Berthefrid von Amiens für Corbie von 664 und die Klosterpolitik Balthilds, in: Eugen Ewig, Spätantikes und fränkisches Gallien Bd. 2, S. 538–583.

Ewig, Eugen, Die Stellung Ribuariens in der Verfassungsgeschichte des Merowingerreichs, in: Eugen Ewig, Spätantikes und fränkisches Gallien Bd. 1, S. 450–471.

Ewig, Eugen, Spätantikes und fränkisches Gallien. Gesammelte Schriften, Bd. 1–3 (Beihefte der Francia 3,1–3,3), München 1976 (1/2), Ostfildern 2009 (3).

Ewig, Eugen, Die fränkischen Teilreiche im 7. Jahrhundert (613–714), in: Eugen Ewig, Spätantikes und fränkisches Gallien Bd. 1, S. 172–230.

Ewig, Eugen, Die fränkischen Teilungen und Teilreiche 511–613, in: Eugen Ewig, Spätantikes und fränkisches Gallien Bd. 1, S. 114–171.

Ewig, Eugen, Trojamythos und fränkische Frühgeschichte, in: Die Franken und die Alemannen bis zur Schlacht bei Zülpich (496/97), hg. von Dieter Geuenich (RGA Ergänzungsbd. 19), Berlin 1998, S. 1–30.

Felten, Franz Josef, Zusammenfassung. Mit zwei Exkursen zu »starken Armen« im frühen und hohen Mittelalter und zur Erforschung der *pauperes* der Karolingerzeit, in: Armut im Mittelalter, hg. von Otto Gerhard Oexle (VuF 58), Ostfildern 2004, S. 349–401.

Fischer, Andreas, Karl Martell. Der Beginn karolingischer Herrschaft, Stuttgart 2012.

Fischer, Johannes, Der Hausmeier Ebroin, Wilkau-Haßlau 1954.

Fontaine, Jaques, Sisebut's Vita Desiderii and the political function of Merovingian hagiography, in: Visigothic Spain. New Approaches, hg. von Eward James, Oxford 1980, S. 93–129.

Fouracre, Paul / Gerberding, Richard A., Late Merovingian France: History and Hagiography 640–720, Manchester 1996.

Fouracre, Paul, Frankish History. Studies in the Construction of Power, Farnham 2013.

Fried, Johannes, Schleier der Erinnerung. Grundzüge einer historischen Memorik, München 2004.

Fruscione, Daniela, Das Asyl bei den germanischen Stämmen im frühen Mittelalter (Konflikt, Verbrechen und Sanktion in der Gesellschaft Alteuropas. Fallstudien 6), Köln / Weimar / Wien 2003.

Gaudemet, Jean, Les sources du droit de l'église en occident du IIe au VIIe siècle, Paris 1985.

Geary, Patrick, Die Merowinger. Europa vor Karl dem Großen, München ^{3}2007.

Geisel, Christof, Die Juden im Frankenreich. Von den Merowingern bis zum Tode Ludwigs des Frommen (Freiburger Beiträge zur mittelalterlichen Geschichte. Studien und Texte 10), Frankfurt am Main u. a. 1998.

Gerberding, Richard A., The Rise of the Carolingians and the Liber Historiae Francorum, Oxford 1987.

Geuenich, Dieter, Chlodwigs Alemannenschlacht(en) und Taufe, in: Die Franken und die Alemannen bis zur Schlacht bei Zülpich (496/97), hg. von Dieter Geuenich (RGA Ergänzungsbd. 19), Berlin 1998, S. 423–437.

Geuenich, Dieter, Geschichte der Alemannen, Stuttgart 2. überarbeitete Auflage 2005.

Geuenich, Dieter, Der Kampf um die Vormachtstellung am Ende des 5. Jahrhunderts. Das Beispiel der Alemannen zwischen Franken und

Ostgoten, in: Von der Spätantike zum frühen Mittelalter, S. 143–162.

Giese, Wolfgang, Die Goten, Stuttgart 2004.

Gilomen, Hans-Jörg, Wirtschaftsgeschichte des Mittelalters, München 2014.

Glaser, Rüdiger, Klimageschichte Mitteleuropas. 1200 Jahre Wetter, Klima, Katastrophen, Darmstadt 2008.

Godding, Robert, Prêtres en Gaule mérovingienne (Subsidia hagiographica 82), Brüssel 2001.

Goetz, Hans-Werner, Gens, Kings and Kingdoms: The Franks, in: Regna et gentes. The Relationship between late antique and early medieval peoples and kingdoms in the transformation of the Roman world, hg. von Hans-Werner Goetz / Jörg Jarnut / Walter Pohl (The Transformation of the Roman World 13), Leyden / Boston 2003, S. 307–344.

Goetz, Hans-Werner, Merowingische Monetarmünzen und der Beginn des Mittelalters: Versuch eines resümierenden Statements, in: Die merowingischen Monetarmünzen, S. 629–642.

Goffart, Walter, The Narrators of Barbarian History (A.D. 550–800): Jordanes, Gregory of Tours, Bede, and Paul the Deacon, Princeton 1988.

Goffart, Walter, Byzantine Policy in the West under Tiberius II and Maurice. The pretenders Hermenegild and Gundovald (579-585), in: Traditio 13 (1957), S. 73–118.

Goffart, Walter, The Frankish Pretender Gundovald, 581–585. A Crisis of Merovingian Blood, in: Francia 39 (2012), S. 1–27.

Goffart, Walter, Old and New in Merovingian Taxation, in: Past & Present 96 (1982), S. 3–21.

Grahn-Hoek, Heike, Die fränkische Oberschicht im 6. Jahrhundert. Studien zu ihrer rechtlichen und politischen Stellung (VuF, Sonderbd. 21), Sigmaringen 1976.

Grahn-Hoek, Heike, *Salii – Franci ipsi – (Gentes) qui et Franci.* Zur Ethnogenese der Franken und den Anfängen der fränkischen Südwestbewegung bis zum Ende des 4. Jahrhunderts, in: RhVjbll. 69 (2005), S. 1–69.

Grahn-Hoek, Heike, Stamm und Reich der frühen Thüringer nach den Schriftquellen, in: Zeitschrift des Vereins für Thüringische Geschichte 56 (2002), S. 7–90.

Grieser, Heike, Sklaverei im spätantiken und frühmittelalterlichen Gallien (5.–7. Jh.). Das Zeugnis der christlichen Quellen (Forschungen zur antiken Sklaverei 28), Stuttgart 1997.

Guillot, Olivier, Autour du précepte de Clotaire Ier, in: Olivier Guillot, Arcana imperii II (Cahiers de l'Institut d'anthropologie juridique de Limoges 23), Limoges 2010, S. 353–380.

Gundlach, Wilhelm, Die Sammlung Epistolae Austrasicae, in: Neues Archiv 13 (1888), S. 365–387.

Halsall, Guy, Archaeology and the late Roman frontier in northern Gaule: The so-called »Föderatengräber« reconsidered, in: Grenze und Differenz im frühen Mittelalter, hg. von Walter Pohl / Helmut Reimitz (Denkschriften Wien 287 = Forschungen zur Geschichte des Mittelalters 1), Wien 2000, S. 167–180.

Halsall, Guy, The origins of Reihengräberzivilisation: forty years on, in: Fifth century Gaul: a crisis of identity?, hg. von John F. Drinkwater / Hugh Elton, Cambridge 1992, S. 196–207.

Halsall, Guy, Settlement and social organization: the Merovingian region of Metz, Cambridge 1995.

Hardt, Matthias, Was übernahmen die Merowinger von der spätantiken römisch-byzantinischen Finanzverwaltung?, in: Die merowingischen Monetarmünzen, S. 323–336.

Hardt, Matthias, Thüringer und Sachsen, in: Die Frühzeit der Thüringer: Archäologie, Sprache, Geschichte, hg. von Helmut Castritius / Dieter Geuenich / Matthias Werner (RGA Ergänzungsbd. 63), Berlin 2009, S. 253–264.

Hartmann, Martina, Aufbruch ins Mittelalter. Die Zeit der Merowinger, Darmstadt 2003.

Hartmann, Martina, Die Königin im frühen Mittelalter, Stuttgart 2009.

Hartmann, Martina, Die Merowinger, München 2012.

Hartmann, Martina, Sage – Klischee – Fiktion? Zum Bild der merowingischen Königinnen in den frühmittelalterlichen erzählenden Quellen, in: Kulturelles Gedächtnis und interkulturelle Rezeption im europäischen Kontext, hg. von Eva Dewes / Sandra Duhem (Vice Versa. Deutsch-Französische Kulturstudien 1), Berlin 2008, S. 23–32.

Hartmann-Petersen, Gönna, Genovefa von Paris - Person, Verehrung und Rezeption einer Heiligen des Frankenreiches: eine paradigmatische Studie zur Heiligenverehrung im Frühmittelalter, Hamburg 2007.

Hauck, Karl, Von einer spätantiken Randkultur zum karolingischen Europa, in: Frühmittelalterliche Studien 1 (1967), S. 3–93.

Heinzelmann, Martin, Bischofsherrschaft in Gallien: zur Kontinuität römischer Führungsschichten vom 4. bis 7. Jahrhundert: soziale, prosopographische und bildungsgeschichtliche Aspekte (Beihefte der Francia 5), München 1976.

Heinzelmann, Martin, Bischof und Herrschaft vom spätantiken Gallien bis zu den karolingischen Hausmeiern. Die institutionellen Grundlagen, in: Herrschaft und Kirche: Beiträge zur Entstehung und Wirkungsweise episkopaler und monastischer Organisationsformen, hg. von Friedrich Prinz (Monographien zur Geschichte des Mittelalters 33), Stuttgart 1988, S. 23–82.

Heinzelmann, Martin, Eligius monetarius: Norm oder Sonderfall?, in: Die merowingischen Monetarmünzen, S. 243–292.

Heinzelmann, Martin, Gregor von Tours (538–594): »Zehn Bücher Geschichte«, Historiographie und Gesellschaftskonzept im 6. Jahrhundert, Darmstadt 1994.

Heinzelmann, Martin, L'hagiographie mérovingienne: panorama des documents potentiels, in: L'hagiographie mérovingienne à travers ses réécritures, hg. von Monique Goullet u. a., (Beihefte der Francia 71), Ostfildern 2010, S. 27–82.

Hen, Yitzhak, Culture and Religion in Merovingian Gaul A. D. 481–751 (Cultures, Beliefs and Traditions 1), Leiden / New York / Köln 1995.

Hen, Yitzhak, Roman Barbarians. The Royal Court and Culture in the Early Medieval West, Basingstoke 2007.

Herrmann-Otto, Elisabeth, Konstantin der Große, Darmstadt 2007.

Heuclin, Jean, Le concile d'Orléans de 511, un premier concordat?, in: Clovis. Histoire et mémoire, I: Le bapteme de Clovis, l'événement, hg. von Michel Rouche, Paris 1997, S. 435–449.

Heydemann, Gerda, Zur Gestaltung der Rolle Brunhildes in merowingischer Historiographie, in: Text and identities in the early middle ages, hg. von Richard Corradini u. a. (Forschungen zur Geschichte des Mittelalters 12), Wien 2006, S. 73–85.

Hoffmann, Dietrich, Das spätrömische Bewegungsheer und die Notitia dignitatum, 2 Bde. (Epigraphische Studien 7), Düsseldorf 1969–1970.

Irsigler, Franz, Untersuchungen zur Geschichte des frühfränkischen Adels (Rheinisches Archiv 70), Bonn [2]1981.

James, Edward, *Beati pacifici*. Bishops and the Law in Sixth-Century Gaul, in: Disputes and Settlements. Law and Human Relations in the West, hg. von John Bossy, Cambridge 1983, S. 25–46.

Jarnut, Jörg, Beiträge zu den fränkisch-bayerisch-langobardischen Beziehungen im 7. und 8. Jahrhundert (656–728), in: Zeitschrift für Bayerische Landesgeschichte 39 (1976), S. 331–352.

Johanek, Peter, Der »Außenhandel« des Frankenreiches der Merowingerzeit nach Norden und Osten im Spiegel der Schriftquellen, in: Untersuchungen zu Handel und Verkehr, S. 214–254.
Jussen, Bernhard, Über ›Bischofsherrschaften‹ und die Prozeduren politisch-sozialer Umordnung in Gallien zwischen ›Antike‹ und ›Mittelalter‹, in: HZ 260 (1995), S. 673–718.
Jussen, Bernhard, Chlodwig und die Eigentümlichkeiten Galliens, in: Sie schufen Europa. Historische Portraits von Konstantin bis Karl dem Großen, hg. von Mischa Meier, München 2007, S. 141–155.
Jussen, Bernhard, Liturgie und Legitimation, oder: Wie die Gallo-Romanen das römische Reich beendeten, in: Institution und Ereignis. Über historische Praktiken und Vorstellungen gesellschaftlichen Ordnens, hg. von Reinhard Blänkner / Bernhard Jussen (Veröffentlichungen des Max-Planck-Instituts für Geschichte 138), Göttingen 1998, S. 75–136.
Jussen, Bernhard, Patenschaft und Adoption im frühen Mittelalter. Künstliche Verwandtschaft als soziale Praxis (Veröffentlichungen des Max-Planck-Instituts für Geschichte 98), Göttingen 1991.
Kaiser, Reinhold, Die Burgunder, Stuttgart 2004.
Kaiser, Reinhold, Churrätien im frühen Mittelalter. Ende 5. bis Mitte 10. Jahrhundert, Basel 2. überarbeitete und ergänzte Auflage 2008.
Kaiser, Reinhold, Das römische Erbe und das Merowingerreich (Enzyklopädie deutscher Geschichte 26), München [3]2004.
Kaiser, Reinhold, Die Mittelmeerwelt und Europa in Spätantike und Frühmittelalter (Neue Fischer Weltgeschichte 3), Frankfurt am Main 2014.
Kaiser, Reinhold, Spätantike und Frühmittelalter – das Problem der Periodenbildung, Kontinuitäten und Brüche, Konzeptionen und Befunde. Versuch einer Zusammenfassung, in: Von der Spätantike zum frühen Mittelalter, S. 319–338.
Kaiser, Reinhold, Steuer und Zoll in der Merowingerzeit, in: Francia 7 (1980), S. 1–17.
Kaiser, Reinhold / Scholz, Sebastian, Quellen zur Geschichte der Franken und der Merowinger. Vom 3. Jahrhundert bis 751, Stuttgart 2012.
Kasten, Brigitte, Königssöhne und Königsherrschaft. Untersuchungen zur Teilhabe am Reich in der Merowinger- und Karolingerzeit (MGH Schriften 44), Hannover 1997.
Kaufmann, Frank-Michael, Studien zu Sidonius Apollinaris (Europäische Hochschulschriften. Reihe 3, Geschichte und ihre Hilfswissenschaften 681), Frankfurt am Main 1995.

Kluge, Bernd, Die merowingischen Monetarmünzen: Epochenwandel im Münzwesen – Münzwesen im Epochenwandel. Numismatische Handreichungen für Historiker, in: Die merowingischen Monetarmünzen, S. 33–92.

Koch, Manuel, Ethnische Identität im Entstehungsprozess des spanischen Westgotenreiches (RGA Ergänzungsbd. 75), Berlin / Boston 2012.

Koch, Ursula, Die weibliche Elite im Merowingerreich – Königinnen, Hofherrinnen und Töchter, in: Königinnen der Merowinger. Adelsgräber aus den Kirchen von Köln, Saint-Denis, Chelles und Frankfurt am Main, hg. von Egon Wamers / Patrick Périn, Regensburg 2013, S. 37–58.

Kocher, Gernot, Das Pariser Edikt von 614 und die merowingische Rechtspflege aus der Sicht der deutschen Rechtsgeschichte, Graz 1976.

Kolmer, Lothar, Promissorische Eide im Mittelalter (Regensburger Historische Forschungen 12), Kallmünz 1989.

Krusch, Bruno, Die Urkunden von Corbie und Levillains letztes Wort, in: Neues Archiv 31 (1905), S. 335–375.

Leges – Gentes – Regna. Zur Rolle von germanischen Rechtsgewohnheiten und lateinischer Schrifttradition bei der Ausbildung der frühmittelalterlichen Rechtskultur, hg. von Gerhard Dilcher / Eva-Marie Distler, Berlin 2006.

Levillain, Léon, Encore la succession d'Austrasie en VIIe siècle, in: Bibliothèque de l'Ecole des Chartes 106 (1945/46), S. 296–306.

Levison, Wilhelm, Zur Geschichte des Frankenkönigs Chlodowech, in: Aus rheinischer und fränkischer Frühzeit. Ausgewählte Aufsätze von Wilhelm Levison, Düsseldorf 1948, S. 202–228.

Little, Lester K., Life and Afterlife of the First Plague Pandemic, in: Plague and the End of Antiquity. The Pandemic of 541–750, hg. von Lester K. Little, Cambridge 2007, S. 3–32.

Maraval, Pierre, Die Religionspolitik unter Justinian I., in: Die Geschichte des Christentums. Altertum Bd. 3, Freiburg / Basel / Wien 2001, ND 2005.

Maser, Matthias, Die Päpste und das oströmische Kaisertum im sechsten Jahrhundert, in: Das Papsttum und das vielgestaltige Italien. Hundert Jahre Italia Pontificia, hg. von Klaus Herbers / Jochen Johrendt (Abhandlungen der Akademie der Wissenschaften zu Göttingen, NF 5), Berlin/New York 2009, S. 39–68.

Mathisen, Ralph W., Clovis, Anastasius, and Political Status in 508 C. E.: The Frankish Aftermath of the Battle of Vouillé, in: The Battle of Vouillé, 507 CE. Where France Began, hg. von Ralph W. Mathisen / Danuta Shanzer (Millenium Studies 37), Boston / Berlin 2012, S. 79–110.

McCormick, Michael, Origins of the European Economy: Communications and Commerce A.D. 300–900, Cambridge 2001.

Mikat, Paul, Die Judengesetzgebung der fränkisch-merowingischen Konzilien (Nordrhein-Westfälische Akademie der Wissenschaften Düsseldorf - Vorträge: Geisteswissenschaften, 335G), Opladen 1995.

Mitterauer, Michael, Warum Europa. Mittelalterliche Grundlagen eines Sonderwegs, München 2003.

Die merowingischen Monetarmünzen als Quelle zum Verständnis des 7. Jahrhunderts in Gallien, hg. von Jörg Jarnut / Jürgen Strothmann (MittelalterStudien 27), Paderborn 2013.

Mordek, Hubert, Bischofsabsetzungen in spätmerowingischer Zeit. Justelliana, Bernensis und das Konzil von Mâlay (677), in: Papsttum, Kirche und Recht im Mittelalter. Festschrift für Horst Fuhrmann zum 65. Geburtstag, hg. von Hubert Mordek, Tübingen 1991, S. 31–53.

Mordek, Hubert, Die Hedenen als politische Kraft im austrasischen Frankenreich, in: Karl Martell in seiner Zeit, hg. von Jörg Jarnut u. a. (Beihefte der Francia 37), Sigmaringen 1994, S. 345–366.

Mordek, Hubert, Kirchenrecht und Reform im Frankenreich. Die Collectio Vetus Gallica, die älteste systematische Kanonessammlung des fränkischen Gallien (Beiträge zur Geschichte und Quellenkunde des Mittelalters 1), Berlin / New York 1975.

Munier, Charles, Les Statuta Ecclesiae Antiqua, Paris 1960.

Murray, Alexander Callander, Immunity, Nobility and the Edict of Paris, in: Speculum 69 (1994), S. 18–39.

Murray, Alexander Callander, ›Pax Et Disciplina‹. Roman public law and the Merovingian State, in: From Roman Provinces to Medieval Kingdoms, hg. von Thomas F. X. Noble, London 2006, S. 376–388.

Nehlsen, Hermann, Zur Aktualität und Effektivität germanischer Rechtsaufzeichnungen, in: Recht und Schrift im Mittelalter, hg. von Peter Classen (VuF 23), Sigmaringen 1977, S. 449–502.

Nehlsen, Hermann, Sklavenrecht zwischen Antike und Mittelalter. Germanisches und römisches Recht in den germanischen Rechtsaufzeichnungen (Göttinger Studien zur Rechtsgeschichte 7), Göttingen u. a. 1972.

Nelson, Janet L., Queens as Jezebels: The Careers of Brunhild and Balthild in Merovingian History, in: Janet L. Nelson, Politics and Ritual in Early Medieval Europe, London 1986, S. 1–48.

Nolte, Cordula, Conversio und Christianitas. Frauen in der Christianisierung vom 5. bis 8. Jahrhundert (Monographien zur Geschichte des Mittelalters 41), Stuttgart 1995.

Nonn, Ulrich, Die Franken, Stuttgart 2010.

Nonn, Ulrich, Zwischen König, Hausmeier und Aristokratie: die Bischofserhebung im spätmerowingisch-karolingischen Frankenreich, in: Die früh- und hochmittelalterliche Bischofserhebung im europäischen Vergleich, hg. von Franz-Reiner Erkens, Köln / Weimar / Wien 1998, S. 33–58.

Offergeld, Thilo, Reges pueri. Das Königtum Minderjähriger im frühen Mittelalter (MGH Schriften 50), Hannover 2001.

Pangerl, Daniel Carlo, Der Königsschatz der Merowinger. Eine interdisziplinäre historisch-archäologische Studie, in: Frühmittelalterliche Studien 47 (2013), S. 87–127.

Patzold, Steffen, Eliten um 630 und um 700. Beobachtungen zur politischen Designation des Merowingerreichs im 7. Jahrhundert, in: Die Merowingischen Monetarmünzen, S. 551–561.

Patzold, Steffen, Ich und Karl der Große. Das Leben des Höflings Einhard, Stuttgart 2013.

Patzold, Steffen, Zur Sozialstruktur des Episkopats und zur Ausbildung bischöflicher Herrschaft in Gallien zwischen Spätantike und Frühmittelalter, in: Völker, Reiche und Namen im frühen Mittelalter, hg. von Matthias Becher / Stefanie Dick (MittelalterStudien 22), München 2010, S. 121–140.

Périn, Patrick / Kazanski, Michel, Das Grab Childerichs I., in: Die Franken – Wegbereiter Europas, S. 173–182.

Picard, Jean-Michel, Church and politics in the seventh century: the Irish exile of king Dagobert II, in: Ireland and Northern France AD 600–850, hg. von Jean-Michel Picard, Dublin 1991, S. 27–52.

Plassmann, Alheydis, Origo gentis: Identitäts– und Legitimitätsstiftung in früh- und hochmittelalterlichen Herkunftserzählungen (Orbis mediaevalis 7), Berlin 2006.

Pohl, Walter, Die Awaren. Ein Steppenvolk in Mitteleuropa 567–822 n. Chr., München ^{2}2002.

Pohl, Walter, Die Völkerwanderung. Eroberung und Integration, Stuttgart ^{2}2005.

Poly, Jean-Pierre, La corde au cou. Les Francs, la France et la loi salique, in: Genèse de l'État moderne en Méditerranée. Approches historique et anthropologique des pratiques et des représentations, hg. von Henri Bresc (Collection de l'École Française de Rome 168), Rom 1993, S. 287–320.

Pontal, Odette, Die Synoden im Merowingerreich (Konziliengeschichte. Reihe A, Darstellungen), Paderborn / Zürich 1986.

Prinz, Friedrich, Europäische Grundlagen deutscher Geschichte (4.–8. Jahrhundert) (Gebhardt. Handbuch der deutschen Geschichte 1), Stuttgart 2004.

Prinz, Friedrich, Herrschaftsformen der Kirche vom Ausgang der Spätantike bis zum Ende der Karolingerzeit, in: Herrschaft und Kirche: Beiträge zur Entstehung und Wirkungsweise episkopaler und monastischer Organisationsformen, hg. von Friedrich Prinz (Monographien zur Geschichte des Mittelalters 33), Stuttgart 1988, S. 1–21.

Prinz, Friedrich, Frühes Mönchtum im Frankenreich: Kultur und Gesellschaft in Gallien, den Rheinlanden und Bayern am Beispiel der monastischen Entwicklung (4. bis 8. Jahrhundert), Darmstadt 2. durchgesehene und ergänzte Auflage 1988.

Reimitz, Helmut, Cultural brokers of a common past. History, identity and ethnicity in the Merovingian kingdoms, in: Strategies of Identification – Early Medieval Perspectives, hg. von Walter Pohl / Gerda Heydemann, Turnhout 2013, S. 257–302.

Reimitz, Helmut, Die Konkurrenz der Ursprünge in der fränkischen Historiographie, in: Die Suche nach den Ursprüngen. Von der Bedeutung des frühen Mittelalters, hg. von Walter Pohl (Forschungen zur Geschichte des Mittelalters 8), Wien 2004, S. 191–210.

Renard, Étienne, Le pactus legis salicae. Règlement militaire Romain ou code de lois compilé sous Clovis, in: Bibliothèque de l'Ecole des Chartes 167 (2009), S. 321–351.

Richards, Jeffrey, The Popes and the Papacy in the Early Middle Ages 476–752, London / Boston / Henley 1979.

Riché, Pierre, Ecoles et enseignement dans le Haut Moyen Age. Fin du Ve siècle – milieu du XIe siècle, Paris 1989.

Richter, Michael, Wozu hatte Childerich einen Siegelring?, in: Akkulturation. Probleme einer germanisch-romanischen Kultursynthese in Spätantike und frühem Mittelalter, hg. von Dieter Hägermann / Wolfgang Haubrichs / Jörg Jarnut (RGA Ergänzungsbd. 41), Berlin 2004, S. 359–366.

Rio, Alice, The Formularies of Angers and Marculf: Two Merovingian Legal Handbooks. Translated with an introduction and notes (Translated Texts for Historians 46), Liverpool 2008.

Rohr, Christian, Der Theoderich-Panegyricus des Ennodius (MGH Studien und Texte 12), Hannover 1995.

Rosenwein, Barbara H., Emotional Communities in the Early Middle Ages, Ithaca 2006.

Roth, Helmut, Zum Handel der Merowingerzeit auf Grund ausgewählter archäologischer Quellen, in: Untersuchungen zu Handel und Verkehr, S. 161–192.

Rouche, Michel, Clovis, Paris 1996.

Rouche, Michel, Religio calcata et dissipata, ou les premières sécularisations de terres d'Eglise sous Dagobert, in: Le septième siècle. Changements et continuities. The Seventh Century. Change and Continuity, hg. von Jacques Fontaine / J. N. Hillgarth (Studies of the Warburg Institute 42), London 1992, S. 236–243.

Ruppenthal, Eckhard, Beobachtungen zur Rolle von Herrscherinnen in den Briefen Papst Gregors des Großen, in: Regionen Europas - Europa der Regionen, hg. von Peter Thorau / Sabine Penth / Rüdiger Fuchs, Köln / Weimar / Wien 2003, S. 33–43.

Sallares, Robert, Ecology, Evolution, and Epidemiology of Plague, in: Plague and the End of Antiquity. The Pandemic of 541–750, hg. von Lester K. Little, Cambridge 2007, S. 231–289.

Scheibelreiter, Georg, Audoin von Rouen. Ein Versuch über den Charakter des 7. Jahrhunderts, in: La Neustrie. Les pays au nord de la Loire de 650 à 850. Colloque historique international Bd 1, hg. von Hartmut Atsma (Beihefte der Francia, 16/1), Sigmaringen 1989, S. 195–216.

Scheibelreiter, Georg, Der Bischof in merowingischer Zeit (Veröffentlichungen des Instituts für Österreichische Geschichtsforschung 27), Wien 1983.

Scheibelreiter, Georg, Die barbarische Gesellschaft. Mentalitätsgeschichte der europäischen Achsenzeit 5.–8. Jahrhundert, Darmstadt 1999.

Scheibelreiter, Georg, Der Untergang des Thüringerreiches. Aus der Sicht des Frühmittelalters, in: Die Frühzeit der Thüringer: Archäologie, Sprache, Geschichte, hg. von Helmut Castritius / Dieter Geuenich / Matthias Werner (RGA Ergänzungsbd. 63), Berlin 2009, S. 171–199.

Schieffer, Rudolf, Die Karolinger, 4. überarbeitete und erweiterte Auflage Stuttgart 2006.

Schieffer, Rudolf, Die Zeit des karolingischen Großreiches (714–887) (Gebhardt. Handbuch der deutschen Geschichte 2), Stuttgart 2005.

Schmidt-Wiegand, Ruth, Sprache, Recht, Rechtssprache bei Franken und Alemannen, in: Leges – Gentes – Regna, S. 141–158.
Schmidt-Wiegand, Ruth, Wergeld, in: RGA 33 (2006), S. 458–463.
Schneider, Johannes, Die Darstellung der Pauperes in den Historiae Gregors von Tours. Ein Beitrag zur sozial-ökonomischen Struktur Galliens im 6. Jahrhundert, in: Jahrbuch für Wirtschaftsgeschichte 1966, 4, S. 57–74.
Schneider, Reinhard, Fränkische Alpenpolitik, in: Die transalpinen Verbindungen der Bayern, Alemannen und Franken bis zum 10. Jahrhundert, hg. von Helmut Beumann / Werner Schröder (Nationes 6), Sigmaringen 1987, S. 23–49.
Schneider, Reinhard, Königswahl und Königserhebung im Frühmittelalter: Untersuchungen zur Herrschaftsnachfolge bei den Langobarden und Merowingern (Monographien zur Geschichte des Mittelalters 3), Stuttgart 1972.
Scholz, Sebastian, Bestattungen in und an der Kirche, in: Die Aachener Marienkirche. Aspekte ihrer Archäologie und frühen Geschichte, hg. von Harald Müller / Clemens M. M. Bayer / Max Kerner, Regensburg 2014, S. 217–222.
Scholz, Sebastian, Das Grab in der Kirche. Zu seinen theologischen und rechtlichen Hintergründen in Spätantike und Frühmittelalter, in: Zeitschrift der Savigny-Stiftung für Rechtsgeschichte. Kanonistische Abteilung 84 (1998), S. 270–306.
Scholz, Sebastian, Religiöse und soziale Ausgrenzung in den Kanones der merowingischen Synoden (511-614), in: Sterben über den Tod hinaus: Politische, soziale und religiöse Ausgrenzung in vormodernen Gesellschaften, hg. von Claudia Garnier / Johannes Schnocks (Religion und Politik 3), Würzburg 2012, S. 147–163.
Scholz, Sebastian, Bemerkungen zur Bildungsentwicklung im frühen Mittelalter. Zusammenfassung, in: Karolingische Klöster. Wissenstransfer und kulturelle Innovation, hg. von Julia Becker / Tino Licht / Stefan Weinfurter (Materiale Textkulturen 4), Berlin 2015, S. 275–289.
Scholz, Sebastian, Das Papsttum und die theokratischen Ansprüche der Herrscher im frühen Mittelalter, in: Theokratie und theokratischer Diskurs, hg. von Kai Trampedach / Andreas Peĉar (Colloquia historica et theologica 1), Tübingen 2013, S. 255–278.
Schröder, Bianca-Jeanette, Bildung und Briefe im 6. Jahrhundert: Studien zum Mailänder Diakon Magnus Felix Ennodius (Millennium-Studien 15), Berlin 2007.

Schwedler, Gerald, Was heißt und zu welchem Ende untersucht man *damnatio in memoria*?, in: Damnatio in memoria. Deformation und Gegenkonstruktionen in der Geschichte, hg. von Sebastian Scholz / Gerald Schwedler / Kai-Michael Sprenger (Zürcher Beiträge zur Geschichtswissenschaft 4), Köln / Weimar / Wien 2014, S. 9–23.

Schwitter, Raphael, Briefe, Bildung und Identitäten im merowingischen Gallien – Zum Briefcorpus des Desiderius von Cahors, in: Jahrbuch für Antike und Christentum 56 (2013) (im Druck).

Seebold, Elmar, Zur Entstehung der Lex Salica, in: Beiträge zur Geschichte der deutschen Sprache und Literatur 129 (2007), S. 387–401.

Selle-Hosbach, Karin, Prosopographie merowingischer Amtsträger in der Zeit von 511 bis 613, Bonn 1974.

Shanzer, Danuta, Dating the baptism of Clovis: the bishop of Vienne vs. the bishop of Tours, in: Early medieval Europe 8 (1998), S. 29–57.

Shanzer, Danuta / Wood, Ian (Hg.), Avitus of Vienne. Letters and Selected Prose, translated with an introduction and notes by Danuta Shanzer and Ian Wood (Translated Texts for Historians 38), Liverpool 2002.

Siems, Harald, Zur Entwicklung des Kirchenasyls zwischen Spätantike und Mittelalter, in: Libertas. Grundrechtliche und rechtsstaatliche Gewährungen in Antike und Gegenwart. Symposion aus Anlass des 80. Geburtstages von Franz Wieacker, hg. von Okko Behrends / Malte Diesselhorst, Ebelsbach 1991, S. 139–186.

Siems, Harald, Zum Weiterwirken römischen Rechts in der kulturellen Vielfalt des Mittelalters, in: Leges – Gentes – Regna, S. 231–255.

Sotinel, Claire, Das Dilemma des Westens: Der Drei-Kapitel-Streit, in: Die Geschichte des Christentums. Altertum Bd. 3, Freiburg / Basel / Wien 2001, ND 2005.

Von der Spätantike zum frühen Mittelalter: Kontinuitäten und Brüche, Konzeptionen und Befunde, hg. von Theo Kölzer / Rudolf Schieffer (VuF 70), Ostfildern 2009.

Spencer, Mark, Dating the baptism of Clovis, 1886–1993, in: Early medieval Europe 3 (1994), S. 97–116.

Sprenger, Kai-Michael, Damnatio memoriae oder damnatio in memoria? Überlegungen zum Umgang mit so genannten Gegenpäpsten als methodisches Problem der Papstgeschichtsschreibung, in: Quellen und Forschungen aus italienischen Archiven und Bibliotheken 89 (2009), S. 31–62.

Springer, Matthias, Riparii – Ribuarier – Rheinfranken nebst einigen Bemerkungen zum Geographen von Ravenna, in: Die Franken und die Alemannen bis zur Schlacht bei Zülpich (496/97), hg. von Dieter Geuenich (RGA Ergänzungsbd. 19), Berlin 1998, S. 200–269.

Springer, Matthias, Salier: Eigenname (*nomen proprium*) oder Begriffswort (*nomen appellativum*)? Zugleich ein Beitrag zur Geschichte der Völkerwanderungszeit, in: Patronymica Romanica 19 (2002), S. 177–197.

Springer, Matthias, Gab es ein Volk der Salier?, in: Nomen et gens. Zur historischen Aussagekraft frühmittelalterlicher Personennamen, hg. von Dieter Geuenich u. a. (RGA Ergänzungsbd. 16), Berlin / New York 1997, S. 58–83.

Steinen, Wolfram von den, Chlodwigs Übergang zum Christentum: eine quellenkritische Studie, in: Mitteilungen des Österreichischen Instituts für Geschichtsforschung, Ergänzungsbd. 12, Innsbruck 1933, S. 417–501.

Sternberg, Thomas, Orientalium more secutus. Räume und Institutionen der Caritas des 5. bis 7. Jahrhunderts in Gallien (Jahrbuch für Antike und Christentum, Ergänzungsbd. 16), Münster 1991.

Stroheker, Karl Friedrich, Der senatorische Adel im spätantiken Gallien, Tübingen 1948, ND Darmstadt 1970.

Suntrup, Aloys, Studien zu politischen Theologie im frühmittelalterlichen Okzident. Die Aussagen konziliarer Texte des gallischen und iberischen Raumes (Spanische Forschungen der Görresgesellschaft 36), Münster 2001.

Thier, Andreas, Hierarchie und Autonomie. Regelungstraditionen der Bischofsbestellung in der Geschichte des kirchlichen Wahlrechts bis 1140 (Recht im ersten Jahrtausend 1), Frankfurt am Main 2011.

Thürlemann, Felix, Der historische Diskurs bei Gregor von Tours: Topoi und Wirklichkeit (Geist und Werk der Zeiten 39), Bern / Frankfurt am Main 1974.

Ubl, Karl, Im Bann der Tradition. Zur Charakteristik der *Lex Salica*, in: Chlodwigs Welt. Organisation von Herrschaft um 500, hg. von Mischa Meier / Steffen Patzold (Roma Aeterna 3), Stuttgart 2014, S. 423–445.

Ubl, Karl, Inzestverbot und Gesetzgebung: die Konstruktion eines Verbrechens (300-1100) (Millennium-Studien 20), Berlin 2008.

Ubl, Karl, L'origine contestée de la loi salique. Une mise au point, in: Revue de l'Institut français d'histoire en Allemagne 1 (2009), S. 208–234.

Ueding, Leo, Geschichte der Klostergründungen der frühen Merowingerzeit (Historische Studien 261), Berlin 1935.

Untersuchungen zu Handel und Verkehr der vor- und frühgeschichtlichen Zeit in Mittel- und Nordeuropa. Teil III: Der Handel des frühen Mittelalters. Berichte über die Kolloquien der Kommission für die Altertumskunde Mittel- und Nordeuropas in den Jahren 1980 bis 1983, hg. von Klaus Düwel u. a. (Abhandlungen der Akademie der Wissenschaften in Göttingen, phil.-hist. Klasse, 3. Folge, Nr. 150), Göttingen 1985.

Urban, Ralf, Gallia rebellis. Erhebungen in Gallien im Spiegel antiker Zeitgenossen (Historia Einzelschrift 129), Stuttgart 1999.

Verhulst, Adriaan, Der Handel im Merowingerreich: Gesamtdarstellung nach schriftlichen Quellen, in: Early Medieval Studies 2 (1970), S. 2–54.

Wallace-Hadrill, John Michael, The Long-haired Kings, London 1962, ND Toronto 1982.

Weber, Ekkehard, Tabula Peutingeriana: Codex Vindobonensis 324. Vollständige Faksimile-Ausgabe im Originalformat, 2 Bde., Graz 1976.

Weidemann, Margarete, Zur Chronologie der Merowinger im 6. Jahrhundert, in: Francia 10 (1982), S. 471–513.

Weidemann, Margarete, Zur Chronologie der Merowinger im 7. und 8. Jahrhundert, in: Francia 25/1 (1998), S. 177–230.

Weidemann, Margarete, Kulturgeschichte der Merowingerzeit nach den Werken Gregors von Tours, 2 Bde. (Monographien des RGZM 3), Mainz 1982.

Weidemann, Margarete, Das Testament des Bischofs Berthramn von Le Mans vom 27. März 616 (Monographien des RGZM 9), Mainz 1986.

Weiss, Rolf, Chlodwigs Taufe: Reims 508 – Versuch einer neuen Chronologie für die Regierungszeit des ersten christlichen Frankenkönigs unter Berücksichtigung der politischen und kirchlich-dogmatischen Probleme seiner Zeit (Geist und Werk der Zeiten 29), Bern / Frankfurt am Main 1971.

Wenskus, Reinhard, Amt und Adel in der frühen Merowingerzeit, in: Mitteilungsheft des Marburger Universitätsbundes (1959), S. 40–56.

Werner, Karl Ferdinand, Die Ursprünge Frankreichs bis zum Jahr 1000, Stuttgart 1989.

Widdowson, Marc, Merovingian Partitions: A ›Genealogical Charter‹?, in: Early Medieval Europe 17 (2009), S. 1–22.

Wieruszowski, Helene, Die Zusammensetzung des gallischen und fränkischen Episkopats bis zum Vertrag von Verdun (843) mit besonderer Berücksichtigung der Nationalität und des Standes, in: Bonner Jahrbücher 127 (1922), S. 1–83.

Winkelmann, Friedhelm, Der monenergetisch-monotheletische Streit (Berliner Byzantinische Studien 6), Frankfurt am Main 2001.

Winckler, Katharina, Die Alpen im Frühmittelalter. Geschichte eines Raumes in den Jahren 500–800, Wien / Köln / Weimar 2012.

Wirth, Gerhard, Deditizier, Soldaten und Römer. »Besatzungspolitik« im Vorfeld der Völkerwanderung, in: Bonner Jahrbücher 197 (1997), S. 57–89.

Wolfram, Herwig, Die Goten. Von den Anfängen bis zur Mitte des sechsten Jahrhunderts, München 1990.

Woll, Ingrid, Untersuchungen zu Überlieferung und Eigenart der merowingischen Kapitularien (Freiburger Beiträge zur mittelalterlichen Geschichte 6), Frankfurt am Main 1995.

Wood, Ian, Entrusting Western Europe to the Church, 400–750, in: Transactions of the Royal Historical Society 23 (2013), S. 37–73.

Wood, Ian, The Franks and Papal Theology, in: The Crisis of the Oikoumene. The Three Chapters and the Failed Quest for Unity in the Sixth-Century Mediterranean, hg. von Celia Chazelle / Catherine Cubitt (Studies in the Early Middle Ages 14), Turnhout 2007, S. 223–241.

Wood, Ian, Jonas, Merovingians and Pope Honorius, in: After Rome's fall: narrators and sources of early Medieval history, hg. von Alexander C. Murray / Walter Goffart, Toronto 1998, S. 99–120.

Wood, Ian, Kings, Kingdoms and Consent, in: Early Medieval Kingship, hg. von Peter Hayes Sawyer / Ian N. Wood, Leeds 1977, S. 6–29.

Wood, Ian, The Merovingian Kingdoms 450–751, London 1994.

Wormald, Patrick, The *Leges Barbarorum*. Law and Ethnicity in the Post-Roman West, in: Regna et gentes. The Relationship between late antique and early medieval peoples and kingdoms in the transformation of the Roman world, hg. von Hans-Werner Goetz / Jörg Jarnut / Walter Pohl (The Transformation of the Roman World 13), Leyden / Boston 2003, S. 21–53.

Wormald, Patrick, *Lex Scripta* and *Verbum Regis*: Legislation and German Kingship, from Euric to Cnut, in: Early Medieval Kingship, hg. von Peter H. Sawyer / Ian N. Wood, Leeds 1977, S. 105–138.

Zeddies, Nicole, Religio et sacrilegium. Studie zur Inkriminierung von Magie, Häresie und Heidentum (4.–7. Jahrhundert), Frankfurt am Main 2003.

Zöllner, Erich, Geschichte der Franken bis zur Mitte des sechsten Jahrhunderts. Auf der Grundlage des Werkes von Ludwig Schmidt unter Mitwirkung von Joachim Werner neu bearbeitet, München 1970.

19 Anmerkungen

1 Die Frühzeit der Franken

1 Gregor von Tours, Hist. 2,9 (Krusch/Levison S. 57); Kaiser/Scholz, Quellen Nr. 21a, S. 137; Breukelaar, Herrscherlegitimation S. 331–335; Anton, Origo gentis S. 189 f.; Plassmann, Origo gentis S. 125 f.
2 Fredegar, Chron. 2,4–6; 3,2 (Krusch S. 45 f.; S. 93); Liber hist. Franc. 1; 4 (Krusch S. 241 f.; S. 243 f.); Kaiser/Scholz, Quellen Nr. 25a, b; Nr. 29; Barlow, Gregory; Ewig, Trojamythos; Reimitz, Konkurrenz S. 197–203; Plassmann, Origo gentis S. 151–156; S. 175–179; Coumert, Origines S. 267–358; Nonn, Franken S. 132–135; Kaiser/Scholz, Quellen S. 27; S. 46 f. mit weiterer Literatur.
3 Fredegar, Chron. 3,9 (Krusch S. 94 f.); Kaiser/Scholz, Quellen Nr. 25c; Ewig, Trojamythos S. 12–15; Reimitz, Konkurrenz S. 193 f.; Plassmann, Origo gentis S. 156–158; Coumert, Origines S. 316–324.
4 Pohl, Völkerwanderung S. 166 f.; Grahn-Hoek, Salii passim; Nonn, Franken S. 15–31.
5 Panegyrici latini XI (III), 5,4 und 7,2 (Mynors S. 260 f.).
6 Panegyrici latini VIII (V), 21,1 (Mynors S. 229).
7 Isidor von Sevilla, Etymologiae IX,2,101; Kaiser/Scholz, Quellen Nr. 24, S. 164; Nonn, Franken S. 11 f.
8 Nonn, Franken S. 14.
9 Pohl, Völkerwanderung S. 166–168; Goetz, Gens S. 308–311.
10 Weber, Tabula Peutingeriana, Faksimile Segment I und Kommentar S. 20–23.
11 Ammianus Marcellinus 17,8,3 und 17,9,2.
12 Gregor von Tours, Hist. 2,9 (Krusch/Levison S. 55).
13 Ammianus Marcellinus 17,8,3.
14 Springer, Gab es ein Volk der Salier S. 60–70; Nonn, Franken S. 25 f.
15 Springer, Gab es ein Volk der Salier S. 73 f.
16 Vgl. Grahn-Hoek, Salii S. 10–19, bes. S. 11 und S. 13; Nonn, Franken S. 26 –28.
17 Goetz, Gens S. 313 f.; Becher, Chlodwig S. 59 f.
18 Nonn, Franken S. 28–31.

19 Ewig, Merowinger S. 9; Nonn, Franken S. 37, Karte.
20 Aurelius Victor, Liber de Caesaribus 33,1–3.
21 Bellen, Grundzüge 2 S. 223; Ewig, Franken und Rom S. 121 f.; Nonn, Franken, S. 36–38.
22 Nonn, Franken S. 38–40; Kaiser, Mittelmeerwelt und Europa S. 57–60.
23 Eutrop, Ab urbe condita 9,9; 9,11; 9,13; Aurelius Victor, Liber de Caesaribus 33,4 ff.
24 Vgl. auch zum Folgenden Geary, Merowinger S. 14–47; Nonn, Franken S. 40 ff.
25 Panegyrici latini VIII (V), 9, 1–4 (Mynors S. 220 f.); VIII (V), 21,1 (Mynors S. 229); VI (VII), 5,3; 6,2 (Mynors S. 189f.); Hoffmann, Das spätrömische Bewegungsheer S. 139 ff., S. 144; Wirth, Deditizier; Castritius/Böhme, »Laeten und Laetengräber«; knapp Herrmann-Otto, Konstantin S. 161 f.; Demandt, Spätantike S. 382 f.
26 Demandt, Spätantike S. 303–325; Herrmann-Otto, Konstantin S. 158 f.; Kaiser/Scholz, Quellen S. 38 mit weiterer Literatur.
27 Demandt, Zeitenwende S. 23–27; Nonn, Franken S. 54–57; Ewig, Merowinger S. 11.
28 Ewig, Merowinger S. 11.
29 Ammianus Marcellinus 15,5,11; Nonn, Franken S. 47.
30 Ammianus Marcellinus 15,5,16.
31 Böhme, Söldner und Siedler S. 91–101; Böhme, Migrantenschicksale S. 35–43; Kaiser/Scholz, Quellen S. 39 f.
32 Böhme, Migrantenschicksale S. 54 f.
33 Kaiser, Spätantike und Frühmittelalter S. 327–329.
34 Halsall, Origins S. 199–207; Halsall, Archaeology S. 169 und S. 177–179; Brather, Tod und Bestattung S. 94–97.
35 Böhme, Migrantenschicksale S. 43–46.
36 Urban, Gallia rebellis S. 101.

2 Die Neuordnung der galloromanischen Gesellschaft

1 Zur Sicht der Germanen bei Sidonius vgl. auch Kaufmann, Sidonius S. 106–169, S. 151–163 zu den Franken.
2 Sidonius Apollinaris, Epistulae 4,17 (Loyen II S. 149); zu Arbogast vgl. Nonn, Franken S. 105 f.
3 Sidonius Apollinaris, Ep. 5,5 (Loyen II S. 180 f.), wohl um 469 geschrieben; zu Syagrius vgl. Kaufmann, Sidonius S. 349 f.; zum Brief vgl. Jussen, Liturgie S. 82; Kaiser, Burgunder S. 100.
4 Kaufmann, Sidonius S. 106–169.

5 Liber Epistolarum 23 (Malaspina S. 144–156).
6 Liber Epistolarum 2 (Malaspina S. 62).
7 Demandt, Spätantike S. 338 f.
8 Stroheker, Adel S. 55–57.
9 Stroheker, Adel S. 43–51; Jussen, ›Bischofsherrschaften‹ S. 680 f. und S. 686–689; Becher, Chlodwig S. 94–102; Kaiser/Scholz, Quellen S. 42 f.
10 Demandt, Spätantike S. 400 f.; Demandt, Zeitenwende S. 22 f.; Gilomen, Wirtschaftsgeschichte S. 12–16; Kaiser, Mittelmeerwelt und Europa S. 192–194; C. Th. IX 11, S. 455; XI 24, 1–6, S. 613 f.; XII 1, 146, S. 698.
11 Wieruszowski, Zusammensetzung S. 56–60.
12 Heinzelmann, Bischofsherrschaft; Heinzelmann, Bischof und Herrschaft; Anton, »Bischofsherrschaften« und »Bischofsstaaten«; Jussen, ›Bischofsherrschaften‹; Kaiser, Erbe S. 75 f.; Kaiser, Burgunder S. 198 f.; Brown, Eye of a Needle S. 506 schätzt den Charakter der Bischofsherrschaften falsch ein, wenn er davon ausgeht, die Bischöfe hätten nur über »soft power« und nicht über Truppen verfügt, vgl. unten Kapitel 13.1 bei Anm. 17.
13 So etwa Heinzelmann, Bischof und Herrschaft S. 28–37; Durliat, Finances publiques S. 136 f.
14 Vgl. dazu die Erörterung bei Prinz, Herrschaftsformen S. 2–9.
15 Jussen, ›Bischofsherrschaften‹ und Jussen, Liturgie; vgl. auch Baumgart, Bischofsherrschaft S. 152 f. und S. 177 ff.
16 Recueil des inscriptions chrétiennes de la Gaule 15: Viennoise du Nord, Nr. 99, S. 408 f.
17 Venantius Fortunatus, Carmen 4,8 (MGH AA 4,1, S. 84 f.).
18 Patzold, Sozialstruktur S. 135–138.
19 So noch Heinzelmann, Bischofsherrschaft S. 231 und Scheibelreiter, Bischof S. 166.
20 Patzold, Sozialstruktur S. 127.
21 Patzold, Sozialstruktur S. 130.
22 Recueil des inscriptions chrétiennes de la Gaule 8: Aquitaine Première Nr. 27, 29, 30, 37, 43, 44, 51–57, 59, 60; bei Nr. 43 und Nr. 55 handelt es sich um Grabinschriften für Diakone.
23 Munier, Statuta ecclesiae antiqua S. 105 ff.; Gaudemet, Sources du droit S. 85 f.
24 Statuta ecclesiae antiqua, can. 2–5, 8 (CCSL 148, S. 166 f.); die Kanones 4, 5 und 8 bedienen sich der ebenfalls apokryphen, um 400 entstandenen Constitutiones Apostolicae als Vorlage, die sie aber deutlich abändern. So ist die Anweisung, heidnische Bücher zu meiden, in den Constitutiones auf Laien (!) bezogen, vgl. Munier, Statuta ecclesiae antiqua S. 130 f.
25 Synode von Orléans (511) (CCSL 148 A, S. 4–12); Kaiser/Scholz, Quellen Nr. 14.
26 Gregor von Tours, Hist. 2,22 (Krusch/Levison S. 67 f.).

3 Die Expansion der fränkischen Stämme in Gallien bis 481/82

1 Nonn, Franken S. 77 f.
2 Sidonius Apollinaris, Carmen V,211 ff. (Loyen I S. 36 f.); vgl. Zöllner, Geschichte S. 28 f.
3 Sidonius Apollinaris, Carmen VII,372 f. (Loyen I S. 69 mit abweichender Übersetzung); vgl. Nonn, Franken S. 90; Becher, Chlodwig S. 95.
4 Gregor von Tours, Hist. 2,9 (Krusch/Levison S. 58); Nonn, Franken S. 79–83.
5 Sidonius Apollinaris, Carmen XIII,30 f. (Loyen I S. 106).
6 Stroheker, Adel S. 57; Kaiser, Burgunder S. 49.
7 Hydatius, Chron. (214) (Burgess S. 116).
8 Marius von Avenches, Chronik zu 463 (Favrod S. 64); Chronica Gallica (zu 461/462) (Burgess S. 98).
9 Gregor von Tours, Hist. 2,12 (Krusch/Levison S. 61 f.).
10 Für grundsätzlich glaubwürdig hielt den Bericht etwa Schneider, Königswahl S. 68; ablehnend Grahn-Hoek, Oberschicht S. 134 f.
11 Demandt, Antike Staatsformen S. 607; Demandt, Zeitenwende S. 32; vgl. auch Becher, Chlodwig S. 124–127.
12 Becher, Chlodwig S. 149.
13 Vgl. Stroheker, Adel S. 57 f.
14 Vgl. dazu Becher, Chlodwig S. 128.
15 Stroheker, Adel S. 80–82.
16 Stroheker, Adel S. 80; Jordanes, Get. XLV, 238 (Giunta/Grillone S. 97); Gregor von Tours, Hist. 2,18 (Krusch/Levison S. 65).
17 Gregor von Tours, Hist. 2,27 (Krusch/Levison S. 71).
18 Liber epistolarum 2 (Malaspina S. 62–64); Kaiser/Scholz, Quellen Nr. 9, S. 100 f.; die Datierung ist nicht gesichert; möglicherweise entstand der Brief erst um 486/487, vgl. Fried, Schleier S. 337; Becher, Chlodwig S. 153 f.
19 Ewig, Merowinger S. 16 f.
20 Gregor von Tours, Hist. 2,19 (Krusch/Levison S. 65); vgl. dazu Zöllner, Geschichte S. 39 f.; Becher, Chlodwig S. 129.
21 Périn/Kazanski, Grab Childerichs S. 178–181; Becher, Herrschaft S. 171; Nonn, Franken S. 112 f.; Becher, Chlodwig S. 134–136.
22 Périn/Kazanski, Grab Childerichs S. 173, Abb. 118; Becher, Chlodwig S. 135–137 mit Abb.
23 Richter, Childerich S. 361.
24 Liber epistolarum 2 (Malaspina S. 62); Kaiser/Scholz, Quellen Nr. 9, S. 100.
25 Gregor von Tours, Liber in gloria confessorum 78 (Krusch S. 344 f.).

4 Die Regierung Chlodwigs

1 Pal. lat. 869; Ian Wood (Leeds) möchte ich herzlich danken, dass er mich freundlicher Weise auf das Überlieferungsproblem hingewiesen hat; Gundlach, Epistolae Austrasicae S. 380 f.

2 Gregor von Tours, Hist. 2,27; 2,42 (Krusch/Levison S. 71; S. 92); vgl. Becher, Chlodwig S. 154 f.

3 Geuenich, Alemannen S. 75 f.

4 Stroheker, Adel S. 82; Kaiser, Burgunder S. 52 f.

5 Jordanes, Get. XLVII, 244 (Giunta/Grillone S. 100).

6 Kaiser, Burgunder S. 52–56.

7 Liber epistolarum 2 (Malaspina S. 62–64); vgl. Kaiser/Scholz, Quellen Nr. 9, S. 100 f.

8 Wood, Kings S. 24 f.; Werner, Ursprünge S. 302; Jussen, ›Bischofsherrschaften‹ S. 682; Jussen, Chlodwig S. 147; Becher, Chlodwig S. 154 f.

9 Angenendt, Frühmittelalter S. 88.

10 Zu Remigius Stroheker, Adel S. 207 f.

11 Jussen, Chlodwig S. 144–147.

12 So Werner, Ursprünge S. 302.

13 Gregor von Tours, Hist. 2,41 (Krusch/Levison S. 91).

14 Gregor von Tours, Hist. 2,27 (Krusch/Levison S. 71); Fredegar, Chron. 3,15 (Krusch S. 98); Zöllner, Geschichte S. 47; Demandt, Zeitenwende S. 32.

15 Stroheker, Adel S. 79–82; Werner, Ursprünge S. 315.

16 Gregor von Tours, Hist. 2,27 (Krusch/Levison S. 71 f.); Zöllner, Geschichte S. 48, Anm. 3 und Ewig, Merowinger S. 21 gehen davon aus, dass Alarich Syagrius erst um 494 an Chlodwig auslieferte. Der Bericht Gregors stellt allerdings einen unmittelbaren Zusammenhang mit dem Sieg Chlodwigs über Syagrius her.

17 Gregor von Tours, Hist. 2,27 (Krusch/Levison S. 71).

18 Vita Genovefae 35 (Krusch S. 229 f.); Zöllner, Geschichte S. 51.

19 Gregor von Tours Hist. 2,27 (Krusch/Levison S. 72); Buchners Übersetzung (Gregor von Tours, Zehn Bücher Geschichten S. 111) »So hatten auch die Franken …« macht die Aussage des Satzes zunichte.

20 Gregor von Tours Hist. 2,27 (Krusch/Levison S. 72 f.).

21 Grahn-Hoek, Oberschicht S. 141 f.

22 Liber hist. Franc. 14 (Krusch S. 16); Zöllner, Geschichte S. 51–53.

23 Kaiser, Burgunder S. 58–60.

24 Theodericiana 49–56 (König, Aus der Zeit Theoderichs S. 76–78 und Kommentar zur Stelle S. 120–135); Wolfram, Goten S. 281–284.

25 König, Aus der Zeit Theoderichs S. 127; Kaiser, Burgunder S. 58.

26 Jordanes, Get. LVII, 295 f. (Giunta/Grillone S. 122); Hartmann, Königin S. 26 f.
27 Jordanes, Get. LVIII, 297 (Giunta/Grillone S. 122 f.); Prokop, Gotenkriege 5,12 (Veh S. 98).
28 Theodericiana 68; 70 (König, Aus der Zeit Theoderichs S. 84); Prokop, Gotenkriege 5,12 (Veh S. 98).
29 Theodericiana 70 (König, Aus der Zeit Theoderichs S. 84).
30 So Kaiser, Burgunder S. 59.
31 Gregor von Tours, Hist. 2,29 (Krusch/Levison S. 74 f.).
32 Gregor von Tours, Hist. 2,30 (Krusch/Levison S. 75 f.); Kaiser/Scholz, Quellen Nr. 21c, S. 143 f.
33 Gregor von Tours, Hist. 2,31 (Krusch/Levison S. 76 f.); Kaiser/Scholz, Quellen Nr. 21c, S. 144 f.
34 Gregor von Tours, Hist. 1, Prolog (Krusch/Levison S. 5).
35 Eusebius, Vita Constantini 28; 37.
36 Eusebii Chronicarum lib. II interprete Hieronymo zu 341 (Migne PL 27, Sp. 499).
37 Brox, Kirchengeschichte S. 174–179.
38 Gregor von Tours, Hist. 1,36 (Krusch/Levison S. 27); Ewig, Bild Konstantins S. 93 f. weist darauf hin, dass Fredegar, Chron. 2,42 (Krusch S. 66) unter Verwendung des Hieronymustextes auf die arianische Taufe Konstantins verweist.
39 So Fried, Schleier S. 344.
40 Nolte, Conversio S. 70; zu Gregors Geschichtsdarstellung vgl. auch Reimitz, Cultural Brokers.
41 Vgl. den Überblick bei Spencer, Dating S. 97–116; Kaiser, Erbe S. 89 f.
42 Levison, Geschichte S. 226; Geuenich, Chlodwigs Alemannenschlacht(en) S. 427 f.; Geuenich, Alemannen S. 78–86.
43 Liber epistolarum 8,18 (Malaspina S. 94–96).
44 Angenendt, Frühmittelalter S. 127 f.
45 Shanzer, Dating S. 31–37 und S. 55 f.; Shanzer/Wood, Avitus S. 364; S. 368; Wood, Kingdoms S. 44.
46 Avitus, Epistularum ad diversos 46 (MGH AA 6,2, S. 75 f.); Kaiser/Scholz, Quellen Nr. 11, S. 104–108.
47 Gregor von Tours, Hist. 2,34 (Krusch/Levison S. 82 f.); Gregor von Tours, Liber vitae patrum 17 (Krusch S. 277–283).
48 Gregor von Tours, Hist. 2,43 (Krusch/Levison S. 94); Von den Steinen, Chlodwigs Übergang S. 425; Nolte, Conversio S. 77.
49 Vita Genovefae 56 (Krusch S. 237 f.); Kaiser/Scholz, Quellen Nr. 15, S. 122.
50 Nolte, Conversio S. 32.
51 Prinz, Europäische Grundlagen S. 296.
52 So Weiss, Chlodwigs Taufe S. 70.

53 Prinz, Europäische Grundlagen S. 296.
54 Becher, Chlodwig S. 183.
55 Gregor von Tours, Hist. 2,27 (Krusch/Levison S. 73); Grahn-Hoek, Stamm und Reich; Becher, Chlodwig S. 108–110.
56 Geuenich, Kampf S. 430–432.
57 Gregor von Tours, Hist. 2,32 (Krusch/Levison S. 78).
58 Marius von Avenches, Chronik zu 500 (Favrod S. 68).
59 Gregor von Tours, Hist. 2,32 (Krusch/Levison S. 80).
60 Marius von Avenches, Chronik zu 500 (Favrod S. 68); Gregor von Tours, Hist. 2,33 (Krusch/Levison S. 80 f.).
61 Gregor von Tours, Hist. 2,35 (Krusch/Levison S. 84).
62 Althoff, Macht der Rituale S. 34 f.
63 Geuenich, Kampf S. 150; S. 155–159.
64 Cassiodor, Variae 2,41 (MGH AA 12, S. 73); Ennodius, Theoderich-Panegyricus 15 (Rohr S. 248–250); Geuenich, Alemannen S. 86 f.
65 Cassiodor, Variae 3,1 (MGH AA 12, S. 78); zu den Hintergründen Becher, Chlodwig S. 215–223.
66 Cassiodor, Variae 3,1 (MGH AA 12, S. 78).
67 Cassiodor, Variae 3,3 (MGH AA 12, S. 79 f.).
68 Cassiodor, Variae 3,2 (MGH AA 12, S. 79).
69 Cassiodor, Variae 3,4 (MGH AA 12, S. 80).
70 Gregor von Tours, Hist. 2,37 (Krusch/Levison S. 85).
71 Synode von Agde (506) (CCSL 148, S. 192–219).
72 Gregor von Tours, Hist. 2,37 (Krusch/Levison S. 85 f.); Becher, Chlodwig S. 227–229.
73 Chronica Gallica (zu 505/506) (Burgess S. 99); Gregor von Tours, Hist. 2,37 (Krusch/Levison S. 87).
74 Auctarium Marcellini zu 508 (MGH AA 11, S. 97); Beisel, Studien S. 87 f.
75 Vgl. auch Gregor von Tours, Hist. 2,37 (Krusch/Levison S. 86).
76 MGH Capit. 1, Nr. 1, S. 1 f.; Kaiser/Scholz, Quellen Nr. 12, S. 107–109.
77 Zu den Empfehlungsschreiben vgl. Rouche, Clovis S. 445.
78 Vgl. Rouche, Clovis S. 443 f.
79 Woll, Untersuchungen S. 149–151.
80 Chronica Gallica (zu 505/506) (Burgess S. 99); Prokop, Gotenkriege 5,12 (Veh S. 100–102); Gregor von Tours, Hist. 2,37 (Krusch/Levison S. 87 f.).
81 Gregor von Tours, Hist. 2,37 (Krusch/Levison S. 88); Kaiser, Burgunder S. 65 f.
82 Prokop, Gotenkriege 5,12 (Veh S. 102); Zöllner, Geschichte S. 66 f.; Ewig, Teilungen S. 124–128; Beisel, Studien S. 95 f.; Wolfram, Goten S. 245–247.
83 Gregor von Tours, Hist. 2,37 (Krusch/Levison S. 88).

84 Prokop, Gotenkriege 5,13 (Veh S. 106–108).
85 Synode von Orléans (511), can. 10 (CCSL 148 A, S. 7 f.); Kaiser/Scholz, Quellen Nr. 14.
86 So zuerst Ensslin, Ehrung S. 507; Hauck, Randkultur S. 30 f.; Mathisen, Clovis S. 79–81 mit ausführlicher Bibliographie.
87 Gregor von Tours, Hist. 2,38; 2, Index (Krusch/Levison S. 88 f. und S. 35); Castritius, Chlodwig S. 115–119; Becher, Chlodwig S. 236 f.; Mathisen, Clovis S. 82–86.
88 So zuletzt Castritius, Chlodwig S. 116–120.
89 Mathisen, Clovis S. 82–86.
90 Castritius, Chlodwig S. 119; Mathisen, Clovis S. 87 f.
91 Ensslin, Ehrung S. 502; Hauck, Randkultur S. 31 f.; Castritius, Chlodwig S. 116; S. 118 f.; Mathisen, Clovis S. 105 f.
92 Gregor von Tours, Hist. 2,38 (Krusch/Levison S. 89).
93 Ewig, Merowinger S. 30 hält ein Vorgehen gegen die übrigen Könige auch schon um 490 für möglich; Wood, Kingdoms S. 49.
94 Gregor von Tours, Hist. 2,40 (Krusch/Levison S. 89 f.); vgl. 2 Chron 20,32.
95 Goffart, Narrators S. 218.
96 Gregor von Tours, Hist. 2,41 f. (Krusch/Levison S. 91–93).
97 Gregor von Tours, Hist. 5, Prolog (Krusch/Levison S. 193).
98 Synode von Orléans (511), Epistola ad regem (CCSL 148 A, S. 4); Kaiser/Scholz, Quellen Nr. 14, S. 112.
99 Esders, Rechtsdenken S. 110 mit weiterer Literatur; zum »Pactus legis Salicae« vgl. unten Kapitel 5.3.
100 Synode von Orléans (511), can. 1–3 (CCSL 148 A, S. 4 f.); Kaiser/Scholz, Quellen Nr. 14, S. 113 f.
101 C. Th. IX, 45, 4, S. 520–524; vgl. James, Beati pacifici S. 36 f.; Sternberg, Orientalium more secutus S. 96 f.; Grieser, Sklaverei S. 124–128.
102 C. Th. IX, 45, 5, S. 526.
103 C. Th. IX, 45, 1–3, S. 519.
104 Synode von Orange (441), can. 5 (CCSL 148, S. 79); James, Beati pacifici S. 37; Sternberg, Orientalium more secutus S. 96 f.; zur Situation der Sklaven in dieser Zeit vgl. Grieser, Sklaverei S. 54–77; Kaiser, Mittelmeerwelt und Europa S. 194–197.
105 Synode von Arles (442–506), can. 30 (CCSL 148, S. 120).
106 James, Beati pacifici S. 36; Esders, Rechtsdenken S. 108.
107 Vgl. die Definition bei Kolmer, Promissorische Eide S. 52 f.; vgl. auch Siems, Entwicklung des Kirchenasyls S. 169; Grieser, Sklaverei S. 129 f.; Fruscione, Asyl S. 58 f.
108 Esders, Rechtsdenken S. 109.
109 Kolmer, Promissorische Eide S. 48–51.
110 So Esders, Rechtsdenken S. 109.

111 Esders, Rechtsdenken S. 110 f.
112 Vgl. Scholz, Ausgrenzung S. 154 f.
113 Weidemann, Kulturgeschichte I S. 306–309.
114 Synode von Orléans (511), can. 2 (CCSL 148 A, S. 5); Kaiser/Scholz, Quellen Nr. 14, S. 113 f.
115 Pactus legis Salicae 58,6 (MGH LL nat. Germ. 4,1, S. 221).
116 Vgl. Heuclin, Concile; Godding, Prêtres S. 14–23; Ubl, Inzestverbot S. 140 f.

5 Recht und Gesellschaft im frühen Frankenreich

1 Pactus legis Salicae 25,2; 41,5, 8, 9 (MGH LL nat. Germ. 4,1, S. 94; S. 156 f.).
2 Venantius Fortunatus, Carmen VII, 16 (MGH AA 4,1, S. 171); Kaiser/Scholz, Quellen Nr. 20, S. 131–133.
3 Weidemann, Kulturgeschichte I S. 24; S. 95 f.
4 Pactus legis Salicae 45,2; 50,3; 51,1–3; 53,2; 53,4 (MGH LL nat. Germ. 4,1, S. 175; S. 192 f.; S. 196 f.; S. 201 f.).
5 Weidemann, Kulturgeschichte I S. 66.
6 Weidemann, Kulturgeschichte I S. 31 f.; S. 88 f.
7 Becher, Eid S. 106–111; Esders, Treueidleistung S. 29–32.
8 Vgl. oben Kap. 4.3 bei Anm. 76. Bachrach, Quelques observations passim; Kaiser, Erbe S. 113 f.
9 Gregor von Tours, Hist. 5, Prolog (Krusch/Levison S. 193 f.).
10 Synode von Orléans (511), can. 5 (CCSL 148 A, S. 6); Kaiser/Scholz, Quellen Nr. 14, S. 114 f.
11 Weidemann, Kulturgeschichte I S. 324 f.; Kaiser, Erbe S. 117 f.
12 Weidemann, Kulturgeschichte I S. 18 f.; Pangerl, Königsschatz.
13 Kaiser, Steuer S. 4–11; Goffart, Taxation passim; Heinzelmann, Bischof und Herrschaft S. 46–48; Esders, Rechtstradition S. 220 f.; S. 236 f.; Murray, Pax bes. S. 383 f.; Hardt, Was übernahmen die Merowinger S. 330–333.
14 C. Th. XVI, 2, 14, S. 839 (357); XVI, 2, 40, S. 849 (412); vgl. Baumgart, Bischofsherrschaft S. 34 f.
15 Gregor von Tours, Hist. 3,36 (Krusch/Levison S. 131).
16 Gregor von Tours, Hist. 7,15 (Krusch/Levison S. 337).
17 Goffart, Taxation S. 14; Wood, Kingdoms S. 63; Scheibelreiter, Barbarische Gesellschaft S. 24 f.

18 Kaiser, Steuer S. 1–3; Bellen, Grundzüge 2 S. 252; Kaiser/Scholz, Quellen S. 40 f.
19 C. Th. XI, 20, 6, S. 609 f.; Esders, Rechtstradition S. 223.
20 Murray, Immunity S. 19 f.; S. 35 f.; Esders, Rechtstradition S. 236 f.; Esders, »Öffentliche« Abgaben S. 191–193.
21 Demandt, Spätantike S. 294–296; Hardt, Was übernahmen die Merowinger S. 328-331; Kaiser/Scholz, Quellen S. 40 f.; S. 63 f.
22 Durliat, Finances publiques; zur Forschungskontroverse vgl. Devroey, Economie rurale S. 227–245; Kaiser, Erbe S. 68 f.; Kaiser/Scholz, Quellen S. 41.
23 Esders, »Öffentliche« Abgaben S. 189–244.
24 Gregor von Tours, Hist. 9,30 (Krusch/Levison S. 448 f.); Kaiser/Scholz, Quellen S. 148–150.
25 Gregor von Tours, Hist. 5,28 (Krusch/Levison S. 233 f.); Kaiser/Scholz, Quellen S. 147 f.
26 Vgl insgesamt Goffart, Taxation passim; Hardt, Was übernahmen die Merowinger S. 325–331.
27 Zum Problem des Titels vgl. Nehlsen, Aktualität S. 454; hier wird im Folgenden die Bezeichnung »Pactus legis Salicae« beibehalten.
28 Eckhardt, Pactus legis Salicae I; Nehlsen, Sklavenrecht S. 251 ff.
29 Eckhardt, Pactus legis Salicae I S. 206 f.; Nehlsen, Aktualität S. 453; S. 467 f.; Seebold, Entstehung S. 395 f.; Ubl, L'origine contestée S. 209.
30 Poly, La corde au cou, der in den ersten 44 Titeln ein römisches Militärgesetz für die fränkischen Laeten im Herrschaftsbereich des Usurpators Magnentius und in den Titeln 45–65 eine erste Reihe von Zusätzen sah.
31 Ubl, L'origine contestée; Renard, Pactus legis Salicae; Ubl, Im Bann der Tradition S. 430–435.
32 Pactus legis Salicae, Epilog (MGH LL nat. Germ. 4,1, S. 253); vgl. zur Problematik der Identifizierung Ubl, L'origine contestée S. 215 f.
33 Pactus legis Salicae 47,1–3 (MGH LL nat. Germ. 4,1, S. 182–185).
34 Vgl. dazu Ubl, L'origine contestée S. 220 f.; Wormald, Leges Barbarorum S. 28 und Wood, Kingdoms S. 112 gehen dagegen davon aus, die Grenzen von Loire und Kohlenwald bezeichneten den Herrschaftsbereich Chlodwigs vor dem Krieg gegen die Westgoten. Die Lex Salica müsse also zwischen etwa 494 und 508 entstanden sein.
35 Ubl, L'origine contestée S. 225 f.; S. 233.
36 Renard, Pactus legis Salicae S. 338–442; S. 349.
37 Vgl. die Kritik bei Nehlsen, Sklavenrecht S. 251 ff.; Nehlsen, Aktualität S. 455, der davon ausgeht, dass die Titel 10–13, 25, 35 und 40 zwischen dem Anfang des 6. und dem ersten Drittel des 7. Jahrhunderts entstanden; vgl. auch die Kritik an der gesamten Edition Eckhards bei Ubl, Inzestverbot S. 176–179 mit weiterer Literatur.
38 Vgl. Nehlsen, Aktualität S. 469.

39 Nehlsen, Sklavenrecht S. 267; S. 355; Geary, Merowinger S. 97 f.; Siems, Weiterwirken S. 232–234; Ubl, Inzestverbot S. 79 f.
40 Ubl, Im Bann der Tradition S. 435.
41 Ubl, Im Bann der Tradition S. 439–443.
42 Wormald, Lex Scripta S. 111 f.; Schmidt-Wiegand, Wergeld S. 458; Ubl, Im Bann der Tradition S. 443 f.
43 Pactus legis Salicae 58, 1–6 (MGH LL nat. Germ. 4,1, S. 218–221); Schmidt-Wiegand, Sprache S. 151 f.
44 Pactus legis Salicae, Prolog (MGH LL nat. Germ. 4,1, S. 2); zur Datierung siehe ebd. den Kommentar; vgl. Seebold, Entstehung S. 398.
45 Vgl. Gregor von Tours, Hist. 4,46 (Krusch/Levison S. 181); für das 7. Jahrhundert bezeugt unter anderem die Lex Ribuaria 61 (MGH LL nat. Germ. 3,2, S. 108 f.) die Geltung des römischen Rechts.
46 Leges Burgundionum, Liber constitutionum 8 (MGH LL nat. Germ. 2,1, S. 32).
47 Pactus legis Salicae, Prolog (MGH LL nat. Germ. 4,1, S. 2); zur Datierung siehe ebd.
48 Vgl. die Forschungsüberblicke bei Irsigler, Untersuchungen S. 39–81; Grahn-Hoek, Oberschicht S. 10–22; Halsall, Settlement S. 34–36; Kaiser, Erbe S. 123–126.
49 Kaiser/Scholz, Quellen S. 73.
50 Wenskus, Amt und Adel; dagegen Grahn-Hoek, Oberschicht S. 16 f.
51 Grahn-Hoek, Oberschicht S. 27–31; S. 38–46.
52 Pactus legis Salicae 41,9–10 (MGH LL nat. Germ. 4,1, S. 157); ein Nachtrag wohl aus der Zeit Chilperichs I. unterscheidet dann auch den freien vom abgabepflichtigen Romanen, Capitula legi Salicae addita 117,2 (MGH LL nat. Germ. 4,1, S. 263).
53 Vgl. etwa Pactus legis Salicae 25,2; 41,5, 8, 9 (MGH LL nat. Germ. 4,1, S. 94; S. 156 f.).
54 Koch, Weibliche Elite S. 39 f.
55 Pactus legis Salicae 16,5 (MGH LL nat. Germ. 4,1, S. 74).
56 So Grahn-Hoek, Oberschicht S. 31–38, bes. S. 36 f.; Halsall, Settlement S. 35; vgl. die ältere Sicht bei Zöllner, Geschichte S. 117 f., der in Anlehnung an die Thesen Dannenbauers den *Romanus possessor* als kleinen Grundbesitzer betrachtet.
57 Pactus legis Salicae, Septem causas 8,1 f.; 8,5 (MGH LL nat. Germ. 4,1, S. 273).
58 Synode von Orléans (511), can. 23 (CCSL 148 A, S. 11); Kaiser/Scholz, Quellen Nr. 14, S. 119.
59 C. Th. IIII, 14, 1, S. 194 f.
60 Zur Größe und Bedeutung des Landbesitzes der fränkischen Kirche vgl. Wood, Entrusting Western Europe.
61 Esders, »Blüte« des Tauschgeschäfts S. 27–37.

62 Synode von Orléans (511), can. 16 (CCSL 148 A, S. 9); Kaiser/Scholz, Quellen Nr. 14, S. 117.
63 Synode von Orléans (511), can. 24–30 (CCSL 148 A, S. 11 f.); Kaiser/Scholz, Quellen Nr. 14, S. 119 f.; Hen, Culture S. 154–180; Zeddies, Religio S. 138 f. und S. 260–269.

6 Die Nachfolger Chlodwigs

1 Wood, Kings S. 25 f.; Kasten, Königssöhne S. 10–14; Offergeld, Reges pueri S. 188–192.
2 Ewig, Teilungen S. 114–124.
3 Ewig, Merowinger S. 31–33; Erkens, Teilungspraxis S. 428–432.
4 Wood, Kingdoms S. 43.
5 Marius von Avenches, Chronik zu 523 und 524 (Favrod S. 70); Gregor von Tours, Hist. 3,5 f. (Krusch/Levison S. 100–103).
6 Marius von Avenches, Chronik zu 534 (Favrod S. 72); Gregor von Tours, Hist. 3,11 (Krusch/Levison S. 108).
7 Marius von Avenches, Chronik zu 534 (Favrod S. 72); Ewig, Teilungen S. 130 f.; Kaiser, Burgunder S. 73.
8 Gregor von Tours, Hist. 3,4 (Krusch/Levison S. 99 f.); zur Darstellung Gregors vgl. Scheibelreiter, Untergang S. 179–183.
9 Prokop, Gotenkriege 5,13 (Veh S. 104).
10 Zöllner, Geschichte S. 82 f.
11 Gregor von Tours, Hist. 3,7 f. (Krusch/Levison S. 104–106); Venantius Fortunatus, Vita sanctae Radegundis 2,3–5 (MGH AA 4,2, S. 38); Baudonivia, Vita Radegundis 1,1 (Krusch S. 365).
12 Ewig, Merowinger S. 34.
13 Liber epistolarum 20 (Malaspina S. 136); Kaiser/Scholz, Quellen Nr. 17; die in Quellen des 9.–11. Jahrhunderts erwähnte Beteiligung der Sachsen sowohl an der Unterwerfung des Thüringerreichs als auch der Aufteilung des Landes ist wenig wahrscheinlich, vgl. Hardt, Thüringer S. 260.
14 Gregor von Tours, Hist. 3,9 (Krusch/Levison S. 106).
15 Gregor von Tours, Hist. 3,12 (Krusch/Levison S. 108).
16 Gregor von Tours, Hist. 3,14 (Krusch/Levison S. 110–112); zu Munderich vgl. Widdowson, Merovingian Partitions S. 3 f.
17 Gregor von Tours, Hist. 3,9–10 (Krusch/Levison S. 106 f.).
18 Gregor von Tours, Hist. 3,6 (Krusch/Levison S. 103); zum Verbot Synode von Orléans (511), can. 18 (CCSL 148 A, S. 9 f.).
19 Gregor von Tours, Hist. 3,18 (Krusch/Levison S. 117–120); vgl. Schneider, Königswahl S. 74–76; Offergeld, Reges pueri S. 192–195.
20 Ewig, Teilungen S. 128 f.

21 Gregor von Tours, Hist. 3,23 (Krusch/Levison S. 122 f.): Consurgentes autem Childeberthus et Chlotharcharius contra Theudobertum regnum eius auferre voluerunt, sed ille muneribus placatis a leodibus suis defensatus est et in regnum stabilitus.

22 Buchner (Gregor von Tours, Zehn Bücher Geschichten S. 173) übersetzt hingegen »aber er gewann durch Geschenke seine Mannen, dass sie ihn verteidigten und seine Herrschaft aufrecht erhielten.« Das wird der grammatischen Konstruktion des Satzes nicht gerecht. Der Übersetzung folgt Schneider, Königswahl S. 80, der jedoch zu Recht folgert, die *leudes* hätten Theudebert zum König erhoben; unscharf Offergeld, Reges pueri S. 195.

23 Gregor von Tours, Hist. 3,11 (Krusch/Levison S. 107).

24 Wood, Kings S. 10 f.; Becher, Herrschaft S. 179.

25 Gregor von Tours, Hist. 3,24 (Krusch/Levison S. 123).

26 Gregor von Tours, Hist. 3,28 (Krusch/Levison S. 124 f.).

27 Zöllner, Geschichte S. 88.

28 Prokop, Gotenkrieg 5,5 (Veh S. 38); Giese, Goten S. 122–124; Ewig, Imperium S. 12; Wolfram, Goten S. 338 f.

29 Prokop, Gotenkriege 5,5 (Übersetzung Veh S. 38).

30 Prokop, Gotenkriege 5,5; 5,13 (Veh S. 38; S. 110); vgl. Epistolae Arelatensis genuinae 44 (MGH Epp. 3, S. 66).

31 Prokop, Gotenkriege 5,13 (Veh S. 110).

32 Prokop, Gotenkriege 7,33 (Veh S. 652–654); Ewig, Imperium S. 12–14; Esders, Rechtstradition S. 273.

33 Gregor von Tours, Hist. 3,31 (Krusch/Levison S. 127 f.), dem Giese, Goten S. 128 im Kern folgt.

34 Vgl. auch Beisel, Studien S. 100.

35 Cassiodor, Variarum libri duodecim 12,7 (MGH AA XII, S. 365 f.); Beisel, Studien S. 103; Zöllner, Geschichte S. 89.

36 Prokop, Gotenkriege 6,21 (Veh S. 362); Marius von Avenches, Chronik zu 538 (Favrod S. 74).

37 Giese, Goten S. 129.

38 Auctarium Marcellini zu 539 (MGH AA 11, S. 106); Prokop, Gotenkriege 6,25 (Veh S. 390–394); Gregor von Tours, Hist. 3,32 (Krusch/Levison S. 128); Marius von Avenches, Chronik zu 539 (Favrod S. 74); vgl. den Überblick bei Winckler, Alpen S. 72–76.

39 Auctarium Marcellini zu 539 (MGH AA 11, S. 106).

40 Prokop, Gotenkriege 6,25 (Veh S. 390–394).

41 Beisel, Studien S. 103 f.; Zöllner, Geschichte S. 89.

42 Prokop, Gotenkriege 6,25 (Veh S. 394).

43 Collins, Theodebert I S. 31 f. erwägt die Möglichkeit, dass der König von einflussreichen Bewohnern Mailands zur Hilfe gerufen wurde, nachdem einige Zeit zuvor die Oströmer den Angriff der Goten auf Mailand nicht

abwehren konnten. Die militärische Situation hatte sich seitdem aber zu Gunsten Belisars gewandelt, sodass dieser Erklärungsversuch nicht überzeugt.

44 Prokop, Gotenkriege 8,24 (Veh S. 904).

45 Liber epistolarum 20 (Malaspina S. 136); Kaiser/Scholz, Quellen Nr. 17, S. 124 f.

46 Jonas von Bobbio, Vita Johannis abbatis Reomaensis (Krusch S. 513) und Paulus Diaconus, Hist. Langobardorum 2,2 (Schwarz S. 158) berichten, Theudebert habe Herzog Butilin und andere Heerführer in Italien zurückgelassen, doch ziehen beide Quellen die Ereignisse von 539 und 552 zusammen.

47 Gregor von Tours, Hist. 3,32; 4,9 (Krusch/Levison S. 128; S. 140).

48 Prokop, Gotenkriege 6,28 (Veh S. 412–416).

49 Zöllner, Geschichte S. 93.

50 Liber epistolarum 20 (Malaspina S. 136–138); Kaiser/Scholz, Quellen Nr. 17, S. 124 f.

51 Vgl. Epp, Amicitia S. 202 f.

52 Marius von Avenches, Chronik zu 548 (Favrod S. 74).

53 Prokop, Gotenkriege 7,33 (Veh S. 654).

54 Prokop, Gotenkriege 6,25 (Veh S. 392).

55 Synode von Clermont (535), Prolog (CCSL 148 A, S. 105); Kaiser/Scholz, Quellen Nr. 16, S. 123; vgl. Synode von Agde (506), Prolog (CCSL 148, S. 192).

56 Synode von Clermont (535), Brief an Theudebert (CCSL 148 A, S. 112); vgl. Ewig, Zum christlichen Königsgedanken S. 16, Anm. 54.

57 Synode von Clermont (535), Brief an Theudebert (CCSL 148 A, S. 112); vgl. Suntrup, Studien S. 84 f.; Erkens, Herrschersakralität S. 105.

58 Gregor von Tours, Hist. 3,25 (Krusch/Levison S. 123).

59 Die Frage nach der Grundlage für Gregors Urteil wird von Goffart, Narrators S. 225 zu wenig berücksichtigt; zur Stelle vgl. auch Heinzelmann, Gregor von Tours S. 121 f.; die später von Gregor geschriebene Vita des Nicetius von Trier zeigt ein deutlich negativeres Bild des Königs, vgl. Gregor von Tours, Liber vitae patrum 17,2 (Krusch S. 279) und dazu Ubl, Inzestverbot S. 146–149; zum Gesamtbild Theudeberts in Gregors Zehn Büchern Geschichten vgl. Breukelaar, Historiography S. 231–233.

60 Marius von Avenches, Chronik zu 548 (Favrod S. 74); Gregor von Tours, Hist. 3,37 (Krusch/Levison S. 133).

61 Venantius Fortunatus, Carmen VII,16 (MGH AA 4,1, S. 171); Kaiser/Scholz, Quellen Nr. 20, S. 131–133.

62 Beisel, Studien S. 122 f.

63 So schon Selle-Hosbach, Prosopographie S. 75.

64 Prokop, Gotenkriege 8,24 (Veh S. 906–910).

65 Marius von Avenches, Chronik zu 548 (Favrod S. 74).
66 Liber epistolarum 18 (Malaspina S. 132–134).
67 Prokop, Gotenkriege 8,24 (Veh S. 910).
68 Prokop, Gotenkriege 8,26 (Veh S. 926).
69 Prokop, Gotenkriege 8,34 (Veh S. 980 f.); Giese, Goten S. 136 f.
70 Agathias, Hist. 1,6 (Veh S. 1126–1128), der anschließend ausführlich die Kämpfe der beiden Herzöge gegen die Römer schildert, vgl. auch Gregor von Tours, Hist. 3,32; 4,9 (Krusch/Levison S. 128; S. 140).
71 Agathias Hist. 2,3 (Veh S. 1174–1176); Zöllner, Geschichte S. 99–101.
72 Agathias Hist. 2,9 (Veh S. 1192–1196); Gregor von Tours, Hist. 4,9 (Krusch/Levison S. 140 f.).
73 Caspar, Papsttum II S. 242–244; Maraval, Religionspolitik S. 448–450; zu Theodor von Mopsuestia hatte sich das Konzil von Chalcedon (451) nicht geäußert.
74 Acta conciliorum oecumenicorum 4,1 S. 187 f.; S. 198 f.; Caspar, Papsttum II S. 253–264; S. 267–283; Ensslin, Justinian I. S. 124–126; Richards, Popes S. 143–153; Maraval, Religionspolitik S. 450–457; Maser, Päpste S. 58–60; Scholz, Papsttum S. 267–269.
75 Epistolae Arelatensis genuinae Nr. 55 (MGH Epp. 3, S. 80); vgl. zu den Hintergründen Sotinel, Dilemma des Westens S. 470–479.
76 Epistulae Arelatensis genuinae 41 (MGH Epp. 3, S. 62).
77 Epistulae Arelatensis genuinae 44 (MGH Epp. 3, S. 66).
78 Epistulae Arelatensis genuinae 45 (MGH Epp. 3, S. 67).
79 Synode von Orléans (549), can. 1 (CCSL 148 A, S. 148 f.); Wood, The Franks and Papal Theology S. 223 f.
80 Epistulae Arelatensis genuinae 45 (MGH Epp. 3, S. 67f).
81 Pelagius I., Ep. 3 (Gassó/Battle S. 6–9); Wood, The Franks and Papal Theology S. 226–230.
82 Pelagius I., Ep. 7 (Gassó/Battle S. 21).
83 Pelagius I., Ep. 7 (Gassó/Battle S. 21–25).
84 Pelagius I., Ep. 11 (Gassó/Battle S. 35–40).
85 Liber epistolarum 7 (Malaspina S. 78–86).
86 Marius von Avenches, Chronik zu 555 (Favrod S. 76); Gregor von Tours, Hist. 4,9; 4,14 (Krusch/Levison S. 141; S. 145), bei dem die Chronologie und die Zusammenhänge unklar sind.
87 Agathias, Hist. 2,14 (Veh S. 1202–1204) berichtet von einem heftigen Streit zwischen Childebert und Chlothar um das Erbe, auf das Childebert schließlich freiwillig verzichtet habe.
88 Marius von Avenches, Chronik zu 555 (Favrod S. 76); Gregor von Tours, Hist. 4,10; 4,14 (Krusch/Levison S. 141; S. 145–147).
89 Gregor von Tours, Hist. 4,49; 6,31 (Krusch/Levison S. 186; S. 301).
90 Marius von Avenches, Chronik zu 556 (Favrod S. 76); Gregor von Tours, Hist. 4,10; 4,14 (Krusch/Levison S. 141; S. 145 f.).

91 Gregor von Tours, Hist. 4,17 (Krusch/Levison S. 150); zum Begriff der *caritas* Scholz, Ausgrenzung S. 159–161.
92 Gregor von Tours, Hist. 4,18; 4,20 (Krusch/Levison S. 150–154); Kasten, Königssöhne S. 37–42.

7 Die kirchliche Entwicklung von 511 bis 561

1 Pontal, Synoden S. 48–71; S. 105–110.
2 Synode von Orléans (533), Prolog (CCSL 148 A, S. 99).
3 Synode von Orléans (533), can. 3, can. 4 (CCSL 148 A, S. 99).
4 Synode von Clermont (535), can. 2 (CCSL 148 A, S. 105 f.); zur Mitwirkung des Metropoliten vgl. Thier, Hierarchie S. 120–132, hier S. 129 f. zu den merowingischen Synoden.
5 Synode von Orléans (538), can. 3 (CCSL 148 A, S. 115).
6 Synode von Orléans (549), can. 10 (CCSL 148 A, S. 151 f.).
7 Thier, Hierarchie S. 213 f.
8 Vgl. dazu Kap. 2.2 bei Anm. 15.
9 Gregor von Tours, Hist. 3,17; 4,5 (Krusch/Levison S. 117; S. 138); vgl. Scheibelreiter, Bischof S. 133–144.
10 Synode von Orléans (538), can. 35 (CCSL 148 A, S. 126); Synode von Orléans (541), can. 20 (CCSL 148 A, S. 137).
11 Synode von Clermont (535), can. 5 (CCSL 148 A, S. 106); vgl. auch Brown, Eye of a Needle S. 508 f.
12 Synode von Clermont (535), can. 14 (CCSL 148 A, S. 108 f.); vgl. Synode von Orléans (541), can. 14 (CCSL 148 A, S. 135).
13 Synode von Orléans (538), can. 13 (CCSL 148 A, S. 119 f.).
14 Synode von Orléans (549), can. 14 (CCSL 148 A, S. 152).
15 Gregor von Tours, Hist. 5,36; 7,22 (Krusch/Levison S. 242; S. 340; S. 343).
16 Gregor von Tours, Hist. 5,5; 8,39 (Krusch/Levison S. 203 f.; S. 405 f.).
17 Gregor von Tours, Hist. 4,2 (Krusch/Levison S. 136).
18 Synode von Orléans (533), can. 14 (CCSL 148 A, S. 101); Synode von Orléans (538), can. 12 (CCSL 148 A, S. 119).
19 Synode von Clermont (535), can. 13; can. 16 (CCSL 148 A, S. 108–110).
20 Synode von Orléans (533), can. 18 (CCSL 148 A, S. 101).
21 Synode von Orléans (511), can. 18 (CCSL 148 A, S. 9 f.).
22 Vgl. Ubl, Inzestverbot S. 141 f.
23 Synode von Clermont (535), can. 12 (CCSL 148 A, S. 107 f.).
24 Scholz, Ausgrenzung S. 155 f.
25 Vgl. Synode von Paris (614), can. 16 (CCSL 148 A, S. 280).
26 Ubl, Inzestverbot S. 137 f.

27 Gregor von Tours, Liber vitae patrum 17,2 (Krusch S. 279 f.); vgl. Ubl, Inzestverbot S. 146 f., zur Gestaltung der Szene nach dem Vorbild des Ambrosius vgl. Buc, Dangers of Ritual S. 114; S. 121.
28 Gregor von Tours, Hist. 4,9 (Krusch/Levison S. 141); vgl. Ubl, Inzestverbot S. 142.
29 Gregor von Tours, Hist. 4,26 (Krusch/Levison S. 158 f.).
30 Ubl, Inzestverbot S. 140–175, Zitat S. 174.
31 Synode von Orléans (533), can. 19 (CCSL 148 A, S. 101).
32 Mikat, Judengesetzgebung S. 10–19; Geisel, Juden S. 105–114.
33 Synode von Clermont (535), can. 6; can. 9 (CCSL 148 A, S. 106 f.); zu can. 9 vgl. Mikat, Judengesetzgebung S. 25–36.
34 Geisel, Juden S. 115–132.
35 Synode von Orléans (538), can. 14; can. 33 (CCSL 148 A, S. 120; S. 126).
36 Synode von Vannes (461–491), can. 12 (CCSL 148, S. 154); Synode von Agde (506), can. 40 (CCSL 148, S. 210); Synode von Épao (517), can. 15 (CCSL 148 A, S. 27 f.); Geisel, Juden S. 141 f.
37 Geisel, Juden S. 142 f.
38 Synode von Orléans (533), can. 20 (CCSL 148 A, S. 102); Zeddies, Religio S. 227 f.
39 Synode von Orléans (541), can. 15; can. 16 (CCSL 148 A, S. 136).
40 Gregor von Tours, Liber vitae patrum 17,2 (Krusch S. 280).
41 Caesarius von Arles, Sermo 43,5 (CCSL 103, S. 191 f.).
42 Statuta ecclesiae antiqua, can. 5 (CCSL 148, S. 166 f.); vgl. oben Kap. 2.2 bei Anm. 23; Scholz, Bildungsentwicklung S. 275 f.
43 Sidonius Apollinaris, Ep. 9,12,1 (Loyen III S. 160); Schröder, Bildung S. 172 f.
44 Gregor von Tours, Liber vitae patrum II, De sancto Illido confessore (Krusch S. 218 f.).
45 Gregor von Tours, Liber vitae patrum, Praefatio (Krusch S. 212).
46 Thürlemann, Diskurs S. 94–96; Goffart, Narrators S. 118; Heinzelmann, Gregor von Tours S. 82 f.
47 Vgl. umfassend Prinz, Frühes Mönchtum S. 47–87.
48 Caesarius von Arles, Sermo 86,1 (CCSL 103, S. 353).
49 Synode von Vaison (529), can. 1 (CCSL 148 A, S. 78); Riché, Ecoles S. 40; Godding, Prêtres S. 60–63; Scholz, Bildungsentwicklung S. 276 f.
50 Synode von Orléans (533), can. 16 (CCSL 148 A, S. 101).
51 Synode von Narbonne (589), can. 11 (CCSL 148 A, S. 256); Scholz, Bildungsentwicklung S. 277 f.
52 Synode von Orléans (541), can. 6 (CCSL 148 A, S. 133).

8 Das Reich unter den Söhnen Chlothars I.

1 Hartmann, Merowinger S. 30 f.
2 Ewig, Teilungen S. 135–138; Ewig, Merowinger S. 41 f.; Armand, Chilpéric S. 72–79 mit Karte.
3 Gregor von Tours, Hist. 4,22 (Krusch/Levison S. 154); Buchner (Gregor von Tours, Zehn Bücher Geschichten S. 225) übersetzt: »wandte er sich an die angesehensten Franken, gewann sie durch Geschenke und unterwarf sie sich«, was mir keinen rechten Sinn zu ergeben scheint.
4 Armand, Chilpéric S. 71 f.; möglicherweise hatte Chilperichs Vater ihm ursprünglich eine Vorrangstellung unter den Söhnen zugedacht, welche die anderen Söhne aber nicht akzeptieren wollten, vgl. Kasten, Königssöhne S. 17.
5 Gregor von Tours, Hist. 4,22 (Krusch/Levison S. 154 f.).
6 Pohl, Völkerwanderung S. 195 f.; Pohl, Awaren S. 37–57.
7 Gregor von Tours, Hist. 4,23 (Krusch/Levison S. 155); Epp, Amicitia S. 212.
8 Gregor von Tours, Hist. 4,30 (Krusch/Levison S. 162 f.).
9 Gregor von Tours, Hist. 4,25 f. (Krusch/Levison S. 156 f.); Ewig, Merowinger S. 84.
10 Gregor von Tours, Hist. 4,27 (Krusch/Levison S. 160); vgl. auch Venantius Fortunatus, Carmen VI,1 (MGH AA 4,1, S. 129 f.); Dumézil, Brunehaut S. 116–130.
11 Gregor von Tours, Hist 4,28 (Krusch/Levison S. 160 f.); Liber hist. Franc. 31 (Krusch S. 292).
12 Die Synode wird von Pontal, Synoden S. 122 f. mit einleuchtenden Argumenten in die Jahre 561/62 datiert.
13 Synode von Paris (556–573) (CCSL 148 A, S. 205–209).
14 Gregor von Tours, Hist. 4,26 (Krusch/Levison S. 157 f.); die Synode ist nur dort überliefert; vgl. Pontal, Synoden S. 123; S. 127.

9 Die Reichsteilung von 567 und die Folgen

1 Synode von Tours (567), Prolog (CCSL 148 A, S. 176).
2 Synode von Tours (567), can. 1 (CCSL 148 A, S. 176 f.); zur Bedeutung der Synode Suntrup, Studien S. 99–103; Zeddies, Religio S. 200–215.
3 Synode von Tours (567), can. 25 (CCSL 148 A, S. 192); diese Kritik scheint Gregor von Tours in seinem berühmten Prolog zum 5. Buch seiner Zehn Bücher Geschichten aufgegriffen zu haben, vgl. Gregor von Tours, Hist. 5, Prolog (Krusch/Levison S. 193 f.).

4 Der an die Kanones angehängte Brief, den die Bischöfe der Provinz Tours an die Gläubigen richteten und sie vor einem drohenden Unglück warnten, ist wohl auf die Pest und nicht auf kriegerische Auseinandersetzungen zu beziehen, Synode von Tours (567), Synodalbrief (CCSL 148 A, S. 199) und dazu Ubl, Inzestverbot S. 162 f.
5 Ewig, Teilungen S. 138 f.; Hartmann, Merowinger S. 32.
6 Gregor von Tours, Hist. 4,45; 4,47 (Krusch/Levison S. 180; S. 183).
7 Gregor von Tours, Hist. 4,49 (Krusch/Levison S. 185 f.).
8 Gregor von Tours, Hist. 4,50 f. (Krusch/Levison S. 187 f.).
9 Marius von Avenches, Chronik zu 576 (Favrod S. 84); Gregor von Tours, Hist. 4,51 (Krusch/Levison S. 188 f.).
10 Gregor von Tours, Hist. 5,1 (Krusch/Levison S. 194).
11 Gregor von Tours, Hist. 5,3 (Krusch/Levison S. 196; S. 198).
12 Armand, Chilpéric S. 130.
13 Gregor von Tours, Hist. 5,1 (Krusch/Levison S. 194 f.).
14 Dumézil, Brunehaut S. 185 f.
15 Gregor von Tours, Hist. 5,2 (Krusch/Levison S. 195); Kasten, Königssöhne S. 45 f.; Armand, Chilpéric S. 131–136.
16 Gregor von Tours, Hist. 5,3 (Krusch/Levison S. 196; S. 198).
17 Gregor von Tours, Hist. 5,14 (Krusch/Levison S. 209).
18 Gregor von Tours, Hist. 5,14; 5,18 (Krusch/Levison S. 213; S. 223 f.); Kasten, Königssöhne S. 45–49; Armand, Chilpéric S. 136–142; Dumézil, Brunehaut S. 191.
19 Gregor von Tours, Hist. 5,39 (Krusch/Levison S. 245–247); Ewig, Namengebung S. 202 f.; Kasten, Königssöhne S. 33; Hartmann, Königin S. 74 f.
20 Gregor von Tours, Hist. 5,18 (Krusch/Levison S. 216 f.; S. 222 f.); Pontal, Synoden S. 146 f.; Buc, Dangers of Ritual S. 100–106; Althoff, Macht der Rituale S. 35–37.
21 Gregor von Tours, Hist. 5,47; 5,49 (Krusch/Levison S. 257; S. 258–262); Pontal, Synoden S. 148.
22 Gregor von Tours, Hist. 6,46 (Krusch/Levison S. 320).
23 Gregor von Tours, Hist. 5,17 (Krusch/Levison S. 216); Schneider, Königswahl S. 117–121.
24 Gregor von Tours, Hist. 6,11 (Krusch/Levison S. 280 f.).
25 Venantius Fortunatus, Carmen VII,4 (MGH AA 4,1, S. 156, Vv. 25–30); vgl. Dumézil, Brunehaut S. 194 f.; das angeblich für Gogo verfasste Grabgedicht spricht von *Belgarum columen* und *regimen regionis* und scheint sich damit eher auf einen regional bedeutenden Großen als auf Gogo zu beziehen; Herzog Lupus von der Champagne wird bei Gregor von Tours, Hist. 6,4 (Krusch/Levison S. 268) als *solatium regionis* bezeichnet. Zudem wird Gogos Bedeutung als Erzieher des Königs nicht erwähnt, vgl. die

Edition bei Bischoff, Anecdota novissima S. 145 f.; zu Gogo vgl. auch Dumézil, Gogo.

26 Gregor von Tours, Hist. 6,1 (Krusch/Levison S. 265); vgl. Offergeld, Reges pueri S. 203; Ewig, Teilungen S. 140 f. und Dumézil, Brunehaut S. 202 f. setzen gegen den Wortlaut der Quelle den Umschwung erst nach dem Tode Gogos an.

27 Gregor von Tours, Hist. 6,3 (Krusch/Levison S. 267).

28 Gregor von Tours, Hist. 6,4; 9,14 (Krusch/Levison S. 267 f.; S. 428); Wood, Kingdoms S. 128.

29 Gregor von Tours, Hist. 6,11 (Krusch/Levison S. 281 f.)

30 Gregor von Tours, Hist. 6,12; 6,22 (Krusch/Levison S. 282 f.; S. 289 f.).

31 Gregor von Tours, Hist. 6,31 (Krusch/Levison S. 299–302).

32 Gregor von Tours, Hist. 6,33 (Krusch/Levison S. 304); Dumézil, Brunehaut S. 209 f., der jedoch die Rolle Brunichilds in dieser Zeit überschätzt; vgl. auch Nelson, Queens S. 12.

33 Gregor von Tours, Hist. 6,41 (Krusch/Levison S. 313).

34 Vgl. Gregor von Tours, Hist. 7,14 (Krusch/Levison S. 334 f.).

35 Fredegar, Chron. 3,33 (Krusch S. 118); Heydemann, Gestaltung S. 82 f.; Hartmann, Sage S. 25.

36 Gregor von Tours, Hist. 7,21; 7,29 (Krusch/Levison S. 339 f.; S. 347–349).

37 Synode von Mâcon (581–583), can. 18 (CCSL 148 A, S. 227 f.).

38 Heinzelmann, Bischof und Herrschaft S. 72 f.; Esders, Treueidleistung S. 29–32.

39 Capitula legi Salicae addita 79; 102,2 (MGH LL nat. Germ. 4,1, S. 250; S. 259).

40 Gregor von Tours, Hist. 6,24; 6,26; 7,36; 9,28 (Krusch/Levison S. 291–293; S. 357 f.; S. 447); Goffart, Byzantine Policy S. 96 ff.; Bachrach, Anatomy; Grahn-Hoek, Oberschicht S. 232–237; Ewig, Imperium S. 34 f.; Esders, Rechtstradition S. 274 f.; Goffart, Gundovald.

41 Gregor von Tours, Hist. 7,9 (Krusch/Levison S. 331).

42 Gregor von Tours, Hist. 7,10; 7,26 (Krusch/Levison S. 332; S. 345).

43 Gregor von Tours, Hist. 7,28; 7,32 (Krusch/Levison S. 346; S. 352 f.); Grahn-Hoek, Oberschicht S. 240–245.

44 Goffart, Gundovald S. 22–25.

45 Gregor von Tours, Hist. 7,33 (Krusch/Levison S. 353 f.); Schneider, Königswahl S. 121–123; Offergeld, Reges pueri S. 206 f.

46 Gregor von Tours, Hist. 7,34–7,39 (Krusch/Levison S. 354–363).

10 Das Frankenreich von 584 bis 596

1 Gregor von Tours, Hist. 7,4–7,7 (Krusch/Levison S. 328–330).
2 Gregor von Tours, Hist. 7,12 f. (Krusch/Levison S. 333 f.); vgl. auch Gregor von Tours, Hist. 7,24 (Krusch/Levison S. 344).
3 Gregor von Tours, Hist. 8,18; 8,42 (Krusch/Levison S. 385; S. 408).
4 Gregor von Tours, Hist. 7,14 (Krusch/Levison S. 334–336).
5 Gregor von Tours, Hist. 8,29; 8,44; 9,3 (Krusch/Levison S. 391 f.; S. 410; S. 415 f.).
6 Gregor von Tours, Hist. 8,37; 9,4 (Krusch/Levison S. 405; S. 416).
7 Gregor von Tours, Hist. 9,9; 9,12 (Krusch/Levison S. 421–423; S. 426 f.).
8 Gregor von Tours, Hist. 9,14 (Krusch/Levison S. 428); vgl. Gregor von Tours, Hist. 10,19 (Krusch/Levison S. 510–513).
9 Gregor von Tours, Hist. 8,22 (Krusch/Levison S. 389); Wood, Kingdoms S. 129; Offergeld, Reges pueri S. 209.
10 Gregor von Tours, Hist. 9,8 (Krusch/Levison S. 421).
11 Heinzelmann, Gregor von Tours S. 62 f.
12 Gregor von Tours, Hist. 9,10; 9,11 (Krusch/Levison S. 424–426).
13 Gregor von Tours, Hist. 9,20 (Krusch/Levison S. 434–439); Ewig, Teilungen S. 146; Schneider, Königswahl S. 124–126; Dumézil, Brunehaut S. 242–244; Offergeld, Reges pueri S. 211 f., die jedoch die Mitwirkung des Adels an dem Vertrag nicht berücksichtigen.
14 Gregor von Tours, Hist. 9,20 (Krusch/Levison S. 434; S. 439 f.).
15 Gregor von Tours, Hist. 10,28 (Krusch/Levison S. 520–522); Jussen, Patenschaft S. 79–82.
16 Fredegar, Chron. 4,14 (Krusch S. 127); Liber hist. Franc. 36 (Krusch S. 304–306).
17 Weidemann, Testament, Verfügung Nr. 10, S. 15; S. 157 f.
18 Gregor von Tours, Hist. 4,40 (Krusch/Levison S. 172).
19 Widdowson, Merovingian Partitions S. 13 f.; Esders, Avenger S. 23 f.
20 Pohl, Völkerwanderung S. 196–201.
21 Esders, Avenger S. 24–26.
22 Marius von Avenches, Chronik zu 569 (Favrod S. 82); vgl. Esders, Avenger S. 27.
23 Wood, Kingdoms S. 165 f.
24 Marius von Avenches, Chronik zu 574 (Favrod S. 84); Gregor von Tours, Hist. 4,42, 4,44 (Krusch/Levison S. 174 f.; S. 178 f.).
25 Menander Protector, Fragment 22 (Blockley S. 196); Goffart, Byzantine Policy S. 81 f.; Bachrach, Anatomy S. 40 f.
26 Gregor von Tours, Hist. 6,2 (Krusch/Levison S. 266); Goffart, Byzantine Policy S. 84 f.

27 Epistolae aevi Merowingici collectae Nr. 9 (MGH Epp. 3, S. 449); Johannes von Biclaro, Chronicon 69 (CCSL 173 A, S. 74).
28 Gregor von Tours, Hist. 6,42; 6,43; 8,28 (Krusch/Levison S. 314; S. 316; S. 390 f.).
29 Gregor von Tours, Hist. 6,42; 8,18 (Krusch/Levison S. 314; S. 384).
30 Johannes von Biclaro, Chronicon 82 (CCSL 173 A, S. 77); Ewig, Imperium S. 43 f.
31 Gregor von Tours, Hist. 8,28 (Krusch/Levison S. 390 f.).
32 Gregor von Tours, Hist. 9,20 (Krusch/Levison S. 440).
33 Gregor von Tours, Hist. 8,30 (Krusch/Levison S. 393–396); Johannes von Biclaro, Chronicon 74 (CCSL 173 A, S. 76).
34 Gregor von Tours, Hist. 8,30 (Krusch/Levison S. 396 f.).
35 Gregor von Tours, Hist. 8,35 (Krusch/Levison S. 404).
36 Gregor von Tours, Hist. 8,38; 8,45 (Krusch/Levison S. 405; S. 411).
37 Gregor von Tours, Hist. 8,46; 9,16; 9,20 (Krusch/Levison S. 411 f.; S. 430 f.; S. 439 f.).
38 Gregor von Tours, Hist. 9,20 (Krusch/Levison S. 439 f.).
39 Gregor von Tours, Hist. 9,31 f. (Krusch/Levison S. 450 f.); Johannes von Biclaro, Chronicon 90 (CCSL 173 A, S. 80).
40 Gregor von Tours, Hist. 9,25 (Krusch/Levison S. 444 f.); Ewig, Imperium S. 45 f.
41 Liber epistolarum 40 (Malaspina S. 190–192); Gregor von Tours, Hist. 10,3 (Krusch/Levison S. 483–486); Paulus Diaconus, Hist. Langobardorum 4,1 (Schwarz S. 222).

11 Die gesellschaftlichen Veränderungen in der zweiten Hälfte des 6. Jahrhunderts

1 Pontal, Synoden S. 161 f.; MGH Capit. 1, S. 11 f.
2 Gregor von Tours, Hist. 8,20 (Krusch/Levison S. 386 f.); Demyttenaere, Femme S. 36–41, mit ausführlicher Übersicht zur Forschungsdiskussion.
3 Synode von Mâcon (585) (CCSL 148 A, S. 238–247); Pontal, Synoden S. 164–166; Esders, Rechtstradition S. 300–316; Ubl, Inzestverbot S. 166 f.; zu den verschiedenen Vorstellungen zur Sonntagsheiligung vgl. Heinzelmann, Gregor von Tours S. 162 f.
4 Esders, Rechtstradition S. 306–309.
5 Synode von Mâcon (585), can. 15 (CCSL 148 A, S. 245); Esders, Rechtstradition S. 302 f.
6 C. Th. IIII, 10, 1, S. 187; vgl. dazu Grieser, Sklaverei S. 155 f.

7 Synode von Mâcon (585), can. 7 (CCSL 148 A, S. 242); Esders, Zensualität S. 47–49.
8 Synode von Mâcon (585), can. 14 (CCSL 148 A, S. 245); vgl. Esders, Rechtstradition S. 312 f. mit leicht abweichender Interpretation.
9 Schneider, Darstellung der pauperes S. 69–72; Bosl, Potens und Pauper S. 119; Felten, Zusammenfassung S. 356 f.; Brown, Eye of a Needle S. 508 f.
10 Gregor von Tours, Hist. 7,7; 7,19 (Krusch/Levison S. 330; S. 338 f.)
11 Synode von Mâcon (581–583), Prolog (CCSL 148 A, S. 223).
12 Synode von Valence (583–585) (CCSL 148 A, S. 235).
13 Felten, Zusammenfassung S. 388 f.
14 Synode von Mâcon (585), c. 13 (CCSL 148 A, S. 245).
15 Heinzelmann, Gregor von Tours S. 163; differenzierter Esders, Rechtstradition S. 314 f.
16 MGH Capit. 1, S. 11 f.; vgl. auch Esders, Rechtstradition S. 327–337.
17 Erkens, Herrschersakralität S. 105.
18 Woll, Untersuchungen S. 50–75.
19 Capitula legi Salicae addita 90 (MGH LL nat. Germ. 4,1, S. 252).
20 Zum Einfluss des römischen Rechts Woll, Untersuchungen S. 87–114.
21 Childeberti II. decretio, c. 2 (MGH Capit. 1, S. 15); Ubl, Inzestverbot S. 180–186.
22 Childeberti II. decretio, c. 4 (MGH Capit. 1, S. 16).
23 Childeberti II. decretio, c. 5 (MGH Capit. 1, S. 16).
24 Weidemann, Kulturgeschichte I S. 318 f.
25 Capitula legi Salicae addita 108 (MGH LL nat. Germ. 4,1, S. 262).
26 Gregor von Tours, Hist. 9,35 (Krusch/Levison S. 455 f.).
27 Ubl, Inzestverbot S. 173.
28 Gregor von Tours, Hist. 4,31 (Krusch/Levison S. 165); Little, Life and Afterlife S. 7–9.
29 Gregor von Tours, Hist. 4,5 (Krusch/Levison S. 138); vgl. Little, Life and Afterlife S. 9 f.
30 Gregor von Tours, Hist. 9,22 (Krusch/Levison S. 442).
31 Sallares, Ecology passim.
32 Gregor von Tours, Hist. 9,21 (Krusch/Levison S. 441).
33 Gregor von Tours, Hist. 9,6 (Krusch/Levison S. 417–420).
34 Gregor von Tours, Hist. 10,25 (Krusch/Levison S. 517–519).
35 Scheibelreiter, Bischof S. 184–188; Sternberg, Orientalium more secutus passim.
36 Vgl. oben Kap. 11.1 bei Anm. 14.
37 Schneider, Darstellung der Pauperes S. 61 f.
38 Synode von Tours (567), can. 5 (CCSL 148 A, S. 178).
39 Synode von Lyon (583), can. 6 (CCSL 148 A, S. 232 f.).

40 Gregor von Tours, Hist. 7,45 (Krusch/Levison S. 365); zur Übersetzung vgl. auch Gregor von Tours, Zehn Bücher Geschichten 7,45 (Buchner S. 153).
41 Augustinus, De cura pro mortuis gerenda 22 (Zycha S. 658 f.); Scholz, Grab S. 272–277.
42 Gregor von Tours, Liber in gloria confessorum 64 (Krusch S. 335 f.); Scholz, Bestattung S. 218 f.
43 Synode von Paris (556–573), can. 9 (CCSL 148 A, S. 209); vgl. Borgolte, Freigelassene S. 237 f.
44 Borgolte, Freigelassene S. 244.
45 Weidemann, Testament Nr. 59, S. 40; Nr. 68, S. 46.
46 Angenendt, Missa specialis S. 198–200; Brown, Eye of a Needle S. 515 f.; Scholz, Bestattung S. 219.
47 Esders, Zensualität bes. S. 50–73.
48 Borgolte, Freigelassene S. 238.

12 Theudebert II. und Theuderich II.

1 Gregor von Tours, Hist. 8,37; 9,4 (Krusch/Levison S. 405; S. 416).
2 Gregor von Tours, Hist. 9,36 (Krusch/Levison S. 457); Kasten, Königssöhne S. 18 f.
3 Fredegar, Chron. 4,37 (Krusch S. 138).
4 Fredegar, Chron. 4,16 (Krusch S. 127); Kasten, Königssöhne S. 19.
5 MGH DD Mer. 1, Nr. 25, S. 68–70; Weidemann, Chronologie der Merowinger im 6. Jh. S. 492 f.; Weidemann, Testament S. 158; Offergeld, Reges pueri S. 226 f.; Erkens, Teilungspraxis S. 450–453.
6 Ruppenthal, Beobachtungen S. 39–42; Wood, Kingdoms S. 130 f.; Thier, Hierarchie S. 218–220.
7 Gregor I., Reg. VI,51; 58 (CCSL 140 A, S. 423 f.; S. 431).
8 Gregor I., Reg. IX,214 (CCSL 140 A, S. 772).
9 Gregor I., Reg. IX,216 (CCSL 140 A, S. 776–781).
10 Koch, Ethnische Identität S. 309–314.
11 Sisebut, Vita Desiderii c. 4; 8–10; 15–18 (Gil S. 55; S. 58 f.; S. 62–65); vgl. auch Dumézil, Brunehaut S. 334–338.
12 Fontaine, Sisebut's Vita Desiderii S. 124 f.
13 Nelson, Queens S. 27–29; Wood, Kingdoms S. 130–135; Heydemann, Gestaltung S. 76–84, Hartmann-Petersen, Genovefa S. 195–199.
14 Fredegar, Chron. 4,17 (Krusch S. 127 f.); Hartmann, Königin S. 77 f.
15 Fredegar, Chron. 4,19 (Krusch S. 128); Wood, Kingdoms S. 131; Dumézil, Brunehaut S. 317 f.; nicht überzeugend Offergeld, Reges pueri S. 228 f.

16 Fredegar, Chron. 4,20 (Krusch S. 128).
17 Fredegar, Chron. 4,25–26 (Krusch S. 130 f.).
18 Fredegar, Chron. 4,21; 4,24, 4,26 (Krusch S. 129–131); vgl. dazu Esders, Herakleios S. 296 f.
19 Sisebut, Vita Desiderii c. 16 (Gil S. 63).
20 Esders, Rechtstradition S. 376–378.
21 Fredegar, Chron. 4,21 (Krusch S. 129).
22 Fredegar, Chron. 4,27 (Krusch S. 131); Liber hist. Franc. 38 (Krusch S. 307 f.).
23 Ewig, Teilungen S. 148; Ewig, Merowinger S. 51; vgl. Fredegar, Chron. 4,37 (Krusch S. 138); Jonas, Vita Columbani 24 (Krusch S. 207).
24 Weidemann, Testament, Verfügung Nr. 25, S. 21; S. 163.
25 Fredegar, Chron. 4,27 (Krusch S. 131 f.); Ewig, Teilungen S. 149; S. 170.
26 Jonas, Vita Columbani 1,18 (Krusch S. 86); Fredegar, Chron. 4, 29 f. (Krusch S. 132); Hartmann, Königin S. 78.
27 Jonas, Vita Columbani 1,19 (Krusch S. 87).
28 Fredegar, Chron. 4,31 (Krusch S. 132).
29 Fredegar, Chron. 4,37 (Krusch S. 138).
30 Fredegar, Chron. 4,37 (Krusch S. 138 f.).
31 Fredegar, Chron. 4,38 (Krusch S. 139 f.); Jonas, Vita Columbani 1,28 (Krusch S. 218 f.); Liber hist. Franc. 38 (Krusch S. 309).
32 Fredegar, Chron. 4,38–4,40 (Krusch S. 140); Jonas, Vita Columbani 1,29 (Krusch S. 106).
33 Fredegar, Chron. 4,38 (Krusch S. 139).
34 Fredegar, Chron. 4,40–4,41 (Krusch S. 140 f.).
35 Fredegar, Chron. 4,41 f. (Krusch S. 141).
36 Sisebut, Vita Desiderii 21 (Gil S. 67); Jonas, Vita Columbani 1,29 (Krusch S. 106); Fredegar, Chron. 4,42 (Krusch S. 141 f.).

13 Das Reich unter Chlothar II. und Dagobert I. (612–639)

1 Fredegar, Chron. 4,42 (Krusch S. 142).
2 Fredegar, Chron. 4,42; 4,45 (Krusch S. 142; S. 145).
3 Fredegar, Chron. 4,43 f. (Krusch S. 142 f.); Ewig, Merowinger S. 119, geht davon aus, den Aufständischen sei es um die Wiedererrichtung eines burgundischen Königtums gegangen, was der Text jedoch so nicht sagt.
4 Synode von Paris (614), can. 9 (CCSL 148 A, S. 277); Kaiser/Scholz, Quellen Nr. 22, S. 153 f.
5 Esders, Rechtstradition S. 215 f.

6 Synode von Paris (614) (CCSL 148 A, S. 275–280); Kaiser/Scholz, Quellen Nr. 22, S. 151–157; Pontal, Synoden S. 182–186; Scholz, Ausgrenzung S. 147–155.
7 Synode von Paris (614), Prolog (CCSL 148 A, S. 275); Synode von Lyon (567), Prolog (CCSL 148 A, S. 201).
8 Edictum Chlotharii II (614), cap. 1 (CCSL 148 A, S. 283); Kaiser/Scholz, Quellen Nr. 23, S. 158 f.; Thier, Hierarchie S. 220–223; vgl. auch Nonn, Zwischen König, Hausmeier und Aristokatie S. 35–37.
9 Vgl. Esders, Rechtstradition S. 135–137 zu einer ähnlichen Bestimmung in der Praeceptio Chlotharii.
10 So Kaiser, Steuer S. 7; Ewig, Merowinger S. 118.
11 Esders, Rechtstradition S. 221 f.
12 Marculfi Formularum liber I,19 (Uddholm S. 88); Rio, Formularies S. 152 f.
13 Edictum Chlotharii II (614), cap. 12; 19 (CCSL 148 A, S. 284 f.); Kocher, Pariser Edikt S. 9; Esders, Rechtstradition S. 343 f.; Ewig, Merowinger S. 118.
14 Wood, Merovingian Kingdoms S. 142 f.; Murray, Immunity passim; Murray, Pax S. 383–385; Kaiser, Erbe S. 96; Ewig, Merowinger S. 118.
15 Zur methodischen Problematik und zum Begriff Damnatio in memoria vgl. Sprenger, Damnatio memoriae und Schwedler, Damnatio in memoria.
16 Weidemann, Testament S. 79–99.
17 Edictum Chlotharii II (614), cap. 20 (CCSL 148 A, S. 285); Kaiser/Scholz, Quellen Nr. 23, S. 163.
18 Edition und Übersetzung bei Esders, Rechtstradition S. 82–85; Guillot, Autour du précepte de Clotaire Ier weist den Erlass allerdings mit bedenkenswerten Gründen Chlothar I. zu.
19 Esders, Rechtstradition S. 221 f.; S. 376–378.
20 Vita sancti Lupi espiscopi Senonici 11 (Krusch S. 182); Vita Rusticulae 9 (Krusch S. 344).
21 Fredegar, Chron. 4,47 (Krusch S. 144).
22 Fredegar, Chron. 4,52 (Krusch S. 146).
23 Ewig, Teilreiche S. 194–197; zur Bedeutung der Teilung Wood, Kingdoms S. 143–145.
24 Vgl. oben Kapitel 8.1.
25 Fredegar, Chron. 4,53 (Krusch S. 146 f.).
26 Fredegar, Chron. 4,54 (Krusch S. 147); Ubl, Inzestverbot S. 185 f.
27 Fredegar, Chron. 4,54 (Krusch S. 147 f.).
28 Fredegar, Chron. 4,54 (Krusch S. 148).
29 Fredegar, Chron. 4,45 (Krusch S. 144).
30 Liber hist. Franc. 41 (Krusch S. 311 f.).
31 Fredegar, Chron. 4,54 (Krusch S. 148).

32 Synode an einem unbekannten Ort (614?) (CCSL 148 A, S. 287–289); Pontal, Synoden S. 188 f.
33 Synode von Clichy (626), Prolog (CCSL 148 A, S. 291).
34 Erkens, Herrschersakralität S. 104 f.
35 Mordek, Kirchenrecht S. 69; Thier, Hierarchie S. 346 f.
36 Synode von Clichy (626) (CCSL 148 A, S. 291–296); Pontal, Synoden S. 189–192 mit ungenauer Wiedergabe der Inhalte der Kanones.
37 Synode von Clichy (626), can. 10 (CCSL 148 A, S. 293); Ubl, Inzestverbot S. 183–185.
38 Synode von Clichy (626), can. 28 (CCSL 148 A, S. 296); Thier, Hierarchie S. 224 f.
39 Prinz, Frühes Mönchtum S. 124; Wood, Kingdoms S. 150.
40 Vita Desiderii c. 13 (Krusch S. 571); Kaiser/Scholz, Quellen Nr. 27, S. 175.
41 Auch die Formeln im Formelbuch des Marculf gehen alle von einer Bestätigungsbefugnis des Königs aus, Marculfi Formularum liber 1,5; 1,6; Suppl. V (Uddholm S. 44–46; S. 48; S. 344).
42 Desiderius von Cahors, Epp. I,10–I,12 (Norberg S. 28–38); Hen, Roman Barbarians S. 102 f.; Scheibelreiter, Audoin.
43 Vita Desiderii c. 2; c 13 (Krusch S. 564; S. 571); Kaiser/Scholz, Quellen Nr. 27, S. 171; S. 175; Wood, Kingdoms S. 150 f.
44 Desiderius von Cahors, Ep. I,10 (Norberg S. 28).
45 Vgl. auch Hen, Roman Barbarians S. 104; Heinzelmann, Bischof und Herrschaft S. 78.
46 Gregor von Tours, Hist. 9,23 (Krusch/Levison S. 443).
47 Hen, Roman Barbarians S. 105 f.; Patzold, Eliten S. 550–558; Rosenwein, Emotional Communities S. 135–155 spricht von einer durch Emotionen geprägten Gemeinschaft, doch ist ihre Untersuchung methodisch problematisch, da sie eine tiefer gehende philologische Auseinandersetzung mit den vieldeutigen Begriffen, welche die Emotionen ausdrücken, vermissen lässt.
48 Riché, Ecoles S. 20 f.
49 Schwitter, Briefe.
50 Desiderius von Cahors, Ep. I,10 (Norberg S. 28); Scholz, Bildungsentwicklung S. 278 f.
51 Statuta ecclesiae antiqua, can. 5 (CCSL 148, S. 167); vgl. oben Kap. 2.2 bei Anm. 23.
52 Gregor I., Reg. XI, 34 (CCSL 140 A, S. 922).
53 Passio Leudegarii I 1 (Krusch S. 283): fuisset strinue aenutritus et ad diversis studiis, quae saeculi potentes studire solent …; zur Überlieferung vgl. Heinzelmann, L'hagiographie mérovingienne S. 50 f. mit Anm. 105.
54 Ueding, Geschichte der Klostergründungen S. 5–7; Angenendt, Frühmittelalter S. 98–101.

55 Diem, Experiment S. 141.
56 Diem Experiment S. 146–167; S. 193 f.; S. 203–205.
57 Jonas, Vita Columbani 1,4 (Krusch S. 69–71).
58 Jonas, Vita Columbani 1,6 (Krusch S. 72); die Vita nennt allerdings Sigibert I., der schon 575 starb.
59 Jonas, Vita Columbani 1,18–20; 24–27; 30 (Krusch S. 86–93; S. 98–104; S. 106 f.).
60 Jonas, Vita Columbani 1,10 (Krusch S. 76).
61 Prinz, Frühes Mönchtum S. 122 f.
62 Ueding, Geschichte der Klostergründungen; Diem, Experiment S. 13 f.
63 Angenendt, Frühmittelalter S. 215 f.; Ewig, Merowinger S. 123 f.; Wood, Kingdoms S. 191.
64 Prinz, Frühes Mönchtum S. 141 f.
65 Angenendt, Frühmittelalter S. 216 f.
66 Jonas, Vita Columbani 1,7 (Krusch S. 73).
67 Columban, Regula coenobialis cap. 1; 4 (Walker S. 146 f.).
68 Zur Regel des Caesarius in diesem Zusammenhang vgl. Diem, On opening and closing the body S. 92–96.
69 Angenendt, Frühmittelalter S. 212.
70 Columban, Paenitentiale cap. 1 (Walker S. 168); vgl. auch Columban, Instructio 3,2 (Walker S. 74).
71 Angenendt, Missa specialis S. 158–171; Angenendt, Frühmittelalter S. 210–212; Wood, Kingdoms S. 191 f.
72 Ewig, Beobachtungen S. 411; vgl. auch Synode von Orléans (511), can. 19 (CCSL 148 A, S. 10).
73 Synode von Arles (449–461), Institutio in causa insulae Lerinensis (CCSL 148, S. 133); Ewig, Beobachtungen S. 411 f.
74 Ewig, Beobachtungen S. 415 f.
75 Marculfi Formularum liber I,1 (Uddholm S. 18–24); zur Datierung Rio, Formularies S. 110–113 und S. 128–131 zum Text; Ewig, Beobachtungen S. 418.
76 MGH DD Mer. 1, Nr. 49, S. 126 f. mit dem Forschungsstand.
77 Wood, Jonas; Heydemann, Gestaltung S. 80.
78 Fredegar, Chron. 4,55 (Krusch S. 148); Kasten, Königssöhne S. 23 f.
79 Fredegar, Chron. 4,54 (Krusch S. 148).
80 Kasten, Königssöhne S. 24 f.
81 Fredegar, Chron. 4,56 (Krusch S. 148 f.).
82 Fredegar, Chron. 4,57 (Krusch S. 149).
83 Fredegar, Chron. 4,58 (Krusch S. 150).
84 Fredegar, Chron. 4,57 (Krusch S. 149).
85 Fredegar, Chron. 4,67 (Krusch S. 154).
86 Fredegar, Chron. 4,58 (Krusch S. 150); Vita Eligii c. 14 (Krusch S. 680); Vita Desiderii c. 5 f. (Krusch S. 566 f.).

87 Fredegar, Chron. 4,58; 4,60 (Krusch S. 149-151); zur Darstellungsabsicht Fredegars in diesem Passus vgl. Esders, Herakleios S. 296 f.
88 Ewig, Merowinger S. 127; S. 129.
89 Rouche, Religio calcata S. 240–246; Prinz, Europäische Grundlagen S. 317 f.; vgl auch Wood, Entrusting Western Europe S. 60 f.
90 Synode von Clermont (535), can. 5 (CCSL 148 A, S. 106).
91 Synode von Paris (556–573), can. 1 (CCSL 148 A, S. 205 f.); Wortlaut des Kanons vgl. oben Kapitel 8.2.
92 Rouche, Religio calcata S. 243 unter Verweis auf C. Th. XVI 10,12, S. 900.
93 Vita Eligii 1,14 (Krusch S. 680); Heinzelmann, Eligius S. 266–273; zur Abfassungszeit der Vita vgl. Bayer, Vita Eligii.
94 Fredegar, Chron. 4,61 (Krusch S. 151).
95 Jussen, Patenschaft S. 277–279.
96 Fredegar, Chron. 4,62 (Krusch S. 151).
97 Fredegar, Chron. 4,62 (Krusch S. 151); Ewig, Imperium S. 51 f.; Esders, Herakleios S. 244 f.; S. 302–306.
98 Pohl, Awaren S. 248–255; Brandes, Herakleios S. 252 f.
99 Curta, Slavs S. 148 ff.
100 Fredegar, Chron. 4,48 (Krusch S. 144 f.); Pohl, Awaren S. 256 f.
101 Fredegar, Chron. 4,68 (Krusch S. 154).
102 Pohl, Awaren S. 258 f.; Kaiser, Erbe S. 97; Esders, Herakleios S. 302–307.
103 Fredegar, Chron. 4,68 (Krusch S. 155); Ewig, Merowinger S. 127 geht davon aus, dass die Alemannen eine Säule des austrasischen Heeres gestellt hätten. Fredegar unterscheidet aber deutlich zwischen dem Heer aus Austrasien und den alemannischen Kontingenten.
104 Fredegar, Chron. 4,68 (Krusch S. 155).
105 Esders, Herakleios S. 296–298; zu Fredegars Geschichtsdarstellung auch Reimitz, Cultural Brokers.
106 Fredegar, Chron. 4,74 (Krusch S. 158).
107 Fredegar, Chron. 4,77 (Krusch S. 159).
108 Fredegar, Chron. 4,75 (Krusch S. 158 f.); Ewig, Teilreiche S. 198 f.; Schneider, Königswahl S. 146 f.
109 Fredegar, Chron. 4,76 (Krusch S. 159); Schneider, Königswahl S. 148 f.
110 Fredegar, Chron. 4,77 (Krusch S. 159).
111 Fredegar, Chron. 4,78 (Krusch S. 159–161); vgl. Esders, Herakleios S. 302.
112 Vgl. oben Kap. 13.6 bei Anm. 107.
113 Borgolte, Grafschaften S. 21–23.
114 Eberl, Dagobert S. 17–19; Kaiser, Churrätien S. 38 f. mit Anm. 79.
115 Eberl, Dagobert S. 21–27.
116 Eberl, Dagobert S. 27–32; Esders, Herakleios S. 305 f.

117 Vita Amandi episcopi prima 13 (Krusch S. 436–438); Vita Audomari 4-6 (Levison S. 755 f.).

118 Vgl. Esders, Nationes mit weiterer Literatur.

119 Fredegar, Chron. 4,79 (Krusch S. 161).

120 Vgl. etwa Lex Ribuaria 9; 10,1; 11,3; 20,2; 21,2; 22; 38,2; 68,3; 69,2 (MGH LL nat. Germ. 3,2, S. 77 f.; S. 82 f.; S. 91; S. 119 f.); vgl. die Einleitung zur Textausgabe (MGH LL nat. Germ. 3,2, S. 9–11; S. 22).

121 Lex Ribuaria 40,5–9 (MGH LL nat. Germ. 3,2, S. 93 f.).

122 MGH LL nat. Germ. 3,2, S. 21; S. 27 (Einleitung).

123 Zustimmend Eckhardt, Lex Ribuaria; Ewig, Stellung; Ubl, Inzestverbot S. 186; Esders, Zensualität S. 50 f. mit Anm. 148; ablehnend Mordek, Hedenen S. 359; Springer, Riparii S. 224 f.

124 Eckhardt, Lex Ribuaria S. 139–144.

125 Ewig, Stellung S. 465–471.

126 Ubl, Inzestverbot S. 187 f.

127 Edictum Chlotharii II (614), cap. 9; cap. 21 (CCSL 148 A, S. 284 f.); Kaiser/Scholz, Quellen Nr. 23, S. 160; S. 163.

128 Edictum Chlotharii II (614), cap. 23; (CCSL 148 A, S. 285); Kaiser/Scholz, Quellen Nr. 23, S. 163.

129 Gregor von Tours, Hist. 7,22 (Krusch/Levison S. 343).

130 Vgl. etwa Gregor von Tours, Liber in gloria confessorum 17 (Krusch S. 307).

131 Vgl. dazu oben Kap. 11.1, bei Anm. 9.

132 Glaser, Klimageschichte S. 58.

133 McCormick, Origins S. 28–30; Mitterauer, Warum Europa S. 18–21; Gilomen, Wirtschaftsgeschichte S. 16 f.

134 McCormick, Origins S. 39 f.; vgl. oben Kap. 11.3 bei Anm. 39.

135 Gregor von Tours, Hist. 3,34 (Krusch/Levison S. 129 f.).

136 Claude, Binnenhandel S. 62–65.

137 MGH DD Mer. 1, Nr. 123, S. 314; Kaiser/Scholz, Quellen Nr. 28, S. 178.

138 Venantius Fortunatus, Carmen IV,23 (MGH AA 4,1, S. 93).

139 MGH DD Mer. 1, Nr. 22, S. 63 f.; vgl. weitere Beispiele bei Claude, Binnenhandel S. 86 f.

140 Gregor von Tours, Hist. 10,21 (Krusch/Levison S. 513 f.).

141 Gregor von Tours, Liber in gloria confessorum 110 (Krusch S. 369); vgl. Claude, Binnenhandel S. 85.

142 Gregor von Tours, Hist. 8,20 (Krusch/Levison S. 386).

143 MGH DD Mer. 1, Nr. 123, S. 313 f.; Kaiser/Scholz, Quellen Nr. 28, S. 177 f.

144 MGH DD Mer. 1, Nr. 171, S. 424 f. mit weiterer Literatur; Claude, Binnenhandel S. 36; Brunner, Sachkultur S. 193–198; Esders, »Öffentliche« Abgaben S. 195.

145 Claude, Binnenhandel S. 28–30; S. 36 f.
146 Gregor von Tours, Hist. 7,46 (Krusch/Levison S. 365).
147 Claude, Binnenhandel S. 38–45.
148 Gregor von Tours, Hist. 10,19 (Krusch/Levison S. 510).
149 Venantius Fortunatus, Carmen XI,21 (MGH AA 4,1, S. 266).
150 Synode von Mâcon (585), Prolog (CCSL 148 A, S. 238).
151 Gregor von Tours, Hist. 5,5 (Krusch/Levison S. 200); Claude, Binnenhandel S. 37; Hartmann, Aufbruch S. 184.
152 Gregor von Tours, Hist. 9,22 (Krusch/Levison S. 442); vgl. oben Anm. 540.
153 Vgl. oben Kap. 9.3 bei Anm. 29.
154 Desiderius von Cahors, Ep. II,20 (Norberg S. 74 f.); Kaiser/Scholz, Quellen Nr. 26, S. 169.
155 Gesta Dagoberti 34 (Krusch S. 419); Claude, Binnenhandel S. 45–52; Hen, Culture S. 231–233.
156 MGH DD Mer. Nr. 156, S. 389; Johanek, Außenhandel S. 234–244.
157 Verhulst, Handel S. 22; Claude, Binnenhandel S. 73; Johanek, Außenhandel S. 240 f.
158 Fredegar, Chron. 4,68 (Krusch S. 154); vgl. dazu oben Kap. 13.6 bei Anm. 100.
159 Roth, Handel S. 189 f.
160 McCormick, Origins S. 69–73.
161 MGH DD Mer. 1, Nr. 171, S. 425.
162 Gregor von Tours, Liber vitae patrum 8,9 (Krusch S. 249); vgl. Hartmann, Aufbruch S. 187.
163 Gregor von Tours, Hist 9,30 (Krusch/Levison S. 449); Vita Eligii 1,15 (Krusch S. 681).
164 Claude, Binnenhandel S. 56–58.
165 Kluge, Monetarmünzen bes. S. 65 f.; Goetz, Merowingische Monetarmünzen S. 632.

14 Die Nachfolger Dagoberts I.

1 Fredegar, Chron. 4,85 (Krusch S. 163 f.).
2 Desiderius von Cahors, Ep. I,3 (Norberg S. 15).
3 Ewig, Merowinger S. 143; Ewig, Teilreiche S. 201 f.
4 Fredegar, Chron. 4,85 f. (Krusch S. 164).
5 Fredegar, Chron. 4,87 (Krusch S. 164 f.); Ewig, Merowinger S. 144; Wood, Kingdoms S. 157 f.
6 Fredegar, Chron. 4,88 (Krusch S. 165).
7 Liber hist. Franc. 43 (Krusch S. 316); vgl. Stephanus, Vita Wilfridi 28 (Levison S. 221); zu Dido vgl. Picard, Church and politics S. 38 f.

8 Chronologia regum Francorum stirpis Merowingicae, catalogus III (Krusch S. 481); dort allerdings fälschlich *Grimoaldus* statt *Grimoaldi*; dazu Ewig, Königskataloge S. 11 f.

9 Ewig, Königskataloge S. 11–14 mit Anm. 67 gegen Becher, Staatsstreich, der davon ausgeht, Grimoald habe den Sohn des Königs adoptiert; vgl. auch Gerberding, Rise S. 47–66, der allerdings S. 61 noch davon ausgeht, Sigibert III. sei bereits 651 verstorben.

10 Gerberding, Rise S. 76 f.

11 Zur Chronologie vgl. Weidemann, Chronologie der Merowinger im 7. und 8. Jh. S. 183; S. 190; S. 194 f.

12 Weidemann, Chronologie der Merowinger im 7. und 8. Jh. S. 195 f.; vgl. bereits Levillain, Succession S. 301 f.

13 Vita Balthildis 5 (Krusch S. 487).

14 MGH DD Mer. 1, Nr. 72, S. 86; vgl. auch MGH DD Mer. 1, Nr 89, S. 231: nisi domno et geneture nostro Chlodouio, quond(am) rige, dum adoliscens erat, vel avi n(ostr)i Nantechil[dis … adfirm]are vel subscribire debirint.

15 Fredegar, Chron. 4,84 (Krusch S. 163).

16 Fredegar, Chron. 4,89 (Krusch S. 165 f.); Kaiser, Burgunder S. 196 f.

17 Fredegar, Chron. 4,58 (Krusch S. 150).

18 Ewig, Teilreiche S. 205 f. mit Anm. 137; zu Willebad ausführlich Ebling, Prosopographie S. 238–240.

19 Ewig, Teilreiche S. 206, Anm. 137 und dagegen Kaiser, Burgunder S. 197 f.

20 Fredegar, Chron. 4,90 (Krusch S. 166).

21 Vita Eligii 2,28 (Krusch S. 715).

22 Fredegar, Chron. 4,90 (Krusch S. 166 f.).

23 Fouracre/Gerberding, Late Merovingian France S. 98.

24 Fouracre/Gerberding, Late Merovingian France S. 99–104; Hartmann, Königin S. 82.

25 Altmann von Hautvillers, Vita Nivardi episcopi Remesis 6 (Levison S. 163 f.); zur Diskussion der Nachricht vgl. Ewig, Teilreiche S. 201 f. mit Anm. 121; Becher, Grimoald S. 130 mit weiterer Literatur.

26 Liber hist. Franc. 44 (Krusch S. 316); Vita Balthildis 4 (Krusch S. 486 f.).

27 Vita Balthildis 4 (Krusch S. 485 f.).

28 Vita Balthildis 4 (Krusch S. 486); vgl. Nelson, Queens S. 18.

29 Desiderius von Cahors, Ep. II,17 (Norberg S. 69 f.).

30 Pontal, Synoden S. 193 f.

31 Vita Eligii 1,35 (Krusch S. 691 f.); Synode von Orléans (639–641) (CCSL 148 A, S. 391); Pontal, Synode S. 193; Winkelmann, Der monenergetisch-monotheletische Streit passim.

32 Thier, Hierarchie S. 225.

15 Königin Balthild

1 Liber hist. Franc. 44 (Krusch S. 317); Vita Eligii 2,32 (Krusch S. 718); vgl. Schneider, Königswahl S. 154–156; Kasten, Königssöhne S. 27 f.
2 Nelson, Queens S. 21.
3 MGH DD Mer. 1, Nr. 92, S. 239; Nr. 96, S. 248.
4 Vita Balthildis 5 (Krusch S. 487); Liber hist. Franc. 45 (Krusch S. 317); vgl. Fouracre/Gerberding, Late Merovingian France S. 107.
5 Liber hist. Franc. 45 (Krusch S. 317).
6 Vita Balthildis 5 (Krusch S. 487 f.).
7 MGH DD Mer. 1, Nr. 108, S. 280; die Signumszeile ist nicht interpoliert; Offergeld, Reges pueri S. 255 f. mit Anm. 688; Ubl, Inzestverbot S. 89.
8 Stephanus, Vita Wilfridi 6 (Levison S. 199).
9 Acta Aunemundi 2 (Acta Sanctorum, Sept., Bd. 7, S. 744); die Vita könnte noch aus dem 7. Jahrhundert stammen, ist aber im späten 9. Jahrhundert überarbeitet worden, vgl. Fouracre/Gerberding, Late Merovingian France S. 169–171.
10 Acta Aunemundi 3; 8; 11 (Acta Sanctorum, Sept., Bd. 7, S. 744 f.); den Titel eines *praefectus* gibt es in dieser Zeit nicht, er war wohl *dux* oder *comes*; vgl. Ewig, Merowinger S. 153 f.
11 Vita Balthildis 10 (Krusch S. 495).
12 Fouracre/Gerberding, Late Merovingian France S. 177 f.
13 Paulus Diaconus, Hist. Langobardorum 5,1–5 (Schwarz S. 264–273); Jarnut, Beiträge S. 331–333; Fouracre/Gerberding, Late Merovingian France S. 178 f.; Esders, Konstans II. S. 212–215.
14 Vita Balthildis 7 (Krusch S. 489–491); vgl. dazu insgesamt Ewig, Privileg, der sich jedoch zum Teil auf Urkunden stützt, die heute als gefälscht gelten oder in ihrer Echtheit umstritten sind.
15 Krusch, Urkunden von Corbie S. 345 f. mit Edition des Textes S. 367–372.
16 MGH DD Mer. 1, Nr. 85, S. 218 f.
17 Vita Balthildis 9 (Krusch S. 493 f.).

16 Die Herrschaft der Hausmeier

1 Vita Balthildis 4 (Krusch S. 485 f.).
2 Vita Balthildis 10 (Krusch S. 495 f.); Nelson, Queens S. 22 f.
3 Passio Leudegarii I 4–5 (Krusch S. 286–288); vgl. Schneider, Königswahl S. 157–159; zur Quelle vgl. Fouracre, Frankish History S. 13–21.
4 Vita Lantberti 3 (Levison S. 610).

5 Passio Leudegarii I 6 (Krusch S. 288); Liber hist. Franc. 45 (Krusch S. 317 f.); Schneider, Königswahl S. 161 f.
6 Passio Leudegarii I 7 (Krusch S. 289); vgl. Fischer, Ebroin S. 122–129.
7 Offergeld, Reges pueri S. 261.
8 Pontal, Synoden S. 198–200; S. 213–215.
9 Ewig, Teilreiche S. 217–219; Ewig, Merowinger S. 164.
10 Synode von Saint-Pierre-de-Granon (673–675), can. 4 (CCSL 148 A, S. 313).
11 Synode von Saint-Jean-de-Losne (673–675), can. 1–3, 10, 17 (CCSL 148 A, S. 315–317).
12 Passio Leudegarii I 8–11 (Krusch S. 289–295); Passio Praeiecti 23–26 (Krusch S. 239–241); Ubl, Inzestverbot S. 90–92.
13 Synode von Saint-Jean-de Losne (673–675), can. 11 (CCSL 148 A, S. 316); Weidemann, Chronologie der Merowinger im 7. und 8. Jh. S. 186.
14 Liber hist. Franc. 45 (Krusch S. 318).
15 Passio Leudegarii I 18 f. (Krusch S. 299–301); Liber hist. Franc. 45 (Krusch S. 318 f.).
16 Passio Leudegarii I 17; 18 (Krusch S. 299 f.).
17 Passio Leudegarii I 18 f. (Krusch S. 299–301); Liber hist. Franc. 45 (Krusch S. 318 f.); Schneider, Königswahl S. 168 f.
18 Passio Leudegarii I 21–26 (Krusch S. 302–307); Passio Leudegarii II 9–11 (Krusch S. 331–333); Liber hist. Franc. 45 (Krusch S. 319); Passio Praeiecti 26 (Krusch S. 241); Ewig, Teilreiche S. 215 f.
19 Passio Leudegarii I 28 (Krusch S. 308 f.).
20 Passio Leudegarii I 29–33 (Krusch S. 310–315); Liber hist. Franc. 45 (Krusch S. 319); Weidemann, Chronologie der Merowinger im 7. und 8. Jh. S. 188.
21 Gregor von Tours, Hist. 5,18 (Krusch/Levison S. 222 f.); Scholz, Ausgrenzung S. 162 f.
22 MGH DD Mer. 1, Nr. 122, S. 311 f. mit Kommentar; durch die Ergebnisse von Weidemann, Chronologie der Merowinger im 7. und 8. Jh. S. 188 sind die Aussagen bei Pontal, Synoden S. 215 und bei Mordek, Bischofsabsetzungen zum Teil überholt.
23 Fouracre, Frankish History S. 29; S. 31–37.
24 Stephanus, Vita Wilfridi 28 (Levison S. 221); Schneider, Königswahl S. 169–171.
25 Vita Sadalbergae 13 (Krusch S. 57); Ewig, Teilreiche S. 220.
26 Liber hist. Franc. 46 (Krusch S. 319 f.); vgl. Ewig, Teilreiche S. 219 f.; Gerberding, Rise S. 78–84; Picard, Church and politics S. 49 f.; Wood, Kingdoms S. 231–234; zu Martin vgl. Ebling, Prosopographie S. 189 f.
27 Gerberding, Rise S. 72–74; S. 81–84; Picard, Church and politics S. 48–50.

28 Stephanus, Vita Wilfridi 33 (Levison S. 227 f.).
29 Liber hist. Franc. 46 f. (Krusch S. 320 f.); Fischer, Ebroin S. 169–172.
30 Liber hist. Franc. 47 (Krusch S. 321); Vita Audoini 13; 15 (Levison S. 562 f.); Cont. Fredegarii 4 (Krusch S. 171); Ewig, Teilreiche S. 221–224.
31 Liber hist. Franc. 48 (Krusch S. 322).
32 MGH DD Mer. 1, Nr. 149, S. 375 bezeichnet Berchar als Schwiegervater Drogos. Spätere Nachrichten, die Drogo als Mann der Witwe Berchars bezeichnen, sind weniger glaubhaft.
33 Liber hist. Franc. 48 (Krusch S. 322 f.); nach MGH DD Mer. 1, Nr. 131, S. 333 war Berchar noch am 30. Oktober 690 Hausmeier; urkundlich wird Pippin erst 697 als *maior domus* genannt, MGH DD Mer. 1, Nr. 149, S. 375.
34 Liber hist. Franc. 48 (Krusch S. 323); zu Nordebercthus vgl. Ebling, Prosopographie S. 196 f.
35 Liber hist. Franc. 48 (Krusch S. 323); Vita Ansberti 21 (Levison S. 634); Ewig, Teilreiche S. 227 f.; Ewig, Merowinger S. 186 f.; Kasten, Königssöhne S. 60.
36 MGH DD Mer. 1, Nr. 134, S. 342.
37 MGH DD Mer. 1, Nr. 149, S. 374–376.
38 Kasten, Königssöhne S. 61 f.
39 Liber hist. Franc. 49 (Krusch S. 323); Grimoald ist erst für 702 urkundlich als Hausmeier belegt, MGH DD Mer. 1, Nr. 153, S. 383; Ewig, Teilreiche S. 229.
40 Schieffer, Karolinger S. 21–33; Schieffer, Zeit des karolingischen Großreichs S. 18–22; Fischer, Karl Martell S. 36–42.
41 Liber hist. Franc. 51 (Krusch S. 325).
42 Liber hist. Franc. 51–52 (Krusch S. 325 f.); MGH DD Mer. 1, Nr. 168, S. 418; Fischer, Karl Martell S. 50 f.
43 Liber hist. Franc. 52–53 (Krusch S. 326–328); Fischer, Karl Martell S. 52–63.
44 Schieffer, Karolinger S. 58–60.
45 Einhard, Vita Karoli 1 (Holder-Egger S. 2 f.); Kaiser/Scholz, Quellen Nr. 31, S. 181 f.; Wallace-Hadrill, Long-haired Kings S. 231–233; zur Datierung Patzold, Ich und Karl der Große S. 193.
46 Annales Mettenses priores zu 693 und zu 718 (von Simson S. 15 f.; S. 25).

Karte 1: Das Frankenreich im 7. Jahrhundert (© Peter Palm, Berlin)

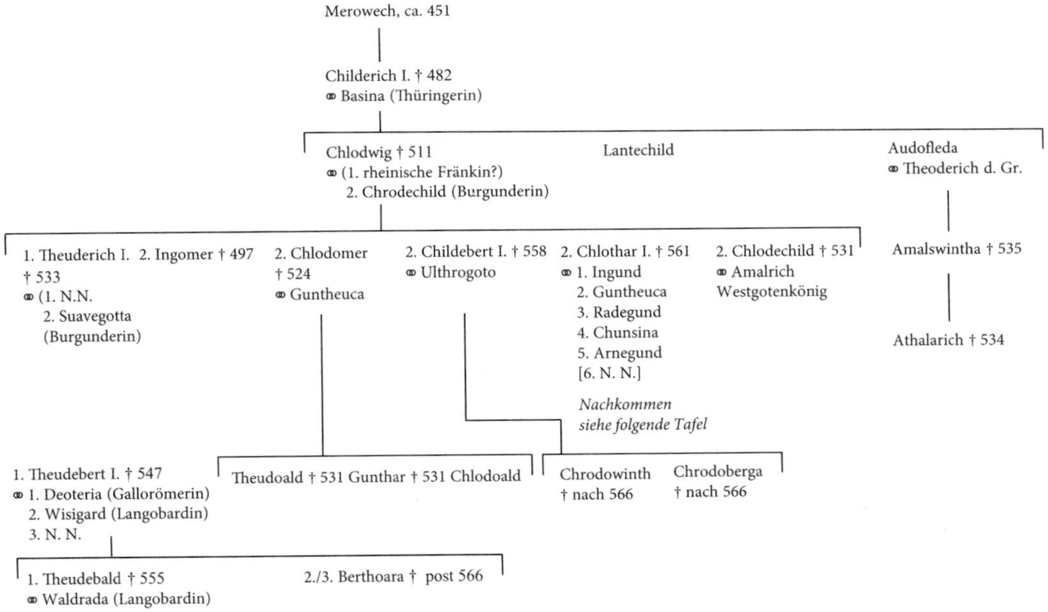
Merowech, ca. 451
Childerich I. † 482
⚭ Basina (Thüringerin)
Chlodwig † 511
⚭ (1. rheinische Fränkin?)
2. Chrodechild (Burgunderin)
Lantechild
Audofleda
⚭ Theoderich d. Gr.
Amalswintha † 535
Athalarich † 534
1. Theuderich I.
† 533
⚭ (1. N.N.
2. Suavegotta
(Burgunderin)
2. Ingomer † 497
2. Chlodomer
† 524
⚭ Guntheuca
2. Childebert I. † 558
⚭ Ulthrogoto
2. Chlothar I. † 561
⚭ 1. Ingund
2. Guntheuca
3. Radegund
4. Chunsina
5. Arnegund
[6. N. N.]
Nachkommen
siehe folgende Tafel
2. Chlodechild † 531
⚭ Amalrich
Westgotenkönig
1. Theudebert I. † 547
⚭ 1. Deoteria (Gallorömerin)
2. Wisigard (Langobardin)
3. N. N.
Theudoald † 531
Gunthar † 531
Chlodoald
Chrodowinth
† nach 566
Chrodoberga
† nach 566
1. Theudebald † 555
⚭ Waldrada (Langobardin)
2./3. Berthoara † post 566

2. Chlothar I. † 561
⚭ 1. Ingund
2. Guntheuca
3. Radegund
4. Chunsina
5. Arnegund
[6. N. N.]

1. Gunthar † nach 533	1. Childerich	1. Charibert I. † 567 ⚭ 1. Ingoberta 2. Merofled 3. Theudogild 4. Marcoveifa	1. Gunthram † 592 ⚭ 1. Veneranda 2. Marcatrud 3. Austrechild-Bobilla	1. Sigibert I. † 575 ⚭ Brunichild *Nachkommen siehe folgende Tafel*	4. Chilperich I. † 584 ⚭ Langobarde Alboin *Nachkommen siehe folgende Tafel*	5. Chramn ⚭ Chalda † 559/560	[6. Gundowald] † 558

Kinder Chariberts I.:

1. Bertha ⚭ König Aedilberct von Kent	2. Berthefled	3. Sohn	3. Chrodichild (Chrodieldis)

Kinder Gunthrams:

1. Gundobad † 565	2. Sohn † 566	3 Chlothar † 577	3 Chlodomer † 577	3 Chlodeberga	3 Chlodichild (Chlotiheldis)

Kinder Chramns: 2 Töchter † 559/60

Kinder [Gundowalds]: Söhne

2. Chlothar I. † 561
⚭ 1. Ingund
2. Guntheuca
3. Radegund
4. Chunsina
5. Arnegund
[6. N. N.]

1. Sigibert I. † 575
⚭ Brunichild (Gotin)

Charibert I. † 567

Gunthram † 592

4. Chilperich I. † 584
⚭ 1. Audovera
2. Ga(i)lswinth (Gotin)
3. Fredegunde

Ingunth † 585
⚭ Hermenegild

Childebert II. † 596
1. N. N.
2. Faileuba

Chlodoswinth

1. Theudebert
† 575

1. Chlodwig † 580
(Chlodovechus)

1. Basina

1. Merowech † 577
⚭ Brunichild

(1. Childesinth)

3. Rigunth

3. Samson
† 577

3. Chlodobert
† 580

3. Dagobert
† 580

3. Theuderich
† 584

3. Chlothar II.
† 629

Nachkommen siehe folgende Tafel

Athanagild
† nach 587

1. Theudebert II. † 612
⚭ 1. Bilichild
2. Theudechild

2. Theuderich II. † 612
⚭ N.N.
N.N.

2. Theudila

1. Tochter 604
Mit Langobarde
Adaloald verlobt

Chlothar † 612

Merowech † 612

Sigibert II. † 613

Childebert 613 flüchtig

Corbus † 613

Merowech

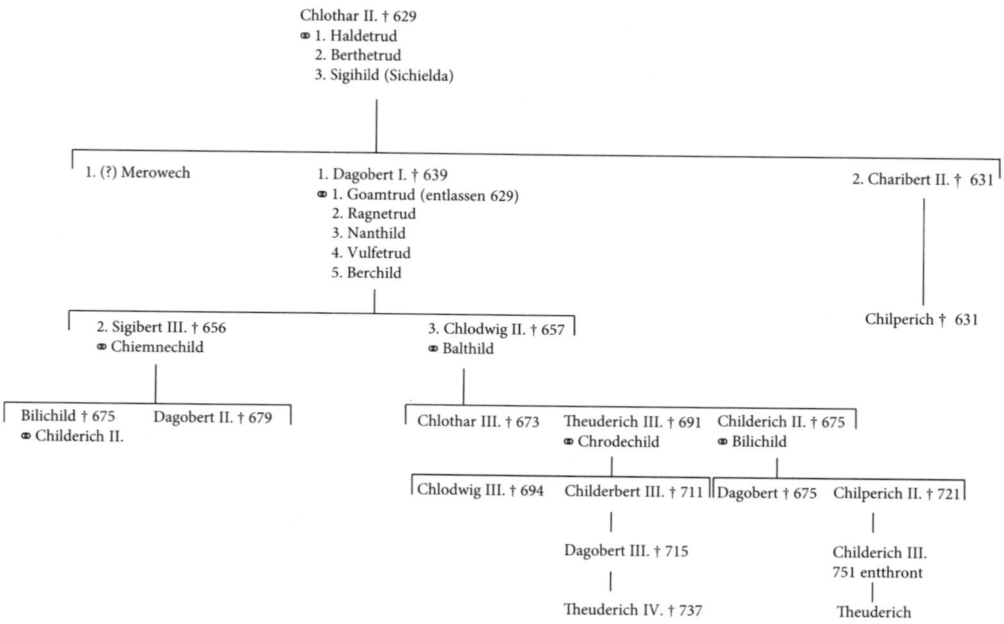
Chlothar II. † 629
⚭ 1. Haldetrud
2. Berthetrud
3. Sigihild (Sichielda)
1. (?) Merowech
1. Dagobert I. † 639
⚭ 1. Goamtrud (entlassen 629)
2. Ragnetrud
3. Nanthild
4. Vulfetrud
5. Berchild
2. Charibert II. † 631
Chilperich † 631
2. Sigibert III. † 656
⚭ Chiemnechild
3. Chlodwig II. † 657
⚭ Balthild
Bilichild † 675
⚭ Childerich II.
Dagobert II. † 679
Chlothar III. † 673
Theuderich III. † 691
⚭ Chrodechild
Childerich II. † 675
⚭ Bilichild
Chlodwig III. † 694
Childerbert III. † 711
Dagobert † 675
Chilperich II. † 721
Dagobert III. † 715
Theuderich IV. † 737
Childerich III.
751 entthront
Theuderich

21 Register

21.1 Personenregister

G

H

T

U

V

W

Z

21.2 Ortsregister